베버 패러다임 교육사회학의 구상

교육현상의 이해와 인본주의 사회의 구현을 위하여

이화학술총서

베버 패러다임 교육사회학의 구상

교육현상의 이해와 인본주의 사회의 구현을 위하여

오욱환 지음

이화여자대학교출판부

| 서문 |

막스 베버와 그의 학문정신을 기리며

이해를 넘어 탐구하는 학생들을 위하여
학문을 직업으로 삼으려는 젊은 학자들을 위하여
자신을 사회발전의 동인으로 확신하는 지식인들을 위하여
그리고
인본주의 사회를 구현하려는 작인적이며 주체적인 행위자들을 위하여

한국 교육학계에서는 정책 지향적이거나 지원적인 수탁(受託) 연구는 빈번하게 이루어지고 있지만 지적 호기심에 의한 이론적 탐구(探究)는 매우 소홀해지고 있다. 교육학 관련 학술지와 발표회에, 이론적 배경이 취약한 논문들은 물론이며 이론과 무관한 논문들도 셀 수 없을 정도로 빈번하게 발표되고 있다. 이러한 경향은 학회에서 발간·발표되는 논문에서뿐만 아니라 석·박사 과정의 학위논문에서도 두드러지게 나타난다. 이 때문에 거의 모든 학술적 모임에서 이론에 바탕을 둔 발표나 논쟁은 거의 없고 다분히 직감(hunch)에 의한 아이디어들만이 독창성으로 포장되어 난발되거나 남보다 앞서 입수한 정보가 새로운 발견처럼 각색되어 발표되고 있다. 따라서 이에 대한 토론이나 논쟁도 논리적이기보다는 감성적으로 전개될 수밖에 없다.

이론적 근거가 없거나 빈약한 제시(suggestion) 또는 주장(argument)은 사실 규명, 설명력, 타당성 등이 취약하기 때문에 상대편에 의해 쉽게 반박되거나 거부됨으로써, 학술 토론은 공허한 주장들만 난무하게 되며 경우에 따라서는 감정적인 대립으로 치닫게 된다. 직감에 의한 제시, 주

장, 반박이 난무할 경우에는 관록(貫祿), 연륜(年輪), 수사학(修辭學), 심지어 목청[聲帶]에 의해 주도권이 결정됨으로써, 진솔한 자세로 지적 탐구에 전념하는 학자들, 특히 여린 마음으로 학문에 조심스럽게 입문하려는 젊은 학자들이 소외되기도 한다. 직감에 의존한 논문에는 저자의 감정이 고스란히 담겨 있기 때문에, 이 논문에 대해 비판하거나 반박하면 저자는 자신에 대한 인신공격처럼 느끼고 감정적으로 대응하기도 한다. 발표된 논문에 대한 비판을 감정적으로 응대하는 풍토에서는, 신진 학자들은 쉽게 좌절하고 중견 학자들은 자주 분노한다.

한국 교육학계에는 다양한 학회들이 고유 영역의 독자성을 주장하며 학술 활동을 전개하고 있다. 각 학회들은 매년 서너 차례씩 논문집을 정기적으로 간행하고 있기 때문에, 한국 교육학계는 연간 수백 편의 논문들을 출간하고 있다. 상당히 많은 종류의 논문들이 발간되고 있지만, 이론을 개발하거나 발전시키려는 논문은 아주 적다. 한국 교육학계가 양적으로 확대되었음에도 불구하고 질적으로 발전했다고 평가하기 어려운 이유도 '가슴앓이'의 소산물이 너무 적기 때문이다. 학자들이 프로젝트를 기꺼이 수행하고 교과서는 빈번하게 집필하지만 논저(論著)—논문 형식을 띤 저서—의 출판에 무관심하다. 그 결과, 지적 출처가 불분명한 아이디어들이 난무하고 정보를 다룬 논문들이 쏟아지지만 지식에 도전하는 논문들은 지극히 적다.

이론 작업은 시간과 노력에 비해 보상이 너무 적다. 이론 연구로 연구비를 받기가 참으로 어렵다. 그 이유는 연구비의 최대 출처인 정부가 정책 지향적 연구와 양적 접근을 선호하며 다른 출처의 연구비들도 유행을 타는 주제들에 쏠리고 사회의 지배집단이나 대중매체의 관심을 반영하여 지급되기 때문이다. 연구비 지원에서 불리한 데 더하여, 이론 연구는 학술지에 게재되기도 쉽지 않다. 이론 연구는 참고 문헌도 풍부해야 하고 논리도 정연해야 할 뿐만 아니라 표현까지도 매끄러워야 한다. 이뿐만 아니라 심사위원들은, 자신들의 지적 업적이나 열정과 무관하게, 높은 기준을 적용하여 평가하므로 게재되기가 여간 어렵지 않다. 그 어려움은 실증적 연구는 물론이며 다른 어떠한 유형의 논문들과도 비교할 수 없을 정도이다. 수준이 높거나 시대를 앞선 논문들도 심사위원들의 동의나 수긍을 이끌어내지 못하면 심사를 통과하기가 어렵다. 그리고 이론 연구는, 기존의 이론체계에 도전하는 형식을 취하기 때문에, 기존 체계를 지지하는 심사자들을 만나면 이들의 이론적 기반을 뒤흔드는 격이어서 부정적인 판정을 받을 가능성이 많다. 이 점은 이론 연구의 딜레마가 될 수밖에 없는데, 이론 연구는 속성상 현재의 체계를 비판하거나 현재의 수준에 비해서 더 깊거나, 더 넓거나, 더 앞선 주제들을 선택해야 하기 때문이다.

이론 연구는 이론들을 소개할 뿐만 아니라 비판해야 하므로 원고의 분량이 다른 유형의 논문들보다 훨씬 많다. 따라서 연구자는 원고 분량을 엄격하게 제한하는 학술지에 이론 연구를 투고할 수도 없으며, 설사 투고한다 하더라도 각 학술지가 요구한 분량에 무리하게 맞추다 보면 논리적 비약이 심해지거나 문맥이 통하지 않게 되어 결국 학술지 게재 불가 판정을 받게 된다. 분량의 제한을 받지 않기 위해 도서로 출판을 시도할 경우에는 더 심각한 상황을 만나게 된다. 이론서나 논술저서는 출판 후 판매가 부진할 가능성이 농후하기 때문에, 출판사의 호응을 받기가 매우 어렵다.

사회과학의 이론들은 이념형과 설명형으로 분류될 수 있다. 에밀 뒤르케임(Emile Durkheim)과 칼 마르크스(Karl Marx)의 이론들은 이념형으로, 그리고 막스 베버(Max Weber)의 이론은 설명형으로 분류된다. 이념형 이론이 어떤 사회를 구상하고 그 사회를 준거로 하여 현실사회를 파악한다면, 설명형 이론은 현실사회에서 전개되는 현상을 제대로 파악하는 데 집중한다. 이념형 이론은 정책을 구상 · 실행하거나 집단 행위를 도모하는 데에는 이용가치가 높지만 현상을 이해하고 설명하는 데에는 한계가 있다. 더욱이 사회 구성원들이 다양한 유형으로 이합집산(離合集散)하고 집단을 구성하여 이익의 극대화를 추구하는 현대사회에서는 이념형 이론의 설명력이 떨어진다. 현대사회의 집단들은 기계적으로는 물론이며 유기적으로도 조화롭게 결속된 하나의 집단이 아니며 계급 개념에 의해 깔끔하게 양분되지도 않는다.

사회 구성원들이 계급, 계층, 성별, 인종, 종족, 지역, 종교, 언어, 문화, 세대 등 다양한 준거에 의해 분류되어야 하는 현대사회에서는, 소속 집단의 이익을 위해 결속(結束)과 배제(排除)가 다양하게 그리고 빈번하게 일어나고 있다. 이러한 현실에서 극도로 단순하게 집단을 구분하는 이념형 이론은 현상을 왜곡할 수밖에 없다. 당연한 결과로서 설명력이 높을 수 없다. 이러한 사실을 고려하면, 우리는 복합 개념들로 사회현상을 이해하는 데 주력하고 다양한 접근법을 사용함으로써 설명력을 높였으며 학문 간의 경계를 넘나들었던 막스 베버의 지적 작업을 재검토하고 그의 공헌을 재평가할 필요가 있다.

현대사회에서 나타나는 갖가지 유형의 불평등은 다원적 개념들을 이용하는 계층에 의해서 훨씬 정확하게 파악된다. 교육적 불평등도 기득권을 가진 집단과 이에 맞서는 미득(未得)집단이 각각 배제와 권리침해를 추구함으로써 복잡한 양상으로 나타난다. 기득권이 경제적 자산, 사회문화적 위세, 정치적 권력에 의해서는 물론이며 성, 인종·종족, 종교, 언어, 지역 등 다양한 요인에 의해서 발생하므로 이익집단의 유형도 다양할 수밖에 없다. 이러한 인식 아래, 나는 이 책에서 현대사회에서 일어나고 있는 교육현상을 현실적으로 파악하며 비전(vision)을 제시하는 데 유용하게 활용될 수 있는 이론으로서 베버의 이론과 그의 학풍을 발굴하고 재평가하고자 한다.

나는 막스 베버에게 빚을 진 것 같은 부담감을 오래전부터 갖고 있었다. 이 부담감은 그가 교육사회학자들에 의해 과소평가되고 있다는 나의 인식에서 시작되었다. 우리는 현실을 유지하거나 변화시키고자 할 때에는 현상을 단순화하고 이분(二分)하며 심지어 선악(善惡)으로 대립화시킨다. 그러나 현상을 제대로 파악하려 할 때에는 가치를 개입시키지 않으려 하며 변인(variable)과 차원(dimension)을 늘려 본다. 이는 흑백 사진보다 천연색 사진이 피사체를 더 정확하게 표현하는 것과 마찬가지이다. 현상을 파악하는 데 치중한 베버가 다중 변인을 사용한 이유도 여기에 있다.

베버는 교육사회학에 또 하나의 학풍을 가능하게 했을 뿐만 아니라 학자로서의 그의 인생은 학문을 직업으로, 더 나아가 소명으로 삼으려는 학자들이 절실히 요구되는 한국의 학계에 가장 이상적인 모형이 될 수 있다. 그는 방법론적 개인주의(methodological individualism)를 주장함으로써 개인들을 사회 구조의 구속에서 벗어나게 했으며 사회 구조를 변화시킬 수 있는 자율적 주체로 드러내었다. 베버가 비록 효율성과 합리성을 앞세워 개인들을 구속할 관료화된 조직사회가 닥친다고 예언했지만, 우리는 그가 제시한 자율적 개인들이 '작인적 주체'(作因的 主體: agent)로서 사회변화를 도모할 수 있음도 확신할 수 있다.

베버 패러다임 교육사회학의 과제는 학생들이 자율적 개인임을 먼저 인정하고 작인적 주체가 되도록 배려하는 것이다. 일상적 교수-학습장면에서 만나는 학생들은 사회라는 구조의 부품으로서 주어진 역할을 수행해야 하는 의식 없는 존재가 아니며 계급 간 투쟁의 한편으로 분류되고 억압하거나 억압될 존재도 아니다. 이 학생들은 각기 자신들의 인생의 주인이며 사회의 유형과 비전을 구상하고 실행하는 주체들이다. 교육학에는 개인들을 자율적이며 주체적인 존재로 인식해 온 전통이 있다. 인본주의(humanism)는 교육학에서 가장 중요한 이념으로 받아들여져 왔다.

학문의 세계에서 교육학은 그 어떤 분야보다 인간의 존재론적이며 실존적 의미를 중요하게 생각하고 더 직접적으로 다룬다. 그렇지만 교육학의 이러한 전통도 효과, 능률, 적응 등의 개념과 부딪치면 쉽게 무력해진다. 개인들은 실존적 존재로서는 사라지고 조직 속에서의 역할 담지자나 계급 속에서의 성원으로만 부각되어 왔다. 그러나 학생들은 개인으로서 학습의 주체로 인정되어야 하며 학급, 학교, 사회, 국가에서 부여한 구성원 역할의 수행자로서 취급되어서는 안 된다. 개인들은 학창 시절부터 위계화된 구조 속에서의 상대적 위치에 민감하게 되고 그 위치에서 자신의 의미를 찾아 왔다. 개인을 자율적이며 주체적 존재로 회복하는 작업은 교육학의 핵심 과제이어야 한다. 이러한 작업에 사회 구조가 장애가 된다면, 사회 구조의 변화까지도 과제로 삼아야 한다. 베버는 개인들을 초월하는 유기체적 존재로서의 사회 구조를 부정하였다. 개인들은 생각하지만 사회는 생각하지 못한다.

나는 뒤르케임과 마르크스라는 두 학파로 제한되고 있는 교육사회학의 이분법적 구도를 극복하는 첫 시도로서 베버의 교육사회학적 공헌이 드러나야 한다고 주장해 왔다. 그러나 그 주장을 뒷받침할 수 있는 논문이나 논저를 집필하는 데에는 매우 꾸물대었다. 게으름보다는 난해함이 더 직접적인 이유였다. 더 이상 미룰 수 없는 시점이 다가오고 있었으며, 더 오래 미루면 출판의 의미도 줄어들 수밖에 없었다. 그래서 나는 이 책이 비록 부정적으로 참고가 되는 한이 있더라도 출판하기로 결심하였다. 그 이유는 "없는 것보다는 있는 게 낫다"라고 생각했기 때문이다. 이 책이 긍정적인 측면에서 조금이라도 도움이 된다면 더 나은 작업의 밑거름이 되었음을 의미할 것이다. 그러나 부정적으로 비판된다면, 이를 바로잡으려는 학자들로 하여금 제대로 된 책을 출판하게 만들 것이다.

나는 이 작업을 더 이상 미루지 않기 위해서 때로는 컴퓨터 바탕화면에 베버의 사진을 띄워 놓기도 하였다. 예지에 찬 그의 눈빛을 마주하면서 시공간을 넘어 지적 거인을 만나 보려고 애를 써보았다. 그의 지적 작업이 너무나 방대하기 때문에, 나는 그 가운데 극히 일부분만을 다룰 수밖에 없었다. 나의 작업은 사회학자로서의 베버와 그의 사회학을 긍정적으로 활용한 후대의 사회학자들로부터 교육사회학적으로 의미 있는 관점, 개념, 이론, 자료를 추출했으므로 지적 공정성에서 자유롭지 않다. 사실, 사회학을 전개할 때, 베버는 가치중립을 강도 높게 주장했지만 그 자신이 실제로 가치중립적일 수는 없었다. 베버조차도 시대와 사회를 초월할 수는 없었기 때문이다. 더욱이 격동의 시대에 부르주아 출신이며 민족주의적 성향을 가진 베버는 정치적 장면에서 자신이 주장한 가치중립을 지키지 않았다. 엄격하게 말하면 상대편이나 청중에게 가치중립을 요구한 베버의 행위도, 이 요구에 이미 자신의 의지를 개입시킴으로써, 가치중립적일 수 없다. 행위하는 인간에게 가치중립은 정도에서 차이가 있을 뿐이며, 어느 누구도 완벽하게 가치중립을 지킬 수 없다.

나는 베버의 지적 업적이 제대로 평가받을 수 있도록 노력하면서도 피지배집단의 현실 타개 가능성과 전략에 대한 그의 소홀함에 대해서는 실망하지 않으려고 애를 썼다. 내가 베버를 주목한 이유는 그가 성인(聖人)이기 때문이 아니라 고뇌한 열정적 학자라고 판단했기 때문이다. 나는 베버와 그의 패러다임을 수용한 학자들의 지적 업적들 가운데 교육학적으로 의미 있는 개념과 이론들을 선별하여 소개함으로써 뒤르케임학파(Durkheimians)와 마르크스학파(Marxists)로 양분된 교육사회학에 베버학풍을 더하고자 하였다. 이러한 이유로, 가치중립성을 강조한 베버에게서 인본주의 사회를 지향하는 데 적합한 교육적 아이디어를 얻으려는 역설적 상황도 피할 수 없었다. 이 책은 베버를 숭배하거나 그의 사상을 추종하는 데 목적을 두지 않았다. 이 저술 작업에서, 나는 베버의 패러다임을 최대한 활용하여 주체적 행위자로서 개인들의 출현과 그들에 의한 인본주의 사회의 구현 가능성을 확신할 수 있는 교육사회학 이론을 탐색하였다. 나는 그 이론의 가능성을 '사회적 폐쇄'를 핵심 개념으로 삼아 타진해 보았다. 닥쳐올 우울한 미래에 현명하게 대처하려면 상상력과 통찰력이 절실히 요구된다. 나는 베버 패러다임이 크게 도움이 될 것으로 확신함으로써 집필에 용기를 낼 수 있었다.

2010년 12월

오욱환

| 감사문 |

나이가 들어가면 신세를 질 일이 줄어들기 때문에 감사를 드려야 할 사람들이 줄어가야 마땅하다. 그러나 나이가 들면서 생각이 깊어지고 생각할 수 있는 시간이 길어진다면, 감사해야 할 사람들이 오히려 늘어나야 한다. 우리는 인간관계를 주는 사람과 받는 사람으로 양분하는 경향이 있다. 그러나 우리는 주는 것이 무엇이며 받는 것이 무엇인지 깊이 생각해 볼 필요가 있다. 예컨대, 수업시간에 주는 사람은 누구이며 받는 사람은 누구인가? 우리는 일초의 망설임도 없이 교수가 주고 학생이 받는다고 단언한다. 그러나 달리 생각해 보자. 학생이 그 자리에 없다면 교수는 가르칠 수 있는 기회를 갖지 못한다. 그렇다면, 학생이 기회를 주고 교수가 기회를 얻은 것이다. 누가 누구에게 감사해야 하는가? 받을 사람이 받지 않으면, 주는 사람은 줄 수 없다. 그래서 받아 주는 것도 주는 것일 수 있다.

교수는 수업시간에 자신의 강의를 쏙쏙 알아듣는 학생들을 대견해 하고 좋아하며 때로는 고맙게 생각한다. 그러나 나는 교수들이 자신들의 강의를 알아듣지 못한 학생들에게도 고마움을 가져야 한다고 주장한다. 교수가 전문가로 자처한다면 알아듣지 못하는 학생들까지도 이해할 수 있도록 가르쳐야 하기 때문이다. 교수가 반성적이라면 진행되는 교과를 이해하지 못하는 학생들은 교수에게 교수법을 연구할 수 있는 기회를 제공해 준 것이 되기 때문이다. 그리고 명쾌하게 이해하는 학생이라면 교수의 가르침이 없어도 혼자서 충분히 터득할 수 있는 있는 능력을 갖고 있을 것이다. 가르침을 필요로 하는 학생들 때문에 교수가 있다.

내가 젊은 학자였을 때에는 가르쳐 준 분들에게 감사를 먼저 드렸지만, 가르칠 수 있는 공식적 기간이 그렇게 많이 남지 않은 이 시점에서는 나의 수업에 참석해 준 학생들에게 고마움을 전하고 싶다. 나는 이들에게 지적 유산을 남겨 준 위대한 학자들을 알려 주고자 애를 썼다. 그러나 지적 거인들의 업적과 열정을 전하는 데 성공하기 어려웠다. 그 거인들은 생애를 통해 혼신을 다해 보여 준 것을 나는 말로 전하려 했기 때문이다. 이 학생들이 베버가 육성(肉聲)으로 설파하는 '직업으로서의 학문'을 들을 수 있다면 얼마나 감격적이겠는가? 그러나 학생들은 내 수업이 그러한 수준에 이르지 못함에도 불구하고 경청하고 필기하며 메시지를 답안에 담으려고 애를 써 주었다. 이들에게 보답하기 위해서, 나 역시 수업에 충실하고 지적 작업에 게으름을 부리지 않으려고 애를 썼다. 나에 대한 이들의 기대는 내가 그 어떤 일보다도 지적 작업에 몰두하도록 고무하였다.

내가 학자로서의 모습을 잃지 않도록 도와준 분들이 많다. 이분들과는 주로 한국교육사회학회를 통해서 교류하였다. 그래서 나는 이분들과의 교제도 고맙게 생각하지만 어려움 속에서도 함께 한국교육사회학회를 지켜 온 데 대해서는 더 감사한 마음을 갖고 있다. 학회는 명백히 회원들의 주인정신에 의해 유지되고 발전되는 공동체이지만, 학회에는 고객처럼 처신하는 회원들이 적지 않다. 이들은 학회를 비난하면서도 필요할 때에는 효율적으로 이용한다. 필요한 것만 챙기면서 고객처럼 처신하는 회원들은 베버의 분류에 따르면 도구-합리적 행위자이다. 이들의 무임승차와 같은 도구-합리적 행위 때문에 학회를 가치-합리적 공동체로 만들려는 회원들이 어려움을 겪고 있다. 학술모임에 참석하여 다른 회원들이 참석하기를

'초라한 결혼식의 혼주가 하객을 기다리듯' 간절히 기다려 본 적이 없다면 가치-합리적 회원이 아니다. 학회의 회원이어서 발표자로서뿐만 아니라 청중으로서도 기꺼이 참석하여 오랜 시간 동안 경청하지 않았다면 가치-합리적 행위자가 아니다.

나는 학문을 직업으로 삼았거나 삼으려는 학자들을 만남으로써 '직업으로서의 학문'을 고수할 수 있었다. 나는 이들을 중심 고객으로 상상하고 이 책을 썼다. 이 책을 쓰는 데 몰입해 있던 2009년 가을에는 한국교육학회로부터 『뉴스레터』에 실릴 글을 부탁받았다. 베버에 매료되어 있었던 때였기에, 나는 대학과 학회에서 소외되고 학문으로부터 멀어지는 젊은 학자들을 격려하고자 '학문을 직업으로 삼으려는 젊은 학자들을 위하여'라는 제목 아래 짧은 글을 투고하였다. 한국교육학회 『뉴스레터』 통권 260호(2009년 9월)에 실린 이 글이 인터넷을 통해 퍼져 나가면서 독자들로부터 적지 않은 편지를 받았다. 그 편지들을 읽으면서 나는 베버의 지적 열정과 신념을 재차 느낄 수 있었다.

외국에서 학위를 받은 한국 학생들은 대부분 지도교수나 교과교수들에게 학문적으로는 물론이며 인간적으로도 매료된 경험을 갖고 있다. 그 교수들은 한국에서 온, 언어구사 능력이 떨어지는 어눌한 학생들을 격려하고 다독거리며 지적으로 연마시켜서 학업을 성공적으로 완성할 수 있도록 정성을 다한다. 그들로부터 많은 호의를 받은 한국 학생들은 학위를 취득하고 귀국하면 상당수가 교수직을 갖는다. 그러나 이들은 자신들이 외국인 교수들로부터 받았던 그러한 배려를 한국의 학생들에게 베푸는 데 인색하다. 한국의 교수들은 학생들에게 군림하는 성향이 강하다. 이러한 사실은 한국 학계에서 학문이 그만큼 멀어져 있다는 증거여서 우울해진다. 교수들은 자신들이 학생들로부터 어떤 평가를 받고 있는지 수시로 확인할 필요가 있다.

나는, 5년 전 『교사전문성』이라는 제목의 책을 집필하면서, 한국의 많은 교사들이 어려운 과정을 거쳐 교사로 임용되었음에도 불구하고 교직생활을 즐거워하지 않는 현실을 안타까워하였다. 가르침을 좋아하지 않는 교사들로부터 배우는 학생들이 학업을 즐길 가능성 또한 매우 희박하기 때문에 안타까움이 더하였다. 대학 교수들도 가르침을 즐기고 있는 것 같지 않다. 한국 대학사회에서는 "논문을 써야 하기 때문에 연구할 시간이 없다"라는 조소적 익살이 지적 호기심에 의한 탐구로부터 거리가 먼, 업적 보고를 위해 해치우듯 작성된 논문들이 양산되는 실태에서 확산되고 있다. 한국의 교육계와 학계가 이처럼 딱하고 주객이 전도된 현실에서 벗어나지 못하는 이유는 교수, 학습, 연구가 그 자체의 목적으로 추구되지 않기 때문이다. 교수, 학습, 연구가 각각 소득, 성적, 승진을 위해 마지못해 수행된다면, 그 누구도 자신의 작업을 주도적으로 그리고 역동적으로 이끌지 못할 것이다. 이 작업들이 즐거움으로 인식되려면, 학문이 직업, 소명, 그리고 자아실현의 정수로 받아들여져야 한다.

진솔한 가르침은 진지한 배움과 함께 인격적 교감도 가능하게 한다. 파울로 프레이리(Paulo Freire)는 "교사가 곧 학생이며 학생이 곧 교사"라고 주장하였다. 교육이 이루어지는 장면에서는 어느 누구도 일방적으로 가르치기만 하거나 일방적으로 배우기만 하는 상황은 없다. 학생들과의 교감이 없는 교수들은 학문 이외의 것들에서 의미와 흥미를 찾는다. 이러한 교수들이 적지 않은 한국의 대학에서, 직업으로서의 학문이 외면받고 경시되는 현상은 너무나 당연하다. 학문은 독백이 아니며 대화이다. 나는 새로운 연구주제를 구체화할 때마다 학생들의 의견을 들어 보았다. 독자가 읽을 수 없는 글이나 읽지 않는 글은 아무런 의미가 없기 때문이다. 이 학생들의 응답과 격려는 논문이나 논저에 몰입하는 데 도움이 되었다. 나는 내가 진지하게 탐구하려 할 때마다 격려해 준 학생들을 고맙게 생각한다.

1979년 늦여름, 나는 미국 일리노이 대학교에서 박사 과정 첫 학기를 시작하였다. 수업계획안에 제시된 도서들을 선점(先占)하기 위해 수업이 끝나자마자 도서관으로 달려갔다. 도서관에서 관련 도서들을 찾은 후, 나는 한동안 충격에서 벗어나지 못하였다. 찾으려는 도서들이 모두 구비되어 있었을 뿐만 아니라 부수가 충분히 마련되어 있었기 때문이었다. 나는 귀국 후 오랫동안, 한국 대학 도서관의 장서 부족과 운영의 비효율성 때문에, 문헌 연구에 엄두를 낼 수가 없었다. 그러나 한국의 대학은 급속도로 대학 도서관을 발전시킴에 따라 연구지원 환경이 많이 개선되어 나갔다. 아직도 상당히 미흡하지만 발전을 위해 노력하고 있는 점을 높이 평가하여, 나는 도서관에 감사한 마음을 전하려고 한다.

내가 소속된 이화여자대학교의 도서관은 도서 대출, 원문 복사, 상호대차 등 다양한 방법으로 이 책을 완성하는 데 아주 큰 도움을 주었다. 나는 고려대학교, 연세대학교, 서강대학교의 도서관에서 상호대차를 통해 효율적으로 빌려 준 도서들을 읽으면서 감격했고 이러한 제도를 구상하고 정착시킨 분들께도 감사한 마음을 가지고 있다. 그리고 하버드 대학교 도서관의 도움도 적지 않았다. 이 도서관으로부터 직접 도움을 받은 바는 없지만 문헌을 검색할 수 있도록 허용해 준 점만으로도 고맙게 생각한다. 한국의 도서 보유량이 외국의 큰 대학, 예컨대 하버드 대학교의 도서관이 보유한 수준에는 미치지 못하지만 연구를 수행하는 데 도움을 받을 수 있는 방법은 얼마든지 있다. 한국의 도서관들은 그러한 도움을 제공하기 위해 애쓰고 있다. 이용자들이 진실로 고마움을 표현해야만, 문헌정보의 효율적 제공을 위해 노력하는 분들도 보람을 느낄 것이며 더 나은 서비스를 구상하고 실행하기 위해 힘쓸 것이다.

나는 이화여자대학교가 책임 수업시간을 줄여준 것에 대해 감사하게 생각한다. 이에 대한 감사함을 표현하는 데 대해 거부감을 갖는 동료 교수들이 많이 있겠지만, 이 책을 완성하는 데 수업시간의 경감이 결정적인 도움이 되었음을 숨길 수 없다. 주당 수업시간 3시간, 곧 한 과목의 축소는 연구에 집중할 수 있는 시간과 여유를 크게 늘려 주었다. 여기에 더하여, 이화여자대학교는 여러 차례 연구조교를 지원해 줌으로써 저술 작업에 몰입할 수 있는 여유를 갖게 해주었다. 이경희 박사와 손홍숙 박사, 그리고 박사 과정 막바지에 있는 김희순은 원고를 작성할 때부터 마지막 교정지를 검토할 때까지 헌신적인 도움을 주었다. 끝으로 이 책이 나오기까지 여러모로 애써 주신 최민숙 부장님을 비롯한 출판부 여러분께도 감사의 마음을 전한다.

내가 책을 출간하는 중요한 이유는 첫째, 지적 호기심으로 선학들을 만날 수 있고, 둘째, 집필에서 출판까지의 과정에서 만나는 제자들, 동료들, 그리고 출판전문인들과의 만남이 좋으며, 셋째, 출판 후에는 독자들과 교류할 수 있기 때문이다. 학문을 직업으로뿐만 아니라 소명으로 느끼면서 얻게 된 행복이다. 모두 고마울 따름이다.

| 차례 |

III. 교육사회학에서 베버 패러다임

IV. 베버 패러다임 교육사회학의 실현성

I

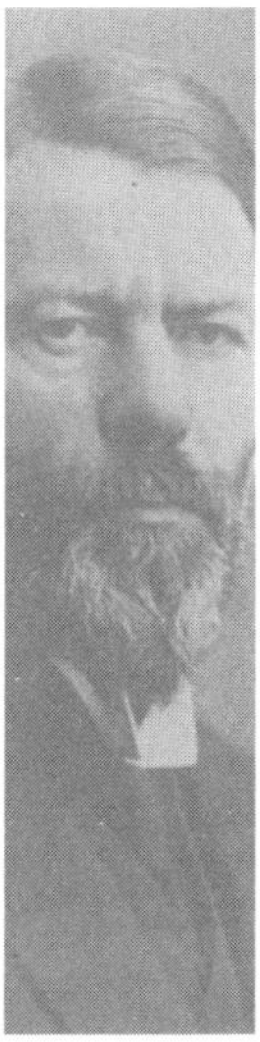

교육사회학에서 학파와 학풍

교육사회학은 교육학 내 다른 하위 영역과 비교할 때 이론이 훨씬 다양하다. 그 이유는 쟁점(issue)을 주제로 삼는 사회학에서 개발된 이론들을 사용하기 때문이다. 교육사회학에서 사용되는 이론들이 교육학 내 다른 영역보다 상대적으로 더 다양하다고는 하지만 패러다임(paradigm)[1]은 여전히 제한되어 있고 이론의 준거 범위도 그다지 넓지 않다. 인문학, 사회과학, 행동과학 등에서 개발된 이론들이 모두 교육학에서 응용될 수는 없지만, 교육학에의 적용 가능성이 높음에도 불구하고 기피되거나 배제되거나 방치된 이론들이 많다. 이러한 현상은 한국의 교육학계에서 더욱 두드러지는데 그 이유들 가운데 하나는 한국 교육학계가 이론의 개발은 물론이며 적용에도 소홀하기 때문이다. 교육학 관련 논문들의 구성을 눈여겨보면, 이론적 배경을 다루는 부분이 가장 취약함을 확인할 수 있다. 교육사회학 논문들은 교육학의 다른 하위 영역의 논문들에 비해서 이론적 배경이 상대적으로 비중 있게 다루어지고는 있지만 극히 제한된 이론들만 반복적으로 사용되고 있을 뿐이다.

교육사회학의 영역을 확대하는 작업은 다양하게 전개되어야 하며 기존 이론들의 가치를 제대로 인정하고 유용하게 활용하는 일에도 소홀하지 않아야 한다. 사회학에서는 오랫동안 에밀 뒤르케임(Emile Durkheim), 칼 마르크스(Karl Marx), 그리고 막스 베버(Max Weber)의 고유한 사상을 중시했으며 이들의 이름을 딴 세 학파가 지배해 왔지만, 교육사회학에서는 뒤르케임이나 마르크스에 비해 베버의 영향력은 상당히 미약하였다.

---

1 이 글에서 패러다임은 관점, 시각, 세상을 보는 방법 등을 의미한다.

그 이유들 가운데 하나는 한국 교육사회학이 한때는 경제성장과 사회발전에, 그 이후에는 민주화와 평등화에 몰입함으로써 이념형 패러다임과 이론들에 심취했기 때문이다. '성장과 발전', '민주화와 평등화'라는 한국사회의 시대적 조류와 이념에 따라 교육사회학에서는 각각 뒤르케임과 마르크스의 패러다임이 부상하였다. 그러나 현상의 이해와 해석에 집중된 베버의 패러다임은 시대적 필요에 부응하지 않음으로써 부각될 수 있는 기회를 갖지 못하였다.

뒤르케임의 교육 이론에 관한 번역서로는 1978년 이종각 번역의 『교육과 사회학』(*Education et sociologie* by Emile Durkheim), 저서로는 1988년 김신일의 『교육이론연구: Durkheim』, 2000년 백승학의 『질서와 변동: 에밀 뒤르케임의 교육사회학 연구』가 출판되었다. 그리고 마르크스의 교육 이론에 대한 번역서는 1987년 이혜영·조영태·조난심·정재걸·강영혜 공동 번역의 『마르크스주의와 교육이론』(*Marxism and education* by Madan Sarup, [1978] 1987), 1988년과 1989년 김태성 번역의 『맑스·엥겔스 교육론 1, 2, 3』, 1989년 이장원 번역의 『마르크스·레닌주의 교육학 방법론』, 1989년과 1990년 오세종 번역의 『마르크스주의 교육이론 1』과 『마르크스주의 교육철학 2』(*Einführung in die marxistische Erziehungstheorie* by Bogdan Suchodolski, 1990)가, 저서로는 1994년과 2009년 이건만에 의해 각각 『마르크스주의 교육사회학』, 『마르크스주의 교육사회학의 이론과 쟁점』이 출판되었다. 물론, 두 가지 패러다임을 다루거나 이에 기반을 둔 논문들은 구두로 그리고 인쇄물로 한국의 시대적 상황에 맞추어 활발하게 발표되고 출판되었다.

그러나 '베버'와 '교육'을 핵심 개념으로 사용한 단행본은 국내는 물론 외국에서도 찾기 어렵다. 보유한 장서의 수를 자랑하는 하버드 대학교의 도서관과 미국 국회도서관의 웹사이트에서 베버와 교육(Weber and education)을 입력해 보면 이러한 사실을 확인할 수 있다. 뒤르케임 교육 이론은, 뒤르케임이 교육학과 교수를 역임했을 뿐만 아니라 교육을 주제로 한 도서를 집필했으며 조화로운 기능사회를 이념으로 제시했기 때문에, 후학(後學)들에 의해서 지속적으로 다시 조명되고 부각될 수 있었다. 그리고 마르크스는 자본주의 사회의 불평등을 비판하고 평등사회를 추구했기 때문에, 그 자신이 교육을 주제로 다루지 않았더라도 그의 사상에 동조하는 학자들이 자본주의 사회에서 교육이 불평등의 재생산에 동원되는 현실을 비판하고 평등사회를 위한 교육 전략을 제시하면서 마르크스주의 교육 이론이 전개될 수 있었다. 반면, 베버는 뒤르케임처럼 교육학과의 관련성이 높지 않고 마르크스처럼 이상사회를 제시하고 추구하지 않았기 때문에, 베버 패러다임의 교육 이론이 출현하기 어려웠다.

1. 학파와 학풍: 양분론을 넘어서

한국 교육사회학계에서 다루어지고 있는 이론들은 기능론(functionalism)과 갈등론(conflict theory)이라는 대립된 두 가지 패러다임에 귀속된다. 기능론과 갈등론 패러다임에는 각각 내부적으로 상당히 미묘한 차이를 보이는 이론들이 있지만, 이분법(二分法)적 사고의 안일함 때문에 그 차이들이 자세히 드러나지 못하고 있다. 기능론과 갈등론은 각 패러다임의 기원을 마련한 뒤르케임과 마르크스로 대표되어 뒤르케임학파와 마르크스학파로 지칭되기도 한다. 모든 유형의 분류 작업은 소속된 개체들의 독특한 특성을 분류된 집단 전체의 대표적 속성으로 수렴시킨다. 예컨대, 흑과 백으로 분류할 경우 다른 색깔들은 흑으로 또는 백으로 전환되며, 선(善)과 악(惡)으로 분류할 경우에는 선에 속하든지 악에 속할 뿐이다. '분류의 독단'은 이분법에서만 일어나지 않으며, 그 분류의 가지를 다양화하고 차원을 높이더라도 결코 사라지지 않는다. 그러나 분류의 가지가 적을수록 독단은 더 심하게 작용한다.

아래의 [그림 1]에서 X는 개체를 의미하고 X들 간의 거리는 속성의 차이를 표시한 것이다. 이 개체들을 두 집단으로 분류할 경우 (1) X1, X2, X3, X4를 한 묶음으로 하고 나머지 X5, X6, X7, X8을 다른 묶음으로 하는 방법, (2) X1, X2, X3을 한 묶음으로 하고 X4, X5, X6, X7, X8을 다른 묶음으로 하는 방법 등이 있을 것이다. 어떤 방법을 사용하든, 분류에 의한 개체 속성의 특성은 분류된 가지의 대표 속성으로 대체된다. 첫 번째 방법([X1, X2, X3, X4], [X5, X6, X7, X8])의 경우, X3과 X4의 차이가 X4와 X5의 차이보다 더 크지만 동질 집단으로 분류되고, 두 번째 방법의 경우([X1, X2, W3], [X4, X5, X6, X7, X8])에는 X7과 X8의 차이가 그 어떤 두 개체의 차이보다 더 크지만 한 집단에 소속됨으로써 독특성이 사라져 버린다. 개체 간 간격을 측정할 수 있는 기준이 없는 경우와 간격이 드러나도록 칸을 만들어 표시한 경우를 비교해 보면 그 차이를 더 정확하게 알 수 있다.

X1		X2		X3				X4			X5	X6	X7						X8
X1		X2		X3				X4			X5	X6	X7						X8

[그림 1] 분류에 개입되는 독단을 예시하기 위한 그림

교육사회학이 기능론과 갈등론으로 양분된 패러다임에 지나치게 의존함으로써, 고유의 특성을 가진 이론들이 두 패러다임 가운데 하나에 무리하게 배치되었을 뿐만 아니라 두 패러다임 가운데 어느 쪽으로도 분류되기 어려운 이론들은 학계의 관심 밖으로 사라졌다. 두 패러다임이 거시적 사회 구조에 주목한 것이기 때문에, 미시적 접근에 해당하는 수많은 이론들은 교육사회학에서 오랫동안 배제되거나 경시되어 왔다. 현상학, 상징적 상호교섭론,[2] 사회심리학, 문화인류학 등을 배경으로 하여 개발된 이론

2 작용(作用)의 사전적 의미는 "① 어떠한 현상을 일으키거나 영향을 미침, ② 〈물리〉 어떠한 물리적 원인이나 대상이 다른 대상이나 원인에 기여함"이며, 교섭(交涉)은 "어떤 일을 이루기 위해 서로 의논하고 절충함"이다(NAVER 국어사전). '작용'은 일상적으로

과 연구들은 기능론과 갈등론으로 분류하는 데 부적합할 경우에 기피되기도 하였다.

이 글은 이러한 이분법적 분류에 의해 소홀히 다루어진 베버, 베버 패러다임, 베버 학풍(學風)의 연구들을 부각하고자 한다. 베버가 그러했듯, 베버 패러다임으로 분류될 수 있는 학자들도 탐구 대상에서 시간과 공간을 제한하지 않으며 접근방법에서 객관성에 구속되지 않기 때문에 매우 다양한 연구결과들을 제시하고 있다. 이들은 현재의 현상을 이해하기 위해 사적(史的) 자료를 동원하며 다른 사회나 국가에서 일어나는 현상과 비교하는 데에도 적극적이다. 베버는, 마르크스를 제외하고는 가장 빈번하게 언급되고 있음에도 불구하고, 간과되거나 과소 이용될 뿐만 아니라 심각하게 왜곡되어 왔다(Collins, 1986: 1).

베버 패러다임의 이론이나 연구물들 역시 소홀하게 다루어지면서 실제적인 가치보다 크게 평가절하되고 있는데, 이는 독자들이 이데올로기적 주장에 편향되어 있기 때문이다. 사회과학계가 현상의 파악보다 방안과 정책의 제시에 치중함으로써 이해(understanding)와 해석(interpretation)을 중요하게 생각하는 베버 패러다임이 외면받아 왔다. 이러한 현실은 진찰이나 진단보다 치료에 급급하고 즉각적인 효과를 기대하여 과감하게 때로는 무모하게 시도되는 처방이나 시술에 비유될 수 있다. 즉각적인

물질적 관계를 염두에 둘 때 사용된다. '교섭'은, 비록 널리 사용되고 있지는 않지만, 사람들 사이에서 이루어지는 교류관계를 연상하며 사용된다. 상호작용과 상호교섭 역시 작용과 교섭의 의미처럼 차이가 있다면, 인간들 사이에 이루어지는 교류를 상호교섭으로 표현하는 것이 적절하다. 'interaction'은 상호작용으로 번역되어 왔지만, '상호교섭'으로 번역하기를 오래 전부터 권장한 학자도 있었으며 최근에는 많은 학자들이 이에 동의하고 있다. 베버는 'action'을 '개인에 의해 의미가 부여된 행위'라는 매우 중요한 개념으로 사용하였다. 베버를 부각시키기 위한 작업을 하면서, 주체들의 의지가 반영되고 의미가 개입된 행위들이 개인들 사이에 교류되는 활동(inter-action)을 물질들 간의 에너지 이동의 의미만 담겨 있는 '상호작용'으로 번역하는 것은 부적절하다. 이 글에서는 개인들 간의 만남을 의미할 경우 상호교섭으로 표현한다. 다시 말해서, 인간들 사이의 교류는 물질적 작용이 아니라 의미의 교섭이다.

효과를 기대하거나 확신하며 약을 처방하는 의사일수록 진찰에 소홀하고 환자의 상태를 단순하게 진단한다.

교육사회학의 패러다임이 기능론과 갈등론으로 양분되고 각각 '현존 사회의 유지·발전'과 '현존 사회의 구조적 변화'의 지향이라는 이념이 더해지면서 가장 심각하게 왜곡된 학자들은 베버와 베버 학풍의 후대 학자들이다. 기능론과 갈등론은 각각 '사회 구조의 절대적 유지'와 '사회 구조의 필연적 변화'를 단정적으로 전제한 후에 사회현상을 주목하는 모형의 '이념형 패러다임'이어서, 베버처럼 이념의 지향보다 '현상의 이해와 해석'에 심취한 학자들의 지적 성향과는 맞지 않는다. 그렇지만 이해 지향적 이론들은 기능론과 갈등론이라는 두 가지 패러다임으로만 양분된 분류 체계 아래에서는 어느 한편에 소속될 수밖에 없었다.

베버 성향의 학자들은 자신들의 의사와는 무관하게 갈등론 또는 마르크스학파로 분류되어 왔다. 갈등론을 마르크스주의와 동일시할 경우에는 베버 패러다임의 학자들은 갈등론자이면서 마르크스주의자로 분류될 수밖에 없다(Wallace and Wolf, 1995: 77-78). 그리고 베버처럼 드러난 현상을 심층적으로 파고들면 개인이나 집단들이 공익을 위해 결속하기보다는, 다시 말해서 사회 구조에 기능적이기보다는 개인적 또는 집단적 이익을 추구하기 위해서 경쟁하고 투쟁하는 데 더 집착하고 있음이 두드러지기 때문에 갈등론으로 분류되어도 무리가 없어 보일 수 있다.

이 글은 (1) 경시되고 있을 뿐만 아니라 때로는 왜곡되고 있는 베버와 그의 지적 성향을 수용한 학자들을 제대로 평가하고, (2) 그들의 이론들을 적극적으로 활용하기 위한 디딤돌을 마련하기 위해 시도되었다. 나는 교육사회학이 발전하려면 기능론과 갈등론, 또는 뒤르케임학파와 마르크스학파라는 대립적으로 이분된 패러다임의 굴레에서 벗어나야 한다고 주장해 왔다. 이념형 이론을 거부하고 이해형 이론에 집착한 베버를, 이념을 준거로 한 이분법적 분류 체계에의 집착 때문에, 마르크스주의의 아류(亞流)이거나 변형(變形)으로 간주하는 것은 심각한 곡해이며 오류이다. 베버는 패러다임, 이론, 개념, 방법론, 영역 등 모든 부분에서 마르크스와 구별된다. 마르크스 패러다임의 극복이 학자로서 베버의 최대 과제였다.

당대(當代) 학문에서의 선배인 마르크스가 주제로 다룬 '불평등'(inequality)과 핵심 개념으로 선택한 '자본주의'(capitalism)를 공유했음[3]에도 불구하고, 베버가 당시에는 물론이며 지금도 추앙받고 있다는 사실은 그가 마르크스를 극복했거나 차별화에 성공했음을 의미한다. 베버는 마르크스의 아이디어를 긍정적 또는 건설적으로 비판하였다(Grabb, 1990: 42). 마르크스와 초기 마르크스주의자들보다 후에 태어난 베버는 그들보다 더 포괄적인 자료와 증거를 습득할 수 있었으며 그들의 주장이나 예측을 현실적으로 경험할 수 있었기 때문에 마르크스적 관점, 개념, 이론 등을 수정하고 한계를 극복할 수 있었다. 한편, 마르크스주의에 대한 베버의 비판과 수정이 마르크스주의 학자들의 변명과 반박에도 불구하고 여전히 주효하고 있다는 사실은 베버가 마르크스의 아류가 아니며 독자적인 패러다임을 확보하고 있음을 의미한다.

베버는 세계적으로는 물론 심지어 모국인 독일에서도 학문적 제자 또는 후계자를 남기지 않았다(Löwith (이상률 역), [1960] 1992: 13; Wrong, 1970: 1).[4] 그 이유는 베버의 독특한 성격, 짧은 교수 재직 기간, 기대보다 이른 죽음 등에 더하여 그가 이상사회(理想社會)를 제시하고 이의 구현을

---

3 마르크스는 근대 자본주의를 불합리하다고 비판했지만, 베버는 합리성의 전형으로 보았다(Gerth and Mills, 1946: 49).

4 이 책에서 빈번하게 사용될 표기법 한 가지를 설명하고자 한다. "(Löwith (이상률 역), [1960] 1992: 13)"은 Löwith가 1960년에 출판한 책을 이상률이 번역하여 1992년에 출간한 책의 13쪽을 가리킨다. 뒤에 나올 "(Weber (ed. Roth and Wittich), 1978: 9)"는 Weber가 쓴 글들을 Roth와 Wittich가 1978년에 공동으로 편집한 책의 9쪽을 나타낸다. 이 경우, Weber가 다년간에 걸쳐 쓴 글들을 편집하였기 때문에 처음 출간된 연도를 표기하지 못하였다. 문헌 정보를 기술할 때(Löwith (이상률 역), [1960] 1992: 13)와 같은 식으로 둥근 괄호 안에 둥근 괄호를 넣음으로써 논리적으로 맞지 않고 혼돈이 초래될 수 있음에도 불구하고 이 책에서는 둥근 괄호 안에 둥근 괄호를 사용한다. 둥근 괄호 안에 다른 유형의 괄호를 넣어 보았을 때 매우 어색했기 때문이다.

추구하지 않았으며 전대(前代)나 당대의 학자나 사상가들처럼 고유 이념을 고수하기 위해 배타적 성향을 띠지 않았기 때문이다. 그래서 이 글에서는, 베버의 지적 성향을 따르는 학자들을 학파(學派)로 분류하는 것이 적합하지 않기 때문에(Swedberg, 2005: 305-306; Turner, 2001: 16407-16412) '베버 학풍'이라고 지칭한다.[5] '베버학파'(Weberian school)라는 명칭이 어색한 이유는 다음과 같이 정리할 수 있다.

(1) 베버의 지적 관심이 너무나 다양하여 정리되기 어려웠다.
(2) 그의 지적 작업이 전체로서는 해체적인 특성을 띠어 소수의 기본적 공식으로 환원되기 어려웠다.
(3) 그 자신이 지적 영웅 숭배를 무시했으며 거부하였다.
(4) 당시의 지적 및 정치적 상황으로 인해, 그가 이룬 학술성과들이 그의 사후에야 이용될 수 있었다(Turner, 2001: 16407). (의미 전달을 위해 원문을 다소 수정하고 보완함).

그러나 베버의 학문적 영향력은 그 누구에게도 뒤지지 않으며 지금도 그로부터 지적 영감을 받은 학자들이 늘어나고 있다. 해밀턴(Hamilton, 1991)이 각종 학술지에서 베버에 관한 연구논문 158편을 수집, 총 8권으로 편집하여 출판한 문헌은 베버의 지적 영향력을 파악하는 데 매우 유익

5 베버로부터 지적 영감을 얻은 학자들로는 (독일어권) Norbert Elias, Karl Jaspers, Karl Mannheim, Alfred Schutz, Georg Simmel, György Lukács, Otto Hintze, Ernst Troeltsch, Wilhelm Hennis, Wolfgang Mommsen, Wolfgang Schluchter / (미국) Reinhard Bendix, Peter Berger, Peter Blau, Randall Collins, Everett C. Hughes, Seymour Martin Lipset, Robert K. Merton, Talcott Parsons, Edward Shils, Theda Skocpol, Arthur Stinchcombe / (영국) Anthony Giddens, Michael Mann / (영·미 이중 국적자) Frank Parkin / (프랑스) Raymond Aron, Raymond Boudon, Pierre Bourdieu / (이스라엘) S. N. Eisenstadt 등이 있다. 1970년대 이후 신(新)베버주의자로 알려지고 있는 학자들로는 Randall Collins, Frank Parkin, Michael Mann이 있다(Swedberg, 2005: 306-307).

하다. 이 문헌에서 나누어진 절(section)은 베버의 학문적 업적에 대한 학자들의 관심도를 알아보는 데 도움이 되므로 여기에 소개한다. 각 절의 제목과 게재된 논문의 편수는 다음과 같다.

막스 베버: 비판적 평가 1

1. 막스 베버: 생애와 지적 맥락 (17편)
2. 방법론: 이해사회학 (9편)
3. 프로테스탄트 윤리 논제 (18편)
4. 경제와 사회 (7편)
5. 권력과 권위 (6편)
6. 관료제 (5편)
7. 종교사회학 (4편)
8. 합리화와 현대성 (5편)
9. 사회과학의 철학 (7편)

막스 베버: 비판적 평가 2

1. 정치학과 정치적 맥락 (20편)
2. 법률적 그리고 방법론적 쟁점들 (23편)
3. 경제학과 경제사 (20편)
4. 역사와 역사적 질문들 (17편)

베버와는 달리, 마르크스와 뒤르케임은 각각 '계급 없는 평등사회'와 '분업에 의한 조화된 기능사회'를 추구했기 때문에 이념적 추종자와 학문적 후계자들이 뚜렷하게 드러난다.[6] 그래서 마르크스학파와 뒤르케임학

6 뒤르케임이 조화로운 기능사회로의 당위적 변화를 전망하고 마르크스가 인본적인 평등사회를 역사적 필연으로 확신한 것과는 달리, 베버는 합리성이라는 구호 아래 인간성이 침해당하는 관료사회의 출현이 정치적 이념과 무관하게 도래할 것이라고 암울하게

파는 자연스럽게 통용되는 용어가 되었으며 이 학파들에 속한 학자들은 정체성을 갖고 있다. 이 글에서 학파는 이념형 학자들의 집단을 의미하며, 학풍은 이해형 학자들의 느슨한 집단을 지칭한다. 이해형 학풍은 현상의 이해에 심취하고 이념으로부터 자유롭기 때문에 현대처럼 예견하기 어려운 시대의 사회 변화와 사태들을 설명하는 데 유용한 이론들을 제시할 수 있었다. 이러한 맥락에서, 포스트모더니즘 학자들(Jean Baudrillard, Michel Foucault, Jean-Francois Lyotard)이 고전사회학자들 가운데 베버에 주목한 이유도 여기에 있다(Gane, 2005).

교육사회학의 학문적 공헌도를 높이기 위해서는 관련 이론들이 널리 그리고 의미 있게 활용되어야 한다. 나는 교육사회학 이론의 다양화 작업을 추진하면서(오욱환, 1999a, 1999b, 2001, 2003b, 2006) 베버와 그의 아이디어를 전승한 학자들의 지적 업적이 놀라우리만치 경시되고 있음을 알게 되었다. 베버는 폭넓은 주제를 다루었고 매우 의미 있는 관점을 제시했음에도 불구하고 뒤르케임이나 마르크스에 가려져 있다. 나는 베버 학풍의 글들을 접할 때마다 우리가 빈번하게 사용하고 있는 교육사회학 관련 용어와 아이디어들이 그들의 사상, 이론 및 개념들에서 유래된 것임을 알고 당황하였다.[7] 오늘날 우리들이 사용하는 용어와 이론들이 베버의 업적에 크게 의존하고 있는 이유는 그가 경제, 정치, 사회, 문화, 종교 등 제반 영역에서 급격한 변화가 이루어졌던 19세기부터 20세기의 독일제국에서 학문 간 경계를 넘나들고, 시대를 거리낌 없이 거슬러 올라갔을 뿐만 아니라, 국경을 염두에 두지 않고 주제를 선택하여 연구에 몰두했기 때문이다.

베버는 현상의 파악에 심취했기 때문에 사고의 범위에 구속을 받지 않

예언하였다.

7 응답자들의 사회경제적 배경을 독립 변인으로 분류하여 종속 변인과의 관계를 탐구하는 사회과학 논문들의 사회경제적 배경 분류법은 거의 대부분 베버로부터 아이디어를 빌리고 있다. 그럼에도 불구하고 그 분류법이 베버 패러다임에 의존하고 있음을 명시하는 논문은 많지 않다.

았으며, 당대의 전통에 대해 비판적이었기 때문에 개념의 창조와 이론의 구성에 거침이 없었다. 그는 문제 지향적이었으며, 최고의 응용사회학자였다. 문제를 발굴하고 아이디어를 적용하는 데 심취했기 때문에, 그의 지적 작업은 다양하고 광범위할 수밖에 없었다. 마르크스와 뒤르케임이 각각 기능적 조화사회와 계급 없는 평등사회를 지향함으로써 사고의 범위에서 제한을 받고 가치가 개입된 개념들을 사용할 수밖에 없었지만, 이념과 윤리로부터 자유로웠던 베버는 폭넓게 사고할 수 있었다. 베버는 정치적 이념이나 윤리적 명령의 불(不)개입을 사회학의 공리(axiom)처럼 강조하였다. 우리는 현실에 대한 정확한 기술과 해석을 이념의 제시나 설득보다 더 중요하게 생각한 학자로서 베버를 주목할 필요가 있다.

1864년에 출생해서 1920년에 사망한 베버에게서 오늘날의 사회현상을 설명하는 데 적합한 이론과 개념들을 기대하는 것은 무리일지 모르지만, 그는 오늘날에도 충분히 의미 있는 이론과 개념들을 제시하였다. 그럼에도 불구하고 이해에 집착한 학문적 성향 때문에 베버의 지적 업적과 공헌이 뒤르케임이나 마르크스만큼 각광을 받지는 못하고 있다. 뒤르케임의 이념은 미국으로 전파되어 탈코트 파슨스(Talcott Parsons)에 의해 기능주의(functionalism)[8] 또는 구조기능주의로 발전되었고, 킹슬리 데이비스(Kingsley Davis), 윌버트 무어(Wilbert Moore), 로버트 머튼(Robert Merton) 등으로 이어지면서 미국에서 오랫동안 표준사회학(Davis, 1959; 김경동, [1978] 1985; Alexander, 1987; Ritzer, 1988)으로 군림했으며 예전만큼은 아니지만 지금도 중심 학파로서 영향력을 갖고 있다(Ritzer (김왕배 외 역), [2003] 2006: 283-285). 한편, 마르크스의 영향력

8 기능주의에 대한 정의는 매우 다양하지만 기능주의적인 분석은 사회현상들을 '더 넓은 사회' (broader society)를 위한 결과(consequences)에 의하여 검토한다. 곧 "친족관계는 사회를 위해 무엇을 하느냐," "종교적 의식은 사회를 위해서 무엇을 하느냐," "정부, 빈곤, 계급들, 혹은 어떤 사회적 현상들은 사회를 위해서 어떤 기능을 하느냐" 등으로 질문된다(Turner and Maryanski, 1979: xi).

은 끊임없이 이어져 오고 있으며 신(新)마르크스주의라는 명칭이 의미하듯 발전된 이론으로 거듭나기도 하였다. 안토니오 그람시(Antonio Gramsci), 프랑크푸르트학파에 속한 헤르베르트 마르쿠제(Herbert Marcuse), 테오도어 아도르노(Theodor Adorno), 위르겐 하버마스(Jürgen Habermas), 그리고 구조주의적 성향을 강하게 띤 루이 알튀세르(Louis Althusser)는 다양한 지류들을 만들어 내면서 마르크스의 이론들을 강화해 왔다(Parkin, 2002: x). 오늘날 정치, 경제, 문화, 지역, 종족 등에서 차이나 격차가 있음에도 불구하고, 각 국가에는 마르크스주의자로 자처하거나 분류될 수 있는 학자들이 많이 있다.

뒤르케임이나 마르크스에 비해서 베버는 독특한 성향의 학파를 형성할 수 있는 이념을 제시하지 않았다. 이 때문에 베버학파로 불릴 수 있는 학자들을 거명하기가 어렵다. 그러나 적지 않은 학자들이 그의 사상, 이론, 개념, 방법에 심취해 있고 이를 발전시키기 위해 노력해 왔다. 이 글에서 베버로부터 지적 영감을 받은 학자들을 '베버학파'로 지칭하지 않고 '베버 학풍'으로 이름을 붙이는 이유는 자신의 지적 성향을 베버주의자로 천명하지는 않는 학자들 중에도 베버의 영향권 안에 포함될 수 있는 학자들이 적지 않기 때문이다. 이념지향형 학자들에게는 사상적 추종자들이 있지만, 이해지향형 학자들에게는 지적 성향이 비슷한 후학들만 있을 뿐이다. 베버의 패러다임, 개념, 이론, 방법론 등을 고수하거나 선호하는 학자들은 베버 학풍에 포함될 수 있다.

2. 뒤르케임과 마르크스로부터 베버의 구별

사회현상에 대한 설명을 목표로 하는 사회학은 그 대상의 차이에 따라 다양한 분야가 발생한다. 사회현상의 원인과 결과를 공감할 수 있도록 이해하고 해석하려는 지적 작업과 이상적 대체(代替) 사회를 건설하기 위해 구상(構想)된 이념적 작업은 상당히 다른 논리 구도로 전개된다. 뒤르케임과 마르크스는 이상사회를 먼저 설정해 놓고 전망을 낙관했으며(Hughes, Martin, and Sharrock, 1995: 87; [1995] 1998), 설정된 이상사회로 발전하기 위해 현재 사회가 어떻게 변화되어야 하는지에 관심을 집중했다. 이들의 이론에서 이념적 속성을 강하게 느낄 수 있는 이유도 이상사회를 구현하기 위해 현실적으로 추구해야 하는 것이 무엇인지를 제시하고 요구하는 형식을 띠기 때문이다. 이들의 이론에는 가치가 적극적으로 개입되어 있다. 그러나 베버는 해석적 이해와 인과적 설명을 추구했을 뿐이어서 '이데올로기적 베버'(ideological Weber)를 찾을 수 없다(Turner, 2000: 1).

베버는 『경제와 사회』(*Economy and society*) 1장에서 "사회학은 사회적 행위에 대한 해석적 이해에 관심을 가지며 따라서 그 행위의 과정과 결과에 대한 인과적 설명에 관심을 기울이는 학문"[9](Weber (ed. Roth and Wittich), 1978: 4)이라고 정의하였다. "그러므로 (사회학처럼) 행위의 주관적 의미에 대해 관심을 갖는 학문에서, 설명은 이해 가능한 행위의 실제적 과정을 해석함으로써 복합적 의미를 포착해야 한다"(Weber (ed. Roth and Wittich), 1978: 9). 베버 시대에서 설명과 이해는 각각 자연과학과 사회과학·문화과학의 특성을 나타내는 대립적 개념들이었으므로, 이해와 설명의 통합을 시도하고 '이해적 설명'(understanding explanation)과 같은 개념을 사용하는 것은 대단한 도전이었다(Weber (ed. Shils and Finch), 1949: 41).

뒤르케임과 마르크스는 산업화 과정에 대한 해석에서 극명하게 대립된다. 공업과 상업의 급격한 변화에 대해 뒤르케임은 산업사회(industrial

---

9 영어 번역본에는 다음과 같이 적혀 있다. "Sociology (in the sense in which this highly ambiguous word is used here) is a science concerning itself with the interpretive understanding of social action and thereby with a causal explanation of its course and consequences."

society)로의 진화(進化)로 파악한 데 대해 마르크스는 자본주의 사회(capitalist society)로의 악화(惡化)로 규정하였다. 뒤르케임은 산업사회의 기능적 조화를 지향했지만, 마르크스는 자본주의 사회가 사회주의 사회(socialist society)로 전환(轉換)되기를 갈망하였다. 뒤르케임은 자신이 구상한 사회로 나아가는 데 도움이 되면 기능적이라고 규정했으며 방해가 되면 역기능적이라고 평가하였다. 마르크스 역시 자신이 추구한 사회 곧 사회주의 사회의 도래를 필연적 역사 과정으로 정당화하고 그 과정을 혁명적이라고 표현했으며 그 반대 방향을 반(反)혁명적, 보수적, 반동적이라고 비판하였다. 마르크스와 뒤르케임은 이론에 이념을 적극적으로 개입시켰으며, 이들을 추종하는 학자들도 이념적 성향이 뚜렷하다. 이 때문에 후대 학자들은 각각 마르크스학파와 뒤르케임학파로 지칭되고 있다. 그러나 베버의 지적 전통은 마르크스나 뒤르케임과는 다르게 학파로 발전되지 않았으며 다만 지적 성향이 유사한 학자들을 떠올릴 수 있을 뿐이다.

우리는 여기서 사회주의 사회의 특징, 사회주의 사회에 대한 비판, 그 비판에 대한 반론과 변명 등을 통해서 '사회주의 사회'의 이상과 현실 그리고 사회주의 사회에 대한 관점과 개념을 정확하게 파악할 필요가 있다. 베버 패러다임과 마르크스 패러다임의 차별화, 현대 자본주의 사회에서 마르크스 패러다임의 한계, 현대사회의 현상을 이해하기 위한 베버 패러다임의 적용 가능성 등이 이에 달려 있기 때문이다. 애버크롬비 · 힐 · 터너의 『사회학사전』(*Dictionary of sociology*, 5th ed.)은 '사회주의 사회'에 대해 잘 정리된 설명을 제공하고 있다. 아래의 글은 이 설명을 다시 축약시킨 것이다.

> 사회주의 사회의 중요한 특징은 (1) 생산과 분배의 수단에 대한 공동소유권, (2) 국가에 의해 계획된 경제 활동과 이에 따른 시장 기능의 약화 또는 무력화, (3) 사적 소유의 폐지에 따른 경제 계급의 소멸과 그로 인한 국

가의 억압적 기능 약화와 관리적 기능 강화, (4) 법적 체제가 일차적으로 관리에 집중됨에 따른 형법과 재산권법의 획기적 변화, (5) 이러한 구조적 변화에 의한 이데올로기, 특히 종교의 소멸, (6) 사유 재산의 소멸과 함께 인간 소외의 종식 등으로 나타난다. 사회주의자들의 주장에 따르면, 자본주의 사회에 대한 사회주의 사회의 상대적 우위는 (1) 경제적 효율성, (2) 식민 시장의 종식, (3) 한층 더 발달된 민주주의 등으로 나타난다.

한편, 사회주의 사회에 대한 비판은 러시아, 동부 유럽, 아시아 그리고 아프리카에 실제로 등장한 사회주의 사회들의 현실에 근거하여 제기되었다. 이러한 비판들을 정리하면, 실제로 나타난 사회주의 사회들은 (1) 경제적으로 효율적이지도 역동적이지도 않았다; (2) 중요한 결정이 (유일) 정당에 의해서 독점됨으로써 민주적이지 않았다; (3) 급격한 산업화와 경제적 축적을 위해서 오히려 제국주의적이었다; (4) 사적 소유의 폐지로 경제적 계급은 의미가 상당히 상실되었지만 소득, 위세, 권력 등에 의한 불평등으로 사회의 계층화는 지속되었다; (5) 불평등이 시장에 의해서보다는 권력을 독점하고 있는 정당과 관료기구에 의해서 결정되었다; (6) 계획경제 체제로 시장을 폐지하려 했지만 완전히 제거하지 못했으며 암시장으로 인해 정치적 독점과 연계된 사회적 불평등이 심화되었다; (7) 정당의 권력에 정통성을 부여하기 위해 이데올로기가 중요해졌다.

이러한 비판에 대한 반박과 변명은 다음과 같이 정리된다. (1) 사회주의 국가들에서 나타난 경험상의 이탈들은 사회주의 사회의 불가피하거나 내재적인 실패가 아니며 다만 발전된 사회주의 사회로 전환되는 과정에서 나타난 결함에 지나지 않았다; (2) 사회주의 사회는, 자본주의 사회들이 여전히 지배하고 있는 세계적 상황 아래에서, 충분히 발달할 수 없었다; (3) 철저히 따지자면, 옛 소련과 같은 사회는 사회주의 체제가 아니었으며 자본가들의 기능을 수행하던 사적 소유권자들이 국가로 대체된 '국가 자본주의' 체제에 지나지 않았다. (따라서 사회주의 국가들의 사례들을 근거로 하여 사회주의 사회를 비판하거나 한계를 지적하는 것은 부당하다) (Abercrombie,

Hill, and Turner, 2006: 362-363). (괄호 안의 내용은 저자가 추가한 것임)

뒤르케임, 마르크스, 베버 등 세 학자는 고전적 사회학을 태동시킨 선구자로 인정받고 있다(Abercrombie, Hill, and Turner, 2006: 416-418; Jary and Jary, 1991: 549; Marshall, 1998: 699; Parkin, 2002; Roberts and Hite, 2000; Turner, 2006: 662).[10] 사회학의 지적 기원은 다양하게 분류되고 있지만, 그 기원을 아무리 좁혀 나가더라도 세 가지 이하로 줄이지 못한다. 마르크스(독일, 1818~1883), 뒤르케임(프랑스, 1858~1917), 베버(독일, 1864~1920)는 생애 가운데 20년 정도가 겹친다. 마르크스와 뒤르케임은 25년간 그리고 뒤르케임과 베버는 53년간 같은 기간에 생존하였다(그림 2 참조). 이러한 사실은 이들이 활동했던 시대가 비슷했음을 의미하며 각자가 생활했던 시대적 상황이 패러다임의 차이를 유발했을 가능성이 낮음을 뜻한다. 이는 세 학자가 세상을 서로 다른 관점으로 파악했음을 의미한다. 베버가 지적으로 성숙할 즈음, 독일에서는 마르크스의 학문적 동료였던 프리드리히 엥겔스(1820~1895)가 독일 지식사회에 커다란 영향을 미치고 있었다(Collins, 1994: 81). 이 때문에 베버는 마르크스주의를 극복해야만 고유의 정체성을 가질 수 있었다.

베버는 시대적 패러다임에 안주하지 않았으며 독특한 관점으로 사회현상을 이해하고 해석하였다. 그의 패러다임은 뒤르케임의 패러다임—사회의 존속과 유지를 절대 명제로 내세우고 이질적 성향의 사회 구성원들의 결속을 당위론적으로 강조하는 패러다임—과는 분명히 구별되었다. 뒤르케임이 프랑스인이었고 당시의 프랑스사회는 독일사회와는 상당히 달랐

10 엄격하게 규정한다면, 뒤르케임과 베버는 사회학자이지만 마르크스는 사회학자가 아니다. 그러나 마르크스가 사회학에 미친 영향은 어느 누구에게도 뒤지지 않는다. 당시 사회학이 학문으로 정립되지 못했기 때문에, 뒤르케임은 철학 · 교육학과에서 사회학과로 자리를 옮겼으며, 베버는 경제학자로 오랫동안 활동하다가 말년에 이르러서야 사회학자로 인정받았다(Hamilton in Parkin, 2002: vii).

1818	**마르크스**(독일)	1883
1858	**뒤르케임**(프랑스)	1917
1864	**베버**(독일)	1920

[그림 2] 마르크스, 뒤르케임, 베버의 생애 연도

기 때문에 두 학자 간 패러다임의 차별화는 용이하였다. 그러나 마르크스는 독일인이었을 뿐만 아니라 베버가 출생했을 때 이미 46세로 지적 작업을 왕성하게 전개하고 있었다. 시대적 조건과 사회적 배경에서 베버는 마르크스의 영향권에서 벗어나기가 어려웠다. 여기에 더하여 마르크스와 마찬가지로 베버도 사회현실에 대해 상당히 비판적이었다. 다시 말해서, 베버는 마르크스와 마찬가지로 당시의 사회에 대해서 비판적인 시각을 견지하였다.

베버는 마르크스의 패러다임에서 벗어나는 데 있어서 매우 적극적이었다(Löwith, [1960] 1992; 오오쯔까 히사오 (임반석 역), [1975] 1990). 그럼에도 불구하고 그는 마르크스로 대표되는 갈등(conflict) 패러다임에 포함되는 경우가 적지 않다. 베버는 사회현상을 정확하게 파악하는 데 학문의 목표를 두었기 때문에 사회현실의 긍정적 측면 못지않게 부정적 측면도 드러내었다. 이러한 성향은 집단 구성원의 결속과 현존 사회의 기능적 조화를 당위적으로 강조하는 뒤르케임의 패러다임과 분명하게 구별되었다. 그러나 베버의 지적 성향은 사회를 지배와 피지배 상태에 있는 집단 간의 갈등으로 포착한 마르크스의 패러다임과 구별되기 어려웠다.

그래서 베버는 갈등론자로 분류되며 급기야는 '부르주아 마르크스'라는 모욕적인 명칭까지 얻게 되었다. 베버를 마르크스의 아류로 분류하는 데에는 학계의 안일함과 함께 이념적 의도가 작용하였다. 학계에서 가장 편리하게 적용하는 분류방법은 이분법이다. 이분법은 인류 역사상 가장 오랫동안 사용된 분류법이다. 신과 인간, 인간과 동물, 삶과 죽음, 현세와 내세 등의 분류법은 가치가 개입되면서 흑과 백, 선과 악, 긍정과 부정, 수용과 비판, 보수와 진보 등의 이념적 분류로 전환된다. 기능론(또는 조화론)과 갈등론은 이념형 이분법이다. 가치를 개입시키면, 패러다임은 양분될 수밖에 없다. 기능론과 갈등론만으로 분류한다면, 베버는 어쩔 수 없이 갈등론에 소속되어야 한다. 그리고 베버가 마르크스에 의해 제기된 주제들을 다루었다는 점을 근거로 하여 마르크스 계열에 포함시킨다면, 이는 억지이며 오해이다. 마르크스가 제기한 주제들은 그 시대의 문제와 쟁점들이었으므로, 40년 후학인 베버가 그 주제들을 피할 길은 없었다.[11] 그 시대에 활동했던 사회과학자들은 누구나 산업화에 따른 급격한 사회변화를 주제로 다루었다. 그러나 베버는 시대적 화두(話頭)를 심층적으로 다루었을 뿐만 아니라 마르크스가 다루지 않았던 주제들도 발굴했으며 이를 독특한 방법으로 탐구하였다.

베버 패러다임을 부각시키려면, 무엇보다 먼저 베버가 마르크스와 차별화되어야 한다. 마르크스와 베버는 40여 년의 격차를 두고 독일에서 태어났지만, 두 학자 모두 산업화로 인한 급격한 사회변화에 깊은 관심을 가졌다. 당시 독일은 인접 국가들보다 산업화에서 뒤처졌지만 그들을 따라잡기 위해 박차를 가하고 있었다. 이 과정에서 초기 자본주의 사회의 실상이 여과 없이 노출되었다. 마르크스와 베버는 공통적으로 자본주의 사회가 비인간적인 방향으로 변화하고 있다고 보았다. 마르크스는 자본주의 경제구조의 붕괴가 인본주의 사회를 건설할 수 있는 유일한 방법이라고 확신하고 프롤레타리아혁명을 촉구하였다.[12] 그러나 베버는 비(非)인본적인

---

11 마르크스와 베버가 활동했던 시대(1800년대 중반부터 1900년대 초반)에는 사회가 지금처럼 급격하게 변화하지 않았다. 그렇지만 우리는 오늘도 마르크스와 베버가 제기했던 주제들을 다루고 있다.

12 우리는 마르크스가 프롤레타리아혁명의 불가피성을 주장했던 이유를 당대의 사회적 맥락에서 이해할 필요가 있다. 세넷(Sennett (유병선 역), [2006] 2009: 29-30)은 마르크스가 주시한 당대의 영국사회를 다음과 같이 묘사하였다. "19세기 초 공장 노동자들은 불안정한 고용환경에서 기계적으로 단순한 일을 할 뿐이었다. (……) 1850년대 영국 런

사회현실을 매우 우려했지만 피하기 어렵다고 생각하였다. 우리는 여기서 두 학자가 동일한 현상—자본주의 산업화 과정—에 주목했으며 그에 대해 우려했지만 자본주의의 기원과 지향에 대해서는 고유의 이론을 전개했음을 기억할 필요가 있다.

뢰비트(Löwith, [1960] 1992)는 『베버와 마르크스』(*Max Weber und Karl Marx*)에서 두 학자의 차이는 현대 자본주의를 설명하는 데 동원되는 기본 개념—예컨대, 각각 소외(alienation)와 합리성(rationality)—에서 두드러진다고 주장하였다. 두 학자를 구별하는 데 도움이 되는 구절들을 발췌해 보자.

> 마르크스와 베버의 과학적 탐구의 명백한 주제는 '자본주의'이지만, 그들로 하여금 자본주의를 탐구하도록 고무시킨 것은, '자본주의'가 그 문제점을 특징적으로 표현하고 있는 현대 인간세계에 있어서의 인간의 운명에 대한 질문이다(p. 11).

> 『공산당선언』의 명백한 경향은 실천적 · 정치적인 것이며, 이에 반해 베버의 종교사회학적 제(諸)연구의 경향은 이론적 · 역사적이다(p. 11).

> 마르크스는 자본론과 공산당선언에 의해서 국제적인 의의를 지닌 역사적 힘이 되었으며, 그에게서는 마르크스주의가 생성된 데 반해서, 사회학 · 사회 정책 · 경제사 및 국민경제학에 대한 베버의 이론적인 노작(勞作)들은 현실정치에 관한 그의 논문들과 마찬가지로 그 고유의 영역에서조차 결실을 맺지 못하였다. 베버가 어떠한 점에서도 '학파'를 만들지 않은 것

던에서는 일할 수 있는 사람 10명 가운데 4명이 일자리를 얻지 못했고, 신생 기업의 도산 비율이 70퍼센트에 달했다. (……) 이러한 '원시' 자본주의는 기실 너무 엉성해서 사회적으로나 정치적으로 지탱되기 어려운 것이었다. 흡사 원시 자본주의는 혁명을 위한 요리책자와 같았다."

은 베버답다. 마르크스의 저작들이 현대 인류의 한 계급 전체에게 인류사적 과제에 대한 의식을 심어 주었으며 레닌[13]을 통해서 세계사적 영향을 떨친 데 반해, 막스 베버는 그가 죽은 직후부터 이미 시대에 뒤떨어진 정치적 · 학문적 '자유주의'의 대표자로, 살 만큼 다 산 부르주아 시대의 모순에 가득 찬 대표자로, 또한 "한 시대가 종결되려고 할 즈음, 그 시대가 자신의 가치를 다시 한 번 움켜쥘 때마다 항상 돌아오는" 인물로 여겨지고 있다(p. 13).

베버의 경우에는 인간의 궁극적인 '가치'의 보호가, 마르크스의 경우에는 프롤레타리아의 일이, 따라서 그 둘의 경우에는 인간의 '해방'이라고 할 만한 것이 항상 문제가 되었다(p. 14).

베버에게 있어서는 '과학'과 '정치'가 서로 분리되어 있었지만, 마르크스에게 있어서는 그 양자(兩者)가 이론적 실천과 실천적 이론, 즉 '과학적 사회주의'라고 하는 통일체 속에서 결합되었다(p. 16).

마르크스는 '치료법'을 제시하고 있는 데 반해, 베버는 '진단'만을 내놓을 수밖에 없었다. (……) 즉 베버는 보편적이며 불가피한 '합리화'라고 하는, 그 자체로서는 중립적이지만 평가하기에는 애매한 관점에서 자본주의를 분석하는데, 이에 반해 마르크스는 (합리화와 마찬가지로) 보편적이지만 전복시킬 수 있는 '자기소외'라고 하는 명백하게 부정적인 관점에서 분석한다(p. 20). (Löwith (이상률 역), [1960] 1992).

---

13 블라디미르 일리치 레닌(Vladimir Ilich Lenin, 1870~1924)은 볼셰비키당 소속의 전문 혁명가로 1917년 러시아혁명(10월혁명, 볼셰비키혁명)을 성공시켰으며 이후 소비에트 연방의 초대 국가원수가 되었다. 레닌주의(Leninism)는 마르크스주의를 농업 국가인 러시아 제국에 맞도록 변형시킨 이론이다. 레닌주의는 경제결정론적인 마르크스의 이론을 수정하여 전문 혁명가들에 의한 정치적 혁명을 주장하였다. 러시아혁명과 소비에트 사회주의는 마르크스주의에 대한 레닌 수정안의 산물이다.

마르크스는 자본가가 고대의 노예나 중세의 농노를 소유하고 지배했던 귀족이나 영주처럼 노동자를 착취한다고 주장하였다. 마르크스가 주목한 자본주의의 비인간적인 측면은 찰리 채플린(Charlie Chaplin)이 자본주의 사회를 비판하기 위해 만든 영화, '모던 타임스'(Modern Times, 1936)에 절묘하게 묘사되어 있다. 마르크스의 주장에 따르면, 자본주의 체제에서 자본가들은 노동자들에게 부여된 노동의 강도를 끊임없이 높이고 그에 따른 이익을 노동자들에게 돌려주지 않고 착복한다. 이러한 과정은 점차 악화될 수밖에 없기 때문에, 노동자들이 소외와 구속의 굴레로부터 해방될 수 있는 방법은 체제의 전복 곧 혁명뿐이다.

한편, 베버는 자본주의의 출현을 전혀 다르게 설명한다. 그는 정신적인 측면에서 자본주의의 출현과 발전에 대해 주목하였다(Weber (trans. Parsons), [1905] 1958). 베버는 자본주의의 출현 과정에 대한 마르크스의 주장을 비판하고 이를 독자적으로 설명함으로써 새로운 패러다임을 제시하였다. 마르크스가 자본주의의 출현을 사회변화의 진화 단계로 파악한 것과는 달리, 베버는 "왜 현대 자본주의가 서구에서 출현했는가"라는 질문을 제기하고 비교역사사회학적 관점에서 탐구하였다(Collins, 1994: 83). 그는 자본주의의 출현을 프로테스탄트 윤리(Protestant ethic)의 결과로 설명하였다. 프로테스탄트주의(Protestantism)는 초기 자본주의가 발달하는 데 필요한 문화적 조건들—개인주의(individualism),[14] 성취동기, 귀속된 부귀와 사치에 대한 적대감, 기업가적 소명의 정당성, 마법과 미신에 대한 거부, 조직에의 책무성, 사적 및 공적 생활에서의 타산(打算: calculation)—을 제공하였다(Abercrombie, Hill, and Turner, 2006: 311-312).

14 개인주의는 개인의 권리, 자유, 중요성 등을 부각시켰으며, 개인들로 하여금 왕권(王權)과 신권(神權)의 구속으로부터 벗어난 '자율성을 가진 기업가적 경제 주체'가 될 수 있는 사상적 배경을 제공하였다. 또한 개인주의는 경쟁을 통해 이익을 적극적으로 추구할 수 있는 자유 시장(free market)의 정당성을 보장하였다.

베버의 설명에 따르면, 신교도(新教徒)들[15]이 가진 세속적 금욕주의(asceticism)는 자본의 축적과 재투자를 가능케 한다. 프로테스탄트 윤리와 자본주의 정신은 구원(salvation)을 매개로 하여 인과적으로 연결되었지만, 프로테스탄트 윤리에 의한 자본주의 체제의 출현과 발전은 '예기하지 않은 그리고 의도하지 않은 결과'(unanticipated and unintended consequence)[16]이었다. 그 이유는 자본주의를 구현하기 위해서 프로테스탄트 윤리가 확립된 것이 아니라, 자본주의 체제가 뿌리를 내리고 열매를 맺을 수 있는 토양이 프로테스탄트 윤리였기 때문이다. 그리고 프로테스탄트 윤리만으로 자본주의가 출현하고 발달한 것이 아니며 생산과 유통이 활성화될 수 있는 산업화가 어느 정도 이루어져 있었다.

신교도들은 하나님의 구원을 소망했지만 자신들이 구원을 받을 수 있는지에 대해서는 알 수 없었다. 프랑스의 종교개혁자 장 칼뱅(Jean Calvin, 1509~1564)의 예정설(豫定說: predestination)[17]에 의하면, 하나님으로

15 신교도는 신교를 믿는 사람들로서 구교(가톨릭)를 믿는 사람들과 대비된다. 베버가 말한 프로테스탄트는 구체적으로 금욕주의적 프로테스탄트를 의미한다. 여기에는 칼뱅주의(Calvinism), 경건주의(Pietism), 감리교파(Methodism), 그리고 침례교파(Baptist Sects)가 포함된다(Weber (trans. Parsons), [1905] 1958). 당시 기업 지도자들, 자본가들, 높은 기술을 가진 노동자들, 기술공학 · 상업 분야에서 고도로 훈련받은 인사들은 대부분 신교도들이었다(Giddens, 1971: 124; Giddens, [1971] 2008).

16 사람들은 어떤 의도를 갖고 행위를 하지만, 그 행위들은 그들이 의도하지 않았던 결과를 초래할 수 있다. 사회학자들은 예기하지 않은 또는 기대하지 않은 결과가 사회에 미치는 영향에 주목하였다. '잠재적'이라는 용어는 머튼(Merton, 1968: 73-138)에 의해서 주창되었다. 그는 잠재적 기능을 현재적(顯在的) 또는 공시적(公示的) 기능과 대비시켰다. 교육학에서 가끔 인용되는 호피(Hopi) 인디언의 기우제에는 비를 오게 하는 공식적 기능 외에도 가뭄으로 흉흉해진 민심을 다독거리는 잠재적 기능이 있다. '호오손의 웨스턴 전기회사 연구'(Hawthorne Western Electric Studies)에서 밝혀진 인간관계론도 잠재적 기능의 사례로서 이용되었다. 출세를 위한 개별 개인들의 고학력 추구는 의도하지 않은 집단적 결과로서 학력 인플레이션을 유발한다.

17 베버는 예정설을 설명하기 위해 1647년 웨스트민스터 신앙고백을 인용하였다. "신은 당신의 위대함을 계시하고자 당신의 결정으로 몇몇 사람들이…… 영원한 삶을 살도록 예정하였으며, 몇몇 사람들에게 영원한 죽음을 명령하였습니다." (Fügen, [1985] 1994:

부터 영원한 구원을 받을 수 있는 사람들은 정해져 있지만 사람들은 자신들이 구원을 받을 수 있는지에 대해 알 수 없다. 하느님으로부터 축복을 받을 수 있는지를 알 수 없는 인간들은 하나님이 자신들에게 부여한 소명(calling),[18] 곧 직업에 충실함으로써 구원을 갈망한다. 다시 말해서, 예정설을 믿었던 신교도들은 직업을 의무이자 미덕으로 받아들였으며 이에 충실함으로써 "신은 스스로 돕는 자를 돕는다"라고 확신하였다. 신교도들에게 직업에서의 성공은 '신의 축복의 신호'(sign of God's blessing)로 해석되었다(Weber (trans. Parsons), [1905] 1958: 172).

신교도들은 종교생활에서의 최고 윤리가 수도승에게만 국한된 것이 아니며 속세에서 살고 있는 평범한 시민들에게도 적용된다고 믿음으로써 구원에의 동기를 갖게 되었다(Collins, 1986: 33). 이들은 태만과 쾌락 추구를 죄악으로 받아들임으로써 열심히 일하고 그에 따른 소득을 착실히 저축하였다.[19] 그리고 이들은 소유가 이완(弛緩)을 초래하고 금욕(禁慾)을 저해한다고 생각하였다. 결과적으로 신교도들은 경제적 소득보다는 구원을 위해서 열심히 일함으로써 생산력을 높였고, 금욕을 위해서 소비를 절제하고 소득을 저축함으로써 자본을 축적했으며, 그 자본을 재투자함으로써 생산을 활성화시켰다. 합리적 재구조화를 통한 높은 생산성, 저축에 의한 자본의 확보, 자본의 생산에의 재투자는 인과적으로 연결되어 자본주의를 급속도로 발전시켰다. 그러나 베버는 당대에 이미 자본주의가 변질되기 시작하여 종교적 영감이 사라지고 영리 추구의 욕구에 의해서 지속

---

118). 칼뱅은 교회와 성사(sacrament)를 통한 구원을 배격하였다.

18 소명은 종교개혁 이후에 중요한 의미를 갖게 된 개념이며 하느님으로부터 부여받은 과업을 지칭한다. 프로테스탄트에서는 소명이 수도사나 성직자들뿐만 아니라 일반 신도들에게도 부여된다고 주장한다. 신교도들은 자신들의 직업을 하느님이 부여한 의무로 받아들이고 이에 헌신함으로써 하느님으로부터 구원을 얻을 수 있다고 생각하였다.

19 베버는 금욕적 생활에 대해서는 영국의 청교도 목사인 리처드 백스터(Richard Baxter, 1615~1691)의 글을 인용하였다. 백스터는 게으름과 시간낭비를 최악의 죄로 간주하였다.

되고 있음도 지적하였다.

마르크스에게 자본가는 착취에 의한 부의 축적으로 불평등을 심화시키는 탐욕주의자이며, 베버에게 자본가는 열심히 일하고 저축하며 투자하는 종교적 윤리에 충실한 금욕주의자이다.[20] 마르크스에게서 드러난 자본가에 대한 악의, 증오, 원한 등이 베버에게서는 나타나지 않는다. 베버에게 있어서 자본주의에 대한 우려는 기술의 발달, 능률의 추구, 현세에서의 안전 등을 위해 합리성을 과도하게 추구하고 관료화가 급격히 진행되면서 나타나는 목적, 도덕, 종교의 상실이었다. 베버는 합리화(rationalization)[21]—타산(calculation), 측정(measurement), 통제(control)에의 종속—에 의해 도피처가 차단된 이러한 상황을 '강철처럼 단단한 껍데기' 또는 '철창'(stahlhartes Gehäuse: iron cage)이라고 은유적으로 묘사했으며 미래사회에서 인간들이 직면하게 될 불행한 사태로 예견하였다.[22] '철창'의 은유는 이집트의 농노(Egyptian serfdom), 기계적 석화(mechanical petrifaction) 등으로도 표현되고 있다. 마르크스는 자본주의 체제 아래에서 노동자들이 직면하게 될 소외를 지적했지만, 베버는 자본주의 체제에서는 물론이며 사회주의 체제에서도 강화되는 합리성으로 인해 피지배집단이 필연적으로 맞게 될 통제된 인생을 예견하였다.

베버에게 합리화는 행위(行爲)[23]의 모든 측면에서 명백하고 분명하며 예측할 수 있는 규칙과 과정들이 감정, 전통, 어림 감정 등을 점차적으로

---

20 자본가에 대한 긍정적인 시각은 경제학자인 슘페터에 의해서 '기업가정신'(entrepreneurship)으로 발전하였다(Schumpeter, 1934).

21 베버에게 있어서 합리화의 정도와 방향은, 부정적으로는 사고에 미치는 마술적 요소의 제거 정도에 따라 측정되며, 긍정적으로는 이념의 체계적 명료성과 사실적 일관성의 정도에 따라 측정된다.

22 베버는 사회의 군대화(militarization)에 대해 우려하였다(Sennett (유병선 역), [2006] 2009: 31-33).

23 행동(行動), 행위(行爲), 활동(活動) 등은 혼용되어 왔다. 그러나 베버에게 있어서 행위와 행동은 절대로 혼용될 수 없는, 확연히 구별되어야 하는 개념들이다. 『막스 베버 사전』(*The Max Weber dictionary*)에 의하면, "만일 의미가 제거된다면, 행위는 행동

대체하는 수순(手順)을 의미하였다. 합리화는 인생을 계몽하고 도구화한다. 그는 과학지식의 확산과 종교적 또는 마법적 신념들에 대한 불신 곧 합리화로 인해 인본주의 사회가 초래될 것으로 낙관하지 않았다. 합리화에 대한 그의 우울한 예언에 의하면, 체제가 기능적으로 효율화됨에 따라 개인들이 주체적으로 그리고 실제로 적용할 수 있는 합리성이 오히려 몰수되는 사태가 발생하게 된다. 거스와 밀스(Gerth and Mills, 1946: 50)[24]의 설명에 의하면, 베버는 관료제(bureaucracy)[25]를 합리성과 같은 것으로 생각했으며, 합리화 과정을 기계주의(mechanism), 비인간화(depersonalization), 억압적 일상(depressive routine)과 동일시하였다. 관료제에 대한 베버의 해석들이 많이 있지만, 여기서는 베버의 원전을 추적한다.

이 된다"라고 설명하고 있다(Swedberg, 2005: 2). 국어사전에 의하면, '행동'은 "몸을 움직여 동작을 하거나 어떤 일을 함"으로 풀이된다. 그러나 '행위'는 "사람이 의지를 가지고 하는 짓"으로, 그리고 '활동'은 "몸을 움직여 행동함", "어떤 일의 성과를 거두기 위하여 힘씀"으로 풀이되고 있다. 심리학에서는 행동을 "내적 또는 외적 자극에 대한 생물체의 반응"으로 개념화하고 있다. 심리학에서 자주 사용되는 'behavior'는 행동으로, 그리고 사회학, 특히 베버 사회학에서의 'action'은 행위 또는 활동으로 번역된다. 이 글에서는 심리학적 의미일 때에는 '행동', 사회학적 의미일 때에는 '행위' 또는 '활동'을 사용한다. 다시 말해서, 행위와 활동은 의지적, 목적 지향적 움직임을 의미한다.

24 거스와 밀스가 편집한 이 책에 대해서는 이례적인 참고문헌 표기방법을 사용하고 있다. 예를 들어, (Weber (ed. Gerth and Mills), 1946)는 "Gerth와 Mills가 편집한 책에 실린 Weber의 글"임을 의미한다. 동일한 책인데도 불구하고 (Gerth and Mills, 1946)으로 표기한 경우는 Gerth와 Mills가 서론 형식으로 쓴 글을 나타낸다. 이러한 표기를 사용하는 이유는 베버의 글이 여러 학자들에 의해 번역, 편집되었기 때문이다.

25 관료제는 의사결정에서의 예측성(predictability)과 규칙성(regularity)을 높이고 업무에 사적(私的) 관계가 개입되는 것을 최소화하기 위해 명시적인 규정과 규제로 특징지어진다. 관료제는 부정적으로 인식되어 흔히 공문서, 비효율, 지연(遲延), 오만함 등으로 오해되고 있지만, 베버는 관료제를 기계적 효율성을 가진 현대 조직의 유형으로 설명하였다. 베버에게 있어 관료제는 다른 어떤 유형의 조직보다도 기술적으로 더 우월하다.

> 베버는 관료제의 전형적 특징을 여섯 가지로 정리하였다. (1) 관료제는 행위의 범위를 명시하고 규정에 따르도록 한다; (2) 관료제는 위계적(位階的)으로 조직된다; (3) 수행되는 행위는 기록된 문서에 근거하도록 한다; (4) 전문적 훈련을 필요로 한다; (5) 관리들은 자신들의 업무에 전념해야 한다; (6) 사무 관리는 학습될 수 있는 일반 규칙을 따르도록 한다(Weber (ed. Roth and Wittich), [1968] 1978: 956-958과 Weber (ed. Gerth and Mills), 1946b: 196-198을 인용한 Swedberg, 2005: 19).

베버는 관료제의 기계화와 관례(慣例)—편협한 전문성의 중시, 공적(公的) 증명과 시험에의 의존, 정년과 경력에의 집착—에 의해 선발되고 조형(造型)되는 인간 유형[26]을 통탄하였다. 합리적 지배의 대표적 모형으로 등장하는 관료제는 냉혹한 기계처럼 작동함으로써 개인의 자율성이 극도로 침해된다. 합리화와 관료제에 대한 우려는 종족학살(genocide)과 유대인 대학살(holocaust)과 같은 참사로 나타났으며(Bauman, 1989), 그로 인한 비인간적인 사회는 조지 오웰의 소설 『1984』(Orwell, [1949] 2003)에서 등장한 공포의 통제 국가 '오세아니아'(Oceania)로 절묘하게 비유되어 왔다.[27] 베버의 예언에 의하면, 관료 체제화는 불가항력적으로 진행되며 정신노동자협회뿐만 아니라 육체노동자조합까지도 이 과정을 피할 수 없다(Loewenstein, [1965] 1966: 33).

베버는 미래를 부정적으로 전망했지만 이에 대해 어떻게 대처하고 변화시켜야 하는지에 관해서는 명쾌한 방안을 제시하지 않았다.[28] 앞에서 언급한 것처럼, 그는 현상을 이해하고 설명하는 데에 집중하였다. 현상의 이

26 베버는 이러한 유형의 인간들에게는 영웅주의(heroism), 인간다운 자발성(human spontaneity), 창의력(inventiveness)이 결여되어 있다고 설명하였다.

27 영국의 소설가 조지 오웰(George Orwell)의 반(反)유토피아(dystopia) 소설 『1984』는 가상의 강대국(작품 속에서는 오세아니아)에서 전체주의 권력의 지배로 인한 비인간화 과정을 절묘하게 표현하였다. 오웰리즘(Orwellism)은 "선전 목적을 위한 사실의 조작과 왜곡"을 의미한다.

해에 집중된 베버의 지적 성향은, '조화로운 기능사회'나 '소외 없는 평등사회'와 같은 이상적 사회상(社會相)을 제시하고 이를 구현하기 위해 구성원들에게 각각 역할의 준수나 소속 계급에의 정체성과 충성을 요구하는 이념의 시대 또는 거대 담론의 시대에서는 주목을 받기가 어려웠다. 이러한 맥락에서 베버는 뒤르케임과 마르크스에 비해 상대적으로 덜 부각될 수밖에 없었다. 특히, '계획적인 변화를 추구하는' 교육을 중심 개념으로 사용하는 교육사회학의 경우에는 비전을 제시하지 않은 베버 패러다임의 활용이 제한될 수밖에 없었다.

한편, 뒤르케임은 사회 구성원들이 동질성을 근거로 하여 기계적으로 결속하던 공동체(community) 시대가 사라지고 구성원들의 이질화가 가속되면서 개인 간 및 집단 간 대립과 반목이 심해지고 사회가 '무규범 상태'(anomie)에 빠져 붕괴의 위험에 처하게 된다고 우려하였다. 그는 대립과 반목으로 모두가 멸망하게 될 사태를 우려하는 구성원들이 이질성을 극복하는 방법으로 계약과 약속에 의한 공존 곧 유기적 결속을 모색한다고 주장하였다. 뒤르케임에게 있어서 사회의 존속과 유지는 절대적 전제(前提)이다. 이 전제를 위해서, 그는 사회의 존속과 유지를 위한 사회 구성원들의 기능적 역할수행을 명령하듯 강조하였다. 뒤르케임학파로 분류될 수 있는 학자들은 공통적으로 현존 사회의 존속을 당연하게 받아들인다. 이들이 보수적인 이유는 이 전제 아래 사회의 여러 가지 현상들을 기술(記述)할 뿐만 아니라 평가하며, 사회의 제도나 집단의 존재 이유를 현존 사회의 유지와 발전에 두기 때문이다. 이들은 사회의 존속과 유지를 저해하는 모든 현상을 역기능으로 개념화하였다. 이들에게 있어서 계층화된 사회 체제는 사회의 효율성을 위한 기능적 명령(functional imperative) 또는 기능적 전제조건(functional prerequisite)으로서 정당화된다

28 이러한 사실 때문에, 가치를 지향하는 교육을 주제로 삼고 바람직한 사회를 추구하는 교육사회학은 베버의 주장이나 요구를 전적으로 추종할 수 없으며 오히려 넘어서야 한다.

(Davis and Moore, 1945; Turner and Maryanski, 1979).

뒤르케임에게 사회는 그 구성원들 전체를 초월하는 존재이다. 초월적 실체인 사회는 구성원들의 개별적 속성을 갖지 않는다. 산소와 수소가 결합하여 물이 되지만 물은 그 구성 요소들의 속성을 갖지 않는 것과 마찬가지로, 사회 역시 개별 구성원들이 가진 속성들을 갖지 않으며 초월한다(Durkheim, [1895] 1964: xlvii-xlix). 그리고 뒤르케임은 초월적 존재로서 사회를 하나의 거대한 유기체처럼 간주한다. 생명을 가진 유기체로서의 사회의 몰락은 곧바로 그 구성원 모두의 죽음을 의미한다. 그래서 뒤르케임의 사회학에서는 전체의 안정된 존속과 유지를 위해 부분의 기능적 역할이 당위적으로 요구된다. 이러한 맥락에서 사회 구성원인 개인들은 사회로부터 저마다 부여받은 역할들을 효율적으로 수행해야 한다. 뒤르케임에게 있어서 개인들은 사회의 부분들이지만 사회의 부속품일 뿐 사회의 목적이나 방향을 결정할 수 없다.

뒤르케임학파의 사회학자들이 학교교육의 궁극적인 목적을 '선발'(selection)과 '사회화'(socialization)로 설명하는 이유도 바로 초월적 사회를 위한 '구성원들의 지위에 따른 기능적 역할' 그리고 '사회규범과 가치의 공유와 준수'를 염두에 두었기 때문이다. 사회화는 "사회의 규범과 가치의 내면화(internalization)"로 정의된다. 이를 풀이하면, 사회의 구성원들은 현존하는 사회가 존속하는 데 필요한 규범과 가치를 수용하고 준수해야 한다. 이는 산업화, 도시화, 지리적 인구 이동, 직업 구조의 변화, 가족 유형의 변화 등으로 사회 구성원들이 이질화되면서 더욱 절실히 요구된다. 기능론에서 통제(control)와 제재(sanction)가 사회화 못지않게 중요하게 다루어지는 이유도 사회의 존속과 유지를 절대 명제로 삼기 때문이다.

사회의 규범과 가치를 내면화함으로써 공동의 목표를 가진 개인들의 결속을 전제하는 뒤르케임의 패러다임처럼, 자신의 이익을 극대화하기 위해 노동자를 착취하는 자본가들과 자신의 존재의미까지 상실하면서 생존을 위해 노동력을 팔아야 하는 노동자들 사이의 적대적 관계를 부각하는 마르크스의 패러다임도 현대사회를 설명하는 데 한계가 있다. 현대사회가 뒤르케임이 주장하듯 공동체와 같은(community-like) 사회도 아니고 마르크스가 희망하는 계급 투쟁(class struggle)에만 몰입하는 계급사회도 아니기 때문이다. 현대사회는 불평등사회임에는 틀림이 없지만 계급사회로 단언하기에는 문제가 많다. 현대사회에서는 불평등을 해소하기 위한 정책들이 시행되고 있고 개인의 노력에 의해 현실적 난관을 타개할 수 있는 가능성도 어느 정도 열려 있기 때문에, 사회경제적 불평등을 심각하게 겪고 있는 사람들도 사회주의나 공산주의 이념에 쉽사리 편향되지 않으며 전면 전쟁(total war)처럼 전개되어야 하는 구조혁명을 주도하거나 동참하는 데에는 주저한다.

이러한 현실을 반영하듯, 자본주의가 가장 발달한 미국사회를 '계급 없는 사회'(classless society)라고 실증적 자료들과 이론적 논의를 통해 과감하게 주장하는 학자들이 있는가 하면(Kingston, 2000),[29] 전통적 계급에 의한 분석은 착취에만 초점을 맞추어도 불평등한 현실이 파악될 수 있었던 초기 자본주의 사회에서는 타당했지만 인종, 성별, 정체성 등 다양한 변수들에 의해 불평등이 야기되고 있는 현대사회에서는 적합하지 않다고 하면서 '계급의 종말'(death of class)을 주장하는 학자들(Pakulski and Waters, 1996)도 있다.[30] 계급 개념에의 집착을 비판하는 학자들은, 계급 이외의 변수들에 의해서 야기되는 불평등이 심각한 현실임에도 불구하고, 계급 개념으로만 현실을 분석하려는 시도로 인해 중요한 불평등 문제들이 경시되거나 방치될 수 있음을 경고한다. 이들은 현대사회에서 계급이 외

---

29 킹스턴(Kingston, 2000: 219-223)은 미국사회에서 계급을 침식시키는 이유로 ① 경제적 분화(分化), ② 빈번한 세대 내 그리고 세대 간 계층 이동, ③ 지역 결속(local solidarity)을 분열시키는 교통, 정보 공학의 발전과 확산 등 세 가지를 강조하였다.

30 '계급 없는 사회'와 '계급의 종말'은 계급이 없어지는 평등사회의 도래를 의미하지 않으며, 다만 초기 자본주의 사회에서 극명하게 드러났던 계급 사이의 이데올로기, 정치 성향, 감정 등의 극명한 차이 또는 대립이 현저히 사라지고 있음을 강조한 것이다.

형적 구조로서는 남아 있을지라도 지금까지 진행되어 온 개별화(individualization)의 속도에 근거하여 실질적으로 형성되고 있다고 생각하지 않는다.

현대사회에서도 공동체로의 지향과 계급에 의한 투쟁적 갈등이 일어나고 있지만 이는 어디까지나 일면일 뿐이다. 현대사회는 전반적으로는 베버가 묘사했듯이 계급, 위세,[31] 권력 등 동원이 가능한 자본을 통해 이익을 확대하려는 개인들에 의해 다양한 유형의 집단들이 형성되는 복합사회(complex society)이다. 계급, 계층, 성별, 인종·종족, 종교, 지역, 언어, 문화 등 여러 가지 속성들에 의해 형성되는 집단들이 때로는 이념에서 때로는 현안(懸案)을 두고, 한편에서는 경쟁·대립·갈등하며 다른 한편에서는 타협·협상·묵인·외면하는 현상이 수시로 일어나고 있는 현대사회를 설명하는 데에는 베버의 패러다임이 더 적합하다.

여러 가지 요인들이 복합적으로 얽혀 있고 다양한 집단들이 이합집산하면서 혼란스러운 요구들을 제안·관철시키려고 하는 현대사회에서 거대담론(談論)의 이념형 사회학 이론들은 현상에 대한 설명력이 낮을 수밖에 없다. 현상을 설명할 때 동원되는 변인의 종류가 적을수록 깔끔해 보이지만 사실과의 거리는 멀어지며, 변인의 개수가 많을수록 현상은 세밀하게 설명되지만 그 현상을 변화시키기 위한 방안의 구상은 복잡해진다. 정책의 수행이나 행위의 유발(誘發)에 조급할수록 현상 파악에 소홀하게 되며, 현상 파악에 집착할수록 정책이나 행위로의 진전은 더뎌진다. 우리는 여기서 설명에 동원되는 변수가 많고 현상 파악에 더 집착하는 베버의 패러다임이 문제 해결과 정책 결정에 쫓기는 사람들로부터 기피될 소지가 있음을 짐작할 수 있다.

고전사회학자들인 뒤르케임, 마르크스, 베버는 각각 기능론, 갈등론, 이

---

31 사회적 지위(social status)는 위세, 또는 사회적 명예의 분배를 의미한다. 위세는 질적 수준이나 성과에 대한 인정, 존중, 찬탄, 경의 등으로 표현되며 주관적 평판에 의해서 형성된다(Gusfield, 1963: 14-15).

해사회학의 주창자로서 알려지고 있다. 우리는 뒤르케임과 마르크스가 각각 기능론과 갈등론으로 짝지어지는 데 주목할 필요가 있다. 기능론은 부분의 전체를 위한 기능을 강조하며 전체의 조화를 지향하므로 조화론(調和論)으로 지칭될 수 있다. 뒤르케임의 조화론은 마르크스의 갈등론(葛藤論)과 대비된다. 조화론은 현존 사회의 존속과 유지를 최우선적으로 강조하고 전체를 위한 부분의 절대적 공헌을 이상으로 내세운다. 한편, 갈등론은 전체의 적대적, 위계적 양분을 전제로 하며 지배집단의 착취와 피지배집단의 굴욕적 복종의 관계로 사회를 묘사하고 두 집단의 공존 가능성을 부정한다.

공산주의 국가들의 몰락으로 사회주의에 대한 환상이 깨어지고 자본주의에 대한 긍정적 평가가 확산되었다. 이처럼 예상치 못한 사태가 벌어짐에 따라 자본주의에서 사회주의로의 발전적 변화를 주장한 마르크스의 영향력이 상당히 약해졌으며, 어떤 정치 이념을 선택하든지 합리성의 이름 아래 관료주의의 확산과 강화로 인본주의가 훼손될 수 있음을 경고한 베버가 이전보다 더 많이 주목받고 있다. 그러나 우리가 베버와 베버 학풍에 관심을 기울여야 하는 이유는 학문적 유행을 좇기 위해서가 아니라 베버와 베버 학풍이 제대로 이해되지 못함으로써 중요한 지적 산물이 사장(死藏)되거나 외면될 수 있음을 성찰하기 위해서이다.

3. 교육사회학의 이념적 편향

이념 지향적인 이론 곧 기능론과 갈등론은 이상사회를 목표로 하여 논리를 전개하기 때문에 현실사회에서 일어나는 현상을 설명하는 데에는 무리가 따를 수밖에 없다. 현실사회를 정확하게 파악하고 그 이면에 내포된 문제와 쟁점들을 제대로 이해하기 위해서는 이념을 갖고 분석하기보다는 이념에서 벗어나서 기술할 필요가 있다. 이러한 필요를 충족시키는 데 도움을 줄 수 있는 이론을 발굴하거나 개발하려는 작업에서 반드시 만날 수밖에 없는 학자가 베버이다. 자본주의와 사회주의에 의해서 인간성이 상실되고 있는 사회를 인본주의 사회로 회복시키기 위해서는 또 다른 이념적 이론들을 적용시키기보다는 이념에서 벗어나려고 애쓴 베버의 이론들을 통해서 현상을 직시하고 간파할 필요가 있다.

교육이 개인과 사회, 국가에 미치고 있는 영향의 정도를 고려한다면, 교육학의 영향력은 그에 걸맞을 정도로 크게 두드러지지 않는다. 그 이유는 교육학이 개인주의적 접근(individualistic approach)을 취함으로써 사회현상에 주목하지 않았고 사회변화에 주력하지 않았기 때문이다. 각 가정의 일상에 미치는 경제의 영향에 버금갈 정도로, 교육 역시 가정생활에 큰 영향을 미치고 있다. 그러나 경제학이 국가에 미치는 영향에 비한다면, 국가에 미치는 교육학의 영향력은 그만큼 크지는 않다. 교육학이 개인의 변화에만 관심을 기울이고 사회나 국가의 변화, 더욱이 구조적 변화에 주력하지 않았기 때문이다. 교육학은 너무 오랫동안 학업성취와 그에 따른 선발에만 관심을 집중해 왔다. 교육학의 영향력을 크게 낮춘 데에는 교육의 의미를 '사회변화에의 적응'(adjusting to social change)으로 한정적으로 규정한 학자들의 역할도 적지 않았다. 지금도 교육을 정의할 때, 개인적 속성 변화의 수준을 넘지 못하고 있다.

교육학은 '변화'를 핵심 개념의 하나로 삼고 있음에도 불구하고 그 변화의 범위를 극히 제한함으로써 스스로 영역을 축소시키고 있다. 교육이 개인 단위보다는 교실, 학교, 심지어 국가 단위로 이루어지고 있고 지식과 기술의 습득 못지않게 태도, 가치관, 의지 등의 변화에 주력하고 있음에도 불구하고, 교육학이 사회변동, 사회개혁, 사회혁명 등에 무관심했음은 참으로 기이한 일이다. 교육과 국가발전, 교육과 경제성장, 교육과 사회개혁 등은 교육을 통한 구조적 변화, 더 나아가서는 사회변화를 도모하겠다는 의지의 표명이다. 그럼에도 불구하고 교육학은 여전히 사회변화를 주도하려고 시도하지 않는다. 우리는 '경제성장을 위한 교육', '국가발전을 위한 교육' 등 교육을 도구(道具)로서 개념화해 온 관습에서 벗어나 이제는 '교육에 의한 경제성장', '교육을 통한 국가발전', 심지어 '교육을 토대로 한 인본주의 사회건설' 등 교육을 주도적, 원인적 개념으로 삼아 경제, 사회, 국가 등의 미래를 구상할 필요가 있다.

사회변화를 도모하려면 마르크스로부터 더 직접적이고 강력한 아이디어를 얻을 수 있는데도 불구하고 베버에 주목하는 이유는, '인간의 의지에 의한 사회변화'가 개별 인간들의 의지와 무관하게 주어지는 사회변화보다 더 의미 있다고 생각하기 때문이다. 교육에 의한 사회변화는 구조주의적 접근을 취할 수 없다. 사실, 마르크스주의자들에 의한 사회변화에서는 인간의 의지가 미미할 수밖에 없으며 구조적 변화, 혁명에 의한 변화만이 유일한 방법으로 부각되어 왔다. 이 때문에 마르크스주의 사회변동론에서 인간은 구조 속에 매몰되어 버린 듯 그 존재가 드러나지 않는다. 동일한 맥락에서 마르크스주의 사회학자들은 교육적 불평등, 사회경제적 불평등, 사회 구조적 불평등 그리고 이러한 불평등의 재생산을 해결할 수 있는 방안은 오직 사회 구조적 변화에 의해서만 가능하다고 주장한다(Althusser, 1972; Bowles and Gintis, 1976). 이러한 유형의 주장에서 개별 인간들은 사회 구조의 부속품처럼 취급될 뿐 자율적 의지를 가진 행위 주체일 수 없다. 현실에 대한 비판은 신랄하지만, 변화의 주체들을 인정하지 않음으로써 실천적일 수 없다. 이러한 논조(論調)는 마르크스주의자들 내부에서도 신랄하게 비판받고 있으며, 이들 사이에 논조의 차이가 심각하기 때문에 마르크스주의는 구조론과 이데올로기론으로 구분되고 있다(오욱환, 1990, 1999b).

이데올로기론을 펴는 마르크스주의자들은 구조론을 주장하는 마르크스주의자들[32]이 사회 구조 변화의 당위성을 강도 높게 주장하면서도 변화를

---

32 '교육사회학 이론의 반성적 검토'(오욱환, 2006)에서는 이념적 마르크스주의와 구조적 마르크스주의를 각각 독점론(獨占論)과 주도론(主導論)으로 명명하고 그 차이를 비교하였다. 독점론이 지배집단의 이데올로기가 사회를 장악하고 있음을 주장하는 것과는

추진해야 할 주체적 인간의 존재를 부정하는 오류를 범하고 있다고 비판한다. 이러한 비판은 마르크스가, 자본주의 사회에서 노동의 결과(product of labor) 및 생산활동(act of production)으로부터 소외되고 나아가 자신의 인간적 본성(human nature) 및 타인들로부터도 소외되어, 삶의 의미를 잃어버린 인간들을 구원하기 위해서 자산의 공동 통제(commonly control of property)를 기본으로 하는 공산주의를 제안한 점에 비추어 보면 지극히 당연하다. 극단적인 구조론적 마르크스주의에서는 구조로부터 소외된 인간들만 존재한다.

우리는 마르크스가 '자본주의 사회에서의 인간 소외의 극복'을 추구했음을 되새길 필요가 있다. 마르크스는 자본주의 체제 아래 존엄성과 주체성을 상실한 채 생존에만 급급한 소외된 인간들을 구원하는 데 주력하였다. 이데올로기론 마르크스주의자들에 의하면, 구조론 마르크스주의는 자본주의 사회의 구조적 불평등과 비인간적 현실의 부당성을 신랄하게 비판하고 변화의 필연성을 주장하지만 변화를 추진할 주체들을 인정하거나 발굴하지 못함으로써 역설적으로 구조의 강건함을 지나치게 강조하는 결과를 초래하고 있다. 다시 말해서, 구조론 마르크스주의자들은 자본주의 체제에 대한 패배적 비난에서 벗어나지 못하고 있다.[33] 그러나 이데올로기론 마르크스주의자들도 개인들을 계급의 구성원으로서 인정할 뿐 의식을 가진 주체적 존재로서 인정하는 데에는 인색하다. 결과적으로 마르크스주의는 사회변화를 추진할 동인적(動因的) 주체를 확보하지 못하였다.

다르게, 주도론은 지배집단이 이데올로기의 주도권을 갖고는 있지만 피지배집단도 고유의 이데올로기를 고수하고 있음을 부각한다. 주도론은 지배집단과 피지배집단 간의 이데올로기 주도권 투쟁 곧 헤게모니 쟁탈을 사회변화의 동인으로 고려한다.

33 상대편을 과도하게 강력한 존재로 부각함으로써 스스로 패배자로 자처하는 경우가 의외로 많이 일어난다. 조지 오웰의 소설 『1984』에서 'Big Brother'를 절대강자로 인식한 사람들은 스스로 종속적 위치를 감수한다. 이러한 현상은 '전체주의적인 비관주의' 또는 '오웰적인 비관주의'(Orwellian pessimism)로 개념화되고 있다. 패배주의는 상대방의 강건함 때문이기보다는 자신의 무기력함을 자인하는 데서 시작된다.

그러나 베버에게서는 개인이 주체적 존재로서 인정되고 자신의 인생을 주도한다. 그는 구조를 "그 구성원들에 의해 형성된 것"이라고 주장하였다. 개인들 전체를 초월하는 유기체적 존재로서의 사회를 주장하는 뒤르케임에게서는 물론이며 개인들을 적대적인 계급들, 곧 유산자와 무산자, 부르주아와 프롤레타리아, 자본가와 노동자, 누르는 자와 눌린 자 등 다양하게 표현되는 계급들 가운데 한 계급에 귀속시키는 마르크스에게서도 의지를 가진 개별 인간들의 존재가 인정될 리 없다. 하물며 개별 인간들의 의지에 따라 사회변화가 가능할 수 있다는 주장이 제기될 리도 없다. 그러나 베버에게서는 개별 인간들의 주관적이며 선택적 행위가 인정되고 있기 때문에, 그가 비록 이상사회를 제시하지 않았더라도, 교육을 통한 인본주의적 사회변화의 가능성을 기대할 수 있다.

교육사회학계는 각각 기능론과 갈등론으로 분류된 뒤르케임학파와 마르크스학파에 의해서 장악되다시피 하였다. 오늘날 이데올로기의 극단적 대립이 약화되었을 뿐만 아니라 무의미해지고 다양한 집단들이 빈번하게 등장하여 고유의 입장을 내세우고 독특하게 이익을 추구하면서, 대립적으로 양분된 두 학파는 이데올로기의 약화와 다양한 집단들의 복합적인 특성, 빈번하게 일어나는 집단의 이합과 집산, 그리고 집단들 사이에 미묘하게 전개되는 조화 · 경쟁 · 갈등관계[34]를 설명하는 데 한계를 드러냄으로써 종전의 영향력을 상당히 상실하였다. 다시 말해서, 양분된 두 관점

34 이 글에서 경쟁(競爭: competition)과 갈등(葛藤: conflict)은 전혀 다른 의미로 사용된다. 베버는 경쟁을 "평화로운 갈등"(peaceful conflict)으로 표현했으며, 갈등은 "행위자가 자신의 의지를 상대편의 저항에 개의치 않고 성취하려는 행위"로 풀이하였다(Weber (ed. Roth and Wittich), [1968] 1978: 38). 국어사전에 의하면, 경쟁은 "같은 목적에 대하여 이기거나 앞서려고 서로 겨룸"을, 그리고 갈등은 "칡과 등나무가 서로 얽혀 있는 것처럼, 개인이나 집단 사이에 목표나 이해관계가 달라 서로 적대시하거나 불화를 일으키는 상태"로 풀이된다. 이 글은 이러한 풀이에서 더 나아가 경쟁을 공존 상태에서의 상대적 우위를, 그리고 갈등을 양자택일(兩者擇一: all or nothing)을 지향하는 다툼으로 풀이한다. 그래서 계층 사회는 경쟁관계로, 그리고 계급 사회는 갈등관계로 묘사한다.

또는 패러다임을 가지고는 복합적으로 변화하는 사회에서 일어나는 여러 가지 현상을 설명할 수 없는 상황이 속출하고 있다. 20세기 후반부터 현대사회는 상당히 모호한 개념들로 규정되어 왔다. 사회과학계에서는 현대사회를 이전의 사회와 확연히 구별하기 위해 후기산업(postindustrial), 탈산업(de-industrial), 이념의 종언(end of ideology), 다원(plural),[35] 복합(complex), 불확정(uncertain), 위험(risky), 포스트모던(post-modern)[36] 등의 새로운 개념들로 지칭해 왔다. 이러한 수식어들로 현대사회를 규정하는 학자들은 현대사회에서 일어나는 갖가지 현상들을 제대로 파악하고 미래사회를 정확하게 예측하기 위해서는 패러다임의 전환이 필요함을 강조하고 있다.

이제까지 교육사회학자들은 뒤르케임과 마르크스에 상당히 편향되어 왔으며 이러한 경향은 한국의 교육사회학자들에게서 더욱 뚜렷하게 나타난다. 한국의 교육사회학은 뒤르케임과 마르크스의 영향력에서 벗어나지 못하고 있을 뿐만 아니라 벗어나려는 의지도 뚜렷하게 표출하지 않고 있다. 베버 패러다임은 물론이며 상징적 상호교섭론을 수용하고 활용하는 데에도 소홀하였다. 한국의 교육사회학은 뒤르케임학파와 마르크스학파에 편향됨으로써 기능론과 갈등론에만 너무 오랫동안 머물러 있다. 그 결과, 한국의 교육사회학은 (1) 기능론적 패러다임에 의해 교육(education)과 학교교육(schooling)을 개인적, 사회적, 국가적 이익을 추구하는 수단 또는 도구로 구도화하거나, (2) 갈등론적 패러다임에 의해 학교교육이 사회경제적 불평등을 재생산하는 데 이용된다고 비판해 왔다. 한국의 교육

35 다원사회란 다양한 인종, 민족, 종교 또는 언어 등으로 구성된 사회를 지칭한다.

36 포스트모더니티(postmodernity)는 매우 다양하게 연구되고 있지만 사회, 문화, 경제, 정치 등의 네 분야로 나뉘어 접근되기도 한다. 포스트모던사회에서 사회 계급(social classes)은 더 이상 중요하게 취급되지 않으며 성, 민족, 나이 등을 포함한 다양한 요인들에 의한 복합적 사회 구조가 주목을 받는다. 포스트모던사회에서는 문화산업들이 부각되며 일상생활에서의 심미적 감각이 중요해지고, 과학적 관리기법에 기초한 대량 생산 체제가 후퇴하며, 국가의 책임이 분산되면서 국영기업들이 민영화한다.

사회학은 이처럼 현존 체제를 지지하거나 비판하는 데에만 치중함으로써 현상에 대한 정확한 이해에 취약했으며 발전적 제안에도 뒤처졌다.

베버는 뒤르케임과 마르크스에 견줄 수 있을 정도로 중요한 비중을 차지하고 있다. 그럼에도 불구하고 이들이 활동했던 시대가 이념에 상당히 깊이 물들어 있었기 때문에 베버의 업적이 제대로 평가받지 못할 가능성이 적지 않았다. 그러한 가능성은 미국 사회학계에 더 많았기 때문에, 파슨스와 같은 영향력 있는 학자들이 베버의 학문적 업적을 소개하는 데 앞장섰다(Weber (ed. Parsons), 1947). 구조기능주의자[37] 파슨스에 의해 미국에 소개된 베버는 '미국화한 베버'(Americanized Weber)라는 은유에 걸맞게 미국식으로 각색되었다(Turner, 2001: 16409). 구조기능주의에서 베버는, "교조주의적(教條主義的)으로 경직되고 혁명만능주의적이던 이 시기의 마르크스주의에 대한 자유주의적 대안으로 제시되었다. (……) (구조기능주의자들은) 베버를 '실증적 가치중립적 사회학'의 대부로 등장시켰으며…… 급진사상을 격파하기 위한 무기로 사용"하였다(전성우, 1996: 53). 베버는 '마르크스의 아류' 또는 '부르주아 마르크스'라고 은유되어 마르크스주의자로 간주되었으면서도 필요에 따라서는 마르크스주의에 반대하는 학자로 부각되어 마르크스주의를 타파하는 데 동원되기도 하였다. 이는 베버를 마르크스주의자이면서 반(反)마르크스주의자라고 분류하는 것으로서 논리적 모순이었다.

구조기능주의의 시조(始祖)인 파슨스가 그토록 추앙한 베버의 아이디어가 미국 사회학계에서 구조기능주의가 독주하면서 오히려 희미해졌다는 사실은 아이러니하다. 이러한 아이러니가 발생한 이유는 몇 가지로 짐작될 수 있다. 첫째, 파슨스 이후 구조기능주의자들이 구조기능주의의 순수성—주체에 대한 객체의 우위, 행위에 대한 구조의 우위—을 고수하기

37 파슨스의 지적 성향과 크게 대비되는 찰스 밀스(C. Wright Mills, 1916~1962)도 베버의 글들을 번역하고 소개하였다(Weber (ed. Gerth and Mills), 1946b). 이러한 역설적 사실은 베버의 지적 성향이 매우 포괄적임을 의미한다.

위해 주체의 행위에 대한 확신 아래 '방법론적 개인주의'를 주장하는 베버의 이론을 애써 외면했을 가능성이 높다. 둘째, 구조기능주의가 독단적 성향을 띠게 되면서 독단을 거부하는 베버의 사상이 의도적으로 배제되었을 것이다. 셋째, 공산주의와 사회주의에 대한 경계심 때문에 현실 비판적 속성을 가진 베버도 유사(類似) 마르크스주의로 간주되어, 반공주의가 미국사회를 휩쓴[38] 냉전 시대, 학계에서 거부되었을 것이다.

전통에 집착하거나 순수성을 고수하려 할 경우, 뒤르케임과 마르크스의 사상은 각각 기능론과 갈등론으로만 나뉠 수밖에 없다. 기능론과 갈등론은 각각 조화로운 사회와 평등한 사회를 이상사회로 설정한 후 현실사회를 설명하기 때문에, 교육은 상당히 제한된 의미만 갖게 된다. 기능론자들은 교육을 사회의 하위 제도로 규정하고 사회로부터 부여받은 임무인 선발과 사회화를 순(順)기능적으로 담당해야 한다고 주장한다. 한편, 갈등론자들은 교육을 사회의 토대 구조인 경제 구조 위에 설정된 상부 구조로서 경제 구조를 재생산하는 이데올로기적 국가 기구(ideological state apparatus)의 역할을 담당한다고 주장한다. 이들은 계급이 없는 평등사회를 지향하며 자본주의 체제 아래에서 불평등을 재생산하는 기제로 작용하고 있는 학교교육을 신랄하게 비판한다.

이념적 측면에서 갈등론은 기능론과 대비된다. 그러나 '사회의 요구'에 순응적(順應的)으로 부합하는 역할을 담당하는 제도로서 교육을 규정하는 기능론처럼, 갈등론도 교육이 '지배집단의 필요'에 따라 설정된 역할을 담당하고 있다고 보기 때문에, 비록 부정적으로 기능하고 있기는 하지만, 방법론적으로는 기능주의에 속한다(오욱환, 1990). 다시 말해서, 교육

---

38 제2차 세계대전 이후 소련의 약진으로 미국에서는 반공주의가 상당히 널리 퍼져 있었다. 반공운동은 극단으로 치달아 매카시즘(McCarthyism)에 의한 공포정치가 등장하기도 하였다. 미국 상원 의원 조지프 매카시(Joseph McCarthy, 1947~1957 임기)의 선동에 의해 공산주의자들을 색출하는 작전이 전개되어 진보적 성향의 학자들이 심각한 타격을 받았다. 매카시즘은 정치권에서 작용한 사회적 폐쇄의 사례로 적합하다.

은 기능론에서는 '사회의 요구', 갈등론에서는 '지배집단의 필요'에 부응하는 역할을 종속적, 도구적으로 담당하는 제도일 뿐이어서 자율성을 갖지 못한다. 교육이 종속적이며 도구적으로 규정되는 한, 교육의 주도에 의한 사회변화는 논리적으로도 불가능하다. 기능적 역할만을 부여받음으로써 의미를 갖게 되면, 교육의 의미는 능률성에만 집중된다(Callahan, 1962).

한국 교육사회학계가 이념형 이론들에 편향된 이유는 한국사회의 시대적 상황과 무관하지 않다. 1980년대 이전까지 한국사회의 최우선적이며 절대적인 과제는 경제성장과 국가발전이었다. 한국은 해방 후 1950년대까지 국제사회에서 최빈국으로 분류되었으며 국가의 존립이 위태로울 정도의 위기에 처해 있었기 때문에 부흥이 최대 과제였다. 그 후 1961년 5월 16일 군사쿠데타로 집권한 박정희 정부(18년 5개월간 집권)는 빈곤에서의 탈출을 국가의 최우선 목표로 내세웠고 국가주도로 경제성장에 총력을 기울였다. 교육 역시 경제성장을 위한 도구로 이용되었다. 당시 발전교육론(development education)이 학교교육은 물론이며 사회교육까지 지배하였다.[39] 발전교육론은 교육을 도구로 이용하려는 전형적인 기능론이다.

한국사회의 민주화에 대한 오랜 열망과 집요한 투쟁은 1979년 12월 12일 신군부 세력에 의한 군사쿠데타로 물거품이 되었다. 쿠데타로 집권한 강권 정부에의 거부와 저항이 확산되고 혁명의 가능성까지 기대됨으로써

39 발전교육론은 교육이 경제, 정치, 사회, 문화 등 제반 영역에서의 국가발전을 위해 공헌해야 함을 강조한다. 이 맥락에서 학교교육은 경제성장을 위해 요구되는 노동력을 양성해야 하며 학생들에게 발전적 변화에 필요한 인성, 태도, 가치관 등을 내면화시켜야 한다. 한국의 경우, 1960년대 이후 전개된 국가 수준의 교육계획, 특히 '장기', '종합', '발전' 등을 핵심 개념으로 이용한 계획들은 발전교육론을 이론적 근간으로 삼아 구상되고 실행되었다. 박정희 정부 시대에 활발하게 전개되었던 장기종합교육계획은 발전교육론에 의한 교육계획의 표본으로 볼 수 있다. 1968년에 반포된 '국민교육헌장'(國民敎育憲章)도 이 맥락에서 이해될 수 있다.

마르크스주의에 기초한 갈등론이 사회과학계에서 상당한 영향력을 갖게 되었다. 그러나 사회학적 상상력을 외면해 온 한국의 교육학계는 교육사회학 분야를 제외하고는 마르크스주의에 대해 관심을 갖지 않았다. 한편, 교육사회학계에서 갈등론은 학교교육이 자본주의 체제를 재생산하는 데 동원되었음을 비판하는 것에만 집중되었다. 이후 정치, 경제, 문화 등 제반 측면에서 상황이 크게 개선되었으나 양분 구도는, 비록 첨예하게 대립하지는 않았지만, 상존해 왔다. 결과적으로, 한국 교육사회학계는 기능론과 갈등론, 뒤르케임학파와 마르크스학파라는 양대 패러다임에 의해 지배되어 왔으며 교육이 외부에서 요구한 기능만 긍정적 측면에서 또는 부정적 측면에서 수행하는 것으로 결론지었다.

뒤르케임학파의 사회학에 의하면, 사회는 교육을 통해 구성원들의 사회화를 실행하지만 사회화가 제대로 이루어지지 못한 경우에 발생하는 사회규범과 가치로부터의 일탈자들을 통제하기 위해서 추방, 배척 등의 비공식적 제재와 형벌, 벌금과 같은 공식적 제재를 마련해 두고 있다. 뒤르케임학파의 사회학자들은 사회화를 학교의 핵심적 기능으로 강조한다(Dreeben, 1968; Parsons, 1965). 전체 사회의 유지와 발전을 위해 부분사회와 구성원들의 기능적 역할수행을 주장하는 학자들은 기능론자로 불리고 있다. 기능론자들은 사회적 불평등을 사회의 유지와 발전을 위한 효율적 인력 배치에 따른 불가피한 결과로 설명한다(Davis and Moore, 1945; Turner and Maryanski, 1979). 뒤르케임의 지적 전통을 이어받은 학자들 가운데 교육사회학에서 주류로 인정하고 있는 학자로 파슨스와 로버트 드리번(Robert Dreeben)이 자주 언급된다.

업적주의(meritocracy) 이념을 배경으로 하여 수행된 연구들(Brunner and Wayland, 1958; Clark, 1962; Trow, 1961)은 기능론으로 기울어진다. 지위획득론(status attainment theory)도 기능론의 논리에 근거하고 있으며 경제학에서 개발된 인적자본론(human capital theory) 역시 동일한 유형의 이론이다. 인적자본론과 지위획득론은 교육을 통해서 성취하는 것을 각각 소득과 직업적 지위로 명시할 뿐이다. 따라서 지위획득론의 기초를 마련한 블라우와 던컨(Blau and Duncan, 1967)과 위스콘신학파로 지칭되는 학자들(Sewell, Haller, and Portes, 1969; Sewell, Haller, and Ohlendorf, 1970; Sewell and Hauser, 1975; Haller and Portes, 1973)의 연구들이 기능론을 이론적 준거로 이용하고 있다.

파슨스(Parsons, 1965)는 학교를 사회 체제가 원활하게 작동하는 데 필요한 하위 부분으로 간주하였다. 그의 설명에 따르면, 학교는 아동들이 성인이 되었을 때 업무를 원활하게 수행할 수 있도록 능력을 갖추도록 하고, 평가를 통해 미리 등급을 매김으로써 사회적 · 직업적 지위에 순조롭고 적절하게 배분하며, 가정에서 익숙해진 자기중심적 사고를 벗어나게 하고 사회의 보편적 가치를 내면화하게 한다. 학교는 아동들이 추후 사회 구성원으로서 맡은 역할을 제대로 수행할 수 있도록 업무 능력을 기르고 사회의 일원으로서 적응하도록 교화시킨다. 드리번(Dreeben, 1968)은 학생들이 학교에서 교과지식뿐만 아니라 사회생활에 필요한 행위 원칙과 사회규범을 배운다고 주장하였다. 드리번의 설명에 의하면 학생들이 학교로부터 잠재적(latent)으로 배우는 것은 독립성(independence), 성취(achievement), 보편주의(universalism), 특수성(specificity) 등 네 가지 규범으로 정리된다.

학생들은 취학 전에는 가정에서 부모에게 전적으로 의존했지만, 학교에서는 그러한 환경을 기대할 수 없으며 스스로 해결해야 하는 문제에 끊임없이 직면하면서 독립심을 습득하게 된다. 학교에서는 동일한 조건 아래 자신이 이룩한 성과에 의해서만 평가를 받게 되는 상황을 자주 접하게 됨으로써 성취의 중요성을 깨닫게 된다. 그리고 학생들은 누구에게나 똑같은 조건이 적용되고 있음을 인식하면서 보편주의를 배우며, 예외는 반드시 다른 구성원들이 인정할 수 있는 경우에만 적용됨을 파악하면서 특수성을 구별할 수 있게 된다. 드리번은 학생들이 이러한 규범들을 학교에서 공식적으로 가르치는 교과목들을 배우고 학교에서 생활하는 과정에서

부수적으로 그리고 인식하지 못한 채, 곧 잠재적으로 습득하게 된다고 하였다.

기능론자들은 학교가 국어, 수학, 역사 등 인지적 교과목뿐만 아니라 가치, 이상, 규범, 태도, 성격 등도 가르친다고 주장한다. 이들은 이러한 지적 및 비(非)지적 내용들이 공식적 · 명시적 교과과정과 비공식적 · 잠재적 교과과정을 통해서 가르쳐지며, 공식적 가르침 못지않게 학교의 조직 및 운영이나 학생들의 행위를 통제하기 위해 사용되는 상벌(賞罰)에 의해서도 가르쳐진다고 설명한다. 이들은 사회가 구성원들의 기대를 공통적으로 수렴할 수 있는 핵심적 이상을 갖고 있으며 이것이 사회를 하나의 통합체로 결속시킨다고 생각한다. 그리고 사회에는 고유의 목적을 가진 여러 하위 사회들(sub-societies)이 있지만 이 하위 사회들은 상위 사회 곧 모(母)사회의 유지와 발전이라는 공통의 목적에는 거역할 수 없다고 확신한다. 기능론자들은 사회 구성원들과 이들이 속한 갖가지 하위사회들을 결속시키는 학교의 기능을 '사회화' 또는 '문화화'(enculturation)라는 개념으로 정리한다.

기능론자들은, 사회화를 하나의 가치 체계로 통합되는 과정으로 보기 때문에, 학교가 학생들을 사회화시키는 내용(교과과정)의 보편타당성을 확신한다. 따라서 이들의 관심사는 보편타당한 교과과정을 "어떻게 하면 학생들에게 효율적으로 가르칠 수 있느냐"에 집중될 수밖에 없다. 이들은 학생들이 사회에 나갔을 때의 적응 가능성을 염두에 두고 학생들의 지적 및 도덕적 수준을 설정하며 이 수준에 도달하지 못한 상태를 '지진'(遲進)과 '일탈'(逸脫)로 규정한다. 그리고 지진과 일탈의 원인이 해당 학생들의 속성—지능, 성격, 태도, 가치관 등—과 그들 가정의 문화적 환경에 있다고 생각하며 속성의 변화와 환경의 개선을 대처 방안으로 강구한다.

문화실조(cultural deprivation) 이론에 근거한 보상(補償)교육은 이 맥락에서 추진된 대표적 대처 방안이다(오욱환, [1987] 1996). 기능론적 교과과정론을 요약하면, 학교는 (1) 학생들이 성인이 되었을 때 경제적 생산 활동을 효율적으로 수행하도록 하기 위하여 공식적 교과과정을 통해 지적 기술을 가르치며, (2) 각자와 소속 집단의 이익을 추구하면서 이질화되고 있는 사회를 유기적으로 결속시키기 위해 학생들로 하여금 합의된 규범을 잠재적 교과과정을 통해 공유하게 함으로써 사회를 유기적으로 결속시키는 기능을 담당한다.

4. 역동적 교육사회학 이론의 필요: 현상의 파악과 변화의 추진

사회변화가 이루어지려면 변화를 추진하는 사람들이 있어야 한다. 이데올로기론 마르크스주의가 구조론 마르크스주의보다 더 급진적인 이유는 변화의 가능성을 구체적으로 탐색하기 때문이다(오욱환, 1990, 1991, 2006). 정치 이념을 제쳐 두면, 마르크스의 이데올로기론은 베버의 패러다임에 근접하게 된다. 마르크스 이론에서는 마르크스주의에 대한 해석을 애써 달리해야지만 변화를 추진할 인간이 발굴된다. 하지만 베버 이론에서 개별 인간은 처음부터 사회의 주체로 규정되고 있다. 베버에게 있어서 개인들은 사회를 구성하는 부분들이 아니라 '사회 그 자체'(society itself)이다.

교육사회학에서 베버의 사상과 이론을 세심하게 탐구하고 중요하게 활용해야 하는 이유는 분리되어 있는 거시적 접근과 미시적 접근을 통합함으로써 실제적으로 의미 있는 이론—"현실사회에서 개별 인간들이 주도하여 변화를 추진할 수 있다"라는 주장이 설명력과 설득력을 갖추어 전개되는 이론—의 토대를 구축하기 위해서이다. 교육에서 일차적으로 그리고 직접적으로 대상으로 삼는 것이 개인들의 의식, 의지, 상징, 행위 등 현실사회에 대한 주관적 구성이기 때문에 미시적 접근이 반드시 필요하다. 그렇지만 사회변화를 추구하려면 거시적 접근에 의해 현실을 파악하고 추구하려는 사회의 유형을 구상해야 한다. 이러한 이유로 교육을 통해서 사회를 변화시키려면, 사회 구성원인 개인들로 하여금 현실사회를 정확하게 인식하게 하고 미래사회를 구상할 수 있는 지식과 상상력을 갖도록 해야 할 뿐만 아니라 계획을 추진하고 실행할 수 있는 창의력, 의지, 자신감을 갖도록 북돋아야 한다.

교육현상은 정치, 경제, 사회, 문화 등 제반 영역과 밀접하게 관련되어 일어난다. 심지어 교실에서의 수업조차도, 교사와 학생들이 각각 고유의 사회적 · 경제적 · 문화적 배경을 가진 주체적 인간이며 다루어지는 내용 역시 사회문화적 맥락 속에서 구성되고 편성된 것이기 때문에, 사회학적 상상력이나 감수성을 동원하지 않고서는 제대로 파악될 수 없다. 교육목표의 설정, 교과과정의 구성, 교육 기회의 범위, 선발과 집단화, 학교 설립, 교사 양성 등 교육과 관련된 모든 사안들은 국가적 · 사회적 맥락에서 결정된다. 이러한 이유로, 교육학자들은 자신들이 전공 영역이라고 주장하는 범위를 경계로 삼아 그 안에서 일어나는 현상들에만 주시하는 한 그 현상들조차도 제대로 파악할 수 없다.

사회학적 상상력은 교육학자들에게도 하위 전공 영역을 불문하고 반드시 요구되는 소양이며 능력이다. 상상력의 부족이나 제한은 교육현상을 제대로 파악할 수 없게 할 뿐만 아니라 왜곡시키기도 한다. 교육의 불평등은 교육 기회의 격차에 의해서만 일어나는 것이 아니며 교육이념의 설정, 교과과정의 선정과 조직, 교육재원의 배정, 교육에서 직업으로의 전환 등 교육의 모든 영역과 단계에서 유발된다. 예컨대, 교육장면에서 다루어지는 지식은 만고불변의 진리가 아니며 사회와 시대에 따라 규정된다. 지식사회학은 사회적 토대가 특정한 종류의 지식을 생산한다고 주장한다. 신교육사회학(new sociology of education)과 교과과정의 사회학(sociology of curriculum)은 지식의 사회 구조적 피구속성(皮拘束性)에 근거하여 교과과정이 지배집단의 패러다임에 의해 선정 · 조직됨으로써 교육적 불평등이 재생산된다고 주장한다(Young, 1971a; Pinar, 1975).

교육의 목적은 지식, 상상력, 창의력, 의지 등 매우 다양했지만 산업사회에 접어들고 교육이 제도화되면서 지식과 기술의 축적에만 집중되었다. 우리는 습관적 행동만으로는 살아갈 수 없는 변화무쌍한 환경에서 어떤 교육이 필요할지를 상상해 볼 필요가 있다. 자연환경에만 대처해서 살아남는 데에도, 지식뿐만 아니라 상상력, 창의력, 의지 등이 반드시 필요하였다. 우리는 예측할 수 없는 자연환경과 직접 부딪치면서 살아가야 했던 원시사회에서 교육이 역동적인 모습으로 이루어졌을 것임을 충분히 짐작할 수 있다. 현대사회에서도 분야에 따라서 급격한 변화가 이루어지고 있다. 이러한 분야에서는 축적된 지식만으로는 외부의 도전을 이겨낼 수 없기 때문에, 현직(現職)에서의 교육과 훈련이 생동감 있게 이루어지고 있다. 인식을 달리하여 자신의 인생을 스스로 주도하려면, 일상이 어떠하든 그리고 직업이 무엇이든 모든 현대인은 지속적으로 학습하고 터득하며 각성해야 하는 사태에 처해 있다. 자신의 인생을 적극적으로 구상한다면, 현대사회도 원시사회와 다름없이 수많은 도전의 연속으로 다가올 것이다.

주체적 인간들[human agency]에 의한 구조의 변화는 얼마든지 이루어질 수 있으며 실제로 곳곳에서 규모를 달리할 뿐 이루어지고 있다.[40] 주체자를 통한 구조의 변화를 추구하기 위해서는 거시(macro)와 미시(micro) 그리고 구조와 주체로 양분되어 왔던 접근을 통합해야 한다. 구조화 이론(structuration theory)은 그러한 시도들 가운데 가장 주목받고 있으며(Giddens, 1979, 1986; Bryant and Jary, 1991), 통합적 접근은 사회학

---

40 주체적 개인들에 의한 사회 구조의 변화가 실제로 빈번하게 일어나고 있는데도 이를 인식하지 못하는 이유는 사회 구조를 너무 크게 생각하기 때문이다. 사회 구조는 사회적 행동의 반복되는 유형으로 단순하게 규정되어 왔다(Abercrombie, Hill, and Turner, 2006: 360-361). 예컨대, 사회운동(social movement)은 사회적 재구조화(social reorganization)를 위한 다양한 유형의 집단 행위를 총칭한다. 사회운동에는 정권의 타도를 추구하는 대규모의 운동에서부터 마을 앞 도로에 횡단보도 설치를 요구하는 소규모의 운동까지 다양하다. 학생운동, 여성운동, 환경운동, 흑인운동 등 다양한 사회운동들에 의해서 의미 있는 사회변화가 이루어지고 있다.

의 중심 화두가 되고 있다(Alexander, Giesen, Münch and Smelser, 1987; Giddens, 1986; Sztompka, 1994). 나는 두 접근의 통합이 그 어느 분야보다도 교육학에서 절실히 요구된다고 주장하며 통합의 가능성을 베버의 이론과 그의 학풍을 이어받은 학자들의 글에서 찾으려고 한다. 교육은 시공간적인 제약 속에서 이루어지는 구체적인 행위이기 때문에 대상에서 제한을 받게 된다. 이 때문에 교육은 개인들을 대상으로 하며, 교육학은 미시적 접근을 피할 수 없다. 한편, 교육은 개인들의 변화에 주력하지만, 궁극적인 목표는 인본주의 사회의 실현에 있으므로 사회 구조의 변화도 교육의 대상이 되어야 마땅하다.

교육을 통한 사회변화는 미시적 접근과 거시적 접근의 통합에 의해서만 가능하다. 거시와 미시, 또는 구조와 주체로 단절된 이중 체제(dualism)로는 사회변화와 관련된 과정을 정확하게 개념화할 수 없기 때문이다(Shilling, 1992). 구조적인 변화의 상징처럼 인식되고 있는 혁명도 체계적인 교육이 지원되지 않으면 성공할 수 없다. 러시아혁명을 성공시킨 직후 제1차 교사대회(1918년)에서 레닌은 "혁명의 역사는 학교에 의해 공고해지며 미래 세대들의 훈련은 혁명을 통해서 얻은 모든 것을 고착시킨다"라고 웅변했지만(Lapidus, 1982: 252), 소련은 구(舊)지배 계층과 신(新)지배 계층 간의 갈등과 지배 계층과 피지배 계층 간의 불평등이 자녀 교육에 개입한 전형적인 부모주의(parentocracy)[41]로 심화되면서 몰락을 가속시켰다(오욱환, 1992; Lane, 1982: 157). 소련에서의 신구(新舊) 지배 계층은 과두정치(oligarchy) 체제 아래, 혈연에 의한 세속의 유형은 아니었지만, 후계자들을 지명할 수 있었기 때문에 지배적 위치를 지속할

41 부모주의는 "경제적, 문화적, 사회적 자본에서 우위에 있는 부모들이 집요한 소원(所願)과 효율적 전략으로 자녀의 성적, 학력(學歷: amount of schooling), 학벌(學閥: route of schooling)에 결정적인 영향을 행사하려는 성향"으로 정의된다(오욱환, 2008a). Phillip Brown (1990). The 'Third Wave': Education and the ideology of parentocracy. *British Journal of Sociology of Education*, 11(1), 65-88 참조.

수 있었다.

교육은 사회의 유지와 발전에 도구적으로만 이용되는 제도가 아니며 교육을 통한 사회 구조의 변화도 충분히 가능하다. 그 가능성은 교육사회학에서 불가침의 패러다임처럼 인식되어 온 기능론과 갈등론을 극복함으로써 탐색될 수 있다. 한국의 교육사회학계에서도 베버는 주목을 받지 못하고 있으며 베버의 학문적 성향을 이어받는 학자들까지도 더불어 경시되고 있다. 그 이유는 뒤르케임 패러다임을 이어 온 기능주의가 한국의 교육사회학계를 독점하다가 1980년대 이후에는 이에 정면으로 맞서는 마르크스주의가 도입되면서 두 패러다임만이 대립하면서 공존해 왔기 때문이다. 기능론 또는 갈등론의 독주(獨走)는 오늘날의 사회현상을 설명하는 데 있어 한계에 부닥칠 수밖에 없다. 현재의 시대에서는 이데올로기가 퇴조하고, 갈등과 투쟁이 약화되면서 경쟁이 정당화되고 있다. 다양한 이익집단들이 급격히 증가하여 압력단체(pressure group)로서 '거짓은 아니지만 진실도 아닌 신화'를 사실처럼 유포하면서 고유의 이익을 추구하고 있다. 현대사회는 다원(多元)사회, 포스트모던사회, 탈산업사회, 지식정보사회 등 새로운 개념으로 지칭되고 있으며, 이처럼 복합적인 현대사회에서 발생하는 현상들을 파악하는 데 베버의 학문과 베버 패러다임의 지적 성과들이 더 적합하게 활용될 수 있다.

베버로부터 영감을 받은 학자들의 지적 작업들을 재검토하고 그 가치를 제대로 평가함으로써 교육사회학에서 활용할 수 있는 패러다임, 이론, 개념, 연구방법의 폭을 넓힐 수 있다. 새로운 이론을 개발하는 작업보다 이전의 이론들을 충분히 활용하기 위한 노력이 선행되어야 한다. 2000년대에 들어서면서 학문의 다양화를 위한 분위기가 고조되고 있으며, 교육사회학도 이러한 분위기로 상당히 고무되고 있다(Ball, 2000: xxxi-xlvi). 이 분위기에서 뚜렷하게 포착되는 특징들 가운데 하나는 "뒤르케임이나 마르크스에의 편향적 의존에서 벗어나고 있다"라는 것이다. 다원사회, 포스트모던사회, 세계화된 사회, 기술공학적 사회 등 다양하게 명명되는 사회에 적합한 개념과 이론들을 개발하는 데 몰두한 학자들은 이상사회를 미리 결정하고 이를 지향하기보다는 현실사회를 정확하게 파악하는 데 더 많은 관심을 쏟고 있으며, 이 때문에 뒤르케임이나 마르크스보다 베버에게 자연스럽게 관심이 더 쏠리고 있다.

베버는 사회 구성원들이 하나로 결집되어 있다거나(뒤르케임학파) 둘로 양분되어 있으며 결과적으로 하나로 만들어질 것이라는(마르크스학파) 주장과 이론 속에 내포되어 있는 이데올로기에 집착하지 않았으며, 어떤 유토피아(Utopia)의 실현을 추구하지 않았기 때문에 일상적으로 일어나는 사회현상의 실제적 현실을 포착하는 데 유용하고 적절한 개념, 이론, 방법을 구안할 수 있었다. 그의 패러다임은 다양한 집단이 고유의 목소리를 내고 있으며 이상사회의 추구보다 현실사회에서 실리적 이익을 획득하기 위해 갖가지 전략을 구사하고 있는 현대인들의 일상적 행위를 포착하는 데에는 그 어떤 패러다임들보다 적합하다.

이 글에서는 (1) 뒤르케임학파와 마르크스학파에 집착하면 복잡하고 다양하게 전개되는 교육현상을 파악하고 탐구하는 데 한계가 있을 수밖에 없다고 확신하고, (2) 그 돌파구의 하나로서 고전사회학에서 한 축을 이루고 있음에도 불구하고 방치되거나 무시되어 왔던, 그러나 매우 포괄적이고 광범위한 개념, 이론, 방법을 제시한 베버를 주목하며, (3) 그의 아이디어를 수용하여 발전시킨 학자들을 '베버 학풍'으로 지칭하고 이들로부터 교육사회학에 유용한 개념과 이론들을 발굴하듯 찾아서, (4) '베버 패러다임의 교육사회학'이라고 지칭하고 이를 부각하여 뒤르케임학파와 마르크스학파로 양분된 교육사회학 구도를 다양화하려고 한다.

인간들의 일상생활은 가상적으로 설정된 합리적 상황에서 전개되지 않으며 이상사회를 추구하는 데 몰입해 있지도 않다. 교육은 합리적으로 설정된 상황에서 또는 이상사회의 건설과 관련지어 모색될 수 있지만, 학력, 학벌, 성적, 평가 등에서 차별적 우위를 점유하려는 시도들은 지극히 일상적 행위일 뿐이며 합리적 판단이나 원대한 이상의 추구와는 무관하다. 국가, 사회, 심지어 인간을 염두에 두고 교육을 언급할 때에는 고상한 용어들과 우아한 수식어들이 동원되며 본질이 주제가 되기도 한다. 그러나 자신이나 자녀의 교육이 주제가 될 때에는 지극히 이기적인 준거나 기준이 적용되며 본질적 의미는 사라져 버리고 도구적 가치가 화제가 된다. 다시 말해서, 교육은 사회적, 경제적, 문화적 출세의 징표(徵表)이면서 수단으로서 가치를 갖게 되고 학력 경쟁, 학벌 경쟁, 출세 경쟁이 인과적으로 연결된다. 이 때문에 각각 사회나 계급이 주제가 되는 뒤르케임이나 마르크스의 이론 모형을 가지고 개인, 가정, 집단이 성적, 학력, 학벌에서 상대적으로 우위를 점유하려는 활동을 설명하면 현실과 상당히 동떨어진 느낌을 주게 된다. 우리 모두는 뒤르케임이 주장하듯 사회의 부분임을 피할 수 없으며 마르크스가 자신하듯 어떤 계급으로 분류되고 그 계급적 속성을 가질 수밖에 없지만, 일상생활에서는 그 사실들을 일일이 기억하면서 살지 않으며 오히려 현실적으로 소속되어 있는 가족, 집단, 조직, 계층의 일원으로서의 정체성을 갖는 데 더 집착한다.

더욱이 극소수의 사람들을 제외하면, 어느 누구도 언제나 유리하거나 항상 불리한 위치에 있지도 않다. 대부분의 사람들은 상황에 따라서 다른 사람들보다 유리한 위치에 있는 경우도 적지 않다. 이러한 이유로 사람들의 이합집산은 다양한 유형으로 나타나게 된다. 학력과 관련지어 설명하면, 중간 정도의 학력을 가진 사람들은 더 높은 학력을 가진 사람들이 학력의 우위를 가지고 현재 상태를 고수하려 할 때 이에 강력하게 반발한다. 그러나 자신들보다 더 낮은 학력을 가진 사람들이 학력에 기반을 두고 있는 현재의 위계질서에 도전하려 할 때에는 이들의 주장이나 요구를 받아들이지 않으며 보수적 입장에서 현존 구조를 강력하게 방어한다. 현대사회에서 사람들은 사회나 계급보다 자신들의 현실적 이익에 더 민감하게 반응하며, 이 때문에 일상적으로는 이기적으로 행위하고 이익을 극대화하기 위한 방편으로 필요에 따라서 여러 가지 집단들에 속해 있다. 이러한 상황을 설명하려면, 베버와 그의 패러다임을 취하는 학자들을 주목할 필요가 있다.

베버는 사회학의 창시자들 가운데 한 사람으로 추대되고 있지만 교육사회학에서는 뒤르케임이나 마르크스와 비교할 때 너무 소홀히 평가되고 있다(King, 1980). 이는 교육사회학이 뒤르케임과 마르크스의 사상을 계승한 두 가지 주류(main stream)인 기능론과 갈등론에 의해 주도되어 왔기 때문이다. 일부 학자들에 의해서 베버가 갈등론에 포함되어 다루어지기도 하지만, 마르크스의 영향력에서 벗어나고 그를 극복하기 위해 최선을 다한 베버(Giddens, 1971)를 마르크스와 함께 묶는 것은 무리가 있다.[42] 베버의 아이디어를 계승한 학풍을 마르크스주의에 포함시키려는 의도는 학자들 사이에 드러나는 의미 있는 차이를 묵살하는 결과를 초래할 수 있다. 마르크스 패러다임에 베버 패러다임을 소속시키는 분류방법은 그 당시에도 어색했지만 오늘날에는 명백한 오류로 판명되고 있다.

최근 마르크스주의자들은 현대사회에서 일어나고 있는 인종, 종족, 성, 문화 등 다양한 요인들로 유발되는 사회적 불평등을 설명하기 위해서 고전적 마르크스주의를 과감하게 변형시키고 있는데, 그 방향이 베버의 패러다임으로 쏠리고 있다. 이러한 흐름을 반영하듯, '마르크스주의의 베버화(化)'(Weberianizing of Marxism)(Collins, 1981: 3), '베버식(式) 마르크스주의'(Weberian Marxism)(Löwy, 1996; Dahms, 1997)[43]라는 용어까지 등장하였다. 신(新)마르크스주의자들은 내부적으로 베버의 패러다임과 개념을 빌려서 마르크스주의의 현실적 한계를 극복하기 위해 고

42 최근에는 마르크스학파에 속하는 상당수의 학자들이 베버의 영혼과 담론을 펴고 있다. 고전적 마르크스주의를 20세기 후반 자본주의 사회의 조건들에 맞추려면 베버의 개념들에 크게 의존할 수밖에 없다(Burris, 1987: 67).

43 담스(Dahms, 1997)는 베버식 마르크스주의자들로 게오르그 루카치(György Lukács)와 위르겐 하버마스(Jürgen Habermas)를 거명하였다. 루카치는 하이델베르크에 있는 베버의 집에서 열린 일요모임에 몇 년 동안 참석했을 정도로 베버와는 사적이며 지적인 관계를 맺고 있었다. 베버식 마르크스주의는 마르크스주의자들에게 미친 베버의 영향보다는 자본주의를 심층적이며 (때로는) 더 신랄하게 비판하기 위하여 베버의 개념들

투하였다(Parkin, 1979: 25). 지적 작업의 상당한 부분이 어떤 기준에 의해 신마르크스주의 학자들을 묶거나 나누는 데 소요되고 있지만, 잘못 묶거나 나눔으로써 이들의 의미 있는 학문적 성과들이 사장되거나 간과될 수 있는 가능성은 매우 높다. 이 글은 교육사회학에서 갈등론으로 묶어져 마르크스학파의 한 아류로 경시되고 있는 베버 학풍의 학자들과 이들의 업적을 제대로 평가하려는 목적으로 수행된다. 다시 말해서, 이 글은 베버리즘(Weberism)을 소개하는 수준을 넘어서 교육사회학의 이론적 토대를 넓히고 굳건히 구축하는 데 목적을 두고 있다.

학문적 거인을 짧은 글로 다루는 일은 무리이다. 더구나 대가(大家)의 영향을 받은 학자들까지 소개하고 그들의 작업을 평가하는 일은 무모할 수밖에 없다. 그러나 이 무리와 무모함은 종류가 다른 뿌리와 줄기를 임의로 접목시키는 분류작업의 오류와 무리를 지적하고 제대로 분류하기 위해서는 불가피하다. 베버는 고전사회학의 한 주류를 형성하고 있으며 그의 패러다임은 현상학, 상징적 상호작용 이론 등 새로운 흐름을 유도했고, 모더니즘을 넘어서려는 현실에서 다원주의(pluralism), 포스트모더니즘(postmodernism)[44] 등의 새로운 사상의 도래에 공헌했을 뿐만 아니라 역사사회학, 비교사회학, 해석적 연구방법론 등 새로운 영역을 개척하였다. 그의 학풍은 교육사회학에도 큰 영향을 미치고 있으며 계층경쟁론, 비교교육학, 교육현상학, 교사-학생 상호교섭론, 교육과정사회학, 교육역사사회학 등을 가능하게 하였다.

그리고 교육사회학에서 빈번히 비중 있게 다루는 피에르 부르디외(Pierre Bourdieu)의 문화적 자본, 바질 번스타인(Basil Bernstein)의 언어적 자본, 폴 윌리스(Paul Willis)의 저항 등 문화를 둘러싼 집단들의 관계는, 마르크스의 경제적 계급이나 뒤르케임의 직업 집단보다, 베버가 공

을 원용(援用)하는 데 관심을 기울인다(Löwy, 1996: 432).

44 베버의 합리화(rationalization)에 대한 역설은 모더니즘에 대한 비판과 통찰을 제공함으로써 포스트모더니즘의 출현에 공헌하였다(Gane, 2005).

유(共有) 문화로 집단적 정체성을 특징지은 계층에서 원류를 찾아볼 수 있다. 오늘날 정치, 경제, 종교, 지역 등에서 차이가 있거나 격차가 있음에도 불구하고 모든 국가에서 일어나고 있는, 다양한 집단들 사이에 야기된 불평등은 경제적 계급, 사회문화적 지위, 정치적 권력 등 세 가지 측면[45]을 고려한 베버의 불평등론에 의해 더 자세하게 설명될 수 있다.[46] 관료제에 대한 베버의 논문들은 사적 소유가 모든 사회적, 경제적, 정치적 세력의 근원이라는 주장에 대한 강력한 반발에서 시작되었다. 현대사회에서 불평등은 사회적, 경제적, 정치적 영역에서의 세력 격차에서 유발되며 조직 속에서 그리고 조직을 통해서 실현되고 있다.

우리가 베버를 재조명하는 또 하나의 이유는 교육의 자율성을 탐색하기 위해서이다. 뒤르케임과 기능주의 사회학자들은 교육의 범위를 "사회로부터 부여받은 선발과 사회화 역할의 수행"으로 규정하기 때문에, 이 학파에 의존하면 교육을 통한 사회변화는 기대하기 어려우며 "사회변화에 효율적으로 적응하는 데 유용한 교육"만이 주제가 될 뿐이다. 한편, 사회의 불평등 구조를 타파하고 평등사회의 구현을 지상목표로 삼는 마르크스주의자들은, 자본주의 체제에 대한 신랄한 비판과 혁명에 의한 새로운 사회의 출현을 갈구하지만, 변화의 주체가 되어야 하는 사람들을 양성하는 데

---

45 베버에게 있어서 경제적 자산이 곧바로 정치적 권력을 의미하지는 않는다. 그는 경제적 계급정체성이 집단 행위의 기초가 된다는 주장을 수긍하지 않았다. 자본가들 사이에도 적자생존과 약육강식의 경쟁이 치열하며 노동자들 간의 이익 대립도 만만치 않다. 높은 사회적 지위가 경제적 부를 보장하지도 않는다는 사실은 부유한 범죄자들이 사회적 지위가 높지 않다는 것을 통해 알 수 있다. 경제적으로 부유하고 지위가 높더라도 정치가로서 권력을 가지려면 선거에서 당선되거나 자리에 대한 지지를 획득해야 한다. 경제적 계급, 사회문화적 지위, 정치적 권력은 상호배타적이지는 않지만 하나의 개념이 다른 개념들을 대체할 수는 없다.

46 사회경제적 배경에 따른 영향을 파악하려는 사회과학 분야의 논문들은 대부분 배경 변인으로서 마르크스의 계급이나 뒤르케임의 직업만을 가지고 집단을 구분하지 않는다. 대부분의 논문들은 최소한 가장(家長) 또는 부모의 소득이나 수입, 직업적 지위, 학력 등을 고려하여 집단을 위계적으로 구분한다. 이러한 변인들을 고려한다면, 이는 마르크스나 뒤르케임보다 베버의 패러다임이 선호되고 있음을 의미한다.

에는 소홀함으로써 자연발생과 크게 다르지 않은 '역사적 필연'만 기다리게 만들었다. 현실사회의 철저한 파괴를 통한 구조적 계급혁명은 자본주의가 발달하고 집단 간 갈등을 완화하기 위해 다양한 장치가 마련된 국가에서는 시대착오적 환상으로 인식되고 있다.

더욱이 현대 자본주의 사회에서는 기업 간의 경쟁이 치열해지고 경쟁의 범위도 국제적으로 확대됨에 따라 노동자들의 운명과 일상이 추상적으로 분류되는 계급보다 자신들을 고용하고 임금을 지불하는 회사에 의해 더 좌우되고 있다. 고용된 회사의 운명이 국내외 동종(同種) 회사들과의 경쟁 결과에 따라 가름되므로, 피고용자들이 고용자 자본가들을 배타적으로 상대할 수 없을 뿐만 아니라 경우에 따라서는 공동운명체로서 긴밀하게 협조해야 한다. 현대사회에서는 자본가와 노동자를 자동적으로 적대관계로 묘사할 수 없게 되었으며 경영의 상황과 대책에 따라 다양한 유형의 관계로 분류해야 한다. 또한 상황과 대책이 회사마다 다르기 때문에, 노동자들 사이에 이질화가 가속되고 있다. 어떤 노동자들은 자본가의 착취로 생존의 위협에 휩싸여 있는가 하면, 다른 노동자들은 자본가와 긴밀히 협조할 뿐만 아니라 심지어 주식을 공유함으로써 자본가로서의 지위를 동시에 갖기도 한다. 여기에 더하여 노동 시장의 분절화(segmentation)와 노동자들의 직급 위계화(hierachization) 및 직종 다양화(diversification)는 이들의 일상과 현실인식이 동질적일 수 없게 만들고 있다. 이처럼 노동자들의 현실이 극명하게 나뉘는 사회에서는 노동자들의 단결에 의한 혁명[47]의 가능성은 희박해질 수밖에 없다.

노동자들의 단결을 점차 어렵게 만드는 요인들 가운데 간과할 수 없는 것이 전직(轉職)[48]과 이주(移住)이다. 현대사회에서는 평생고용은 물론

---

47 모든 유형의 혁명이 단결을 촉구하듯, 노동자들의 계급혁명도 노동자들의 단결을 전제로 한다. 마르크스와 엥겔스(Marx and Engels (이진우 역), [1848], 2002)는 '공산당선언'에서 "전 세계 노동자들이여, 단결하라"고 촉구하였다. 실제로 한 국가의 노동투쟁은 인접 국가들로부터 노동력이 유입되면서 실패하였다.

장기고용도 급격히 줄어들고 있으며 노동자들의 밀집형 집단촌 형성도 사라지고 있다. 직장을 자주 옮기고 각기 다른 거주지에서 생활하게 됨으로써, 노동자들 사이에 형성되었던 동질성이 사라지고 아울러 일체감도 줄어들고 있다. 출신 가족의 배경에 따라 부모와 형제자매들에게 경제적 지원을 제공해야 하는 노동자들이 있는가 하면, 그 반대로 이들로부터 경제적 지원을 받는 노동자들도 있다. 기혼 노동자들의 경우에는 배우자의 취업 여부와 직종에 따라 가정의 경제적 상황에서 격차가 발생하기도 한다. 전직, 이주와 분산 거주, 출신 가족의 경제적 상황, 배우자의 취업 등에 의해 노동자들은 생애기회(生涯幾回: life chance)[49]와 생활 유형에서 동질성을 잃어가면서 계급의식에 의한 결속력도 낮아지고 있다.

현대사회에서는 정치적 이념이 퇴색하고 있다. 다양한 이념들이 공존하게 되면서, 다원사회의 특징이 분명하게 나타나고 있다. 이 때문에 사회현상을 파악하는 데 이념적 성향이 강한 거대한 일반 이론(general theory)을 가지고 복잡한 현상을 설명하려는 시도가 한계에 부닥치게 되었다. 이념에 의해 이상사회를 미리 설정한 후 이를 기준으로 하여 현실사회에서 나타나고 있는 현상들을 설명할 때에는 가치가 철저히 개입하게 된다. 가치가 개입된 준거를 설정하고 여기에 근거하여 현실 사태들을 분석하고

---

48 세넷(Sennett (조용 역), [1998] 2001: 26)은 "현재 2년제 전문대 졸업 이상의 학력을 가진 미국 청년은 앞으로 40년의 취업 기간 중 최소한 11차례 전직하고, 최소한 3차례 '밑천 기술'을 바꿀 것으로 예상된다"라고 전망하였다. 육체 노동자들의 경우에는 전직과 기술전환이 이 정도에 이르지는 않겠지만, 이전처럼 한 직장에서 한 걸음씩 진급하는 전통적인 직장생활을 기대하기 어렵게 될 것이다. 고용조건이 단기, 계약, 임시로 급속히 전환하고 있다. 이러한 변화로 인해 노동자들 사이에 동질적 유대감이 사라지고 정보의 교환만 늘어나고 있다.

49 생애기회는 'life chance'를 번역한 개념으로 지금까지 '삶의 기회'로 통용되어 왔다. 이를 구태여 달리 번역하는 이유는 '삶'이 '사는 일' 또는 '살아 있음'을 의미함으로써 'life chance'가 '살기 위한 기회' 또는 '살아남기 위한 기회'로 오해될 수 있기 때문이다. 생애는 '살아 있는 한평생의 기간' 또는 '생계'(生計)를 의미하기 때문에, 'life chance'를 '생애기회'로 번역하면 '한평생 동안 갖게 되는 기회' 또는 '생계를 위한 기회'로 풀이됨으로써 원래의 의미를 제대로 살릴 수 있다.

설명하는 접근법은 다원사회에서 복합적으로 나타나는 현상들을 파악하는 데 한계가 있다. 이러한 접근법은 색안경을 끼고 물체의 실체를 파악하려는 오류에 비유될 수 있다.

현상은 있는 그대로 파악되어야 하지만, 현상을 설명하기 위해서는 모든 사례들을 그대로 기술할 수는 없기 때문에 분류부터 시작하게 된다. 각 사태나 사물의 실체를 있는 그대로 고스란히 살리면서 분류하고 그 실체를 파악하려는 시도는 모순일 수밖에 없다. 왜냐하면 분류할 때에는 준거가 적용되고 준거에서 벗어난 세세한 차이들은 무시될 수밖에 없기 때문이다. 이러한 모순은 분류를 통해 현상을 파악하려는 지적 작업에서 피할 수 없다. 베버는 이 딜레마를 이념형(ideal type)[50]을 제시함으로써 극복하였다. 그의 이념형은 이상적(理想的)인 유형이 아니고 전형적(典型的)인 유형을 의미한다. 베버는 두드러지게 나타나는 몇 가지 유형들을 제시하고 그 유형들을 통해서 복합적인 현상들을 정리한다. 그에게 있어서 해석이 중요한 이유도 복합적인 현상들이 몇 가지 전형적 유형들에 꼭 들어맞지 않기 때문이다. 미리 정해진 하나의 준거에 맞추는 접근법과, 현상들을 가능한 한 있는 그대로 파악하기 위해서 몇 가지 전형을 설정하고 변이(變異) 현상에 대해서는 해석을 통해 이해하려는 접근법은 원초적인 발상 자체가 다르다. 베버의 도움을 받아 새로운 교육사회학을 시도하는 까닭은 다원사회의 복합적 교육현상들을 파악하기 위해서 탈이념적, 해석적 사회학을 적용하기 위해서이다.

현대사회처럼 전문화되는 사회, 계급혁명이 현실적으로 불가능해지는 사회, 관료화되는 사회, 권력에 의한 지배보다 권위(authority)에 의한 지배가 요구되는 사회, 자유 경쟁을 표방해야 하는 사회, 지배가 정당화되어

---

50 막스 베버가 제시한 'ideal type'이 '이념형'으로 번역됨으로써 오해가 끊이지 않았다. 'ideal'은 형용사로 사용될 경우 "① 이상의, 이상적인, 더할 나위 없는, 전형적인", "② 관념적인, 상상의, 가공적인, 비현실적인"의 의미로 풀이된다. 베버의 'ideal type'을 번역할 때에는 두 번째 풀이를 이용하는 것이 낫다.

야 하는 사회 등에서는 지배-복종적 신분(estate)[51]관계나 계급(class)관계는 사라지고 통제-수용적 계층(stratum)관계가 확산된다. 이러한 사회에서 일어나는 불평등 현상은 여러 측면을 함께 고려하는 복합적 개념화에 의해서만 제대로 파악될 수 있다. 현대사회에서는 자본가와 노동자의 관계에 못지않게 전문가-비(非)전문가, 기술자-무(無)기술자, 관리자-노동자 등으로 이루어지는 집단들의 관계가 일상생활을 더 많이 좌우한다. 부모들이 바라는 자녀들의 일자리는 경영자, 법관, 의사, 회계사, 교수 등 전문 지식에 의해 획득되고 경력에 따라 승진하는 직업군에 집중되고 있다. 현대사회에서 일어나는 교육열도 이러한 맥락에서 접근되어야 하므로 베버 패러다임이 매우 유용하게 이용될 소지가 충분하다.

51 신분(estate)은, 유럽에서 주로 형성된 계층화의 유형으로, 카스트(caste)가 종교에 기반을 둔 것과는 다르게 법률에 의해 정치적 목적으로 만들어진다. 신분에 관한 법률은 각 신분의 권리와 의무를 명시하며 신분 간 이동을 철저히 규제한다. 신분 체제는 봉건 시대에 주로 형성되었는데 대체로 성직자(clergy), 귀족(nobility), 평민(commons) 등 세 가지로 구분되었으며 때로는 평민이 도시 거주자(city dwellers)와 소작인(peasants)으로 세분되어 네 가지로 나뉘기도 하였다(Abercrombie, Hill, and Turner, 2006: 135).

II

막스 베버와
베버 패러다임

막스 베버를 단지 사회학자로만 인지한다면 그를 오해하는 것이다. 물론, 베버는 사회를 연구하는 작업을 꺼리지 않았으며, 실제로 그는 자신의 생애 가운데 상당 부분, 특히 생애 후반을 사회학 탐구에 할애했으며 사회학을 사회과학의 한 영역으로 격상시키는 데 아주 적극적이었다. 그럼에도 불구하고 인간을 이해하기 위한 베버의 공헌은 너무 광범위하고 풍부했기 때문에 하나의 학문 영역에 그의 업적을 담는 것은 무리일 수밖에 없다. 베버는 법과대학을 졸업한 후 법관으로서 경력을 시작했지만 그 직업에 한계를 느꼈다. 그는 학문을 계속하기 위해서 대학교수가 되었다. 그의 지적 호기심은 인간에 대한 모든 영역을 망라하였다. 베버는 사회과학 전반에 박식한 마지막 천재로 불릴 수 있다(Wrong, 1970: 1; Farganis, 2000: 102).

베버의 부모는 그의 지적 성향에 많은 영향을 끼쳤다. 독실한 칼뱅주의 신도였던 그의 어머니는 베버가 세계 여러 종교에 대해 호기심을 가지도록 만들었으며 이는 그로 하여금 산업 자본주의의 기원으로 칼뱅주의에 접근하게 만든 계기가 되었다. 베버는 아버지를 좋아하지는 않았지만, 그가 정치와 관료제에 대해 깊은 관심을 갖게 된 데에는 세속적 정치가였던 아버지의 영향이 적지 않았다. 베버는 정치와 학문이 양립할 수 없다고 확신하였다. 그가 제시한 이유에 의하면, 정치는 행위(action)와 개인적 신념(personal conviction)을 요구하지만, 학문은 불편부당과 지속적인 숙고(reflection)를 필요로 하기 때문이다. 베버는 정치에 개입하려는 학자들에게 학교를 떠나기를 권유했으며 학문을 선택한 학자들에게는 전문적 작업 과정에 과학적 중립을 고수할 것을 충고하였다(Weber (김진욱 · 김승일 역), [1919] 1997).

베버는 뒤르케임과 마르크스로 양분된 패러다임의 독단과 독점을 저지하기 위해서 노력했으며 다양한 학문 영역을 경중(輕重) 없이 진지하게 다룸으로써 학계에 만연되어 있는 '학문 간 경계'[1]를 허무는 데 공헌했을 뿐만 아니라, "오직 개인만이 의미 있는 사회적 행위를 할 수 있다"라는 원칙[2]의 '방법론적 개인주의'를 주창함으로써 인본주의 사상을 고수하였다. 방법론적 개인주의에서, 집단은 개인적 존재인 인간들이 행한 특정 행위들의 조직된 결과물이며 형태로서만 취급된다. "집단은 소속된 구성원들의 전체를 초월한다"라는 논리나 '집단의지'와 같은 개념은 베버의 방법론적 개인주의와 상치(相馳)된다. 학문 간 경계의 훼파(毁破)나 방법론적 개인주의와 같은 일련의 업적은 베버의 생존 시대보다 현대사회에서 그 가치가 더욱 부각되고 있다.

관료화의 확산에 따른 인간성의 상실을 우려한 베버의 예언은 자본주의 사회의 붕괴와 사회주의 사회의 도래를 예견한 마르크스보다 더 정확하게 현대사회에 적중하고 있다. 베버는 사회주의 체제 아래 관료제적 지배는 자본주의 체제 아래 계급적 지배보다 훨씬 더 고통스러울 것이라고 확신하였다(Weber (ed. Roth and Wittich), [1968] 1978: 941-955). 그는 '노동자의 독재'를 목표로 삼은 사회주의 체제가 실제로는 '관료의 독재' 아래 놓이게 되고 국민들은 노예 상태로 전락할 것이라고 예언하였다. 베버는 사회주의 체제에서 관료의 독재는 필연적이라고 확신했기 때문에 '계급 없는 사회'가 낙원이기보다는 악몽에 더 가까울 것이라고 확신하였

1 학문의 영역 사이에 높아지는 벽이나 깊어지는 골은 지극히 반(反)학문적이다. 우리는 학문의 순수성을 고수한다는 명목 아래 행해지고 있는 학문 간의 간격 넓히기나 벽 쌓기가 실제로는 학자로서의 나태함이나 능력의 한계를 위장하기 위한 것임을 인정해야 한다. 학자는 능력껏 학문에 매진하는 것만으로도 충분히 자족(自足)할 수 있다. 학문의 영역은 학자들이 안주하기 위해서 설정하는 범위가 아니다.

2 어떤 목적을 위해서 사회집단(groups)이나 집합(aggregates)을 개인적 존재처럼 취급할 수는 있지만, 이는 어디까지나 이론적인 가정(假定)을 허용하는 수준일 뿐이다.

다(Gerth and Mills, 1946: 49-50). 뒤르케임과 마르크스가 현실사회를 각각 '초월적 유기체와 같은 사회' 또는 '두 거대 계급으로 나뉘어 갈등하는 사회'로 묘사하면서 개별 인간들의 존재를 허용하지 않은 것과는 대조적으로, 베버는 그 어떤 조직이나 사회도 개개의 구성원을 무시하고 존재할 수 없음을 주장하였다.

우리가 베버에 주목해야 하는 이유는 현대사회를 정확하게 이해하기 위해서뿐만 아니라 자율적인 인간을 양성하고 인본주의적인 사회를 구현하기 위해서이다. 우리는 베버의 지적 업적에 힘입어 사회 구조나 계급 속에 종속되어 있는 개인들에게 자율성을 되찾아 줌으로써 이들로부터 사회변화를 주도할 수 있는 작인적 주체가 될 수 있는 가능성을 탐색할 수 있다. 나는 'agent'에 담겨 있는 의미를 최대한 담아낼 수 있는 번역어를 찾기 위해 고심해 왔다. 통상적으로 'agent'는 '주체'로 번역되고 있지만 함축성이 미흡하다. 나는 '작인적 주체'라는 개념으로 "자신의 의지와 실천에 의해서 사회변화가 가능하다"라는 의미를 담고자 하였다. 작인적 주체는 '원인(原因)을 만들 수 있는 의식인', '구상(構想)하고 실행(實行)하는 자율적 인간', '스스로 변화의 동인이 되는 실존적 개인' 등을 뜻하기도 한다. 이 작인적 주체들이 함께 만들어 가는 사회야말로 현실 속에서의 천국에 가깝다. 자신들이 살아갈 사회를 만드는 과정으로부터 소외되고 배제된 인간들에게 그 어떤 사회도 천국일 수 없다(이청준, 1976).

1. 막스 베버의 생애와 관점

생명체는 시간과 공간의 조건으로부터 자유로울 수 없다. 인간은 태어난 시대와 사회의 영향을 받을 수밖에 없다. 문제들을 선택하고 다루는 방법은 주어진 사회적 환경과 개인적 가치로부터 영향을 받기 마련이다. 시대를 앞선 위인들도 자신들이 벗어나고 싶어 했던 시대의 환경 속에서 성장하고 생활했기 때문에, 시대와 사회를 완전히 초월한 위인은 없다.[3] 그들은 당대의 어느 누구보다도 그 시대를 정확하게 파악했으며 영향을 더 많이 받았다. 무엇을 넘어서려면 넘어서야 할 대상에 대한 정확한 파악이 선행되어야 한다. 개인이 받는 시대와 사회의 영향은 가정에서부터 시작된다. 다시 말해서, 인간은 긍정적이든 부정적이든 가족의 영향에서 벗어날 수 없다. 가정환경은 부모에 의해서 거의 결정된다.

막스 베버(Maximilian Carl Emil 'Max' Weber)는 독일 부르주아 가정에서 태어났다. 그 당시 자본주의가 발달하기 시작했으며 유럽 국가들은 전쟁과 혁명의 소용돌이 휘말려 있었다. 이러한 격변기는 사회학이 출현할 수 있는 적절한 토양을 제공하여, 고전사회학의 세 가지 주류가 이 시기에 모두 등장하였다. 막스 베버는 칼 마르크스와 에밀 뒤르케임이 생존해 있을 때 태어났으며 마르크스의 패러다임이 독일 학계를 지배하던 시절에 교수였고 학자였다. 그는 당대의 지적 거목이었던 마르크스의 패러다임을 비판하고 극복하기 위해 혼신을 다함으로써 자신의 고유한 패러다임을 창출할 수 있었다. 막스 베버와 그의 패러다임을 파악하기 위해서 생애 약사, 시대적 배경, 학자로서의 베버, 방법론적 개인주의, 윤리적 중립과 전형적 모형, 다원주의 사회구조론, 사회변화에 대한 논의 등의 항목으로 나누었다.

1) 개인사와 시대적 배경

생애 약사

막스 베버의 경력과 성향을 파악하기 위해서 베버 관련 문헌들(예: Marianne Weber (조기준 역), [1926] 1975; Weber (ed. Gerth and Mills), 1946b; Weber (ed. Parsons) 1947; Bendix, 1960; Stammer,

---

3 시대와 사회를 초월한 인간들은 신화나 종교의 차원으로 넘어가게 된다.

1971: 1-7; Grabb, 1990: 43-48; Fügen, [1985] 1994; Turner, 2000: 662-666; 전성우, 1996; 김덕영, 2008)을 참조하여 간략하게나마 그의 출생과 성장에 대해서 살펴보려고 한다. 다양한 유형으로 출판된 베버 평전에는 그의 삶에 대해 자세하게 설명되어 있다. 여기서는 그의 지적 성향을 이해하는 데 도움이 될 정도로만 간략하게 기록하려고 한다.

막스 베버는 1864년 4월 21일 독일 튀링겐 에르푸르트(Erfurt in Thuringia, Germany)에서 8남매의 맏아들로 출생했으며 1920년 6월 14일 뮌헨에서 사망하였다. 막스 베버의 할아버지 칼 아우구스트 베버는 마포(麻布) 상점과 직물 공장을 경영한 자본가였지만 선량하고 품위가 있었다. 베버는 할아버지로부터 받은 선량한 자본가의 인상을 자본주의 정신에 관한 논문에서 표현하기도 하였다. 그의 아버지 막스 베버 1세(Max Weber Sr.)는 자본가의 아들로 성장하여 유명한 법률가로서 시(市)의 참의원을 지냈다. 1869년 베를린으로 이사한 후, 정치가로서 성공하여 비스마르크(Bismarck)[4] 독일 제국의회에서 활약하였다. 할아버지와는 다르게, 그의 아버지는 전형적인 세속적 인물로서 권력과 명예에 집착하고 쾌락을 추구하였다. 그의 아버지는 자신의 위엄을 과시했을 뿐만 아니라 마땅히 존경을 받을 권리가 있다고 확고하게 생각했기 때문에

4 오토 비스마르크(Otto Eduard Leopold von Bismarck, 1815~1898)는 1862년에 프로이센(Preussen)의 수상이 된 후 부국강병책을 써서 오스트리아, 프랑스와의 전쟁에서 승리하였다. 1871년 독일을 통일하고 독일제국(German Empire)의 첫 재상(宰相)이 되었다. 재임 기간(1873~1890) 동안 국제 정치를 주도했으며 가톨릭교와 사회주의 운동을 탄압하였다. 오직 철(鐵)과 피[血] 곧 군사력의 결정력을 강조함으로써 '철혈 재상'(The Iron Chancellor)으로 알려져 있다. 그는 군대 모형을 기업에 적용하는 사회 자본주의(social capitalism)를 시도하였다. 세넷(Sennett (유병선 역), [2006] 2009: 34)의 설명에 의하면, 사회 자본주의는 시간의 합리화를 가능하게 한다. 합리화된 시간(rationalized time) 속에서, 피고용자들도 "자신이 밟아 온 경력에 비추어 앞으로 승진 경로는 어떻게 될 것인지를 그려보거나, 한 회사에서 장기 근무하는 것과 앞으로 늘어날 재산 규모를 서로 연관 짓는 일이 가능했던 것이다. 이를 통해 비로소 육체 노동자들이 내 집 마련을 위한 설계를 할 수 있게 되었다."

자녀들에게 권위적이었다. 한편, 베버의 외조부모는 문화 수준이 높고 신앙심이 돈독하였다. 그의 어머니가 가진 인본주의와 종교적 경건함은 아버지가 추구하는 세속주의, 쾌락주의와 조화될 수 없었기 때문에 부부 사이에 갈등이 심각하였다. 자녀들의 교육은 그의 어머니가 전적으로 책임졌다. 베버는 친가(親家)와는 거리를 두었으며 외가(外家)와 가까이 지냈다.

베버는, 그의 부모와 친밀히 교제한 지성인들이 자기 집에서 토론하는 광경을 빈번하게 접하고 국내외로 가족 여행을 자주 다님에 따라, 어릴 때부터 지식과 견문을 넓힐 수 있었으며 나이보다 훨씬 조숙하였다. 여기에 더하여 어릴 때부터 독서량이 엄청났을 뿐만 아니라 수준도 아주 높았다. 이 때문에 그는 자신에 비해 수준이 낮고 판에 박힌 듯 진행된 학교 수업을 경시하였는데, 이러한 자세는 대학 생활에까지 지속되었다. 또한 그는 아버지와의 이견(異見)과 갈등 때문에 권위주의에 대해 반항하였다. 베버는 베를린으로 이사한 후 되벨린 사립학교, 왕립 아우구스타 황후 김나지움을 거쳐 하이델베르크 대학교와 슈트라스부르크 대학교, 베를린 대학교, 괴팅겐 대학교에서 공부하였다. 법학을 전공했지만 역사학, 경제학, 철학에도 심취하였던[5] 그는 결투클럽에도 참가하여 심심치 않게 결투를 벌이는 등 지적 자세만큼이나 육체적으로도 거칠게 생활하였다.

베버는 괴팅겐 대학교에서 법학과 졸업시험에 해당하는 국가시험을 치르고(1886년), 베를린 대학교에서 경제사(經濟史)와 법제사(法制史)가 함께 관련된 분야인 중세 이탈리아 상사(商社)에 관한 논문— '중세 상사회사사 서설'(中世 商事會社史 序說)—으로 법학 박사학위를 취득했으며(1889년), 이어 '로마 제정 시대의 농업사'에 관한 논문으로 베를린 대학교의 상

5 베버가 다양한 대학에 재학할 수 있었던 이유는 독일 대학의 제도 때문이다. 독일 대학들 사이에는 서열이 없으며 모든 대학이 비슷하게 평가된다. 대학생이라면 누구든지 원하는 대학을 찾아서 옮겨 다닐 수 있다. 그래서 대학을 졸업한 독일인들의 학력에는 여러 대학들이 기록되어 있으며 다양한 분야들이 망라되기도 한다(김덕영, 2008: 28).

법 · 노동법 · 로마법을 강의할 수 있는 교수자격(Habilitation: 하빌리타치온)을 취득하였다(1891년). 그는 1892년 베를린 대학교에서 사강사(私講師)—교수자격을 가졌으나 교수로 임용되지 못한 채 학생들의 수강료로 보수를 받는 강사—를 거쳤으며 1893년부터 부교수가 되어 로마법, 독일법, 상법을 가르쳤다.

베버는 1893년 마리안네 슈니트거(Marianne Schnitger, 1870~1954)와 결혼하였다. 마리안네는 베버에게 있어서는 아내로서도 그리고 지적 동반자로서도 훌륭하였다. 그는 1894년 프라이부르크 대학교의 경제학 및 재정학 정교수로 취임하였으며 1896년에는 역사학파(歷史學派)를 이끌었던 칼 크니스(Karl Gustav Adolf Knies, 1821~1898)가 은퇴함에 따라 하이델베르크 대학교의 경제학 및 재정학 정교수로 취임하였다. 또한 1919년에는 뮌헨 대학교의 사회과학, 경제사 및 경제학 정교수로 초빙되었다. 당시의 사회과학은 새로운 학문으로 부각되고 있었는데 오늘날의 사회학에 해당하였다. 그는 페르디난트 퇴니스(Ferninand Tönnies, 1855~1936), 게오르그 짐멜(Georg Simmel, 1858~1918)과 함께 독일 사회학을 창시했으며 독일사회학회의 창립에도 참여하였다.

베버는 병약했으며 네 살 때는 뇌막염을 앓았다. 그 후유증으로 오랫동안 두통과 경련에 시달렸다. 그는 1897년 아내와의 스페인 여행의 귀로에서 열병과 신경증에 걸렸다. 그 후 평생 심한 우울증에 시달리면서도 지적 작업에 광적으로 몰입하였다. 병마에 시달리면서도, 그는 강의를 지속하려고 애를 썼으며 팔과 허리가 마비되는 경우에도 수업을 계속하였다. 베버의 지적 열정은 그의 건강을 극도로 악화시켰다. 그는 1920년 6월 초에 감기에 걸렸는데 이것이 폐렴으로 악화되어 그 해 6월 14일 56세로 세상을 떠났다. 베버는 수많은 작업들을 미완성으로 남겨 두었다. 특히, 그가 사회학에는 생애 말기에 심취했기 때문에, 사회학이 비약적으로 발전할 수 있는 기회가 그의 이른 죽음과 함께 사라졌다.

시대적 배경

19세기 말에서 20세기 초에 걸친 막스 베버의 생애(1864~1920) 당시에는 독일이 급속도로 변화하던 시기였다. 그의 생애는 독일이 '독일제국'(獨逸帝國: Deutsches Reich, German Empire) 또는 '제2제국'으로 지칭되던 시대(1871~1918)와 겹친다. 이 시대는 사회적 · 경제적 · 문화적으로 격동기였다.

> 이 제국의 국제(國制)는 1871년 4월에 공포된 '독일제국헌법'에 따라 정해졌는데, 프로이센(Preussen: Prussia로도 지칭)을 포함한 22개 영방(領邦)과 3개의 자유시(自由市)로 구성된 연방으로서, 각국 정부를 대표하는 연방참의원이 상원을 구성하였다. 상원에서 가장 중요한 여러 문제가 결정되었다. 그러나 각국은 각각 종래의 정치제도와 법률을 그대로 가지고 있었고, 또 행정권도 거의 장악하고 있었다. 한편, 국민 가운데 남자만이 참여하는 보통선거에 의한 제국의회가 하원을 구성했으나 예산심의권을 가지는 수준을 넘지 못하였다.
>
> 프로이센 왕이 독일황제로 즉위하였고, 대개의 경우 프로이센의 수상이 제국의 재상을 겸하였다. 따라서 황제의 임명에 의해 정부의 내각이 조직되었고, 의회에 책임을 지지 않았다. 구성 국가들 중 프로이센은 면적과 인구에서 전체 독일의 5분의 3을 차지했기 때문에, 사실상 프로이센의 왕 곧 황제가 독일제국을 뜻하는 바대로 지배하였다. 또 독일제국에서는 재상(宰相)의 권한이 매우 컸기 때문에 비스마르크와 같은 강력한 인물이 재상으로 임명되었을 때에는 사실상 그의 독재 체제가 되었고, 그렇지 않은 경우에는 통일의 의지가 상실되었다. 이처럼 독일제국은 의회주의 체제도 자유주의 체제도 아닌 융커(Junker) 곧 대지주(大地主) 귀족들이 군부와 관료의 중심 세력을 독점한 강권 체제였다. 이러한 체제였기 때문에 근대적 개혁이 크게 저해되었다.
>
> 그러나 독일제국 성립 후 공업 분야가 눈부시게 발전하여 20세기에 들

어서자 오히려 영국을 능가하는 생산력을 가지게 되었다. 또 학문 · 문화도 발달하여 세계를 선도하는 위력을 보이기도 하였다. 그러나 영국과의 패권쟁탈에 의해 제1차 세계대전(1914~1918)이 일어났다. 독일제국은 이 전쟁에서 패배했으며 그 후유증으로 곧바로 발발한 11월혁명[6]에 의해 붕괴되었다(두산백과사전 www.encyber.com 8/10/2009 인출. 글의 흐름을 위해 문맥을 다소 수정함).

사회과학은 시대와 무관할 수 없다. 사회학자는 특정 시대와 사회에 대한 자신의 이해와 이상을 학문적 장르로 표현한다. 막스 베버의 생애와 맞물린 시대의 독일은 격동기였다. 독일은, 영국의 산업혁명(1750년경)보다 반세기 이상 뒤늦게 산업화를 시작했기 때문에 뒤처져 있었으며, 영국을 따라잡기 위해 국가의 주도 아래 계획적이고 효율적으로 산업화를 추진하였다. 그 결과, 독일은 19세기 말에 산업 자본주의 사회로서 서구 자본주의 국가들과 충분히 경쟁할 수 있는 수준에 이르렀다. 그러나 독일은 인접 선진국들과는 다르게 민주주의 국가는 아니었으며 봉건주의와 귀족주의가 여전히 지배하고 있었다. 당시 독일의 시민들은 계급이나 계층에 대한 의식이 높지 않았다.

독일은 이러한 '위로부터의 개혁'으로 산업화라는 경제적 발전과 통일이라는 정치적 발전을 이루었음에도 불구하고 여전히 봉건적이고 귀족적인 색채를 강하게 띠고 있었다. 프로이센의 융커를 위시한 전래의 봉건적 귀족은 새로이 창건된 독일제국의 정치 · 외교 · 군사 등 국가 영역에서 패권을 잡고 있었기 때문이었다. 그 결과 기존의 봉건적 · 귀족적 생활양식과

---

6 독일혁명(獨逸革命, 1918년)은 자본주의의 발달로 경제력을 갖춘 신흥자본가집단과 전통적으로 정치력을 독점해 온 귀족 신분인 융커 간의 갈등으로 촉발되었다. 이 혁명에 의해서, 융커와 왕실이 지배하던 독일제국이 민주적 개혁을 요구한 시민집단에 의해 붕괴되었다.

문화가 그대로 유지되었다. 시민 계층은 귀족집단의 '보호우산' 아래 안주하면서 봉건화되었다. 그래서 독일은 여타 서구 국가들과 달리 민주주의적이고 자유주의적인 근대 시민사회로 발전하지 못했다(김덕영, 2008: 36).

학계와 대학사회 역시 봉건 체제에 걸맞은 문화에 젖어 있었다. 지식인들은 전통적인 지적 풍토 아래 국가주의, 권위주의 그리고 관료주의를 지지하고 독일제국의 지배 체제를 합리화하고 정당화하였다. 대학사회는 매우 보수주의적이고 인종차별적이어서 유대인들과 사회주의 성향의 학자들에게 교수직을 허락하지 않았다.[7] 이러한 시대적 조류에 거부감을 가졌던 베버는 지적 유산의 계승보다 지적 창조에 몰두하였다. 그는 시대와 사회라는 시간과 공간에 의해 제한되는 조건들에 구속받지 않으려는 자세를 가지고 혼신을 다해 학문에 몰입함으로써 관점, 주제, 연구방법, 대상 등에서 거침이 없었던 당대 최고의 지식인이었다. 베버는 사회현상을 드러나 있는 그대로 받아들이지 않고 심층적으로 파고듦으로써 이해에 더하여 해석의 장르까지 개척하였다.

베버가 일차적으로 주목한 당대의 독일사회는 산업 자본주의, 봉건주의, 국가주의, 권위주의, 인종차별주의 등이 확산되어 있었지만 이에 대한 변화의 요구도, 서구 국가들에 비해 사회발전이 뒤처져 있었던 사실에서 알 수 있듯이 다소 늦었지만, 서서히 태동하고 있었다. 전통과 권위에 대해 어릴 때부터 거부감을 가지고 있었던 베버는 이러한 사회를 지지하거나 묵인하거나 수용할 수 없었으며 사회 구조의 심층에 뿌리박혀 있는 모순과 병리적 현상을 파악하였다. 베버의 학문이 깊고 넓은 이유는 사회현

---

7 우리는 그 사례로서 칼 마르크스(Karl Marx)를 떠올릴 수 있다. 유대인 그리스도 가정에서 태어난 마르크스는 독일에서 추방되었을 뿐만 아니라 프로이센 정부의 요청을 받아들인 프랑스 정부에 의해 파리에서도 추방을 당했으며 프로이센 국적을 포기하였다. 결국 런던으로 망명하여 정신적 고통과 물질적 빈곤 속에서 여생을 보낼 수밖에 없었다.

상의 진수를 파악하려는 노력의 결과였다. 그는 현실을 수용하지 않았으며 비판적 시각을 항상 견지하고 있었다. 또한 사회의 여러 가지 현상들을 간파하기 위해서 다양한 연구방법을 사용했으며, 국가 또는 사회들 간의 대비(對比)를 위해서 비교 연구에, 그리고 시대적 차이를 파악하기 위해서 역사 연구에 심취하였다. 그가 역사상의 그리고 당대의 사회 구조들에 대한 체계적인 비교 연구에 치중한 이유는 다양한 사회 구조들을 아우르는 보편적 법칙에 도달하기 위해서가 아니었으며 사회 구조들 간의 유사함과 상이함을 명백히 규명하기 위해서였다.

베버가 태어날 당시, "독일의 지적 전통은 보수주의, 자유주의, 그리고 사회주의 사고방식으로 나뉘어져 있었다. (……) (1) 농민 보수주의자들은 루터(Luther)교 정통파, (2) 도시 상인과 은행원들은 자유주의 전문가들, 그리고 (3) 사회주의를 신봉하는 임금 노동자들은 고답적인 마르크스주의를 추종하는 수준 낮은 지식인들과 각각 연합하고 있었다" (Gerth and Mills, 1946: 46). 우리는 정치적 관점들을 보수주의[conservative], 자유주의[liberal], 급진주의[radical] 등 세 가지로 분류하거나 전통주의[traditional]와 진보주의[progressive]로 양분한다. 베버 시대의 사회에서는 정치적 관점들이 모두 망라되어 팽팽하게 맞서 있었기 때문에, 베버는 사회과학을 탐구하는 최적의 지적 환경을 가질 수 있었다. 그는 비스마르크의 철혈(鐵血) 정치로 인해 국민들이 정치에 대해 무력해져 있고 모든 정책들을 숙명적으로 용인하는 현실에 대해 비판적이었다. 베버는 관료제가 국민들의 자율성 상실과 밀접히 관련되는 현실을 직접 경험하였다. 그리고 효율성과 합리성이 점차 강조되는 현실에서 관료제에 의한 인간의 구속이 점차 강화될 것으로 예견하였다. 그러나 방법론적 개인주의를 통해 개인들의 자율적 의지에 의한 사회변화 가능성도 제시하였다.

베버 시대에 사회주의는 생동적인 주제였으며 쟁점이었기 때문에, 베버는 사회주의를 정치학과 사회학에서 여러 차례 다루었다. 사회주의는 다양한 의미를 갖고 있지만, 베버에게 있어서 사회주의는 '사적으로 소유된 경제'(privately owned economy)와 상반되는 개념이었다. 베버는 사회주의가 관료제를 가속화시키고 자유를 질식시킬 것으로 예상하였으며 사회주의로 인하여 자본주의가 기업가를 통해 이룩한 경제적 효율성이 파괴되고 노동자의 사회적 상황이 불안하게 될 것으로 내다보았다(Weber (ed. Roth and Wittich), [1968] 1978: 161-164). 그는 사회주의 체제에서는 거대한 권력 엘리트집단이 모든 정책을 구상하고 결정하며 집행할 것으로 예견하였다. 그리고 국가 관료제(state bureaucracy)가 지배를 독점하고(Weber (ed. Roth and Wittich), [1968] 1978: 1402) 관료의 독재가 노동자의 독재를 대체하면서 노동자들의 어려움은 오히려 가중될 수밖에 없다고 주장하였다.

사회과학 분야를 전공하는 사람들 가운데 어느 누구도 베버를 비껴갈 수 없지만,[8] 본격적으로 파고들어도 제대로 파악하기가 쉽지 않다. 그의 명성은 널리 알려져 있지만, 그의 학문은 제대로 평가받지 못하고 있으며 심지어 기피되기도 한다. 베버를 제쳐 두는 학자들은 그를 마르크스의 아류로 매도하는 경향이 있다. 이러한 분류야말로 지적 태만을 넘어서 지적 폭력이 될 수 있다. 마르크스를 가깝게 뒤이은 시대에 활동했던 사회과학자들, 특히 사회이론가들은 '마르크스의 망령'(Marx's ghost)과 논쟁할 수밖에 없었다(Zeitlin, 1968: 111). 마르크스가 46세 때[9] 그의 조국인 독일에서 태어난 베버는 마르크스의 지적 영향권에서 벗어날 수 없었다. 베버는 동(同)시대의 다른 사회과학자들과 마찬가지로 마르크스의 망령

8 국제사회학회(International Sociological Association, www.isa-sociology.org/)는 1998년 몬트리올 세계대회에서 20세기의 사회학적 유산을 평가하는 기회를 가졌다. 이 대회에서 사회학자들에게 1997년까지 출판된 도서들 가운데 가장 영향력이 있는 10권을 선정해 달라는 조사를 실시하였다. 이 조사에서 막스 베버의 『경제와 사회』(*Economy and society*)와 『프로테스탄트 윤리와 자본주의 정신』(*The protestant ethic and the spirit of capitalism*)이 각각 1위와 4위로 선정되었다(www.isa-sociology.org/books/vt/bkv_000.htm).

9 마르크스는 1849년부터 영국 런던에서 망명생활을 하였다. 그는 이후 사망할 때(1983년)까지 런던에서 거주하였다.

과 치열하게 논쟁했으며, 그들과는 다르게 마르크스의 한계를 부각하고 이를 극복한 학자로 인정받고 있다. 그러므로 우리는 베버를 탐구함으로써 마르크스를 이해하는 데 도움을 받을 수 있으며, 마르크스주의를 극복하는 체험을 할 수도 있다.

마르크스의 존재는 베버로 하여금 지적 탐구에 몰입하게 만들었다. 마르크스의 지적 영향력은 절대적이었기 때문에 그의 그늘에서 벗어나기 위해서는 초인적인 노력이 필요하였다. 베버는 마르크스의 영향력을 "당대 학자들 특히 철학자들은 니체와 마르크스에 대한 태도에 따라 정직성이 측정될 수 있었으며, 그 누구도 이 두 학자의 업적을 다루지 않을 수는 없었다" 라고 표현하였다(Swedberg, 2005: 157-158에서 재인용[10]). 베버는 마르크스를 극복하는 데 심혈을 기울였다. 이러한 노력 때문에 베버의 이론은 설명력에서 탁월한 독보적인 자리를 차지하게 되었고, 그의 학문적 다양함과 지적 진지함은 학자의 이상적 모형으로 상징되고 있다. 베버는, 설명력이 높은 이론을 개발하는 데 주력함으로써, 사회학은 물론이며 법학, 역사학, 종교학,[11] 경제학, 정치학, 음악학, 문화학, 도시 연구 등을 섭렵했고, 기계적인 분석을 뛰어넘기 위해 해석을 중요하게 부각시켰으며, 개인주의적 접근으로 사회변화를 다루면서 미시-거시 통합을 시도하였다. 가장 의미 있는 공헌은 사회 구조 속에 매몰되다시피 한 개인들을 주체로 회복시키고 사회변화의 동인으로 삼은 점이다.

베버는 뒤르케임, 마르크스와 함께 고전사회학의 세 가지 흐름 가운데

---

10 Swedberg, 2005: 157은 W. Hennis(1988). *Max Weber: Essays in reconstruction*. London: Allen and Unwin, p. 146 그리고 E. Baumgarten(ed.) (1964). *Max Weber: Werk und Person. Dokumente*. Tübingen: J. C. B. Mohr, pp.554-555를 인용하였다.

11 종교와 관련된 베버의 논문들 가운데 가장 유명한 것은 『프로테스탄트 윤리와 자본주의 정신』이며, 그에게 종교는 항상 중요한 주제들 가운데 하나였다(Weber (전성우 역), 2008). 베버가 종교에 대해 얼마나 깊은 관심을 보였는지는 그가 세계의 유명한 종교들—프로테스탄트, 가톨릭, 유태교, 유교, 도교, 힌두교, 불교 등—을 연구의 주제로 삼았다는 사실로 확인할 수 있다.

하나를 주창하였다. 이들은 20년 동안 공존했을 정도로 비슷한 시대를 경험하였다. 베버는 사회학보다 법학, 경제학 그리고 역사학에 먼저 심취했었다. 그는 40대 초반을 지나서야 사회학에 관심을 기울이기 시작하였다. 그가 독일사회학회의 창립에 참여했다는 사실은 당시 독일 학계에서 사회학의 입지가 미미했음을 의미한다. 베버가 이러한 시대적 상황에서 병마에 혹독하게 시달리며 생애 후반기에 이루어 낸 사회학적 성과는 초인적이라고 표현되어야 할 만큼 경이로운 것이다. 경제학과 사회학의 연계에 몰두하는 경제사회학(economic sociology)은 베버로부터 출현했다고 공인되고 있다(Swedberg, [1998] 2001).

베버는 사회학을 자연과학(natural sciences)에 대비되는 문화과학(cultural sciences)의 범주에 포함시켰다. 그는 사회적 행위(social action)와 해석적 사회학(interpretive sociology)에 관심을 기울였으며 '주관적 이해'(subjective understanding)를 사회학적 지식의 핵심으로 생각하였다. 베버는 사회과학의 제반 학문에 조예가 깊었을 뿐만 아니라 사적 자료와 조사방법도 활용할 수 있었으므로 광범위한 시각, 다양한 지식과 방법을 동원하여 사회학을 탐구할 수 있었다. 이 점은 좁은 의미의 '사회학'보다는 폭넓은 '사회과학'(social science)—사회학, 경제학, 정치학, 법학, 인류학, 인구학, 언어학, 신문방송학, 사회복지학 등을 모두 포함하며 영역별 구분에 구속되지 않은 사회과학—과 접목을 시도해야 하는 교육사회학이 그 어떤 학자들보다 베버에게서 더 실질적인 도움을 받을 수 있음을 암시한다.

2) 학자로서의 베버

베버는 학자의 진솔한 자세를 견지했으며 『직업으로서의 학문』(Weber(금종우 역), [1919] 1976)에서는 학자로서 갖추어야 할 심성, 태도, 가치관 등을 설파(說破)하였다. '직업으로서의 학문'과 '직업으로서의 정치'

는 뮌헨 대학교 근처에 있는 서점의 작은 홀에서 한 강연이다. 이 두 강연은 "학문과 정치 중에서 한쪽을 택해야 했던 긴장 속에서 태어난 사상가 막스 베버의 유언과 같은 것"이다(Weber (김진욱 · 김승일 역), [1919] 1997: 8). 1919년 1월 16일에 행해진 강연이지만[12] 90년이 지난 지금에도 여전히 강렬하고 설득력 있는 메시지를 전하고 있다. 학문을 직업으로서 선택했거나 선택할 사람들이 공감했거나 준거로 삼아야 할 문구들을 금종우의 번역본에서 발췌해 보았다.

> 사강사(私講師)나 조교가 언젠가는 정교수나 연구소 간부가 될 수 있는지 없는지는 다만 요행을 기다리는 수밖에 없다[13](p. 17).
>
> 학문을 자기의 천직이라고 자각하는 청년은 그의 과제가 일종의 이중성격을 가지고 있다는 것을 명백히 해야 한다. 환언하면, 그는 학자로서의 성격뿐만 아니라, 교사로서의 성격을 가져야 하는 것이다[14](p. 20).

---

12 김진욱 · 김승일(1997)은 번역서 『직업으로서의 학문 · 정치』의 역자 서론에 해당하는 '이 책을 읽는 분에게'에서 '직업으로서의 학문'이라는 제목의 연설이, 정확하지는 않지만, 1919년 1월 16일에 행해졌다고 기록하였다. 그러나 다른 문헌(Swedberg, 2005: 241)은 1917년 11월 7일에 처음 발표되었다고 기록하고 있다. 이 도서의 241쪽에는 학문에 대한 베버의 생각과 그의 영향을 받은 후속 논문들이 소개되어 있다.

13 오늘날 한국사회에서도 교수직이나 연구직을 얻기가 참으로 어렵다. 나는 '학문을 직업으로 삼으려는 젊은 학자들을 위하여'라는 제목의 논단(오욱환, 2009a)에서 "열심히 공부하고 있다면, 그에 걸맞은 일자리는 있다"라고 확신하고 공정한 선발 과정을 기대하기는 쉽지 않지만 공정하게 진행되기를 기원하면서 요구한 조건을 충분히 갖추는 데에 더 힘쓰라고 고언(苦言)하였다. 나는 현실적으로는 어려운 과정을 거쳐 교수나 연구원으로 임명된 젊은 학자들이 추후 선발하는 자리에 있을 때 공정을 기한다면, 비록 속도는 느리지만, 한국 학계가 발전할 수 있다고 확신한다.

14 대학의 목적과 마찬가지로 대학교수의 역할도 교수(수업), 연구, 사회봉사 등 세 가지로 축약되어 표현되어 왔다. 최근에 한국 대학사회에서는 '연구 중심 대학' 또는 '대학원 중심 대학'이라는 구호가 선도적 대학의 속성처럼 강조되면서 연구를 수업보다 우선시하는, 이해할 수 없는 움직임이 일고 있다. 그러나 대학은 분명히 교육기관이며 그 존재 이유는 가르침에 있다. 가르침이 없거나 소홀한 대학은 교육기관으로서 의미를 가질 수 없으며, 당연히 대학으로 불릴 수 없다. 교수에게 있어서 가장 중요한 일은 수업이

만약 어느 강사가 교사로서는 신통치 못하다는 평판을 듣는다면, 설령 그가 세계 제일 가는 학자라 하더라도 대개의 경우 대학에 몸을 담은 사람으로서는 사형선고를 받은 것이 된다(p. 21).

정열은 이른바 영감(靈感)을 나타나게 하는 기반이며, 이 영감이란 학자에게는 결정적인 것이다. 그런데 요사이 젊은이들 사이에는 학문을 마치 실험실이나 통계실에서 다루는 계산 문제와 같은 것으로 보는 생각이 널리 퍼져 있다. (젊은이들은) 마치 공장에서 무엇을 제조하는 경우와 같이 학문(을) 온 정신을 기울일 필요 없이 다만 기계적으로 생각하는 것만으로 이룩할 수 있게 되었다고 생각한다(pp. 24-25).

학문 영역에서 개성을 가질 수 있는 사람이란 전적으로 학문에 헌신하는 사람인 것이다(p. 28).

어쨌든 자기 자신을 잊고 전념해야 할 일을 반대로 자기의 이름을 팔기 위한 수단처럼 생각하고 자기가 어떤 인간인가를 체험으로써 보여주겠다고 생각하고 있는 사람, 즉 나는 특수 전문가라는 것을 증명하려는 사람, 다시 말하면 내가 말한 것은 다른 아무도 아직 말하지 않았던 것이라고 생각하는 사람은 학문적으로 확실한 개성을 가진 사람이 아니다(p. 29).

자신을 희생적으로 자기 과제에만 전념하는 사람이야말로, 오히려 그 일의 가치를 높이는 동시에 자연히 그 이름도 높이는 결과를 초래할 것이다(p. 29).

나는 학문의 역사에 비추어 자신의 주관적인 가치판단에서 학문을 추구하고자 하는 사람이 출현하는 곳에서는, 언제나 사실의 진정한 인식이 중지하게 된다는 것을 증명하고자 한다(p. 50).

사실상 자기 자신을 지도자라고 생각하는 사람일수록 실제에 있어서는 그렇지 못한 것이 보통인데 그것은 교단에 서는 사람으로서는 자신이 실제

다. 연구는 의미 있는 것을 더 효율적으로 가르치기 위한 작업이며, 교수로서의 봉사는 지적 산출을 통해 사회에 기여하는 것만으로도 충분하다.

지도자인가 아닌가를 증명할 어떤 가능성도 부여되어 있지 않기 때문이다. 어떤 대학교수가 자신의 천직을 학생들의 조언자가 되는 것이라고 생각하고 더구나 그들의 신뢰를 받고 있을 경우, 물론 그는 그들과 개인적인 접촉에 있어서 힘자라는 데까지 그들을 위하여 힘쓰는 것이 마땅하다. 다른 편으로 그가 세계관과 당파적 견해의 분쟁에 관계하는 것을 자신의 천직으로 생각한다면, 그는 교실 밖에 나가 인생의 시장(市場)에 있어서 그렇게 하는 것이 좋다(p. 58).

자기와 견해를 달리할지도 모를 청중이 침묵을 강요당하고 있는 자리에서 자기의 견해를 발표하는 것은 너무나 방자한 짓이다[15](pp. 58-59).

(Weber (금종우 역), [1919] 1976). (번역서에 있는 그대로 인용하되 문장의 흐름이 어색한 곳만 괄호를 사용하여 내용을 수정 또는 추가하였음).

베버는 학문 외적 요인들이 학문 활동에 개입하는 것을 강하게 비난하였다. 그는 학자들이 자율적 전문가집단의 일원이 되기를 기대했으며 국가나 사적 기업의 하인이 되려는 학자들을 비판하였다. 그리고 학문 활동에서 자율성을 포기하고 외부의 요구에 호의적으로 응대하는 학자들을 "비용이 지불된다면 '자신의 기술'을 그 누구에게라도 팔려고 애쓰는 기업가"에 비유하였다. 또한 학문을 영업하듯 이용하는 학자들이 학문의 발달에 미칠 부정적 영향을 크게 우려하였다. 베버는 청중들에게 비판을 허용하지 않은 상황에서, 다시 말해서 청중을 포로로 한 채 자신의 주장을 펴는 행위를 무례와 오만이라고 비판하였다. 학자가 비판받기를 거부한다면, 학자로서 자신감을 이미 상실한 상태여서 그의 지적 작업은 큰 가치가 없다.[16]

베버는 학문에서 비판의 기능을 매우 강조하였다. 그는 다양한 관점을

---

15 이러한 상황에 처한 청중은 수사적으로는 '포로가 된 청중'(captive audience)으로 표현된다(Wrong, 1970: 16). 포로가 된 청중에게 발표하는 것은 성명서(聲明書: communique)의 낭독과 다르지 않다. 학문 활동은 광장에서의 대화(communication)에 가까우며 권력과 권위를 앞세운 선언문의 공고가 아니다.

가진 학자들의 공존과 교류를 학계와 대학의 필수조건으로 확신하였다. 예컨대, 그는 게오르그 짐멜[17]이 탁월한 지적 능력을 가지고 있음에도 불구하고 독일 대학들의 유대인에 대한 인종차별과 지적 능력에 대한 질투로 교수로 임용되지 못하는 데 대하여 해당 대학들과 독일 학계를 신랄하게 비판했으며, 학문적 견해가 서로 크게 달랐음에도 불구하고, 그를 후원하기 위하여 적극적으로 활동하였다. 그리고 베버는 로베르트 미헬스(Robert Michels, 1876~1936)[18]가 사회주의자라는 이유로 독일 대학들로부터 배척되는 데 대해서도 크게 분노하고 이러한 편견을 신랄하게 비판하였다(김덕영, 2008: 169-199). 미헬스는 독일에서 교수자격을 거절당한 후 이탈리아로 이주하여 교수가 되었으며 사회주의 정당 활동에 적극 참여하였다.

베버는 법학을 전공한 학생이었고, 직업인으로서는 경제학 교수였지만, 학자로서는 1909년부터 사회학자로 자처하였다. 그는 1909년 동료들과 함께 독일사회학회를 창립하였다. 이 과정에서 학자로서 자신의 정체성을 지키기 위해서, 그리고 새로 출범하는 사회학을 알리기 위해서 '사회학이 무엇인지'를 천명할 필요를 느낀 베버는 1913년 '이해하는 사회학의 여러 범주에 관하여'라는 제목의 논문을 발표하였다(Fügen (박미애 역), [1985] 1994: 138).

16 한국의 학자들은 학문 활동을 나이에 비해 일찍 접어 버린다. 한국의 학자들이 나이에 비해 너무 일찍 학문 활동을 그만두는 데에는 정년제(停年制)뿐만 아니라 비판에 대한 기피도 작용하고 있다. 엄격한 심사를 거쳐야 하는 정기 학술지에 논문을 투고하는 학자들의 연령을 분석해 보면, 조로 현상의 심각성을 쉽게 파악할 수 있다.

17 독일의 철학자이자 사회학자였으며 신칸트학파의 영향을 받아 상대주의적 철학을 주장하였다. 1881년 베를린 대학교에서 박사학위를 받았으며 1884년에 교수자격을 취득하고 1885년부터 사강사가 되었지만 타계하기 4년 전, 56세였던 1914년에야 정교수가 되었다.

18 독일에서 태어난 이탈리아 사회학자인 미헬스는 정당(政黨)사회학의 창시자로 알려져 있으며 유형을 불문하고 소수의 우두머리에 의해서 조직이 지배됨을 강조하는 '과두제(寡頭制)의 철칙' (iron law of oligarchy)이라는 용어로 유명하다.

> 사회학(아주 다의적으로 사용되고 있는 이 단어가 여기에서 이해되고 있는 의미에서)은 사회적인 행위를 해석하면서 이해하고, 그럼으로써 사회적 행위의 과정과 결과를 인과적(因果的)으로 설명하는 학문이다. 여기에서 '행위'란 그 행위자 또는 행위자들이 그것과 하나의 주관적인 의미를 연결시킬 때 또는 연결시키는 한, 인간의 행동(외면적이든 내면적이든, 이행이든, 불이행이든, 또는 인내든 간에 불문하고)을 말한다. 그러나 '사회적인' 행위란 행위자나 행위자들에 의해 생각된 의미에 따라 다른 사람들의 행동과 연관되어 있으며, 행위 과정에서 그것에 방향을 맞추는 그러한 행위를 말한다(Fügen (박미애 역), [1985] 1994: 138).

베버는 사회학의 학문적 순수성을 매우 소중하게 생각하였다. 베버에게 있어서 사회학은 설명적이고 해석적이며 결코 도구적이지 않다.[19] 사회학 연구가 인종차별의 철폐와 같은 어떤 가치 지향성을 가질 수 있겠지만, 그렇다고 설명의 적절성을 시험할 때 연구가 가치개입으로부터 자유로울 수 없음을, 다시 말해서 객관적이고 공평할 수 없음을 의미하지는 않는다. 베버는 학문 외적 요인들이 연구에 간섭하거나 참견하는 데 대해서 철저히 비난하였다. 그는 사회학자들이 자율적인 전문인이기를 원했으며 이들이 국가나 사적 기업의 종복(從僕)이 되고 있는 현실을 신랄하게 비판하고 이러한 유형의 참여나 직업 행위는 사회학의 전문성에 부정적인 결과만을 안겨 줄 뿐이라고 지적하였다. 또한 학문이 학자들의 현실적 이익 추구로 인해 왜곡될 수 있고 오용될 수 있음을 심각하게 우려하였다.[20]

---

19 기능론은 사회의 유지와 발전을 위해 사회 구성원들과 하위 사회들의 순기능적 역할 수행을 강조하며, 갈등론은 평등사회의 구현을 위해 현실사회의 부당함 곧 자본주의 사회의 모순을 신랄하게 비판한다. 이 두 유형의 사회학은 목적하는 사회를 미리 구상한 후 이 사회를 구현하기 위해서 현실사회의 구성원들이 어떻게 행위해야 하는지를 규범론적으로 설명한다. 이러한 의미에서 기능론과 갈등론은 도구적이라고 볼 수 있다.

20 오늘날 한국사회에는 폴리페서(polifessor)라는 신조어가 확산되고 있다. 폴리페서는 정치(politics)와 교수(professor)의 합성어로 "자신의 학문적 성취나 교수로서의 명성을

그러나 베버는 사회학의 학문적 순수성을 주장했지만 정치학이나 정치 행위에서는 사회학에서처럼 순수하지 않았다. 앨런(Ailen (박인용 역), [2004] 2010)은 베버가 민족주의, 제국주의, 엘리트주의, 심지어 전쟁까지도 지지했음을 고발하듯 지적하였다.

> 베버의 전쟁 지지는 그가 평생 동안 일종의 자유주의적 제국주의를 옹호해 왔으므로 놀라운 일이 아니었다. 그는 독일이 진정한 세계적 강대국이 될 필요가 있으며 여기에는 군사력이 뒤따라야 한다고 주장해 왔다. 1896년의 프라이부르크 연설 때부터 베버는 군사력이 경제적 부강을 보완해 주어야 하는 현실을 파악하지 못한 사람들을 비난했다(p. 281).

> 베버의 개인주의 옹호는 '강대국 정치'에 대한 그의 열광적인 주장과 불편한 관계를 이룬다. 프라이부르크 대학교의 처녀 연설에서부터 제1차 세계대전 동안과 그 후의 정치적 논술에 이르기까지 베버는 독일 제국주의의 열렬한 지지자였다. 그는 자기 나라가 스위스 같은 나라보다 '지배자의 나라'가 되기를 바랐다. 베버의 민족주의, 전쟁에 대한 옹호, 독일이 더 많은 '활갯짓을 할 수 있는 공간'을 획득하는 데 대한 지지 등은 더 광범위하고 '학술적인' 그의 사회학과는 어울리지 않는 것처럼 보이는 경우가 많다(p. 317).

3) 방법론적 개인주의

베버는, 개인을 궁극적인 설명 단위로 고수(固守)함으로써, 사회를 유기체로 간주하고 초월적 존재로서 의식과 행위를 인정하는 뒤르케임의 관

활용하여 정계(政界)와 관계(官界)의 고위직을 획득하기 위해 현실 정치에 적극적으로 참여하는 교수"를 일컫는다. 베버가 폴리페서들을 만났더라면 대학과 학계를 떠나도록 강력하게 권유했을 것이다.

점을 경멸했으며(Hughes, Martin, and Sharrock, 1995: 105), 집단의식의 객관적 의미를 강조하는 마르크스의 방법론도 거부하였다(Gerth and Mills, 1946: 59; Hughes, Martin, and Sharrock, 1995: 110). 사회유기체설[21]은 사회를 생명체에 비유하여 사회의 존속과 유지를 절대 명제로 삼고 조화와 발전을 강조함으로써 사회를 구성하는 개별 인간들을 의미 있는 존재로 인정하지 않으며, 마르크스의 계급론은 계급 구성원들의 동질성을 강조하고 계급 간의 갈등을 부각하지만 정작 개인들의 주체성을 인정하지 않을 뿐만 아니라 개인들의 행위와 결단도 간과한다. 그러나 베버는 "집단이 그 구성원들과 무관하게 생각하고, 느끼고, 지각한다"라는 주장을 결코 용인하지 않았다. 그는 사회과학의 목적이 개인의 주관적 이해를 간파하고 사회적 행위의 동기를 포착하는 데 있음을 강조하면서 자연과학과 구별하였다.

베버는 개인들의 행위가 각자의 주관적인 의미 부여에 의해 인도된다고 주장하였다. 그에게 있어서 사회학은 "행위의 주관적 의미에 대한 학문"(Weber (ed. Roth and Wittich), [1968] 1978: 9)이었으며, 그가 강조한 해석적 사회학은 "행위자가 자신의 행위에 부여하는 의미를 파악하는 데" 집중되어 있다. 그의 설명에 따르면, 인간은 자신들의 행위에 대한 동기(動機)를 갖고 있다. 베버는 개인들과 그들의 내적 의미를 강조함으로써 설명의 단위를 집단으로 삼고 사회적 사실(social fact)을 다루는 뒤르케임(Durkheim, [1895] 1964)과 구별된다. 그는 개인의 주관적 의미를 직관적 정신 과정을 통해 포착하는 방법으로서 '이해'(Verstehen: understanding)[22]를 제안하였다. '이해'는 "관찰자로서 행위자와의 감정이입

21 사회유기체설(organic conception of society)은 사회를 생명을 가진 유기체에 비유한다. 사회가 유기체에 비유되면, 사회의 구성원인 개인들은 생명체의 생존을 위해 해당하는 기능이 제대로 작동되어야 하는 하부 기관(器官)들에 지나지 않게 된다. 이러한 구도에서 개인들은 사회가 유지되는 데 필요한 부품일 뿐이며 독립적 존재가 될 수 없지만, 사회는 고유의 의식을 가진 초월적 존재가 된다.

(感情移入)을 통해 사회적 행위를 파악하려는 시도"로 풀이될 수 있다. 이 경우, 관찰자는 자신을 행위자와 동일시하여 자신의 시각을 극도로 절제한 채 행위자의 시각에서 그의 행위를 보아야 한다.[23]

행위는 행위 주체의 주관에 의해 의미가 부여됨으로써 촉발된 것이기 때문에 개인이나 집단의 행위를 이해하기 위해서는 해석(interpretation)이 필수적이다. 이해와 해석의 중요성은 라이트 밀스(C. Wright Mills, 1916~1962)에게 있어서는 상상력(imagination)으로 표현되었다(Mills, [1959] 1975). 구조기능주의에 대해 강한 거부감을 가졌던 밀스는 자신의 패러다임을 구축하기 위한 정지(整地) 작업에서 베버로부터 영감을 얻었다. 그리고 30세 때 베버의 논문들을 선별하고 번역함(Gerth and Mills, 1946)으로써 구조기능주의와 확연히 구별되는 독특한 관점을 정립해 나갔다. 밀스는 자신의 대표작인 『사회학적 상상력』(*The sociological imagination*)에서 사회과학자들로 하여금 사적 곤경(private troubles)과 공적 쟁점(public issues)을 연계하도록 촉구하였다.

행위자의 입장에서 그의 행위를 이해하려면 상상력, 감수성, 사고력 등이 수반되어야 한다. 베버는 '감정이입 또는 공감에 의한 이해'(empathetic or appreciative understanding)[24]가 역사적 사건을 설명하는 데에도 적용될 수 있다고 주장하였다. 그는 "카이사르(Caesar)[25]를 이해하기

22 독일어 단어 'Verstehen'은 영어로는 understand, see, follow, make out, catch, take, read, hear, perceive, fathom, know, interpret 등으로 번역된다. 한글로는 이해하다, 파악하다, 통찰하다, 인식하다, 해석하다 등으로 번역될 수 있다. 이해(Verstehen)는 역사적으로 의미 있는 시점들에서 개인들의 마음에 작용한 의미적, 인지적, 정서적, 정신적, 그리고 동기적 특성을 파악하려는 노력을 일컫는다(Ira Cohen in Turner, 2006: 651). 이해는 사람들이 자신들의 행위에 부여하는 의미 그리고 그 행위의 목적과 목표를 파악하기 위하여 그 사람들의 입장에서 생각해 봄으로써 이루어진다.

23 이 문장은 문화기술지에서 가장 강조하는 관찰법과 그대로 일치한다. 이해와 해석을 중요하게 적용하는 베버의 연구방법이 질적 연구방법과 연결될 수 있는 부분이다.

24 베버는 합리성과 감정이입에 의해 확실성을 입증할 수 있다고 주장하였다. '2 더하기 2는 4'와 '카이사르의 비유'는 각각 합리성과 감정이입의 사례가 된다.

위해서 굳이 카이사르가 될 필요는 없다"(Weber (ed. Roth and Wittich), [1968] 1978: 5)라고 비유적으로 표현하였다.

> 연구 대상에 대한 자신의 감정적 괴리 때문에 베버 자신이 결코 어떤 제약을 느낀 것은 아니라는 점이다. 베버가 비록 자신을 '종교적인 음치'라고 표현하기는 했어도 그는 칼뱅교, 힌두교, 불교, 유교, 유태교, 이슬람교에 대한 일련의 해석적 연구를 하는 데 전혀 주저하는 바가 없었던 것이다. 베버는 자신이 신앙이 없기 때문에 이러한 연구를 하는 데 종교적 체험이나 의미와 관련된 자신의 많은 진술들에 어떤 한정성을 부여해야 할 의무감을 느끼지 않았다는 점이다. 베버도 이 종교들을 해석할 때에는 이들 종교를 신앙하는 신도의 눈을 통해서 이들 종교들을 관찰하듯이 아주 자신있게 해석할 수 있었던 것이다(Parkin (양승태 역), [1982] 1985: 35).

베버의 주장에 따르면, 사회적 행위자들은 항상 여러 가지 대안들 가운데 하나를 선택해야 하는 장면을 맞는다. 행위자들은 여러 가지 대안들 가운데 어떤 것을 선호하여 결정하며, 그 결정은 기회와 제약에 대한 그들의 지각으로부터 영향을 받는다. 우리는 개인 앞에 놓인 여러 가지 선택지(選擇肢)들이 어떻게 평가되는지를 검토해 봄으로써 그의 행위를 이해할 수 있다.

베버는 이해를 '직접 관찰에 의한 이해'(direct observational understanding: *aktuelles Verstehen*)와 '설명적 이해'(explanatory understanding: *erklärendes Verstehen*)로 세분하였다(Weber (ed. Roth and Wittich), [1968] 1978: 5; Giddens, 1971: 148). 예컨대, 우리는 상대방의 얼굴 표정을 보고 그가 화를 내고 있음을 알 수 있다. 그러나 그가

---

25 카이사르(Julius Caesar, BC100~BC44)는 시저로도 불리는 로마 공화정 말기의 정치가이자 장군이다. 그의 사후, 독일의 카이제르(카이저)와 러시아의 차르처럼, 카이사르는 국가원수를 의미하는 단어로도 사용되고 있다.

왜 화를 내는지를 알려면, 그의 다양한 행위들의 동기와 주관적 의미들을 파악해야 한다. 설명적 이해는 관찰된 행위를 의미의 광범위한 준거에 맥락지어 봄으로써 도달될 수 있다. 단순하게 관찰된 행위는 왜 그러한 행위가 일어났는지를 파악할 수 있을 때라야 "무슨 일이 일어났느냐"로 이해할 수 있다. 행위자들이 가진 의미와 현실에 대한 지각은 그들의 행위를 설명하는 데 중요한 재료들이므로, 이 의미와 지각들은 그 자체로서 사회적 사실들 또는 관련된 사회적 자료들로 취급되어야 한다. 이 사실 또는 자료들의 진위 여부는 사회적 행위를 이해하는 것과 무관하다.

> 나무꾼이 나무를 자르는 행위가 노임(勞賃)을 얻기 위해서인지, 스스로 사용하기 위해서인지, 또는 감정적 흥분을 해소하기 위해서인지를 알아야만 우리가 그의 행위를 이해한다고 말하는 것은 바로 이 두 번째 의미에서의 이해(설명적 이해)가 된다. 마찬가지로 사냥꾼이 동물을 죽이는 것이 식량을 얻기 위해서인지 혹은 즐기기 위해서인지를 알 때 우리는 그의 행동에 대한 설명적 이해에 도달하게 된다는 것이다. 일반적인 용어로 표현한다면, 우리는 문제가 되는 행위를 우리가 수긍할 수 있는 '동기의 연쇄 속에서' 바라볼 때 설명적 이해에 도달하며, 여기에서 "동기에 대한 연쇄에 대한 이해는 실제로 나타나는 행동 양상에 대한 설명으로 간주될 수 있다"라고 표현될 수 있다. 달리 말하면, 우리는 의미의 세계라는 넓은 맥락 속에서만 하나의 행동을 이해할 수 있으며, 어떠한 사회적 행위라도 그것을 오직 광범위한 지식의 체계에 준거시킬 때에만 적절히 이해되고 설명될 수 있다는 것이다(Parkin (양승태 역), [1982] 1985: 24-25).

베버의 연구방법을 감안하면, 그가 시대적으로 생소하고 사회적으로 이질적인 여러 가지 현상들을 이해—비교 연구, 역사 연구, 종교 연구 등—하기 위해서 기울인 상상력, 통찰력, 감수성의 넓이와 깊이를 짐작조차 하기 어렵다. 우리는 베버가 오늘날처럼 국가들 사이에 지적 교류가 활발하고 문헌과 자료들이 풍부하며 컴퓨터나 인터넷으로 정보와 지식의 수집, 검색, 활용이 용이한 시대로부터 무려 한 세기 정도 전에 활동한 학자임을 기억할 필요가 있다. 베버는 이해적 접근을 완벽한 방법이라고 주장하지 않았으며 다른 유형의 연구방법들에 의해 보완될 필요가 있음을 인정하였다. 베버의 이해적 방법은, 실증주의 방법론과는 다르게, 다른 연구방법에 대해 배타적이지 않다. 다시 말해서, 이해적 방법은 실증주의나 다른 과학적 방법의 대안이 아니다. 이전의 위력을 상당히 상실했지만, 실증주의는 여전히 우리와 함께 있다(Collins, 1981: 2).

베버는 과학적 방법의 한계를 비판함으로써 이해적 방법론으로의 대체를 시도하지 않았다. 그는 자연과학과 사회과학의 결정적인 차이가 주제나 방법에 기인하지 않으며 연구를 촉발시키는 지적 호기심에 있음을 주장하였다. 그가 사회과학적 방법론에 대해 관심을 기울였던 것은, 자연과학적 방법론이 주제나 호기심에 관계없이 보편적으로 우수하며 사회과학 영역도 자연과학적 방법을 적용해야 한다는 데 대한 비판과 반박이 절실히 필요했기 때문이다. 베버가 이러한 필요성을 느낀 이유는 그의 학자적 배경을 살펴보면 뚜렷하게 드러난다. 그는 역사학자로서 학문을 시작했으며 생애 후반기에 접어들면서 사회학에 관심을 기울였다. 방법론에 대한 그의 초기의 글들은 역사적 탐구방법을 격하하려는 움직임에 대한 방어적 성격이 강하였다(McLemore, 1984). 방법론적 측면에서 비교할 때, 자연과학과 역사학의 차이가 자연과학과 사회학의 차이보다 더 클 것임을 쉽게 알 수 있다. 실증적 증거의 동원 능력에서 역사학과 사회학은 차이가 날 수밖에 없기 때문이다. 베버는 자연과학적 방법의 독단적 적용 때문에 지적 호기심이 위축되는 것을 저지하고 연구방법의 다양화를 추구하였다.

베버의 연구방법은 "지적 전통에서 두 가지 방법론의 간극—자연과학의 실증주의(實證主義)와 독일의 이념주의(理念主義) · 역사주의(歷史主義)—을 극복하고 통합하는 데" 집중되었다(Wrong, 1970: 5; Grabb,

1990: 49). 롱(Wrong, 1970: 5)은 대립적 방법들의 통합을 시도한 베버의 방법론이 미국 사회학자들에 의해 왜곡되었다고 주장하였다. 롱의 설명에 따르면, 미국 사회학자들은 한편에서는 개인과 주관적 특성을 더 이상 줄일 수 없는 기본 단위로 고수한 사실을 무시하고 실증주의 측면만 부각했으며, 다른 한편에서는 베버의 역사주의(historicism)를 신(新)칸트주의 철학에 집착한 과학 이전의 잔여(prescientific residue)라고 비하하였다.

베버는 방법론적 개인주의를 통해 사회 구조 또는 계급에 소속된 구성원들을 자율적 개인들로 주목하였다. 베버의 이론에 따르면, 사회와 계급은 객관적 구조의 결과가 아니며 식견이 있는(knowledgeable) 개인들 곧 주체자들의 행위에 의한 산물이다. 방법론적 개인주의는 베버 당대의 시대적 상황과 지적 풍토를 고려할 때뿐만 아니라 지금의 시각에서도 매우 선구적인 발상이었다. 베버는 개인들을 자율적 의지를 가진 존재로서 인정하는 한편, 효율성과 합리성의 추구라는 명분으로 관료화되는 사회를 크게 우려하였다. 그리고 사회가 효율성의 극대화를 위해 관료제의 유형으로 급속도로 변화하면서 인간의 자율성이 심각하게 규제될 수 있음을 경고하였다.

베버는 조직의 효율성 추구로 인해 개인의 자율성이 상실되는 현상을 '몰개성화'(沒個性化: depersonalization)로 개념화하였다(Weber (ed. Roth and Wittich), [1968] 1978: 600). 몰개성화는 객관화(客觀化), 비인격화(非人格化) 등으로 대체될 수 있으며 마르크스의 소외(alienation) 개념과 상당히 비슷하다. 베버는, 방법론적 개인주의를 통해 개인들에게 자유의지를 부여함으로써, 사회의 관료화를 극복해야 할 책임이 바로 개인들에게 있음을 암시하였다. 인본주의 사회의 실현을 위해 베버에게 자문을 구한다면, 그는 "자유의지를 가진 주체자로서의 개인들이 자신들의 자아를 부정하고 말살하면서 조직의 효율성만을 추구하는 관료화와 합리화의 조류에 굳건히 맞서야 한다"라고 조언할 것이다.

관료화는 합리성과 효율성을 높이기 위하여 개인의 임의적 행위를 최대한 제한한다. 이 때문에 개인이 자율성을 발휘할 수 있는 기회는 극도로 줄어든다. 합리성의 이름 아래 표준화되고 도식화된 직장에서 조직의 부품처럼 간주된 개인들은 자아상실과 소외를 피할 수 없다. 관료화로 인한 인간의 소외가 급속히 확대될 가능성에 대해 마르크스학파의 학자들(Braverman, [1974] 1998; Crompton and Jones, 1984)은 업무에서 구상이 박탈되고 오직 실행만 부여되는 탈기술화(de-skilling)와 탈전문화(de-professionalization) 과정으로 설명한다.

> 마르크스주의자들의 아이디어를 받아들이면, 탈기술화는 자본주의 체제의 발달 과정에서 피할 수 없다. 생산양식을 소유한 자본가들은 생산 과정의 인간관계까지 통제하기 위해서는 노동자들로부터 사고력, 창의력, 통찰력, 전망 능력 등을 제거할 필요가 있다고 믿는다. 이러한 유형의 제거는 구상과 실행이 통합된 본질적 의미의 노동에서 사고(思考: thinking)가 배제되는 것으로서(Braverman, [1974] 1998: 79; Crompton and Jones, 1984: 13), 이는 인적 자본의 소유자로서의 인간에게서 의식을 제거하는 것이며 작업 능력을 단순한 에너지로 축원(縮元)시키는 것이다. 달리 표현하면, 노동자는 주체로서의 인간성을 상실한, 쉽게 대체될 수 있을 정도로 보잘 것 없는 능력을 가진, 그리고 그 능력을 팔아야 생존할 수 있는 '소외된 노동자'로 전락하는 것이다(오욱환, 2004: 163).

"주체적 의지를 가진 인간을 사회현상 분석의 단위로 삼아야 한다"라는 베버의 주장은 계몽주의 사상과 맥락을 함께 한다. 베버의 사회학은 이해사회학(interpretative or understanding sociology)으로도 알려져 있다(Weber (ed. Roth and Wittich), [1968] 1978: 4). 이해사회학은 개인 그리고 그의 행위를, 자연과학에서 원자(atom)를 더 이상 분해되지 않는 단위로 인정하듯, 최소 단위로 취급한다. 베버의 이해사회학에서 개인은 의미 있는 행위의 기본 단위이며 유일한 운반자이다. 이는 개인들로 구성된 집단이 그 구성원인 개인들의 행위와 무관하거나 초월할 수 없음을 의미한다. 베버는 "사회학의 분석 단위는 추상화된 사회이어서는 안 되며 실존하는 사회적 개인들의 활동이어야 한다"라고 주장하였다(Ashley and Orenstein, 2001: 232). 베버에게 있어서 '국가', '봉건제' 등은 인간들이 서로 교섭함으로써 나타난 유형을 범주화시킨 것이다. 따라서 그에게 있어서 사회학은 '국가', '봉건제', '자본주의' 등 모든 개념들을 그 구성원들의 행위로 환원(reduction)하여 파악하는 것이 된다.

우리는 여기서 자본주의 형성 과정에 대한 베버의 설명을 되새겨 볼 필요가 있다. 그는 신교도들이 자신들의 직업을 신으로부터 부여받은 소명으로, 그리고 노동 그 자체에의 몰입을 구원의 징후로 확신함으로써 생산성의 증대, 금욕에 의한 저축으로 자본의 형성, 축적된 자본의 생산에의 재투자 등이 인과적으로 연결되어 자본주의가 발전하게 되었다고 설명하였다. 이 설명에서 자본주의를 추진한 실체는 의지를 가진 존재 곧 개별 신교도들이다. 다시 말해서, 자본주의 체제는 신으로부터의 구원을 받기 위해 근면과 금욕으로 구체화된 프로테스탄트 윤리를 충실히 준수한 데 따른 의도하지 않은 결과이다. 그러나 마르크스주의에서 자본주의는 탐욕적인 자본가들이 잉여가치를 창출한 노동자들을 착취함으로써 성립하고 발전한다. 여기에서 우리는 유물론(唯物論)과 경제결정론(經濟決定論)을 극복한 베버의 방법론적 개인주의를 재차 확인할 수 있다.[26]

베버는 사회 계층이나 직업적 지위에 따라 신앙의 자세도 판이하다는

---

26 경제결정론을 극복하기 위한 시도는 마르크스주의자들 내에서도 전개되었다. 그 대표적인 사상가로서 그람시(Antonio Gramsci, 1891-1937)는 ① 경제결정으로부터 정치와 이데올로기의 독립, 그리고 ② 투쟁을 통해 자신들에게 주어진 상황들을 바꿀 수 있는 인간의 능력을 이유로 들며 결정론을 거부하였다(Boggs, 1976; Borg, Buttigieg, and Mayo, 2002; Giroux, 1999; Mayo, 1999). 우리는 경제결정론을 벗어나려는 마르크스주의자들의 시도가 베버의 이론, 특히 다원주의 계층론과 방법론적 개인주의에 상당히 접근하게 됨을 확인할 수 있다.

점에 주목하였다. 베버(Weber (ed. Roth and Wittich), [1968] 1978: 476)는 "관료나 공무원들이, 업무가 일상적이고 규칙적이기 때문에, 구원에 대한 감정이나 욕구가 희박했으며 업무수행을 윤리에 연결시키지도 않았음"을 지적하였다. 한편, 노동자들은 직업을 신의 명령 곧 소명으로 받아들이고 노동에의 몰입을 구원으로 인식하면 생산성이 증대될 뿐만 아니라 직장에 충성하게 된다. 고용자들은 이러한 논리를 이용하여 노동자들을 착취하고 조직에 충성하도록 교화할 수 있다.[27] 우리는 여기서 마르크스가 내세의 구원에 대한 희망 아래 현세의 고통을 견뎌내도록 현혹하면서 노동력을 착취하는 데 종교가 악용되는 점을 부각하여 '종교는 인민의 아편'이라고 비판한 것을 되새겨 볼 필요가 있다. 베버는 자본주의를 발전시키는 동인인 프로테스탄트의 윤리가 비윤리적으로는 노동자를 착취하는 데 이용될 수 있음도 경고하였다. 따라서 베버가 전형적 모형(模型)과 변형(變形) 모두에 관심을 기울였음을 기억할 필요가 있다.

베버는 인성(personality)이라는 개념을 가지고 개인의 창의성(creativity)을 극도로 강조한 접근법이 개인의 행위를 비합리적 감성의 결과로 간주함으로써 분석적 탐구의 대상에서 벗어나게 했다고 비판하였다(Gerth and Mills, 1946: 55). 그는 이처럼 시적(詩的)이며 낭만적으로 묘사된 인간 행위를 탐구의 영역으로 끌어 올리기 위해서 고심하였다. 베버는 인간 행위가 추상화 과정을 통해 왜곡되고 있다고 비판하고 실용적 관점으로 접근해야 한다고 주장하였다. 그는 개인들이 갖고 있는 이해 가능한 모든 동기를 분석의 단위로 삼았다. 그에게 있어서 개인은 자신의 이익을 추구하고 현실적 상황 아래에서 전략을 구사하는 의지적 실존적 존재이다. 우리는 베버의 탐구방법론에서 '작인적 주체'의 가능성을 찾을 수 있다. 그의 주장에 따르면, 행위의 원인적 요인은 그 행위자가 '주관적으로 부여한

27 미국의 백인 고용자들은 흑인 노예들에게 다른 자유는 허용하지 않았으면서도 기독교는 적극적으로 전도했으며, 흑인들에게 고등교육의 기회를 제공할 때 신학을 가장 먼저 개방하였다.

의미'(subjectively intended meaning)이다. 달리 표현하면, 개인은 주관적 행위자(subjective actor)일 뿐이며 지위에 부여된 역할을 수행하는 역할수행자(role player)나 집단의지에 강제되는 구성원(member)이 아니다. 그렇다고 해서, 개인은 현실사회로부터 아무런 구속도 받지 않는 무한히 자유로운 존재도 아니다. 현실사회에서 생존하고 생활하는 개인의 주관이 시공간적 맥락으로부터 완전히 자유로울 수는 없기 때문이다.

구조론(structure theory)과 대비될 때, 주체론(agency theory)은 개인들이 사회변화를 초래하게 하는 원인이 될 수 있음을 시사한다(Waters, 1994: 11). 구조론이 결정론적인 점을 고려하면, 주체론은 개인의 의지와 개인에 의한 변화 가능성을 부각하여 '작인적 주체론'으로 명명될 수 있다. 이 관점은 '교육을 통한 사회변화'의 가능성을 제시하는 데 핵심적인 이론이 될 수 있다. 우리는 '사회변화의 동인으로서 교육'을 주목함으로써, 사회변화에의 적응을 위한 도구적 역할로서만 교육을 규정해 온 전통적 교육학이 성찰 없이 수용해 온 패러다임을 전환시켜 볼 기회를 가질 수 있다. 교육의 중요한 목적들 가운데 하나가 개인에게 자유를 최대한 보장하는 것이라면, 그 목적은 사회가 인본주의로 변화됨으로써 가능해진다. 독재, 전체주의, 강권, 통제 등으로 수식되는 사회에서는 개인이 자신의 속성(attributes)—지력, 학력, 가치관, 태도 등—을 아무리 변화시키고 발전시키더라도 결코 자유로울 수 없기 때문이다. 교육을 통한 사회변화는 개인들을 작인적 주체로 거듭나게 함으로써 사회변화를 적극적으로, 능동적으로, 그리고 역동적으로 주도하게 하는 것이다. 개인들이 자신들의 사회를 더 발전시키기 위해 주도적으로 참여하는 순간부터 인본주의 사회는 건설되기 시작한다.

마르크스는 구조적 불평등 곧 계급 불평등을 부각시키기 위해서 개인들의 능력을 심각하게 과소평가하였다(Duke, 1976: 34). 구조 속에 융해되어 버린 개인들은 베버에 의해 주체적 존재로 되살아나기 시작하였다. 베버의 방법론적 개인주의는 방법론의 한 종류이지만, 더 중요한 가치는 개인을 주체적 인간으로 부활시켰다는 점, 곧 인본주의를 부각시킨 데 있다.

> '방법론적 개인주의자들'은 전체론적 사고(holistic ideas)가 초월적 존재들이 실재한다고 거짓되게 주장함으로써 지적 오도(誤導)를 유발할 뿐만 아니라 더 심각하게도 정치적으로 위험을 초래한다고 강조한다. 통합적 실체로서 고유의 필요를 갖고 있다고 사회유기체의 존재를 인정하면, 전체 사회는 개별적 인간들보다 더 중요하여 전체의 필요를 위해 개인 생활의 희생을 요구하게 된다(Hughes, Martin, and Sharrock, 1995: 131).

소속된 개인들을 초월하는 유기체적 존재는 전체의 유지와 발전이라는 불가침의 목표를 내세워 개인들의 실존을 인정하지 않고 전체에서 부여한 역할과 책임을 강요한다. 이 때문에 개인들의 자아가 침해되고 인본주의적 가치가 희생된다. 사회가 초월적인 유기체로 간주되면, 개인들이 고유의 개성을 발휘하는 데에만 몰두하고 사회적 지위에 따른 역할에 소홀할 경우 부적응, 일탈, 역기능 등 부정적 개념들로 규정된다. 사회는 이들을 재(再)적응시키기 위해서 여러 가지 제재—공식적/비공식적 그리고 보상-긍정적/처벌-부정적 제재—를 강구한다.

베버는 구조결정론에 대해 강한 거부감을 표출했는데, 이 이론이 구조를 부각시키기 위해서 개인들을 하나의 부속품처럼 취급하기 때문이다. 그가 주장한 방법론적 개인주의는 개인의 자율성을 인정하는 계기를 마련했으며 주체론을 출현하게 하였다. 그러나 베버는 개인의 자율성이 합리성이라는 이름 아래 확산되고 심화되는 관료제에 의해 제약받게 될 것이라고 예견하였다. 관료제와 법인(法人) 구조가 확산되면, 개인들은 주도권(initiative)을 잡기가 점점 어려워진다. 관료제와 법인 구조가 효율성과 합리성을 강조할수록 개인들은 자발성, 독창성, 주도성 등을 발휘할 수 있는 기회를 갖지 못한다. 구조와 조직은 그 존속과 유지에 위험을 초래하고 효율성을 하락시킬 수 있는 가능성을 최소화하기 위하여 구성원들로 하여금 구조와 조직에서 부여한 역할에 충실하기를 요구한다. 베버는 자본주의, 사회주의 등 이념의 차이를 불문하고 현대사회의 모든 조직들이 관료제를 모형으로 삼음으로써 개인들의 자유를 심각하게 구속할 수 있음을 우려하였다. 조직사회로 일컬어지는 현대사회에서 개인들은 점차 조직인간(organization man)으로서만 존재하게 된다(Whyte, 1956).

베버가 주창한 방법론적 개인주의는 경제학계에서 오스트리아학파를 이끈 프리드리히 폰 하이예크(Friedrich von Hayek), 철학자 칼 포퍼(Karl Popper), 정치학자 욘 엘스터(Jon Elster) 등으로 이어져 오면서 철학, 정치학, 경제학, 사회학 등 여러 학문 분야에서 중요한 접근법으로 인정받고 있다. 방법론적 개인주의는 교환 이론(exchange theory)이 출현할 수 있는 기반을 제공하였다. 호먼스(Homans, 1964)는 "모든 사회현상은 사회 구조보다는 개인들의 속성에 의해 설명되어야 한다"라며 방법론적 개인주의를 주장하였다. 방법론에서 개인주의는 전체주의(holism)와 대립되며 그 차이는 〈표 1〉과 같이 정리된다(Agassi, 1960: 244).

〈표 1〉 방법론적 전체주의와 방법론적 개인주의의 비교

방법론적 전체주의	방법론적 개인주의
사회는 부분들의 총합을 초월하는 완전체이다(전체주의).	오직 개인들만이 목적과 관심을 갖는다(개인주의).
사회는 개인들의 목적에 영향을 미친다(집단주의).	개인들은 주어진 상황 아래에서 자신들의 목적에 적합한 방법으로 행동한다(합리성 원칙).
사회적 체제는 개인들의 행위에 영향을 미치며 이를 규제한다(제도적 분석).	사회적 체제는 개인들의 행위 결과에 따라 변화될 수 있다(제도적 개혁).

4) 윤리적 중립과 전형적 모형

윤리적 중립 이론

베버는 사회학을 사회현상을 해석하고 이해하는 학문으로 규정함으로

써 하나의 연구나 이론이 현상을 결정적으로 설명할 수 있다는 독단을 원천적으로 거부한다. 이 점은 뒤르케임이나 마르크스의 이론들이 상당히 단정적이며 규범적인 것과는 뚜렷하게 구별된다. 베버는 사회과학자들의 탐구 활동에서 가치의 개입이 불가피하다고 주장하였다. 그의 주장에 따르면, 학자들은 연구 문제를 선정하고 개념화할 때 자신들이 가지고 있는 가치를 배제할 수 없다. 선(先)개념에 의한 사실들(facts)의 수집과 정리, 연구의 방향을 좌우하는 설정된 가정들(assumptions) 그리고 동원된 개념들(concepts)의 선택[28]은 연구의 최종 결과물이 어떤 도덕적 성향을 가질 수밖에 없음을 의미한다. 다시 말해서, 연구를 수행할 때 가정과 개념들은 선택되고 구성되어야 하며, 이러한 선택과 구성은 연구자의 가치관에 따라 좌우될 수밖에 없다. 선개념에 의한 사실들의 수집은 우리가 무엇을 볼 때 의도가 있어야 함에 비유될 수 있다. 우리는 눈의 망막에 비친 수많은 것들을 모두 다 볼 수는 없다. 우리는 망막에 비친 수많은 것들 가운데 지극히 일부만 선택하여 인식한다. 동일한 산을 보고 있더라도, 실경산수(實景山水)를 그리려는 화가와 굴을 뚫으려는 토목공학자는 전혀 다른 개념으로 산을 본다.

베버는, 연구수행에 연구자의 가치가 개입될 수밖에 없지만, 연구자들이 구체적 탐구 과정과 연구결과에 가치를 '의도적으로' 주입(注入)하지 말 것을 경고하였다. 그는 학문에 개입되는 당파성과 파벌 성향을 철저히 경계하였다. 그리고 교실 수업과 학술논문 출판을 정치적으로 이용하는 학자들의 비윤리적, 반(反)학문적 행위를 규탄하였다. 그의 경고는 연구자의 가치가 완전히 배제된 도구를 통해서 객관적인 결과를 도출해야 한

---

28 우리는 현대사회에서 일어나고 있는 하나의 사태를 주목한 논문일지라도 첫 몇 문단이나 더 극단적으로는 제목만 읽어도 그 논문이 어떤 관점에서 논리와 주장을 전개할지를 짐작할 수 있다. 예컨대, 현대사회를 산업사회로 규정하며 시작한 논문은 자본주의 사회로 규정하며 시작한 논문과는 판이한 결론에 이를 가능성이 많다. 현대사회를 산업사회로 본 논문이 기능적 적응을 주제로 한다면, 현대사회를 자본주의 사회로 단정하는 논문은 불평등에 초점을 맞출 가능성이 많다.

다고 주장하는 학자들의 확신과 대조된다. 몰가치적(amoral) 도구, 객관적 자료, 자연과학을 모형화한 절차 등을 주장하는 학자들은 연구에서 개인 가치의 차단을 확신하기 때문에 연구결과를 사실(事實)이나 철칙(鐵則)처럼 유포한다. 그러므로 이러한 유형의 연구에서 개입된 가치들은 여과나 점검 과정을 거치지 않고 확산된다.[29] 결과적으로, 이러한 유형의 연구에는 가치가 더 많이 그리고 은밀히 개입하게 되며, 연구의 결과나 그 결과에 근거하여 시행된 정책의 영향도 크고 오래 지속된다. 다시 말해서, 가치의 불(不)개입을 확신하고 객관성을 자신하는 학자일수록, 개입된 가치와 주관을 인지하지 못하거나 은폐하기 때문에, 연구의 과정과 결과에 개인적 가치가 침투될 가능성이 오히려 더 많다.

베버는 현상을 이해하기 위한 작업에서 가치를 개입시키지 않았다. 흔히 몰가치적 접근으로 지칭되는 방법론에는 이념에 의한 어떤 방향으로의 지향도 작용하지 않는다. 그는 한 개인의 사회적 위치는 경제적 재력, 사회문화적 위력, 그리고 정치적 권력에 의해서 결정된다고 주장하였다. 그가 사회현상을 설명하는 데 이처럼 다양한 개념들을 동원했던 이유는 현상을 정확하게 파악하기 위해서였다. 그러나 그 결과로 베버의 지적 성향이 마르크스는 물론이며 뒤르케임과도 차별화되었다. 베버는 사회유기체론과 계급론에서는 존재하지 않았던 개인들을 사회적 행위의 기본 단위로 인정함으로써 사회적 주체로 부각시켰다. 그는 사회적 행위를 도구-합리적(instrumentally rational), 가치-합리적(value-rational), 감정적(affectional) 그리고 전통적(traditional) 행위 등 네 가지 유형으로 구분하였다(Weber (ed. Roth and Wittich), [1968] 1978: 24-25). 베버에게 있어서 사회는 자율성을 가진 개인들에 의해 만들어진 사회적 관계망(social network)으로 표현될 수 있다. 이러한 관점에서, 베버는 (1) 개인

29 가치가 개입되어 있거나 편향되어 있으면서도 가치중립적이라거나 몰가치적이라고 주장하는 것은 가치의 개입을 인정하고 최대한 배제하려고 노력하는 것보다 실제로는 연구자의 가치가 훨씬 많이 개입되며 은폐된다.

을 사회적 지위에 따라 부여된 역할을 수행하는 역할 담지자로 간주하는 뒤르케임과 구별되며, (2) 개인을 조작된 허위의식에 묻혀 소외되거나 외부의 자극에 의해 각성되어 의식을 되찾기도 하는 수동적 피지배집단 또는 이러한 조작을 주도하는 지배집단의 구성원으로 분류하는 마르크스와도 구별된다. 우리는, 베버의 패러다임에 근거하여, 사회의 주체인 개인들의 가치-합리적 행위를 통해서 인본주의 사회가 건설될 수 있음을 기대할 수 있다.

전형적 모형론

베버가 즐겨 사용하는 '이상적 전형'(ideal type)은 이해의 편의를 위해 수많은 사례들을, 가장 중요한 부분들을 고려하여 순수한 모형으로 부각함으로써, 제한된 몇 가지 대표적 유형으로 추상화한 전형(典型: model) 또는 기준(基準: benchmark)이며 설명력을 갖춘 가설적 구성(hypothetical construction)이다. 전형화를 그림에 비유한다면, 모호함을 줄여 명쾌한 이해를 돕고자 구상된 것이어서, 초상화라기보다는 단순화된 캐리커처에 가깝다. 우리는 수많은 사례들을 일일이 설명할 수 없을 때 설명의 편의를 위해 그 사례들을 몇 가지 유형으로 분류한다. 이때 각 유형들이 서로 구별되도록 하기 위해서, 귀속된 사례들의 특징은 두드러지도록 부각시킨다. 따라서 각 분류를 대표하는 유형과 일치하는 사례는 없을 가능성이 많다. 이러한 의미에서 '이상형의 구상'은 가설의 설정과 유사하게 분류의 목적으로 제시된다(Secher, 1962: 14).

이상적 모형은 하나가 제시되며 그 모형으로의 진화(進化)가 강조된다. 이러한 사실은 뒤르케임의 '기능사회'와 마르크스의 '평등사회'를 통해서 확인할 수 있다. 그러나 전형적 모형 또는 기준 모형은 설명력을 높이는 데 목적이 있기 때문에 차이가 두드러지고 비교가 가능한 몇 가지 유형들로 제시된다. 다시 말해서, 뒤르케임과 마르크스에게 있어서 이상형은 추구해야 할 목표이지만, 베버에게 있어서 이상형은 분석과 해석의 도구 또는 준거일 뿐이다. 캐리커처로 그려진 인물이 어떤 사람을 연상시키지만 캐리커처와 똑같이 생긴 사람이 없는 것과 마찬가지로, 이상형들은 사회 실제에 근접할 뿐이며 사회를 그대로 반영할 수는 없다. 우리 눈앞에 마치 거울에 비추이듯 사회현상이 제시된다 하더라도 우리는 그 반영된 현상을 제대로 이해할 수 없다. 우리는 일상적으로 수많은 사회현상을 목격하면서도 그 현상을 이해하지 못한다. 본다고 이해가 되는 것이 아니기 때문이다. 이상형은 실재(reality)가 아니며 이해를 위한 준거(framework)를 제공할 뿐이다(Farganis, 2000: 104).

베버에게 있어서 이상형은 현실사회에서 일어나는 여러 가지 현상들을 설명하기 위해 각 현상의 가장 특징적인 측면을 부각하여 대표적인 몇 가지 모형으로 제시한 것이다(Giddens, 1971: 142). 이 과정에서 핵심 성분들로의 축소적 환원이 불가피하게 이루어진다. 삼각형의 모양은 매우 다양하겠지만 이 갖가지 모양의 삼각형을 설명하기 위해 삼각형 하나를 그려야 할 때에는 정삼각형을 그릴 수밖에 없다. 다양한 모양의 사각형과 원은 각각 정사각형과 정원(正圓)으로 대표된다. 도형에서조차도 이러한 상황인데, 다양한 사회현상을 설명하기 위해 몇 가지 유형으로 제시하기 위해 선택적으로 그려지는 모형은 현실적으로 나타나는 현상들과 일치할 수 없다. 베버는 이상형을 추구하지 않았기 때문에 'ideal type'을 이상형으로 번역하면 그의 생각이 왜곡될 수 있다.

사회적 실재를 다루기 위해서는 이상적 전형화(ideal typification) 또는 표본적 유형화가 필수 과정이므로, 이상형은 사회학적 탐구에서 빠질 수 없다. 사회현상을 설명하기 위해 모든 사례를 죄다 열거할 수는 없기 때문에, 선택과 부각을 통해 몇 가지 모형들을 제시하게 되고 이 과정에서 연구자의 임의성이 개입하게 된다. 이 때문에 사회학에서 완벽한 객관성은 보장될 수 없다. 베버도 "문화적 실재에 관한 모든 지식은 항상 특정 관점에 의한 지식일 수밖에 없음"을 인정하였다(Weber (ed. Shils and Finch), 1949: 81). 뒤르케임은 "사회현상을 연구할 때 모든 선개념(preconception)을 제거해야 한다" (Durkheim, [1895] 1964: 31)라고 강조하였다. 그러나 베버는 모든 선개념을 제거하는 것은 인간에게 불가능한 일이므로 사실들에 대한 사회적 구성은 해결하기 어려운 문제가 될 수밖에 없다고 주장하였다. 그의 설명에 따르면, 선개념에 의해 구성된 인지 구조가 없으면 사회적 사실들을 규정하고 조직할 수 없다.[30] 베버의 주장에 의하면, 연구자는 가치중립적[31]이어야 하지만 연구목적이 자신의 가치에 의해 선정되고 구성되었음을 인정해야 한다. 베버조차도 가치중립적이지 않았으며 정치적으로는 민족주의, 제국주의, 심지어 전쟁까지도 지지했다고 비판받고 있다(Allen (박인용 역), [2004] 2010).[32] 우리가 본 것은 망막에 비친 모든 것들이 아니라 주관에 의한 선택의 결과인 것처럼, 가치

30 선입견을 제거하고서는 현상을 파악할 수도 없다. 수많은 사회현상들 가운데 어떤 현상을 주목할 때에는 이미 어떤 개념이 작용하고 있다. 우리는 망막에 비친 모든 사물들을 인식하지 못한다. 우리는 어떤 생각을 갖고 있기 때문에 망막에 비친 모든 사물들 가운데 어떤 것들을 주목하게 된다. "있는 그대로 본다"라는 말은 편견을 절제하고 파악한다는 의미의 수사학적 표현일 뿐 실제로 현상을 복사하듯 보는 것을 뜻하지 않는다. 여기서 '본다'는 '인식한다'와 동의어이지 망막에 비침을 뜻하지 않는다. 인식, 지각 등은 관점에 의해서만 가능하며 가치가 개입된 행위이다. 보는 행위는 선택 행위로서 의사나 의지가 필요하다. 이는 사진을 찍으려면 카메라에 영상을 담고 셔터를 눌러야 하는 이치에 비유될 수 있다.

31 사회과학계는 개인적 욕구와 소속된 기관의 필요에 의한 가치개입을 경고하고 가치중립의 고수를 강조하고 있지만 이에 대한 반론도 지속적으로 제기되고 있다. ① 연구에서 중립성을 선언한다고 중립성이 지켜지는 것은 아니다; ② 연구에서 가치중립성을 지키는 것이 바람직하다는 증거가 없다.

32 가치중립론을 주장한 막스 베버의 허구성을 비판적으로 소개한 앨런(Allen, 2004)의 저서는 한국어로 번역되면서 비판서로서보다는 비난서처럼 소개되고 있다. 이 점은 책의 제목에서 확인할 수 있다. 앨런의 저서는 '막스 베버: 비판적 소개' (Max Weber: A critical introduction)로 번역되어야 하지만, 번역자는 '막스 베버의 오만과 편견: 독일의 승리를 꿈꾼 극우 제국주의자'라는 제목으로 출판하였다. 이 표제에는 번역자의 가치가 심각하게 개입되어 있다. 번역된 제목에 상관없이, 이 도서는 베버 역시 가치개입으로부터 자유로울 수 없었으며 그의 이론에는 비판의 여지가 상당히 많이 있음을 확인시켜 준다. 지식인들에 대한 평가는 그들의 완벽한 인생에 근거하지 않는다. 위대한 지식인들의 이면(裏面)은, 그들의 업적 때문에, 일반인들보다 더 추해 보일 수 있다(Johnson (윤철희 역), [1988] 2004).

개입 없이는 기본적인 인식조차도 불가능하다.

> 우리 인간의 이 현실은 그러므로 결코 '전제(前提) 없이는' 인식할 수 없다. "현실을 전제 없이 인식하려고 하면, 제 아무리 진지한 시도라 하더라도, 그것이 얻게 되는 유일한 것은 무수한 개개의 지각(知覺)에 대한 '존재판단'의 혼란일 것이다. 그리고 이러한 성과조차도 단지 외견상으로만 가능할 것이다"(Löwith, [1960] 1992: 24).

베버는 연구자의 편견(bias)이 개입되는 것을 경고했지만 선개념의 배제를 수용하지 않았다. 그는 사실 수집 단계에서부터 개입하는 선개념의 한계 때문에 사회학 연구에서 주관성이 개입될 수밖에 없음을 인정하고 이를 극복하기 위한 장치로서 다른 학자들의 점검을 강조하였다.[33] 널려 있는 사실들은 연구자에 의해 수집되고 정리되어 자료(data)가 되며, 그 자료가 유형화되고 논리에 의해 연결됨으로써 이론화된다. 사실들은 스스로 아무런 말도 할 수 없지만, 연구자에 의해 정리된 자료는 이미 메시지를 함축하고 있다. 베버는 사회과학의 주요한 목적을 명료성(clarity)에 두었다(Wrong, 1970: 11).

사회현상은 전형으로 제시된, 다시 말해서 상상된(imagined), 구성된(constructed), 대표된(represented) 이상형과 다를 수밖에 없기 때문에 해석이 필요하다. 해석은 전형(type)과 변이(variation)의 차이를 이해하는 데 필수적인 과정이 된다. 각 유형은 개별적으로 다루어질 때보다는 비교될 때에 그 특징이 뚜렷하게 드러난다. 이런 점에서 이상형은 사례들을 비교하고 평가하는 데 이용되는 척도와 비슷하다. 예컨대, 베버는 지배유형을 설명하기 위해 전통(traditional)형, 카리스마(charisma)[34]형, 법

33 '직업으로서의 학문'에서, 베버가 "견해가 다를 수 있는 청중들이 침묵을 강요당하고 있는 상황에서 자기의 견해를 일방적으로 발표하는 행위는 아주 주제넘은 짓이다"라고 말한 이유도 이와 무관하지 않다.

적 · 합리[rational]형 등 세 가지 유형으로 나누었다(Weber (ed. Roth and Wittich), [1968] 1978: 215). 우리는 이 세 가지 유형들을 비교해 봄으로써 각 유형의 특징을 분명하게 드러낼 수 있고 다양한 변이들을 상상해 볼 수 있다. 파킨(Parkin, 2002: 77)은 세 가지 지배 유형을 〈표 2〉와 같이 구분 · 설명하였다.

〈표 2〉 베버의 세 가지 전형적 지배 유형에 대한 파킨의 설명

지배의 유형	복종을 요구할 수 있는 근거	표준적 사례
전통적 유형	내 사람들이 항상 복종해 왔듯이, 너도 나에게 복종하라.	가부장, 족장, 봉건귀족
카리스마적 유형	내가 너의 인생을 바꿀 수 있으므로, 나에게 복종하라.	예언자, 성자, 혁명지도자
법적 · 합리적 유형	나는 법적으로 임명된 너의 상관이므로, 나에게 복종하라.	관료, 정부의 장관

인간사회에서 일어나는 갖가지 지배 형태들이 이 세 가지 유형으로만 수렴될 수는 없다. 어떤 현상을 드러내기 위해 그 현상을 전형화하는 작업은 그 현상이 가진 세세한 특징들을 사라지게 할 수밖에 없다. 그 세세한 특징들을 재생하고 포착하려면 상상력이 동원되어야 한다. 현상을 파악하려면 해석이 필요하고, 해석에는 상상력이 요구된다. 이해사회학은 콩도르세, 콩트, 뒤르케임으로 이어져 온 '주관성의 개입을 철저히 배척하는 사회물리학(social physics)적 전통'에 맞선다. 베버는 사회학이 자연과학적 모방에서 벗어나 고유의 학문으로 독립하기를 갈망하였다. 베버의 사회학 관점과 접근법은 그의 사후 '과학화'의 이름으로 더 강력하게 제기되어 온 "사회과학에서의 자연과학적 관점, 접근, 방법의 적용"을 견제

34 카리스마는 '신으로부터의 선물'을 뜻하지만, 베버는 비상한(extraordinary), 초자연적이거나(supernatural) 초인적인(superhuman) 능력, 매력, 설득력 등을 갖춘 상태를 의미하는 개념으로 사용하였다(Weber (ed. Roth and Wittich), 1978: 241). 카리스마적 유형의 권위는 불안정하고 한시적이라는 한계가 있다.

하는 데 중요하게 활용되었다.

베버는 사회학의 목적을 "주관적으로 의미 있는 인간 활동에 대한 해석적 이해(interpretative understanding)"로 규정하였다(Jary and Jary, 1991: 549-552; Weber (ed. Roth and Wittich), [1968] 1978: 4). 그는 사회적 실재의 본질은 다른 사람들과 상호교섭하는 개인들이라고 주장하였다. 또한 행위하는 개인들이 유일한 사회적 실재이므로, 국가나 사회와 같은 집단적 개념들을 개인들의 활동에 명백히 관련되지 않는 한 사용해서는 안 된다고 주장하였다. 베버는 사회과학자들이 인간 활동의 본질, 과정, 결과에 대해서 법칙과 같은 일반화를 사용할 수 있고 사용해야 한다고 주장했지만 사회과학이 자연과학처럼 법칙들을 발견할 수 있다는 발상은 거부하였다. 베버가 사회현상을 설명할 때 사용한 대표적 유형을 의미하는 이상적 전형은 이러한 맥락에서 이용되었다. 이 경우, 이상형은 그 자체가 법칙이 아니라 복합적인 실재에서 다소 두드러진 성향을 논리적으로 단순화한 것일 뿐이다. 그가 이상형으로 사회현상을 설명한 사례로는 지도자 유형을 들 수 있다. 베버에게 있어서 이상형은 전형(典型)을 의미하며 설명의 편의성 때문에 가정된 것이므로, 그는 이러한 사회를 추구해야 한다는 규범성을 주장하지 않았다.

5) 다원주의 사회구조론: 계층과 관료제

베버는 마르크스가 주장한 사적 유물론(historical materialism)—사회적, 문화적, 정치적 현상들은 물질의 생산양식에 의해 결정된다는 역사에 대한 물질주의식 해석방법—이 전적으로 틀렸음을 지적하면서도 정면으로는 반박하지 않았다. 그렇지만 사적 유물론으로 모든 사회현상을 설명하려는 독단적 논리를 철저히 거부하였다(Hughes, Martin, and Sharrock, 1995: 90). 베버는 하나의 부분적 관점을 가장 중요하고 독보적인 관점으로 끌어 올리고 원인으로 작용하는 다양한 요인들을 단일 요인으로 환원시켜 버리는 마르크스의 '단일인과론'(mono-causal theory)을 묵과할 수 없었다(Gerth and Mills, 1946: 46-47). 그는 공장의 생산 과정에 의해 결정되는 마르크스의 계급 상황을 분배에 기반을 둔 '시장결정적인 생애기회'(market-determined life chance)로 전환하였다.

베버는 시장에서 이루어지는 상호작용 구조를 투쟁과 경쟁 또는 평화적 갈등으로 묘사하였다. 시장은 교환이 이루어지는 장소로, 그곳에서 개인 구매자와 판매자들은 상품을 사고팖으로써 자신들의 이익을 극대화하는 데에만 집중한다. 시장에서 개인들은 자신들의 처지에 상관없이 상대의 존재를 인정하고 공존을 도모하며 이념이나 명분보다 현실적 이익의 극대화를 절대적 목표로 추구한다. 베버가 시장을 사회학의 중요한 주제로 부각시켰지만, 시장은 20세기 후반 경제사회학이 등장할 때까지 사회학에서 오랫동안 잊힌 주제로 남아 있었다. 경제사회학 특히 노동시장론은 '지배'와 '사회적 폐쇄'를 핵심 개념으로 사용한다.

공장에서는 자본가와 노동자만 두드러지고 갈등이 부각되지만, 시장에서는 자본가와 노동자 외에도 경영인, 상인, 소비자 등 다양한 사람들이 공존하면서 이익을 극대화하기 위한 경쟁이 일상적으로 벌어지고 있다.[35] 시장의 개념에 '취업 시장'(job market)을 더하고 소비자의 직업이 다양하다는 사실을 고려하면, 시장에서의 경쟁이 매우 복합적으로 이루어질 것임을 충분히 짐작할 수 있다. 베버는 계급 개념이 사회경제적 불평등을 유발하는 유일한 변인으로 사용되는 데 대해서 비판하였다. 그리고 마르

35 공장과 시장은 실제적 의미에서보다 상징적 의미에서 그 차이가 더욱 두드러진다. 공장은 폐쇄적이지만 시장은 광장과 마찬가지로 개방적이다. 시장은 다양성과 거래를 함의한다. 후기 산업사회, 지식정보사회 등으로 지칭될 만큼 현대사회의 직업별 그리고 산업별 인구 구조는 급격하게 변화하고 있다. 이러한 변화는 자본가와 노동자로 양분되는 계급의 개념이 현대사회의 불평등 현상을 설명하는 데 적합하지 않음을 의미한다. 여기에 더하여 인종, 종족, 성, 종교, 지역, 언어, 문화 등에 의한 집단들이 결속을 강화하고 정체성을 강화하면서 이분법적(dichotomous) 계급 개념의 설명력이 떨어지고 있다.

크스주의자들이 노동 계급[36]을 공동체(gemeinschaft, community)로 간주하는 데 대해 반대하고 계급을 협회(gesellschaft, association)처럼 고려하도록 요구하였다(Turner, 1988: 48). 공동체는 공감과 공유에 기반하고 의기투합을 지향하지만, 협회는 공동 이익의 추구를 위한 약속이나 계약만으로도 형성될 수 있다.

베버는 경제와 정치를 분리했을 뿐만 아니라 여기에 문화를 더함으로써 경제, 정치, 사회 · 문화 등 다양한 변인을 가지고 사회현상을 파악하려고 하였다. "의식이 존재를 규정하지 않으며, 존재가 의식을 규제한다"라고 주장하는 마르크스의 사적 유물론 또는 유물사관(唯物史觀)에 의하면, 사회변동의 주체는 물질적 상황이 열악한 집단에서 존재의 위기를 극복하기 위해 출현해야 한다. 그러나 베버는 피지배 상태에 있는 노동 계급에 의해서보다는 사회 구조의 최상위에 있는 사람들에 의해서 높은 수준의 집단의식과 그에 따른 강력한 정치적 행위와 활동이 전개된다고 확신하였다(Grabb, 1990: 55). 고대 히브리(Hebrew) 선지자들, 중세 종교개혁의 지도자들, 현대 계급혁명의 선구자들은 존재조건으로 보아 혁명이나 개혁의 이념들을 제기해야 하는 신분이나 계층, 계급 출신들이 아니었다(Gerth and Mills, 1946: 63). 사회변화를 위한 그들의 행위는 생존의 위협에서 벗어나기 위한 처절한 투쟁이 아니었으며 신념과 의지를 실현하기 위한 자율적 선택이었다. 복합적 요소들로 이루어진 사회 구조는 물질적 조건에 따라 예정된 과정으로만 변화하는 것이 아니며 의식이 사회변화를 촉구할 수도 있다. 물질적 존재 그 자체보다는 현실에 대한 인식과 의식이 사회적 행위의 동기가 된다.[37]

---

36 노동 계급은 낮은 수입, 낮은 직업 안정성과 높은 실업, 피할 수 없는 빈곤, 지루한 작업과 열악한 고용조건, 제한된 경력 구조, 높은 발병률, 높은 조기 사망 가능성, 교육을 통한 성공 가능성의 희박 등으로 특징지어진다(Abercrombie, Hill, and Turner, 2006: 426).

37 마르크스가 계급혁명을 위해 노동자들의 단결을 촉구하고 마르크스주의자들이 피지배계급의 구성원들로 하여금 허위의식을 버리고 현실을 간파하도록 요구한 점은 '실태

베버는 "인간 활동이 하나의 궁극적이며 근원적인 물질적·경제적 영역에 의해 결정된다"라는 마르크스의 주장에 동의하지 않았으며, 비경제적 영역들이 경제 영역에 비해 부차적이지 않을 뿐만 아니라 경제 영역에 의해 결정되지도 않는다고 확신하였다. 그는 '자본주의와 독일 농촌사회' 연구에서 "19세기 독일 소작인들이 경제적으로 안전한 예속 농노(農奴)가 되기보다는 경제적 고충을 각오하고서 자유로운 임금 노동자가 되었다"라는 사실을 근거로 하여 경제결정론의 한계를 지적하였다(Giddens, 1971: 122-123). 기독교 윤리와 자본주의 출현 간의 인과적 관계에 대한 그의 주장은 이보다 더 직접적인 메시지를 담고 있다. 이러한 연구들은 인간이 물질적 조건에 의해서만 좌우되지 않으며 주관적인 의미 부여가 물질적 조건보다 더 중요하게 작용함을 강조하였다.

베버는 오히려 비경제적 사항들—특히 정치, 종교 그리고 다른 제도적 구조들에 의해 나타난 이념들(ideas)과 이익들(interests)—이 많은 경우에 경제로부터 확실한 자율성을 갖는다고 주장하였다. 더욱이, 비경제적인 기운은 경제로부터 영향을 받는 정도만큼 경제 구조와 행위에 영향을 미치고 있다(Grabb, 1990: 43). 비경제적 부분들의 경제적 부분들에 대한 자율성은 마르크스주의자들 내부에서도 제기되고 있다. 마르크스 자신은 우리가 흔히 '젊은 마르크스'(young Marx)로 지칭하는 비교적 초기 시절에 의식의 중요성을 강조했으며, 마르크스주의자들 가운데에서는 이데올로기론자들이 하부 구조(substructure)나 경제 구조에 대한 상부 구조(superstructure) 또는 정치, 문화, 종교, 교육 등 경제 외적 구조의 '상대적 자율성'(relative autonomy)을 주장해 왔다.

베버의 역사철학에서 가장 보편적 요소는 합리화 원칙이다. 베버는 근대 자본주의를 합리성의 전형으로 보았으며 사회주의에 대해 호감을 갖지

자체'에 의해 계급의식이 자동적으로 형성되지는 않음을 의미한다. 행위는 현실에 대한 인식에 의해서 유발되며 실태에 대한 반사행동이 아니다.

않았다. 그는 관료제가 개인의 자유를 옥죄는 족쇄로 작용하게 될 것임을 경고했으며, 사회주의가 관료제를 확대하고 가속화시킬 것이라고 예견하였다. 그의 설명에 의하면, 사회주의 이념에 따른 생산수단의 사회로의 귀속은 실제로는 상대적으로 자율적이었던 개인들의 경제생활을 국가 관료들의 통제 아래 놓이게 만든다. 국가 관료제가 정치는 물론 경제까지 장악하게 됨으로써, 국민들은 극심한 노예 상태로 몰릴 수밖에 없다. 사회주의와 관료제의 결합으로 초래될 비극에 대한 베버의 예견은 옛 소련에서 그대로 적중하였다. 조지 오웰의 소설 『1984』는 그 비극을 절묘하게 묘사하였다. 베버는 마르크스가 희망한 노동자의 독재는 일어날 수 없으며 관료의 독재를 피하기 어렵다고 주장하였다.

한편, 자본주의 체제에서도 합리화는 급속도로 진행되어 왔다. 효율성을 지상목표로 한 과학적 관리기법들이 끊임없이 개발되고 시행됨에 따라 개인들의 자율성은 점차 제한되어 왔다. 수많은 경영기법들은 표현에서 차이가 있을 뿐 하나같이 효율성에 초점을 맞추고 있다.[38] 효율성을 목표로 한 탈기술화(de-skilling)와 탈전문화(de-professionalization)의 결과로 업무에서 구상은 박탈된 채 실행만 남겨지고 있다(Braverman, [1974] 1998; Crompton and Jones, 1984; 오욱환, 2004). 이것은 곧 개인들이 자율성을 상실하고 통제만 받고 있음을 의미한다. 베버에게 관료제화(bureaucratization)는, 그 체제가 자본주의든 사회주의든 미래에 닥칠, 피할 수 없는 보편적 현상이다(Weber (ed. Lassman and Speirs), 1994: 279).

합리성의 이름 아래 표준화되고 도식화된 직장에서 조직의 부품처럼 취

---

38 경영기법은, 테일러 시스템(Taylor system)으로도 알려져 있는 과학적 관리기법은 물론이며 피고용자들에 대한 인간적 배려를 강조하는 인간관계론(human relations theory)도, 생산성 향상을 궁극적 목표로 삼고 있다. 교육학적 시사점을 주는 도서로 오해되고 있는 『칭찬은 고래도 춤추게 한다』(*Whale done!: The power of positive relationships* by K. Blanchard, T. Lacinak, C. Tompkins, and J. Ballard)도 생산성 향상을 위한 인력 관리기법을 다룬 경영 관련 도서이다.

급되는 개인들은 소외를 피할 수 없다. 관료화로 인한 인간의 소외를 마르크스학파의 학자들은 탈기술화와 탈전문화의 개념들로 설명한다.

> 마르크스주의자들의 아이디어를 받아들이면, 탈기술화는 자본주의 체제의 발달 과정에서 피할 수 없다. 생산수단을 소유한 자본가들은 생산 과정의 인간관계까지 통제하기 위해서는 노동자들로부터 사고력, 창의력, 통찰력, 전망 능력 등을 제거할 필요가 있다고 믿는다. 이러한 유형의 제거는 구상과 실행이 통합된 본질적 의미의 노동에서 사고(思考)가 배제되는 것으로서, 이는 인적 자본의 소유자로서의 인간에게서 의식을 제거하는 것이며 작업 능력을 단순한 에너지로 축원시키는 것이다. 달리 표현하면, 노동자는 주체로서의 인간성을 상실한, 쉽게 대체될 수 있을 정도로 보잘 것 없는 능력을 가진, 그리고 그 능력을 팔아야 생존할 수 있는 '소외된 노동자'로 전락하는 것이다(오욱환, 2004: 163).

마르크스가 구상을 잃고 실행만 강요당하는 '소외된 노동자들'의 인생을 안타깝게 생각하고 그들의 각성을 촉구했다면, 베버는 합리성의 이름 아래 관료제 유형으로 조직된 사회에서 자율성을 상실한 채 마치 '철창 속의 죄수'[39]처럼 살아가야 할 현대인들의 운명을 예언하였다. 소외된 노동자와 철창 속의 죄수의 공통점은 자율성의 상실과 통제받는 인생이다. 베버의 주장에 따르면, 합리화는 권력자들의 자의(自意)에 의한 폭력적 지배를 최소화하는 데 목적을 두지만 결과적으로는 통제의 효율화와 비인간화를 촉진함으로써 인간성의 상실로 귀결된다. "어떠한 합리화도 그것이 극

39 '철창 속의 죄수'는 "다른 사람이 설계한 틀에 맞춰 살아가야 하는 운명"을 은유하며, 관료제의 철창은 감옥이기는 하지만 동시에 심리적 안식처가 될 수 있다(Sennett (유병선 역), [2006] 2009: 44). "철창이 심리적 안식처가 될 수 있다"는 역설은 프롬(Fromm, [1941] 2006)의 『자유로부터의 도피』(Escape from freedom)를 연상시키며 관료화가 개인들의 선택일 수도 있음을 암시한다.

단적으로 전개되면, 필연적인 운명으로서 비합리성을 만들어 낸다.[40] 문제가 되는 것은 합리화의 결과로 비합리적인 생활태도가 생겨나는 것이다" (Löwith, 1992: 44).

베버는 사회현상을 단정적으로 규정하거나 사회의 변화에 대해 규범적인 지침을 제시하지 않았다. 사회현상을 명료하게 이해하고 해석하는 데 집중한 베버는 하나의 현상을 설명할 때 뒤르케임이나 마르크스보다 많은 개념들을 동원하였다. 사회불평등의 경우 뒤르케임에 의해서는 직업적 지위의 격차로 축약되었고 마르크스에 의해서는 계급에 의한 지배와 종속으로 규정되었지만, 베버는 자산(property), 위세(prestige), 권력(power)을 모두 포함함으로써 불평등의 복합성을 부각시켰다. 베버는 사회현상을 설명하는 데 있어서 분배 체제가 생산 체제보다 더 중요하게 작용한다고 생각하였다. 세 가지 변인을 사용하여 일상생활에서의 불평등을 묘사했기 때문에, 베버의 계층 개념[41]은 여러 가지 요인들에 의해 다양하게 나타나는 사회적 · 경제적 · 문화적 불평등을 설명하는 데 더 적합하다. 계층화는 정신적 이념, 물질적 재원, 사회경제적 기회 등의 독점과 밀접히 관련되어 있으므로 사회나 조직의 유형, 규모, 강도(强度) 등을 불문하고 일어난다. 따라서 계층 경쟁도 모든 사회와 조직에서 일어나고 있다(Weber (ed. Roth and Wittich), [1968] 1978: 926-940).

베버는 지위(status)와 지위집단(status group)의 개념으로써 계급 개념의 한계를 극복하고, 계층화(stratification) 이론을 통해서 '계급에 의한 양분화(兩分化)'의 비현실성을 반박하였다. 지위집단은 특정한 사회적 명예를 주장하는 다수의 사람들을 의미하는데, 직업적 지위집단, 세습적 지위집단, 정치적 지위집단 등으로 나뉜다(Weber (ed. Roth and

40 바우만(Bauman, 1989)의 설명에 따르면, 나치 독일에 의한 유대인 종족 학살은 반유대주의(anti-Semitism)라는 비합리적 신념에 의해서라기보다는 합리화와 그에 따른 관료제에 의해 자행되었다.

41 베버에게 계층은 사회적 존경, 사회적 명예, 소비, 직업 등과 밀접하게 관련된 개념이다.

Wittich), [1968] 1978: 306). 지위집단은 개인들의 단순한 집합(集合)을 지칭하는 수준을 넘어서며, 특정한 생활양식(lifestyle)[42]을 공유한 개인들이 스스로 구성원임을 인식하는(Giddens, 1971: 166) '적절하게 정의된 집단'을 의미한다. 지위집단은 정상적인 결혼을 "집단 구성원들 사이에서만 이루어지는 경우로 한정하는 것"[43]처럼 사회적 교류(intercourse)를 제한함으로써 내부 결속을 도모한다(Weber (ed. Roth and Wittich), [1968] 1978: 932). 그리고 생산이나 분배 측면보다는 소비 측면에 더 비중을 두며, 생애기회(life chance)[44]보다 생활양식을 더 중요하게 생각한다(Hughes, Martin, and Sharrock, 1995: 110). 지위집단은, 사회 계급이 재산의 유무에 의해 객관적으로 구별되는 것과는 다르게, 주관적 판단에 의한 소속감에 기초를 두기 때문에 사회적 체면이나 위세에 아주 민감하다.

베버의 시대에는 경제력이 곧바로 사회적 명예와 직결될 수 있었기 때문에 지위집단과 사회 계급의 관계가 매우 밀접하였다. 그러나 재산의 축적이 다양한 방법으로 이루어지고 있는 현대사회에서는 지위집단과 사회

---

42 생활양식은 베버가 사용한 핵심 개념들 가운데 하나이다. 이 개념은 영어로는 'conduct of life', 'way of life', 'manner of conducting one's life' 등으로 번역되었다. 생활양식은 지위집단이나 계층 등을 정의할 때 반드시 포함되어야 하는 개념이다. 생활양식은 가치관, 태도, 세계관 등에서 차이를 밝히기 위해서 사용되는 개념이지만 가시적으로는 의식주로 드러나는 소비 성향, 선호하는 스포츠나 오락으로 부각되는 취미 활동 등으로 구별되고 있다.

43 혼인 대상의 제한은 사회적 폐쇄의 전형적인 유형이다. 종족 내부에서만 배우자를 구하도록 제한하는 '족내혼'(族內婚)의 의미로 사용되었던 내혼제(內婚制: endogamy) 개념이 현대사회에서는 특정 종족, 인종, 계급, 혹은 사회집단 내에서만 배우자를 선택하는 제도로 의미가 확대되고 있다. 대부분의 사회에서 상류층으로 갈수록 내혼제가 강력하게 작용한다.

44 생애기회는 "한 개인이 지정된 사회에 현존하는, 사회적으로 조성된, 경제적 혹은 문화적 재화들을 할당받을 수 있는 기회"를 의미한다(Giddens, 1973: 131). 생애기회는, 경제적 조건에 의해서 규정되어 왔지만, 최근에는 문화적, 사회적 조건까지 더해지고 이 조건들이 자본으로 개념화되면서 역동적으로 접근되고 있다.

계급이 일치하지 않은 경우가 빈번하다. 지위집단에는 체면, 명예, 위세 등이 중요한 변수로 작용하기 때문에, 재산이 많다고 하더라도 그 축적 과정이 정당하지 않을 경우 상류 지위집단으로부터 배척된다. 이러한 사실은 베버가 분류한 천민자본가(賤民資本家)들이나 오늘날 벼락부자들이 보유한 재산의 규모가 대단하더라도 명예와 위세를 존중하는 지위집단으로부터 거부되는 사례를 통해 확인될 수 있다(Giddens, 1971: 167). 천민자본가나 벼락부자는 재력에 걸맞은 계층이 될 수 없다. 계층은 재력, 위세, 권력 등 다원적 요소로 형성되기 때문에 세 요소가 상호 걸맞지 않은 '지위 불일치'(status inconsistency) 상태가 일어날 수 있다. 주관적 인식 때문에, 지위집단은 사회적 폐쇄(social closure) 현상—배제(exclusion)와 권리침해(usurpation)—을 설명할 때 핵심 개념이 된다. 경제적 계급과 사회적 지위집단이 서로 완벽하게 조응(調應)하지 않는다는 사실은 사회적 불평등이 복합적임을 시사한다.

기든스(Giddens, 1973: 42-45)의 설명에 따르면, 베버는 마르크스의 추상적 계급 분류에 동의하지 않았으며 계급 분류의 준거로서 '소유'(ownership)와 '취득'(acquisition)을 제안하고 '명백한 특권 계급 곧 유산 계급'과 '자산은 물론이며 시장성 있는 기술도 갖고 있지 않은 계급 곧 무산 계급' 사이에 다양한 유형의 중간 계급(middle class)이 있다고 주장하였다.[45] 다시 말해서, 베버는 '자산은 없지만 시장가치가 있는 기술을 보유한 사람들'[46]을 '아무런 기술도 없어 오직 노동력에만 의존해야 하는 사람들'과 함께 무산 계급에 분류하는 것은 현실에 적합하지 않다고 확신

---

45 베버의 주장은 추후에 더 설득력을 갖게 되었다. 예컨대, 1960년대 프랑스의 일부 사회학자들(Serge Mallet, André Gorz, Alain Touraine 등)은 생산기술의 발전으로 높은 수준의 기술공학이 요구되는 업무를 수행하는 데 적합한 고학력, 조직적 능력, 팀워크 등을 갖춘 '신노동 계급'(new working class)이 등장할 것이라고 주장하였다. 프랑스의 신노동 계급은 전통적 노동자들보다 급진적이거나 공격적이지 않았으며 업무에서의 소외감도 적었기 때문에 자본주의와 상당히 조화적이었다.

하였다. 자본주의가 발달하고 산업화가 가속되면서 지식과 기술의 중요성이 부각되자 중간 계급의 비중도 점차 높아져 갔다.

베버는 중간 계급의 존재와 다양성을 주장함으로써 이분법적인 계급 개념을 극복하였다. 중간 계급은 현실적으로 유리함과 불리함을 모두 갖는 집단을 의미하며, 이 집단의 존재는 계급 간 이동이 활발하게 전개될 수 있음을 암시한다. 그는 계급 개념을 경제적 계급보다는 사회적 계급으로 활용하였다. 베버에게 사회적 계급은 구체적인 계층화 체제에서의 실제적인 위치 곧 사회적 계층을 의미하였다(Scott, 1996: 28-29). 이는 고착성이 함축되어 있는 계급 개념에서 유동성(流動性)이 부각되는 계층 개념으로 변화했음을 의미한다. 계층 간 이동은 상향으로뿐만 아니라 하향으로도 이루어지기 때문에, 모든 집단들은 현실적 처지에 따라 정도에서 차이는 있지만 상승 이동을 추구하고 하향 이동을 저지하기 위해 애쓰게 된다. 계층 이동은 세대 내에서뿐만 아니라 세대 간에도 이루어지기 때문에 역동성을 띠게 된다.

계층 간 이동이 소유보다는 취득에 의해서 주로 이루어지기 때문에 취득을 위한 경쟁이 점차 가열된다. 학교교육은 지식과 기술을 습득하는 데 결정적인 수단이 되었으며 학력과 학벌은 새로운 유형의 자본으로서 가치를 갖게 되었다. 세대 간 계층 이동이 부모의 의지에 의해 상당히 결정되는 자녀의 취득 자본에 의해 영향을 받으므로, 자녀교육은 부모의 중요한 과제가 된다. 이러한 맥락에서 보면, 교육 기회의 확대와 균등화가 사회적 쟁점이 되는 것은 당연하다. 계급과 지위집단 곧 계층은 객관-주관 그리고 생산-소비에 의해서 대조된다. 계급이 객관적 기준과 생산을 준거로 하여 분류된다면, 계층은 주관적 인식과 소비를 준거로 하여 분류된다. 이 때문에 계층 개념에서는 '생활양식'이 의미 있는 요소가 된다.

---

46 베버에게 있어서 '시장성 있는 기술'(marketable skills)은 새로운 유형의 자산이다. 경제학에서는 시장성 있는 기술이 인적 자본(human capital)으로 개념화되고 있다(Becker, 1964; Mincer, 1958; Schultz, 1961).

지위집단의 개념이 등장함으로써 계급 이외의 변인들에 의한 여러 가지 유형의 사회적 불평등이 부각되고 불평등의 복합성이 밝혀지기 시작하였다(Collins, 1986: 6). 그리고 지위집단이 중심 개념으로 부각되면서 직업도 동시에 주목을 받게 되었다. 지위집단의 개념은 생산수단의 소유 여부에 따라 자본가와 노동자로 양분하는 마르크스의 계급 구분이 갖는 한계를 극복하는 데 적합하다. 마르크스의 전통적 계급 분류법에 의하면, 현대사회에서 거대한 집단으로 등장하고 있는 '신(新)중간 계급'(new middle class)은 생산수단을 소유하고 있지 않기 때문에 모두 노동자 계급으로 분류될 수밖에 없다.[47] 생산수단을 소유하고 있지 않지만 직업적 지위에 따라 차등적 지배력을 갖는 집단들의 행위를 파악하지 않고서는 현대사회의 불평등을 이해하기 어렵다. 현대인들은 무리하게 분류되는 계급보다는 일상생활과 밀접한 직업에 의해서 정체성을 더 많이 갖는다. 현대사회에서는 직업적 집단들이 시장 기회(market chance)를 독점하려고 경쟁하면서 폐쇄 전략을 구사하게 된다. 선호도가 높은 직업일수록 폐쇄의 강도가 높으며, 전문성을 강조함으로써 배제를 정당화한다.

사회적 폐쇄는 마르크스주의자들에 의해 자본가들이 노동자들에게 지급되어야 할 잉여가치(surplus value)의 보상을 가로챈다는 의미로만 제한적으로 사용되었던 착취 개념을 계급을 포함한 모든 불평등 관계에 적용하기 위해 확대한 것이다(Manza, 1992: 275). 착취 개념의 적용을 확대하는 것은 착취가 생산의 측면보다 분배의 측면을 오히려 더 많이 갖고 있기 때문에 타당하다.[48] 사회적 폐쇄는 한 집단이 보상을 극대화하기 위

---

47 루이 알튀세르(Louis Pierre Althusser)와 함께 대표적인 구조주의 마르크스주의자로 알려져 있는 니코스 풀란차스(Nicos Poulantzas)도 이러한 분류가 적합하지 않음을 지적하고 노동 계급으로부터 신중간 계급—그 자신은 '신프티부르주아'(new petty bourgeoisie)라고 지칭한 계급—을 애써 구분하였다. 신중간 계급은, 생산수단을 소유하지 못함에 따라 자본가에 고용되어 있는 경우가 대부분이지만, 자본가들로부터 관리, 경영, 통제 등의 권위를 위임받음으로써 노동자들에 대해 대립적 입장에 선다(Poulantzas, 1975).

해 다른 집단에게 돌아가야 할 기회를 봉쇄하려고 소유재산, 학력 · 학벌, 인종, 종족, 성, 문화, 종교, 언어 등 다양한 모든 근거를 동원하여 차별과 구별을 공식적으로 정당화하는 배제 책략을 일컫는다. 착취가 생존까지 위협할 수 있는 물리적 폭력을 배경으로 하고 경제적 측면에서 그리고 고용 후 단계에서 이루어진다면, 폐쇄는 상징적 폭력의 형태를 띠며 사회생활 전반에 걸쳐 그리고 선발(選拔)과 선별(選別)이 이루어지는 모든 과정에 적용된다.

사회적 폐쇄는, 강도와 빈도에서는 차이가 있겠지만, 지위의 고하나 보상의 종류—재산, 위세, 권력 등—를 막론하고 일어난다. 다시 말해서, 높은 지위나 많은 보상이 주어지는 경우뿐만 아니라 보잘 것 없는 지위나 하찮은 보상을 겨냥해서도, 비교되는 사람들보다 상대적 우위를 점유하는 것이라면, 폐쇄가 일어난다.[49] 보상의 가치는 절대적 규모에 의해서 결정되지 않으며 처해 있는 현실에서의 의미 부여에 의해 좌우됨으로써 상대적이다. 높은 지위에 있는 사람들에게는 보잘 것 없고 하찮은 보상일지라도 낮은 지위에 있는 사람들에게는 인생의 의미를 좌우할 정도로 중요할 수 있다. 예컨대 10만원은, 월급이 1억원인 최고경영자에게는 잔돈푼이겠지만, 시급 5천원의 임시직 노동자에게는 고용되었을 경우 20시간의 노동에 해당하므로 상당한 금액일 수밖에 없다. 따라서 임시직 노동자들은 10만원을 확보하기 위해서 폐쇄를 시도할 수 있다.

폐쇄 개념을 이용하면, 현대사회에서 일어나는 갖가지 경쟁과 갈등을 파악할 수 있다. 지위가 높고 보상이 많은 위치에서 이루어지는 폐쇄는 사회 전체에 미치는 영향이 크고 따라서 사회적 주목을 받거나 쟁점이 될 가

---

48 마르크스는 생산에 의해 발생한 잉여가치가 노동자의 몫인데도 불구하고 자본가가 이를 가로채는 행위를 착취로 묘사하였다. 그렇다면 착취는 주어야 할 것을 주지 않는 것이므로 분배 과정에서 일어나는 행위로 이해되어야 한다.

49 머피(Murphy, 1984)는 중요성과 영향력을 기준으로 삼아 사회적 폐쇄를 주요한(principal), 파생적(derivative), 그리고 부수적(contingent) 유형들로 나누었다.

능성이 많지만, 지위가 낮고 보상이 적은 위치에서 이루어지는 폐쇄는 그 피해자들의 생존까지 위협할 수 있다. 왜냐하면 높은 지위로부터 배제된 사람은 그 아래의 지위를 추구할 수 있지만, 인력 시장처럼 아주 낮은 데에서 이루어지는 폐쇄에 의해 배제된 사람은 더 이상의 선택이 불가능하기 때문이다. 보잘 것 없는 지위나 하찮은 보상이라 할지라도, 그것이 생활뿐만 아니라 생존에까지 결정적인 영향을 미친다면, 경쟁은 오히려 더 치열할 수 있다.

자본가 계급과 노동자 계급의 내부에 존재하는 지위집단들은 이익의 확대를 위하여 내적 통합과 결속을 도모한다. 노동의 분업이 한층 복잡해지면, 두 거대 계급의 내부에는 이질적인 집단들이 급속도로 늘어나게 된다. 시장에서 그리고 지위등급에서 경쟁과 갈등이 계급의 결속을 용해하는 요인으로 작용하게 된다. 이러한 과정을 거치면서 두 거대 계급은 내부의 이질적 집단들이 늘어남에 따라 양분화와는 반대 방향으로 변화하게 된다. 계급의 결속을 와해시키는 이러한 과정은 되돌릴 수 없기 때문에, 두 계급 간에 촉발될 거대한 대결의 가능성[50]은 극도로 줄어들게 된다. 지위집단은 한 계급 내부에서뿐만 아니라 계급들에 걸쳐서도 형성되기 때문에 계급 간 경계는 점차 와해된다.

자본의 파편화(capital fraction)로 자본가 계급의 결속이 무너질 수 있다. 산업 자본가, 금융 자본가, 토지 자본가 등은 모두 자본가 계급에 속하지만 이익을 추구하는 방법이 아주 다르며 때로는 대립적 관계로 변화한다. 더욱이 자본의 독점화가 진행될 때에는 자본가들의 동질성은 빠른 속도로 무너지게 된다. 거대 자본가들이 자본의 독점을 위해서 중소 자본가

50 마르크스는 계급의 양분화로 두 거대 계급 간의 대립이 격화되고 피할 수 없게 된다고 확신하였다. 그는 노동자들이 동질화되고 의식화하여 한 국가 내에서의 노동자들은 물론이며 만국(萬國)의 노동자들도 단결할 것으로 기대하였다. 그 결과로 자본주의 체제의 모든 국가들에서 노동자들이 집단적으로 봉기함으로써 자본주의 체제를 붕괴시킬 것이라고 예견하였다.

들을 흡수하려 들 때, 자본가들 간의 이질성이 두드러져 내적 분열을 피할 수 없게 된다. 중소기업가들이 고용된 노동자들과 자신들의 사업을 흡수하려는 거대 자본가들 가운데 어느 쪽에 대해 이질감을 더 갖게 될지 생각해 볼 필요가 있다. 정신 노동자들의 경우도 생산적 노동과 비생산적 노동으로 구별됨으로써 동질성이 약화되며, 강도 높은 노동에 시달리는 가난한 육체 노동자들은 하는 일 없이 놀고먹는 부랑 노동자(lumpenproletariat)를 동류(同類) 집단이라고 생각하지 않는다. 노동조합의 협상력이 강화[51]됨으로써 조합원과 비조합원 사이에도 소득과 근무조건의 격차가 심화된다.

자본가 계급에 속하더라도 확보한 자본의 규모에 따라 거대 자본가와 영세 자본가로 그리고 자본의 유형에 따라 이질적인 자본가로 나뉜다. 그리고 노동자 계급에 속한 노동자들도 노동조합원과 비조합원, 정규직과 임시직, 기간산업(core industry)과 주변산업(periphery industry) 등의 분류에 따라서 중류 계급에 속할 수 있을 정도로 부유한 노동자와 생존까지 위협을 받는 빈곤한 노동자로 나뉜다. 거대 자본가는 영세 자본가를 흡수하여 자본의 독점을 확대하려 하며, 노동조합에 소속되고 정규직으로 고용된 기간산업의 노동자는 조합에의 가입을 제한함으로써 임시직과 주변산업 노동자와의 차별화를 유지하려고 한다. 이처럼 계급이 같더라도 현실적 상황이 다르면 결속이 어렵게 되며, 때로는 다른 계급보다 더 이질감을 느낄 수도 있다. 현실적인 이익은 다른 계급에 의해서도 제한되지만 동일 계급 내 다른 지위집단에 의해 침해되기도 한다. 한편, 계급에 걸쳐서 형성되는 지위집단은 노동의 분업이나 생산 체제에 의해서가 아니라

51 노동조합이 결성됨으로써 노동자들의 결속이 강화될 수 있다. 그러나 노동조합은, 자본가와 사용자들의 존재를 공인함으로써, 역설적으로 자본주의 체제의 정통성을 지지하는 결과를 초래하게 된다. 노동조합으로 노동귀족(labor aristocracy)이 형성될 경우에는, 노동자들 간의 현실적 격차로 계급적 동류의식이 약화되고 계층적 경쟁의식이 작동하게 된다.

이념, 가치, 문화 등을 공유함으로써 형성된다. 현대사회에서는 계급의 구분 없이 형성된 공동체적 지위집단들이 늘어나고 있다. 인종, 민족, 종교, 정치 이념, 언어 등은 계급 간 경계를 개의치 않고 공동체적 지위집단을 형성하는 요인이 되고 있다.

현대사회의 노동 시장 구조상 일자리의 조건은 매우 복잡한 양상을 띠고 있다. 산업별 또는 직종별로 따로 구별하면 소속된 사람들의 일상적 현실을 제대로 파악할 수 없다. 특정 산업에 속하더라도 직종에 따라 임금, 보상, 근무조건에 있어 커다란 격차가 있으며, 마찬가지로 직종은 같더라도 산업별 특성에 따라 격차가 발생한다. 예컨대, 기간산업으로 분류되는 자동차 생산회사에서도 사무직[white-collar]과 육체노동직[blue-collar]은 동일한 상황에 있지 않으며, 육체노동직을 갖고 있더라도 기간산업인 자동차 생산업체와 주변산업인 의류 생산업체 가운데 어디에 고용되느냐에 따라 전혀 다른 생애기회를 갖게 된다. 산업과 직종을 다 함께 고려할 경우 네 가지 종류—기간산업+정신노동, 기간산업+육체노동, 주변산업+정신노동, 주변산업+육체노동—의 이질적인 노동 시장이 산출된다(오욱환, [1983] 1996: 304-305). 여기에 노동조합 가입 여부, 공기업과 사기업, 정규직과 임시직 등을 추가하면 매우 복잡해지지만 그것이야말로 개인들의 일상적 생애기회를 제대로 파악하는 길이다. 지위집단은 일상적 생애기회에 대한 공유된 인식에 의해 형성된다.

지위집단은 계급 지향적 행위와는 구별되는 집단 행위를 주도한다. 집단 행위를 위해서 지위집단과 계급 가운데 어떤 것을 선택하느냐는 추구하는 목적에 따라 결정된다. 재화의 획득과 분배가 안정된 상황에서 이루어질 때에는 계층 간 경쟁이 활발해진다. 그러나 기술공학과 경제의 급변으로 계층 구조가 위협을 받고 계층 간 경쟁이 무의미해지면, 계급 투쟁을 통한 전면적인 구조 변화를 추구하게 된다. 현존 체제 아래에서 경쟁을 통해 기대하는 목표를 추구할 수 있고 구조적 변화로 잃을 것들이 많을 때에는 계층 경쟁을 선택한다. 그러나 현존 체제에서는 기대나 소원이 허망하고 구조적 변화로 잃을 것이 거의 없으면, 계급 투쟁을 통한 체제의 전복을 도모하게 된다. 현대사회에서는 민주주의를 지향하는 정치 체제가 경제적 자본주의에 의해 유발되는 계급 간의 첨예한 대립을 점차 완화시켜 왔다. 국가가 자본주의 체제에 적극적으로 개입함으로써 자본가 계급에 의한 착취가 상당히 효율적으로 저지되어 왔으며, 피지배집단으로 하여금 계층 상승 이동에 대한 기대를 갖게 만들었다. 이러한 흐름을 반영하듯, 착취가 이전과는 다르게 해석되기 시작하였다. 기든스(Giddens, 1973: 130)는 착취를 "생애기회의 불균형적 생성이 사회적으로 조절된 유형"이라고 풀이하였다.[52]

피고용자들의 노동력에 대한 보상이 시급, 일급 또는 주급으로 지불되는 임금(wage)에서 월급 또는 연봉으로 지불되는 봉급(salary)으로 점차 전환되고 계약 기간도 늘어나면서 생존이 보장되고 생활의 안정도 어느 정도 가능하게 되었다. 한편, 생산 공정의 효율화로 생산직 노동자들도 급격히 감소하였다. 노동자들의 이질화와 감소는 노동자 계급에 의한 혁명의 가능성을 크게 줄였다. 인원의 축소로 인한 영향력 감소와 계급 내 이질화로 인한 동류의식의 약화는 피고용자들의 고용자에 대한 투쟁 곧 계급 투쟁을 무망(無望)하게 하거나 무의미하게 만들었다. 현대사회에서 유발되는 노동운동은 체제 전복과는 거리가 먼 임금 인상, 근무조건 개선, 의사결정 참여 등을 목표로 하여 전개되고 있으며, 사회운동 역시 정권 퇴진이나 정치 체제의 개편을 요구하는 경우는 있지만 자본주의 체제의 전복을 추구하는 사례는 거의 사라지고 있다. 이러한 움직임은 상대적으로 유리한 조건에 있는 집단이 현재의 상태를 유지하고 강화하기 위해 다른

---

52 기든스의 착취에 대한 정의가 전통적 마르크스주의에서의 개념 풀이와 얼마나 다른지 확인해 볼 필요가 있다. 착취는 전통적으로 "타인의 노동을 적합하게 보상하지 않고 이용하는 행위"를 의미한다. 마르크스주의에 의하면, 생산의 결과로 창출된 잉여가치는 노동자들의 공헌이어서 그에 대한 보상은 노동자에게 돌아가야 한다. 그러나 자본주의 체제에서는 자본가가 그 몫을 가로채고 있다. 이러한 기만 및 부당 행위가 착취이다.

집단의 진입을 봉쇄하는 데 대한 불리한 집단의 전략적 대응의 양상으로 나타나고 있다. 이러한 추세 아래 현대사회에서 분류상으로는 계급 투쟁과 계층 경쟁이 공존하고 있지만, 실질적으로는 계층 경쟁이 훨씬 더 뚜렷하고 빈번하게 나타나고 있다.

마르쿠제(Marcuse, [1964, 1991] 2009)의 설명에 따르면, 현대 산업 자본주의 사회는 인위적인 필요(artificial needs)를 창출하여 노동자들로 하여금 그 필요를 충족시키기 위해 소비재 구매에 몰입하게 함으로써 계급적 이익의 구현을 위한 투쟁력을 약화시킨다. 사실, 노동 계급이 자본주의 사회에서 다양한 매체를 통해 자신들에게 체계적으로 그리고 일상생활 깊숙이 침투하는 광고의 유혹으로부터 초연한 채 계급 투쟁에 매진하기는 쉽지 않다. 경제적 자본주의 체제 아래 정치적 민주주의를 지향하는 국가에서 확산되고 있는 기회의 허용은 국민들로 하여금 평등에 대한 허위의식(false consciousness)을 갖게 만든다. 평등에 대한 허위의식과 지위 상승에 대한 착각은 소비사회(consumer society)와 여가사회(leisure society)로의 변화를 통해 가속화된다. 여가사회로도 지칭되는 오늘날, 사람들은 사회 계급보다는 개인적으로 선택한 여가 유형에서 자신의 정체성을 끌어내려고 한다. 현대사회에서는, 사회적 지위가 소득의 출처인 고용조건보다는 소비의 유형과 규모에 따라 판정되는 것처럼 인식되고 이로 인해 남의 일에 무관심해지는 사생활중심주의가 확산됨으로써, 피지배집단의 집단의식이 약화되고 결속이 와해되고 있다.

소비사회에서 소비자들은 고가 상품의 구매를 통해 권력과 권위를 느끼며 지위상품(positional goods)[53]의 소비로 높은 지위를 과시하려 한다.

---

53 지위상품과 지위서비스(positional services)는 그 가치가 희귀성에 있으므로, 일반인들이 범접할 수 없을 정도로 높은 가격이어야 하며 실용성이 중요하게 고려되지 않은 사치품이어야 한다. 지위상품은 상상을 초월할 정도의 고가 자동차, 수제 고가구(手製古家具)나 진품 도자기와 같은 골동품 등이 해당되지만, 현실적으로는 이에 버금가는 고가의 명품들이나 상대적 격차가 인지될 수 있는 상품들도 비슷한 효과를 발휘한다. 최

소비사회와 여가사회로의 변화는 피지배집단으로 하여금 계층 상승의 실현과 풍요의 공유라는 허위의식을 갖게 함으로써 혁명의 가능성을 급격히 감소시킨다. 마르쿠제의 『일차원적 인간』(*One-dimensional man*)에는 이러한 현상을 절묘하게 표현한 구절이 있다.

> 만일 노동자와 그의 보스가 동일한 텔레비전 프로그램을 즐기고, 동일한 행락지로 나간다면, 만일 타이피스트가 고용자의 딸과 마찬가지로 화려하게 치장한다면, 만일 흑인이 캐딜락 자동차를 소유한다면, 그 경우에 이러한 동일화는 계급의 소멸을 가리키는 것이 아니라, 기성 사회의 유지에 기여하는 욕구와 만족이 이 사회의 하층 사람들에게 공유되고 있는 정도를 가리키는 것이다(Marcuse (박병진 역), [1964, 1991] 2009: 55).

한편, 국가는 공인된 권력을 행사하는 기관일 뿐만 아니라 새로운 유형의 초거대 자본가로서 피고용자들을 선발하고 통제하게 되었다. 국가에 의해서 선발된 사람들은, 위임된 권력의 크기에 따라 행사할 수 있는 영향력이 다르지만, 주어진 권력을 사회적 폐쇄에 이용할 수 있다. 국가의 권력은 대부분 규제와 관련되기 때문에 사회적 폐쇄의 효과가 매우 크다. 국가는 여러 가지 유형의 국가 기구들(state apparatuses)을 통해서 국민들을 통제할 수 있으며, 국가로부터 권한을 위임받은 관료들은 국가라는 이름 아래 개인적 이익을 추구할 수도 있다. 관료제는 합리적 지배의 이상적 모형으로 제시되고 있지만 사적 개입을 전면적으로 봉쇄할 수 있는 장치가 될 수는 없다. 관료제는 합리적 또는 객관적 지배의 전형적 유형으로 알려져 있기 때문에, 사적 이익의 개입이 오히려 드러나지 않을 수도 있다. 현대사회에서는 국가가 거대한 고용자이므로 국가로부터 위임

근 한국사회에서 유행처럼 확산되고 있는 해외 사립학교로의 조기유학도 '지위상품으로서 명품 학벌'로 부각되고 있다.

된 권력을 얼마나 행사할 수 있느냐에 따라 지위 간 격차가 발생한다. 중세에는 귀족들이 국가 권력을 독점하였고 초기 자본주의 사회에서는 자본가들이 국가 권력을 장악했지만, 현대사회에서는 국가 권력이 특정 집단에 독과점되지 않는다. 따라서 국가 권력은 지위집단들 간 경쟁의 목표가 되고 있다.

이익집단들 간의 대립은 계급 갈등의 유형으로 전개되지 않는다. 이익집단은 인종, 종교, 언어 등에 의한 공동의 정체성에 의해 고무되어 형성되기도 한다. 다양한 요인들에 의해 집단들이 형성되고 정체성이 공유되며 집단 이익을 추구하는 현상은 현대사회에 널리 퍼져 있고 빈번하게 일어난다.[54] 그러므로 사회적 불평등에 대한 베버의 설명 모형은 자본주의 사회에서는 물론이며 공산주의 사회에서도 적용될 뿐만 아니라 포스트모던사회에서 나타나는 계급 이외의 변인들—성, 인종, 종족, 종교, 생활양식 등—에 의한 불평등과 복합적 불평등을 설명하는 데에도 적절하게 이용될 수 있다. 포스트모더니즘의 기원을 베버에게서도 찾으려는 이유도 바로 여기에 있다.

사회의 구조나 유형이 바뀌더라도 인간의 욕구는 줄어들지 않으며 주어진 조건 아래에서 이익의 극대화를 도모한다. 포스트모던사회에서는 다양한 준거들에 의해 형성된 수많은 집단들이 고유의 목소리로 권리를 주장함에 따라 이익집단과 압력단체가 급속도로 늘어난다. 포스트모던으로 수식되는 현대사회에서 개인들은 공적인 관계를 가능한 한 줄이려 하며 사적인 시간 또는 가족과 함께 하는 시간을 늘리려 한다. 개인적 또는 가

54 이익집단은 횡적으로는 물론 종적으로도 구성된다. 터너(Turner, 1988: 12-13)는 계층을 공동의 특성들(예컨대, 언어, 종교, 지역, 직업)에 의해 형성되는 '계층공동체'(status community)와 사회적, 문화적 특성을 지향하기 위해 개인들이 의지를 표현함으로써 구성되는 '계층 종단(縱斷)'(status column, status bloc)으로 나누었다. 그는 계층 종단의 사례로서 수인연합회(prisoners' associations), 소비자보호집단(consumer-protection groups), 상이군인을 위한 자선조직(charitable organizations of disabled soldiers) 등을 제시하였다.

족적 관심사 외에는 개의치 않으려는 '사적 자유의 존중 또는 개인주의' [privatism]가 빠른 속도로 확산되고 있다.

마르크스는 유물사관에 의거해 사회의 진화를 단계별로 설명하였다. 그는 인류의 역사가 원시 공산사회, 고대 노예사회, 중세 봉건주의 사회, 근세 자본주의 사회 등을 순차적으로 거쳤으며 최종적으로 현대 공산주의 사회에 이르게 된다고 예측하였다. 그의 주장에 따르면, 공산주의 사회에서 인간들은 소외에서 벗어나고 '필요에 따라서' 원하는 것들을 갖게 된다. 그러나 베버는 사회주의 사회를 건설함으로써 인간을 해방시키려는 마르크스의 낙관적 전망에 동의하지 않았다. 베버는 사회주의가 경제적 효율화와 정치적 권력을 집중하기 위해서 관료화를 촉진하고 개인들의 자유를 억제한다고 주장하였다. 실제로 공산주의 국가들에서 '필요에 따라서'라는 구호는 허구였으며 '작업(노동)에 따른' 분배가 강제적으로 집행되었다(Lane, 1982: 19). 작업에 따른 분배는 업적주의(meritocracy)를 의미하며 자본주의 사회에서 효율성을 극대화하기 위한 원칙으로 강조되고 있다.

사회주의 사회에 대한 베버의 불길한 예측은 소련을 비롯한 동구권 국가들에서 현실로 드러남으로써 자본주의 사회의 불평등 구조에 대한 해결책이 사회주의 국가의 건설이 아님을 시사하고 있다. 그렇지만 베버는 서구 자본주의 사회의 미래도 낙관적으로 전망할 수 없었다. 그 이유는 자본주의 사회에서 효율성이 최고의 목표로 추구되고 있었으며 국가의 기관들은 물론 사적 조직에서도 관료제는 약화되지 않았을 뿐만 아니라 오히려 강화될 조짐이 뚜렷했기 때문이다. 베버는 이러한 사실을 근거로 하여 미래사회를, 추구하는 이념의 차이에 관계없이, 암울하게 전망하였다.

우리는 베버가 제시한 '공존의 전제 아래 갈등' 곧 경쟁(competition)의 개념을 세심하게 규명할 필요가 있다. 경쟁의 개념은 경쟁 상대들의 존재를 인정하는 데서 시작된다. 마르크스가 설명하는 계급 갈등의 결말은 한 계급에 의한 다른 계급의 몰락과 새로운 계급에 의한 평정 곧 계급에 의한 체제의 전복을 의미한다. 계급혁명의 역사는 혁명과 반혁명(counterrevolution)[55]의 연속적 전환 속에서 비인간적인 희생이 너무 많이 발생했음을 실증하고 있다. 계급혁명 후의 사회는 러시아혁명 후 소련에서 극명하게 드러났듯이 혁명 전에 공언한 지상 낙원이나 이상향(Utopia)은 아니었다. 신마르크스주의자 그람시(Gramsci, 1971)의 진지전(陣地戰) 전략은, 현실적 상황 아래에서의 계급혁명을 도모한 것이었지만, 전면전(全面戰)에 의한 계급혁명의 파괴적 위험성을 경고한 것으로도 해석이 가능하다.

한편, '사회진화론' (social Darwinism),[56] '보이지 않는 손' (invisible hand)[57] 등으로 사회질서는 "자연 상태로 내버려 둘 때 가장 잘 유지된다"[58]라고 주장하는 자유경쟁주의는 물론이며 "개인들은 자신들이 이루어 낸 업적에 따라 사회경제적 보상을 받아야 한다"라는 '업적주의'도 유리한 조건들을 미리 갖춘 집단에서 내세우는 이기적 이념이며 현실적 필요에 의해 만들어진 신화(myth)[59]임을 주목할 필요가 있다(Goldthorpe,

---

55 반혁명(反革命) 또는 혁명정권 타도 운동은 혁명에 대항하여 혁명 이전의 체제로 복귀하려는 운동이나 세력을 의미한다.

56 사회진화론(社會進化論)은 찰스 다윈(Charles Darwin, 1731~1802)의 생물진화론을 사회발전에 적용시킨 이론으로, 영국 사회학의 창시자로 알려진 허버트 스펜서(Herbert Spencer, 1820~1903)가 처음 사용한 개념이다. 미국의 역사학자 리처드 호프스태터(Richard Hofstadter, 1945~)의 저서(*Social Darwinism in American thought, 1860~1915*)를 통해 미국에도 확산되었다.

57 경제학에서 '보이지 않는 손'(invisible hand 또는 invisible hand of the market)은 시장(市場)의 자율적 조절 기능을 일컫는다. 이 용어는 스코틀랜드 출신의 도덕철학자이자 정치경제학자인 아담 스미스(Adam Smith, 1723~1790)에 의해서 은유적으로 사용되었다. 자유방임주의 경제학자들이 매우 선호하는 개념이다.

58 자유주의, 사회진화론 등은 자연의 질서를 이상적으로 생각하고 인간사회도 자연 상태로 두면 질서가 유지될 것이라고 확신한다. 그래서 이러한 이념이나 이론을 주장하는 학자들은 적자생존, 자유 경쟁 등 자연에서 일어나는 현상을 하나의 법칙으로 간주하여 인간사회에 적용한다. 인간도 자연의 일부임에는 틀림이 없지만, 인간은 다른 동물들이 갖고 있지 않는 '탐욕'과 '축적' 능력이 있다. 동물들은 생존에 필요한 정도만 취득하지만 인간은 그 이상을 쟁취하고 한없이 축적한다. 이러한 욕구를 충족시키기 위해 착취와 배제가 지속되고 강화된다.

[1996] 1997). 지배집단은 자유경쟁주의나 업적주의를 자신들의 입장에서 해석하고 주장함으로써 자신들이 차지해 왔던 기득권을 정당화한다. 그러나 독점적 지배와 비인간적인 착취는 피지배집단의 저항을 불러일으키고 집단 간의 갈등을 극단으로 치닫게 할 수 있다. 마르크스의 '프롤레타리아혁명에 의한 자본주의 체제의 몰락'에 대한 예언은 적대적 집단 곧 계급 간 갈등의 격화를 필연적 과정으로 확신한 데 따른 것이다. 그러나 초기 자본주의 사회에서 나타난 비인간적인 착취는 피지배집단의 의식화와 전략적 저항, 지배집단의 각성과 유화적 전환, 그리고 국가의 계급 간 갈등에의 적극적 개입에 의해 완화되었다.

인간들은 사생결단이 요구되는 최악의 상황이 아니라면 자신도 파멸될 수 있는 지경에 이르도록 사태를 악화시키지는 않는다. 이러한 이유 때문에 인류 역사상 극단적인 상황이 수없이 일어났음에도 불구하고 혁명은 그 빈도만큼 자주 발생하지 않았다. 혁명은 성공의 확률이 아주 낮다. 혁명을 주도하는 사람들은 혁명의 필연성과 필승을 선전·선동하지만 성공의 가능성은 높지 않다. 더욱이 실패했을 때 감당해야 할 손실은 아주 클 수밖에 없으며 죽음까지 담보해야 하는 경우도 적지 않다. 자신의 파멸도 불사하는 극단적인 방법까지 사용하는 단계에 이르지 않는다면, 자신의 처지를 개선하기 위해 동원할 수 있는 방법은 상대편과의 경쟁, 협상, 타협 수준을 넘지 않는다. 상대의 존재를 인정하지 않는 극단적인 갈등 상황은 자신의 생활과 생존에도 치명적인 위기를 초래하므로, 현실사회에서 그 지경에까지 이르는 경우는 아주 적다.

마르크스는 자본주의 사회를 비판적으로 주시했으며 공산주의 사회를 선망하였다. 그러나 베버는 자본주의 사회는 물론이며 일정한 시대에 국한하지 않고 다양한 유형의 사회들에도 관심을 가졌다. 그는 고대, 중세,

---

59 신화의 중요한 기능은 신성함을 전제함으로써 행동의 모형을 제시하는 데 있다. 그래서 지배집단은 현재의 사회 구조와 제도를 견고하게 유지하기 위하여 신화를 이용하기도 한다.

근대에 걸쳐서, 그리고 동양(유석춘, 1992 참조)과 서양을 망라한 모든 유형의 사회에 관심을 기울였다. 베버는 자신의 대표적인 저서인 『프로테스탄트 윤리와 자본주의 정신』(*The protestant ethic and the spirit of capitalism*)[60]에서 근대 자본주의 사회의 출현 과정을 이전 사회들과 비교해서 그리고 동시대의 다른 문화권과 비교해서 독특함을 추출하는 형태로 추적하였다. 이 논저는 격렬한 논쟁을 야기하여 "1909년부터 1978년까지 일어난 논쟁에 관한 도서목록이 33면에 달할 정도였으며, 베버는 죽을 때까지 프로테스탄트 윤리에 관한 비판과 반박에 얽혀 있었다"(Fügen, [1958] 1994: 120).

베버의 '인과적 설명'(causal explanation)은 실증주의자들이 강조하는 인과관계와 구별되어야 한다. 실증주의에서 원인-결과의 관계는 변화하지 않으며 일반화될 수 있다. 그렇지만 베버의 인과관계는 역사와 밀접히 관련되고, 변화하며, 일반화될 수 없다. 베버의 비교사회학은 설명에 동원된 이론이 보편적으로 또는 법칙적으로 적용되는 것을 경계하면서 인과적 설명을 추구한다. 베버의 비교사회학은 원인과 결과를 '일대일 조응' 관계로 귀결시키는 것—예를 들면, 프로테스탄트 윤리가 자본주의를 급속히 발달시킨 이유가 되지만 프로테스탄트 국가들은 예외 없이 자본주의를 발달시켰다거나 자본주의가 발달된 국가의 국민들은 대부분 프로테스탄트라는 결론—을 거부한다.

실제로 베버는 생애의 마지막 몇 해 동안 경제사회학에 몰두했으며 자

---

60 베버는 여행을 자주 떠났으며 여행에서 아이디어를 많이 얻었다. 유럽인들에게 신대륙으로 알려진 미국을 여행하면서, 베버는 인상적인 현상들을 목격하였던 것 같다. 그는 미국 여행에서 돌아오자마자 곧바로 방법론과 프로테스탄트 윤리에 대한 논문을 완성하였다. 짐작컨대, 당시 미국사회는 프로테스탄트들에 의한 자본주의 사회 건설의 생생한 현장이었을 것이며, 미국인들이 향유한 자유와 책임감 그리고 풀뿌리 민주주의(grass-roots democracy)가 베버에게는 개인들의 의지와 판단에 의해 사회가 결정되는 모형처럼 비쳐졌을 것이다. 이러한 짐작은 베버의 '방법론적 개인주의'와 '프로테스탄트 윤리와 자본주의 정신'을 미국 여행과 관련지울 수 있게 한다.

본주의의 출현에 대해 다시 정리하였다. 자본주의에 대한 베버의 마지막 이론에 관해 콜린스(Collins, 1980: 930)가 했던 설명에 따르면, 베버는 합리적 자본주의(rational capitalism)의 특색으로 자본의 기업적 조직화, 합리적 기술, 자유로운 노동력, 무제한의 시장, 계산될 수 있는 법률[61]을 제시하였다. 콜린스는 이러한 특색들이 나타나게 된 조건들은 즉시적, 배경적, 궁극적 조건들로 구분하고 인과적 흐름을 그림으로 표현하였다(Collins, 1980: 931). 프로테스탄트 윤리와 합리성을 중시하는 관료제 국가는 이 조건들이 긍정적이며 효율적으로 작동할 수 있는 풍토를 제공하였다. 사회현상은 하나의 요인에 의해서 발생하지 않기 때문에, 단순 변인으로 현상을 예측하면 일탈(逸脫) 사례들이 나올 수밖에 없다. 따라서 사회현상을 제대로 설명하려면 이에 작용하는 다양한 원인들의 탐색 곧 '인과적 다원주의'(causal pluralism)가 필수적이다(Gerth and Mills, 1946: 34, 54, 61; Weber (ed. Gerth and Mills), 1946b; 231, 376).

우리는 현상에 대한 이해를 쉽게 하기 위해서 변인을 과도하게 단순화하고 변인들 간의 관계를 안일하게 인과적으로 연결지우는 경향이 있다. 그러나 베버는 단일 변인에 의해서 어떤 사회현상이 유발된다고 설명할 수 없다고 주장하였다. 그는 상황의 복합적 요인들에 의해 어떤 사회에서 특정 사건이 일어나게 된다고 주장하였다. 예컨대, 프로테스탄트 윤리가 서구사회에 자본주의를 가져온 매우 중요한 요인임에는 틀림이 없지만 프로테스탄트 윤리라는 단일 변인에 의해서 서구 자본주의가 도래했다고 결론을 내릴 수는 없다. 그의 설명에 따르면, 서구사회에서 자본주의가 등장한 데에는 프로테스탄트 윤리만이 작용한 것이 아니며 특정 계급 구조, 기술 발달 등 다른 변인들이 함께 촉발 요인으로 작용하였다. 베버의 자본주의 도래에 대한 설명을 프로테스탄트 윤리로 단순화하여 받아들이게 된

61 '계산될 수 있는 법률'(calculable law)은 법률을 합리적 산정(算定)에 의해 수치화하여 보편적으로 적용할 수 있음을 의미한다. 거래가 계량화되면 은행 업무, 투자, 자산 관리, 계약 등이 합리적으로 그리고 원활하게 이루어질 수 있다.

데에는 마르크스의 결정론적 · 사적 유물론과의 대비(對比)가 작용하고 있다.

베버는 사회주의가 합리화를 가속시킬 것으로 확신하였다. 그의 설명에 따르면, 사회주의는 거대한 국가 관료제를 만들어 내고, 모든 유형의 사적 소유를 붕괴시키며, 제품과 서비스의 생산과 소비를 규제하고 표준화한다. 이와 대비되는 자본주의는 개인의 자율적 통제를 이상으로 제시하고 자유방임을 지향하며 '보이지 않는 손'에 의해 균형이 유지된다. 그러나 자유경쟁 체제 아래 '보이지 않는 손'은 실제로는 자본가나 권력자들의 통제 능력을 의미할 뿐이다. 한편, 사회주의는 사적 소유를 규제하기 위해 통제의 중요성을 강조한다. 사회주의 국가에서 통제 기능은 국가 권력으로 점차 수렴되며 국가 관료들은 프롤레타리아 독재의 이름 아래 지배와 통제를 정당화한다.

사회주의의 미래에 대한 베버의 예견은 현실사회에서 그대로 적중하였다. 프롤레타리아 독재 그리고 계급적 불평등이 없는 사회의 구현은 사회주의가 국가의 이름을 빌린 관료들에 의해 해석되고 관리되면서 물거품이 되었다. 사회주의 국가에서 "생산수단의 사적 소유 폐지로 경제적 불평등 혹은 계급 분화가 종식되지 않았다" (Ossowski, [1956] 1969: 87). 마르크스는 '노동자들의 국가' (workers' state)가 초기에 일시적으로 존속할 것으로 기술했지만 공산주의 국가들의 현실을 주목해 보면 잘못된 예측임을 알 수 있다(Westoby, 1981: 351). 공산주의 국가들은 불평등이 보편화되어 있던 전통사회 유형으로 정착해 갔을 뿐이다. 공산주의 국가에서는 교육받은 사람들이 높은 지위를 독점하고 있기 때문에, 재산의 유무로 결정되는 계급(class)보다는 사회적 지위에 따라 분류되는 계층(stratum) 개념이 이 국가들의 사회적 불평등을 간파하는 데 더 적합하다 (Wesolowski, [1966] 1969, [1967] 1969).

사회주의 국가에서도 불평등이 종식될 수 없는 까닭은, 베버가 주장했듯이, 불평등의 본질적 기원이 다양하기 때문이다. 질라스(Djilas, [1965]

1969: 154)는 "소련이, 산업화와 집단화를 실현하고 자본주의적 소유를 폐지한다고 해서, 계급이 없는 사회가 될 것으로 기대하는 것은 최대의 환상"이라고 단언하였다. 그의 주장에 따르면, 사회주의 국가를 건설하는 과정에서 필연적으로 요구되는 권력의 장악과 집중의 필요 때문에 (1) 각각 정치 분야와 관리 영역에서 높은 지위를 차지한 당(黨)과 국가의 관료들(party and state bureaucrats)과 (2) 행정 분야의 중요한 자리들을 독점하는 지식인들(intelligentsia)[62]이 전통적 지배 계급의 속성은 물론이며 새로운 속성까지 추가하여 신(新)계급(new class)으로 등장한다. 이 두 유형의 지배집단은 각기 자신들에게 유리하도록 정책을 경쟁적으로 결정함으로써 두 집단 간의 격차보다는 두 집단과 노동자·농민집단 사이의 불평등을 심화시킨다. 다시 말해서, 두 지배집단의 이익 챙기기 경쟁은 이 집단들과 피지배집단의 사회경제적 격차를 더욱 악화시킨다. 관료와 지식인들은 각각 권력과 지식을 자본으로 활용하여 지배권을 정당화하고 강화한다. 혁명의 시대가 지난 후, 이들은 산업화가 급속도로 이루어진 관료제 사회에서 권력의 유지와 출세를 지향하며 기득권을 확대하는 데 집착하는 특권 집단 곧 혁명정신을 상실한 노멘클라투라(nomenklatura)로 변질하였다.

소련은 프롤레타리아혁명(1917년 11월)[63] 직후에는 경제적 평등화를

62 러시아어에 어원을 두고 있는 intelligentsia(인텔리겐치아)는 지적 노동에 종사하는 사회 계층을 의미하며 흔히 지식인집단을 통칭하기도 한다.

63 러시아혁명(Russian Revolution)은 프롤레타리아혁명, 혹은 10월혁명으로도 알려져 있다. 이 혁명이 1917년 11월에 발발하였음에도 불구하고 '10월혁명'이라고 지칭되는 이유는 당시 러시아가 구력(舊曆)을 사용했기 때문이다. 구력을 사용했다 함은 러시아의 중심 산업이 농업이었음을 의미한다. 마르크스는 자본주의가 발달하여 높은 생산성을 갖춘 산업 국가에서 프롤레타리아혁명이 일어난다고 예측하였다. 낙후된 농업 국가 러시아에서 일어난 프롤레타리아혁명은 처음부터 문제를 안고 있었다. 결과적으로 이 혁명은 생산성이 열악한 상태에서 이루어졌기 때문에 '빈곤의 평등한 공유(公有)'를 피하기 어려웠다. 레닌은 이 문제를 정확하게 간파하고 있었으므로 혁명 후 곧바로 산업화에 착수했으며 이 과정에서 국가 자본주의 체제의 유형을 띠게 되었다.

강력하게 추진했지만, 스탈린이 집권하여 산업화를 조속히 달성하기 위해 물질적 유인 체제를 적용하면서 불평등사회로 급속히 전환하였다(Parkin, 1971). 그 결과, 소련에서는 직업의 종류에 따라 위계가 뚜렷하게 드러났다. 소련의 직업은 사무직의 지식인들(white-collar intelligentsia), 기술을 가진 육체 노동자들(skilled manual workers), 하급 정신 노동자들(lower-level white workers), 기술이 없는 노동자들(unskilled workers), 영세 농민들(peasant farmers)의 순서로 구별되었다. 특히 인텔리겐치아들이 차지한 직업들과 그 밖의 직업들 사이에는 사회경제적 보상에서 현격한 격차가 있었다. 인텔리겐치아가 되는 데 학교교육이 결정적 역할을 함으로써, 소련에서도 학력 및 학벌 경쟁이 치열하게 전개되었다(오욱환, 1992).

> 소련 사회학자들은 소련에서의 교육 성취 과정은 서구 사회에서의 과정과 여러 가지 점에서 유사하다고 주장하고 있다. 소련에서 학생들의 교육성취는 부모들의 '사회-직업적 지위'와 교육 수준, 가정의 소득, 그리고 거주 지역에 의해서 좌우된다. 부모들의 영향은 부모의 격려, 자녀의 학업 성적, 자녀의 취학 학교 종류, 자녀의 교육적 포부 수준과 직업적 포부 수준을 통해서 나타난다. 이러한 현상은 심지어 흐루시초프가 공산주의 이데올로기에 충실하기 위하여 '프롤레타리아화 정책'을 시행할 때에도 지속되었다. 육체 노동자와 농민들은 소련 인구의 75퍼센트를 차지하지만 전시제(全時制) 고등교육 기회의 30퍼센트 정도밖에 점유하지 못하고 있다. 1970년대 전반기를 대상으로 한 경우, 고등교육 학력 아버지의 자녀들은 76.9퍼센트가 대학에 진학하지만 초등교육 학력 아버지의 자녀들은 26.2퍼센트만이 대학에 진학하였다(오욱환, 1992: 16).

베버는 사회주의가 경직되고 관료화되면 국가가 자본가처럼 자산을 소유하고 경영하며 통제하게 된다고 주장하였다. 베버의 설명에 따르면, 산업화에 성공한 국가가 선택할 수 있는 경제 체제의 종류는, 이론상으로는 사회주의와 자본주의로 양분되지만, 현실사회에서는 국가의 이름으로 엄격한 통제가 행사되는 국가 자본주의(state capitalism)[64]와 개인들 간의 무한 경쟁을 지향하는 사적 자본주의(private capitalism)로 구분될 뿐이다. 그는, 자본주의의 자유에 의한 질서가 사회 계층 이동, 사회적 역동성, 개인적 자유를 증진시킬 수 있다고 생각하여, 경쟁적 자본주의와 시장경제 체제를 사회주의와 계획경제보다 선호하였다. 베버는 사회주의 국가와 자본주의 국가가 하나같이 국가 이익과 경제적 목적의 추구를 위해 합리주의의 과학적-기술적 양식을 사용할 것으로 예견하였다. 그는 이와 같은 경제적 목적과 정치적 목적의 융합(fusion)과 집중(convergence)을 저지함으로써 개인의 자유가 극대화될 수 있다고 제안하였다. 그래서 베버는 시민사회와 국가의 분화를 적극적으로 지지하였다. 그에게 있어서 시민사회는 주체적 개인들의 자율적 의지가 작용하는 사회를 의미하였다.

6) 사회변화에 대한 논의

베버는 (1) 뒤르케임이 지향하는 기능적으로 분화되고 효율적으로 관리되는 사회—생산력이 높고 사회화가 잘 이루어지고 있는, 자본주의를 연상케 하는 사회—는 물론이며 (2) 마르크스가 지향하는 계급이 없는 평등사회—자산의 합리적인 사회적 관리를 위해 국가의 역할이 확대되어 관료사회로 귀착하게 되는 사회로서 사회주의보다 국가 자본주의로 변형되기 쉬운 사회—의 실제적 유형에 대해서 깊이 회의하였다. 베버의 글에서 그가 지향하는 사회 유형을 포착하기는 어렵지만 사회주의 사회에 대한 이상(理想)을 비판하는 과정에서 지극히 통제된 국가에 대한 대안으로 시민

---

64 이 경우의 국가 자본주의는 생산력이 국가에 의해 자본주의 방식으로 소유되고 운영되는 체제를 의미한다. 국가 자본주의 체제에서 정부는, 마치 하나의 거대한 기업처럼, 국가의 모든 경제를 통제한다.

사회(civil society)가 은연중에 드러나기도 하였다. 인본주의적 측면에서, 베버는 미래에 나타날 사회의 유형에 대해 상당히 비관적인 견해를 피력하였다. 그는 제도나 규제에 얽매이지 않는 인간을 이상으로 추구했다고 추측할 수 있는데, 우리는 그 근거를 합리적 관리까지도 인간의 자유를 구속할 수 있음을 경고한 데서 찾을 수 있다. 그러나 베버는 법적·합리적 권위가 초래할 수 있는 비인간적 지배에 대해 우려하고 그 대안으로 자발적이고 비합리적이지만 인본적인 카리스마형 지도자의 도래를 희구하였다. 여러 가지 지배 유형들이 초래할 위험성을 경고하면서 그가 제시한 지도 유형은 안타깝게도 비현실적인 메시아(the Messiah)를 연상시킨다.

우리는 베버의 지적 작업을 통해서 구조론적 마르크스주의(오욱환, 1990, 1991)를 극복할 수 있는 가능성을 탐색할 수 있다. 베버는 마르크스의 유물론적 구조결정주의를 극복하기 위해 노력했으며 『프로테스탄트 윤리와 자본주의 정신』은 이러한 맥락에서 집필되었다. 그는 이 작업을 통해서 구조론적 마르크스주의자들이 사회의 생산양식의 생산(product of the mode of production of a society)에 이념(ideas)을 철저히 배제하는 데 대하여 반박하고, 역사는 이념과 물질의 상호작용이며 상호의존 관계임을 주장하였다. 마르크스의 사적 유물론을 비판했다는 이유만으로 베버를 유심론자(唯心論者)로 분류하는 것은 심각한 오류이다(Löwy, 1996: 431).

베버는 자본주의를 (1) 노상강도 귀족과 같은 약탈(booty) 자본주의, (2) 주류(主流) 사회에서 쫓겨난 유대인 사채업자가 사례로 적합한 천민(pariah) 자본주의, (3) 특정한 그리고 제한된 목적에만 국한된 전통적(traditional) 자본주의, (4) 합법적 수단을 통한 체계적인 이윤 추구에 의한 합리적(rational) 자본주의 등 네 가지 유형으로 구분하였다(Parkin, 2002: 41). 다양한 유형의 자본주의 가운데 오직 합리적 자본주의만이 현대사회의 자본주의 체제로 발전하였다. 이러한 역사적 사실로 "자본주의가 발달하기 위해서는 물질적 기반 위에 합리적 정신이 깃들어야 한다"라는 가설이 실증되었다.

우리는 여기서 베버 패러다임이 '이데올로기 주도론적 마르크스주의'[65]와 교류할 수 있음을 감지할 수 있다. 실제로, 교육사회학 영역에서는 이데올로기 주도론적 마르크스주의 교육사회학자들과 베버 패러다임 교육사회학자들의 구분이 모호할 때가 적지 않다. 이 두 가지 패러다임의 공통 부분은 개인의 자율성에 대한 기대 또는 확신이다. 사회의 변화를 주제로 삼고, 그 변화가 개인들에 의해 주도될 수 있으며, 개인들로 하여금 사회변화를 주도할 수 있게 하려면 우리는 지금까지 익숙해 있었고 당연하게 생각해 왔던 '교육에 대한 전통적 개념화'—교육을 개인적 속성의 변화에만 초점을 맞추는 관점—를 극복해야 한다. 교육을 새롭게 개념화하기 위한 최우선 과제는 개인들을 사회변화의 주체로 인정하고 동인(動因)으로 북돋우는 작업이어야 한다.

고전사회학에서부터 개인을 통한 사회변화의 가능성을 탐색해 보자. 대표적 고전사회학자들인 마르크스, 뒤르케임, 그리고 베버의 패러다임을 구조·결정론과 주체·자율론으로 양분된 분류표에 귀속시켜 볼 때 마르크스주의는 "하부 구조가 상부 구조를 결정한다"라는 구호 아래 구조론 또는 결정론으로 분류된다고 알려져 있지만, 이 주장에 대해 강하게 반대하면서 '마르크스주의 이데올로기론'을 주장하는 학자들도 적지 않다. 그래서 마르크스의 학자로서의 생애가 청년 시절과 노년 시절[young and old Marx 혹은 younger and mature Marx]로 구분될 정도로 마르크스주의는 이데올로기론과 구조론으로 나뉠 수 있지만, 그의 사상은 주체·자율론과 구조·결정론을 모두 함의하고 있다. 뒤르케임의 패러다임을 기능

65 오욱환(2006)은 마르크스주의 구조론과 이념론을 각각 '이데올로기 독점론'과 '이데올로기 주도론' 또는 '독점론'(monopoly theory)과 '주도론'(hegemony theory)으로 개칭하기를 제안하였다. 그는 이 논문에서 '교육사회학에서 구조기능주의와 마르크스주의 이데올로기 독점론의 차이'(p.169) 그리고 '마르크스주의 교육사회학에서 이데올로기에 대한 독점론과 주도론의 비교'(p.173)를 표로 제시하면서 설명하였다.

주의로 분류하는 데 대해서는 이견(異見)이 없을 것이다. 한편, 베버는 마르크스나 뒤르케임처럼 뚜렷한 이념을 제시하지는 않았지만 그가 강조한 행위(action) 개념과 방법론적 개인주의(methodological individualism)를 고려하면 주체 · 자율론에 해당된다. 이러한 특성을 표로 제시하면 〈표 3〉과 같은 분류표가 가능해진다. '분류에 개입되는 독단을 예시하기 위한 그림' (이 책 I장의 [그림 1])에서 설명한 것처럼, 모든 분류에 독단이 개입하듯이 〈표 3〉에도 무리가 따른다.

구조와 주체(structure and agency)는 사회학의 핵심 논쟁 주제들 가운데 하나이며, 교육사회학에서는 학문적 존재 이유를 좌우할 수 있는 주제가 된다. "사회는 무엇으로 구성되는가", "사회 구조가 인간 행동(behavior)을 결정하는가 아니면 인간의 행위(action)가 사회 구조를 결정하는가" 등의 질문에 대한 대답에 따라 구조론과 주체론 또는 결정론과 자율론으로 구분된다. 주체론은 개인들이 자율적으로 행위할 수 있고 자유롭게 선택할 수 있다고 주장한다. 이와는 다르게, 구조론은 인간의 선택과 기회에 영향을 미치거나 제한할 수 있는 초월적 또는 유기적 사회 구조의 존재를 주장한다. 구조론은 사회 구조가 소속된 구성원들에게 지위를 부여하고 역할수행을 요구할 뿐만 아니라 경우에 따라서는 강제하고 있음을 내세우기 때문에 결정론으로도 불린다. 이에 대해, 주체론은 개인들의 주관적 판단과 선택적 의지와 결행을 강조함으로써 자율론으로도 지칭된다.

방법론적 개인주의, 주체론, 자율론 등은 행위의 개념이 행동과 확연하게 구별되고 의미 있게 개념화됨으로써 성립될 수 있다. 베버의 방법론적

〈표 3〉 사회변화의 변인 탐색을 위한 고전사회학의 비교

	구조 · 결정론	주체 · 자율론
마르크스	구조론	이데올로기론
뒤르케임	구조기능주의	
베버		방법론적 개인주의

개인주의, 슈츠(Schutz, [1932] 1967)의 현상학, 기든스(Giddens, 1986)의 구조화 이론에서 행위 개념은 주관(subjectivity), 의도(intention), 반성(reflection), 미래지향(future orientation), 동기(motive) 등을 함의한다. 행위는 사회적 맥락 속에서 이루어지기 때문에, 개인의 행위는 사회적 행위이며 개인은 사회적 행위자이다. 행위 개념을 동원하면, 우리 모두는 주체자가 된다. 한편, 파슨스(Parsons, 1937, 1977)는 행위를 사회학의 핵심 개념으로 발전시켰지만 사회 구조에 더 많은 관심을 가졌기 때문에 사회 체제의 부산물로 격하시켰다. 따라서 파슨스에게서 행위는 행동과 다름이 없으며, 행위의 과정은 상황에 의해 규제되고 상징과 가치에 의해 인도된다. 행위에 대한 이러한 개념화는 베버가 가장 강조했던 행위의 주관성과 의도성이 사라짐을 의미하며 행위를 인정하지 않는 결과에 이른다.

마르크스의 구조론과 뒤르케임의 구조기능주의는 방법론적 집단주의(methodological collectivism) 또는 전체주의(holism)를 취함으로써 베버의 방법론적 개인주의와 대비된다. 방법론적 전체주의에서, 개인들은 절대적이며 초월적 존재인 사회 구조와 제도에 적합하게 사회화되고 적절한 지위와 역할이 부여된다. 이와는 달리 방법론적 개인주의에서, 개인들은 자율적 존재로서 행위하며 사회 구조는 개인들이 행위하고 서로 교섭한 결과로 나타난 현상일 뿐이다. 마르크스의 구조론과 뒤르케임의 구조기능주의는 구조에 소속된 구성원들이 구조의 필요와 요구에 따라 기능하고 있음을 주장함으로써 기능론적 속성을 갖는다. 그러나 뒤르케임의 구조기능주의는 구조와 개인 곧 구조와 구성원의 긍정적 관계에 초점을 맞추고 있는 반면, 마르크스의 구조론은 부정적 측면에 초점을 맞추고 있다. 다시 말해서, 뒤르케임은 사회의 요구에 부응하는 개인들의 순(順)기능적 역할수행에 의해 사회가 유지 · 발전되고 있음을 강조하지만, 마르크스는 자본가 계급의 강압적 요구를 종속적으로 그리고 소외된 상태에서 수용할 수밖에 없는 노동자들의 착취되고 억압받는 생활을 '부정적 측면에서의 방법론적 기능론'으로 비판한다. 한편, 베버는 개인을 주관적,

의지적, 자율적 주체로서 행위하는 존재로 부각함으로써 기능주의 논리를 거부한다.

사회와 개인의 관계에 대한 베버의 논리는 주체론이나 자율론을 지지하는 경우에는 설명력도 높고 설득력도 있다. 그러나 베버는 자율적이며 주체적인 개인들이 추구해야 할 사회의 유형에 대해서는 명료하게 제시하지 않았다. 다시 말해서, 그는 사회의 방향을 설정하는 데 대해 확고한 메시지를 발표하지 않았다. 이러한 성향은 연구에서 개인적 가치를 배제해야 한다고 강조해 온 그의 지적 자세와 무관하지 않은 듯하다. 이 때문에 정책의 제시를 염두에 두고 수행된 연구들에서 베버의 글들은 물론이며 그의 패러다임을 취하는 학자들의 글들도 강력한 준거로 이용되지 못하고 있다. 국가가 경제성장과 사회발전을 위한 교육 정책을 수립할 경우, 구조기능주의와 방법론적 전체주의가 방향을 제시하기 때문에 매력적으로 부각된다. 한편, 사회 구조적 불평등이 극단으로 치닫고 인간 소외가 심각한 지경에 이르게 되면, 마르크스의 구조론과 방법론적 전체주의가 현실 비판과 혁명에 의한 변화를 위해 적합한 이론 모형으로 채택된다. 한국사회에서 1970년대 중반 이전에는 구조기능주의가 독주하고 그 이후에는 마르크스주의가 대항 이데올로기로 등장했지만, 방법론에서는 전체주의를 넘어서지 못했음을 주목할 필요가 있다. 그러나 베버의 패러다임은 사회변화가 계획되거나 선동될 때에는 의미 있는 준거가 되지 못한다.

베버도 비판으로부터 벗어날 수 없지만, 광범위한 역사-비교적 관점, 세심한 제도적 분석, 연구에서 개인적 가치의 분리 등을 제창한 그의 지적 자세와 업적은 사회학의 발전에 크게 공헌하였다(Boudon and Bourricaud, 1989). 베버의 비교사회학 그리고 비교역사사회학은 설명력이 매우 높으며 현대사회에서도 풍부한 시사점을 제공하고 있다. 우리는 그의 비교사회학에서 비교교육학의 주제와 방법을 배울 수 있다. 비교교육학은 국가별 또는 지역별 정치, 경제, 사회, 문화 등 제반 영역에서의 환경과 해당 국가 및 지역의 교육이 상호작용하는 관계를 특정 국가 및 지역에 집중하여 연구하거나 국가 간 또는 지역 간 비교해 봄으로써 시사점을 도출하는 데 목적을 둔다. 비교교육학은 사회과학적 관점, 이론, 개념을 사용하기 때문에 교육학 내 하위 영역들 가운데 교육사회학에 가장 근접해 있다. 이 분야는 익숙하지 않은 국가나 지역들의 교육현상을 이해하는 데 주력하기 때문에 개방적 사고, 감수성 그리고 상상력을 절실히 요구한다.

최근 국제 비교가 더욱 활발해지고 세계화가 급속히 진행되면서 비교교육학에 대한 요구도 증폭되고 있다. 이러한 시점에서 교육사회학자들은 연구의 주제와 대상을 확대할 필요가 있으며, 이러한 맥락에서 베버의 비교사회학은 매우 유용한 길잡이가 될 것이다. 베버의 지적 업적들 가운데, 이탈리아, 러시아, 중국, 인도, 팔레스타인 등 구체적 지역이 탐구의 대상이 된 점에서 알 수 있듯이, 비교 연구 또는 지역 연구가 상당 부분을 차지하고 있다. 우리는 비교 연구를 구상할 때마다 선진국들의 경험과 사례들을 먼저 생각한다. 이러한 사고방식의 바탕에는 선진국의 경험이나 사례들은 우수하다는 선입견이 작용하고 있다. 이러한 선입견 때문에, 우리는 선진국들에서 실패한 전례(前例)들 또는 실패 수순을 밟고 있는 사례들까지도 심층적으로 검토하지 않고 도입하여 적용함으로써 낭패를 겪기도 한다. 우리의 이러한 지적 자세에 대해 베버는 의미 있는 메시지를 전하고 있다. 베버의 비교 연구는 정책적 필요 때문이 아니었으며 대상 국가들도 선진국들이 아니었다. 그는 현실적 필요에 강요되어 비교 연구를 수행하지 않았으며 오로지 지적 호기심에 의해 탐구하였다. 급박한 필요 때문에 수행되는 비교 연구는 연구자가 추구하는 목적 또는 잠재적 의도에 따른 편향된 시각에 의해 왜곡될 가능성이 많다. 베버는 우리에게 순수한 탐구심에 의해 연구를 수행하도록 권유하고 스스로 모형을 제시하였다.

2. 베버 패러다임의 사회학

베버는 독특한 유형의 사회학을 추구하였다. 그의 사회학은 패러다임에 있어서 그보다 앞서 출현한 기존의 사회학들과 명백히 구별된다. 그는 (1) 보편적 법칙을 발견하려는 자연과학처럼 인간 행위에 대해서도 보편적 법칙을 찾으려는 사회학, (2) 인간으로 구성된 사회들이 진화적으로 발달한다고 확신하거나 유토피아주의(utopianism)를 지향하는 사회학, (3) 사태들의 현재 또는 미래의 상태에 대해 평가하거나 도덕적 정당성을 규정하려는 사회학, (4) 개인적 행위의 견지에서 진술되지 않으면서 집단을 의미하는 개념들(collective concepts)을 계발하는 사회학을 거부하였다(Abercrombie, Hill, and Turner, 2006: 416-417; Turner, 2001: 16408).

베버 사회학의 특성은 사회 구조를 지나치게 단순화하고 통속화한 마르크스주의 사회구조론에 대한 차별화로 분명히 드러난다. 베버 사회학의 패러다임은 마르크스주의에 대한 비판과 대안으로 제시되었다. 베버는 사회의 모든 현상들을 경제 곧 하부 구조—토대 구조—의 결정력으로 수렴시키고 단순화하는 마르크스주의자들의 패러다임을 거부하였다(Abercrombie, Hill, and Turner, 2006; Jary and Jary, 1991; Johnson, 2000; Marshall, 1998). (1) 베버는, 인간의 행위가 경제에 의해서 결정된다는 마르크스주의의 경제결정론(economic determination)과는 대조적으로, 문화의 역할을 강조하였다. (2) 베버는 사회현상을, 사회 구조의 객관적 결과로 파악하려는 마르크스주의와는 다르게, 개인들의 주관적 성향의 작용으로 이해하려고 시도하였다. (3) 베버는, 마르크스주의자들이 경제적 계급과 생산의 관계로 사회현상을 파악하려는 데 대해서, 지위집단과 시장을 대체 개념[66]으로 제시하였다. (4) 베버는 자본주의의 절박한 몰락을 예견한 마르크스주의자들을 공개적으로 비판하였다(Abercrombie, Hill, and Turner, 2006: 416-417).

베버는 사회학을 “원인과 결과에 대한 인과적 설명을 도출하기 위해 사회적 활동을 해석적으로 이해하려고 시도하는 과학”(Weber (ed. Parsons), 1947: 88)이라고 정의하였다. 그의 사회학은 사회적 과정과 원동력이 항상 복합적이어서 결코 단순화된 개념들로 설명될 수 없다는 확신에서 출발한다(Grabb, 1990). 그랩(Grabb, 1990: 48-49)은 사회적 불평등을 파악하기 위해서는 복합적이고 다원적으로 접근해야 함을 강조한 베버의 사회학적 관점을 인과적 다원주의와 개연성(probabilities),[67] 이념과 물질적 현실, 또는 주관적 측면과 객관적 측면의 상호작용, 자본주의 사회의 계급 구조의 복합성(multiplicity), 사회의 위계적 집단 형성에의 다원성(plurality), 권력과 지배의 다양한 유형, 경제적 생산 통제의 제한성 등으로 특징지었다.

베버 학풍은, 현상에 대한 이해와 해석을 그 무엇보다도 중요하게 생각한 학자들이 베버의 패러다임과 탐구방법을 수용하면서 하나의 지적 성향으로 발전하였다. 따라서 베버 학풍을 이해하기 위해서는 베버의 사회학적 탐구방법을 정확하게 파악할 필요가 있다. 베버는 사회학을 새로운 사회질서를 창조하기 위해 도구적으로 이용하는 실증주의자들(positivists)은 물론이며 계급혁명을 위한 이념으로 이용하는 마르크스주의자들에 대해서도 비판적이었다.

베버의 지적 업적은 그의 사후 다양한 이론들과 학문 분야로 분화하고 발전되었다(Hughes, Martin, and Sharrock, 1995). 현상학(phenomenology)은 베버의 해석적 이론을 기초로 하여 출발하였다. 알프레드 슈

66 개념으로서 지위집단 또는 계층은 계급을 포괄적으로 대체한다. 계층에는 계급(class) 외에도 위세(prestige)와 권력(power)의 의미까지 포함되어 있다. 따라서 계층은 계급을 포괄하므로 대체될 수 있지만, 계급은 계층에 담긴 의미들을 포괄할 수 없기 때문에 대체될 수 없다.

67 베버는 사회현상을 설명할 때 “X가 Y를 초래할 것이다(may)”의 형식으로 표현한다. 이러한 표현은 X가 Y의 원인이 될 가능성이 높음을 의미할 뿐이며 “X로 인하여 Y가 항상(always) 나타난다”라고 단정하지는 않는다.

츠(Alfred Schutz, 1899~1959)는 주관적 이해(subjective understanding)가 사회학적 설명에서 결정적임을 주장한 베버에 동의하고 현상학의 기초를 마련할 때 적극적으로 원용(援用)하였다. 슈츠는 현상학에 대한 자신의 저서(*The phenomenology of the social world*)의 집필 목적을 "해석적 사회학에 대한 베버의 기본 개념을 명료화" 하기 위해서라고 밝혔다(Schutz, [1932] 1967: 13). 현상학과 밀접하게 관련되어 있는 민속방법론(ethnomethodology)도 그 근원을 베버에게서도 찾고 있다(Hilbert, 1992).[68] 주관적 이해가 사회학의 핵심이라는 베버의 주장은 현상학에서도 그대로 강조되고 있다. 현상학자들은 의식, 지각, 의미 부여가 특정한 개인의 경험에서 출현한다고 확신하므로 방법론적으로 개인주의를 취한다. 또한 현상학의 변형인 해석학(hermeneutics)은 인간이 어떻게 대상에 의미를 부여하는가를 밝히고자 한다. 따라서 해석학 역시 베버의 방법론적 개인주의와 밀접하게 관련된다.

베버의 방법론적 개인주의는 합리화 이론과 어울려 서구 마르크스주의(Western Marxism)[69]의 대표적 학자로 꼽히는 루카치와 비판 이론(critical theory)을 주창한 프랑크푸르트학파(Frankfurt school)[70] 학자들에게 영향을 끼쳤다. 이들은, 비록 마르크스주의에 편향된 성향을 갖고 있었지

68 힐버트(Hilbert, 1992)는 민속방법론이 뒤르케임과 베버에서 가핀켈(Harold Garfinkel)로 이어졌다고 설명하였다.

69 서구 마르크스주의는 소련의 마르크스주의자들과 대조되는 서부와 중부 유럽 그리고 최근에는 북미의 마르크스주의자들(György Lukács, Karl Korsch, Antonio Gramsci, Henri Lefebvre, Maurice Merleau-Ponty, Jean-Paul Sartre, Lucien Goldmann, Louis Althusser, Nicos Poulantzas, Alvin Gouldner, The Frankfurt school 등)의 사상을 지칭한다. 이들은 문화적 마르크스주의(cultural Marxism)를 주창하였다. 문화적 마르크스주의는 레닌 시대 이후 강력하게 등장한 기계적 마르크스주의(mechanical Marxism)에서 벗어나 고전적 마르크스주의에 담겨 있던 실천-도덕적 관심(practical-moral concerns)을 되살리는 데 주력하였다(Weiner, 1981: 17-18). 문화적 마르크스주의가 등장하게 된 배경에는 흐루시초프(Nikita Khrushchev, 1894~1971)에 의한 스탈린(Joseph Stalin, 1879~1953) 격하 운동, 소련의 헝가리 침공, 코민포름의 관료화와 군사적 강요 등이 작용하였다. 이 노선의 학술지로는 영국에서 발간되는 *New Left Review*가 있다.

만, 베버의 '합리화와 법적 지배'(rationalization and legal domination) 이론을 가지고 자본주의 사회의 계급적 억압을 분석하였다. 루카치와 하버마스는 합리화를 물상화(reification)[71]로 간주하였다. 물상화의 극복 곧 탈물상화(de-reification)는 개인들의 불합리한 사회 구조에 대한 간파 곧 의식화로 연결되며 개인들의 주체성을 인정하게 되어 결과적으로 베버의 방법론적 개인주의와 맞닿게 된다. 특히 마르쿠제는 베버의 합리적-법적 지배에 관한 이론을 선진 자본주의 사회에서 일어나는 계급에 의한 억압의 양식을 파헤칠 때 적극적으로 참조하였다. 한편, 미국의 사회학자들은 신분, 혈통, 문화, 언어 등에 의해 위계적으로 구분되어 왔던 전통사회인 유럽과는 상당히 다른 조건들을 가진 다민족·다인종 이민 국가인 미국사회의 구조적 불평등을 분석하기 위해서 신분이나 계급과 구별되는 계층의 개념을 선호했으며 베버가 제안한 다원적 변인들을 적극적으로 수용하였다.

베버는, 인과적 다원주의를 통해, 어떤 결과를 초래하는 원인이 하나가 아님을 강조한다. 인과적 다원주의에 의하면, 여러 가지 원인들이 함께 작

---

70 현대 마르크스주의에 매우 의미 있는 영향력을 행사하고 있는 프랑크푸르트학파는 독일 프랑크푸르트 대학교와 연관된 사회연구소(Institute of Social Research, 1923~1950)에서 활동한 사회과학자들의 집단(Theodor W. Adorno, Walter Benjamin, Erich Fromm, Jügen Habermas, Max Horkheimer, Herbert Marcuse 등)을 일컫는다. 이들은 마르크스주의와 문화, 미국 인종차별주의와 편견 등에 관심을 기울였는데, 비록 마르크스주의에 상당히 기울어져 있었지만 프로이드와 베버의 영향도 많이 받았다. 프랑크푸르트학파는 선진 자본주의(advanced capitalism), 경제주의(economism), 실증주의(positivism)에 대해 신랄하게 비판하였다(Abercrombie, Hill and Turner, 2006: 155-156).

71 사전적으로는 사물처럼(thing-like) 만든다는 뜻이다. 루카치에 의해서 확산된 개념으로 "사회적 관계가 인간의 통제를 벗어난 상황"을 의미하며, 물상화되는 이유는 "사회적 관계들이 고정되어 변화하지 않는다"라고 간주되기 때문이다. 다시 말해서, 물상화는 사람들 사이에 이루어지는 '상호영향을 주고받는 교섭관계'가 '사물들 사이에 에너지만 전달되는 기계적 작용처럼 인식'되는 상황을 의미한다. 물상화 개념은 마르크스의 상품 물신주의(commodity fetishism)와 베버의 합리화(rationalization) 이론을 기반으로 하고 있다.

용함으로써 어떤 결과가 초래되는 것이지 하나의 원인에 의해 하나의 결과가 짝을 맞추듯 나타나는 것이 아니다. 그에게 있어 개연성(蓋然性)은 수학에서 확률론을 의미한다. 사회과학적 설명은 원인을 가지고 어떤 결과를 추론하지만, 이 추론은 어디까지나 높은 가능성을 의미할 뿐이며 반드시 그리고 기대한 유형으로 결과가 나타남을 단정하는 것이 아니다. 다시 말해서 인과관계가, 수학공식처럼 대입하는 수치에 따라 답이 결정되듯, 기대한 유형으로 나타나지 않을 수 있으며 표준형에서 벗어난 일탈적 유형으로도 나타날 수 있다. 바로 이 점 때문에, 다원주의 전략으로 복합적 원인들을 탐색할 필요가 있으며 해석이 불가피하다.

베버는 객관적인 사회조건과 주관적인 개인의식이 함께 작용함으로써 사회적 활동과 사회 구조의 형태가 결정된다고 주장하였다. 사회과학의 기본 단위를 개별 인간들로 확신한 베버는 사회현상을 설명하려면, 객관적 조건과 자연과학적 영역에 의해서 결정되지 않는, 개별 인간들의 주관적 측면들이 고려되어야 한다고 강조하였다. 그 좋은 예가 『프로테스탄트 윤리와 자본주의 정신』이다. 그는 유물론은 물론이며 정신적 요인에 의한 인과적 해석도 일원적이고 결정론적 구도를 취한 점을 비판하였으며 일방적 유물론(唯物論)이 역시 일방적 유심론(唯心論)으로 대체될 수 있는 가능성을 경고하였다.[72] 그러나 그의 경고에도 불구하고, 마르크스와 베버가 각각 유물론과 유심론으로 연결되는 경우가 적지 않다.

베버는, 마르크스가 자본가와 노동자라는 적대적 집단으로 자본주의 계급을 양분한 것과는 다르게, 다차원적(多次元的)으로 분류하였다. 베버에게 있어서 계급은 "시장[73]에서 공통된 '상황'(situation)에 처해 있음으로

72 일방적 유심론이 일방적 유물론을 대체하는 것이 아니라는 뜻이다. 일방적 유물론의 한계를 지적하기 위해서 정신적 요인이 작용함을 증명했지만, 이러한 작업은 전자를 모두 부정하고 후자로 완전히 대체해야 함을 의미하지는 않는다.

73 여기서 시장이란 기본적으로 개인들이 이윤추구의 목적으로 가치 있는 물건을 사고파는 경쟁적 교환 체계를 의미한다(Grabb, 1990).

써 비슷한 '경제적 이해관계'(economic interest)와 '생애기회'를 갖게 된 사람들의 집합"이다. 그는 계급(class)과 사회 계급(social class)을 구분함으로써 계급의 다차원성을 부각하였다(Grabb, 1990: 53-57). 베버의 원전을 인용한 그랩의 계급과 사회 계급의 차이에 대한 설명에 따르면, 계급이 유사한 경제적 상황 아래에서 경제적 이해관계를 같이 하는 집단 또는 공동체를 의미한다면, 사회 계급은 주관적인 일체감과 계급의식으로 구성된 조직을 갖춘 경제 계급(economic class)을 일컫는다. 이러한 차이에 근거하여, 그가 세분한 계급 구분을 보면 (1) 부르주아지는 재산의 규모에 따라 ① 대자본가들(big capitalists)과 ② 프티부르주아(petty bourgeoisie)로 구분되고, (2) 무산자들(propertyless)은 ① 오직 자신의 노동력만 팔 수 있는 노동자 계급과 ② 시장성 있는 기술을 가진 전문가, 기술자, 화이트칼라 피고용자, 공무원들로 나뉜다.

베버는 사회가 발달할수록 임금을 받는 노동자들은 줄어들고 봉급을 받는 중간 계급의 규모가 확대될 것으로 예상하였다. 그리고 노동자들이 중간 계급으로 진출할 수 있는 기회가 늘어나면서 이들이 사회주의혁명에 참여할 가능성도 크게 줄어들 것이라고 예측하였다. 현대 자본주의 사회에서 급증하고 있는 중간 계급의 분류 문제를 해결하기 위해, 신마르크스주의자 라이트(Wright, 1985)는 자산, 기술, 그리고 조직에서의 지위를 추가하여 계급을 세분하였다. 이렇게 세분된 계급 분류는 마르크스의 계급 분류 체계보다는 베버의 계층 분류 체계에 더 가까워졌다(Kingston, 2000: 5). 마르크스의 양분된 계급 분류를 세분해 나가면 베버의 계층 분류와 비슷해질 수밖에 없다. 라이트는 1977년도의 논문(Wright and Perrone, 1977)에서는 계급을 네 가지로 분류했지만, 1985년도에 출판한 저서(Wright, 1985; Wright (이한 역), [1985] 2005)에서는 열두 가지로 더욱 세분하였다. 열두 가지로 세분된 계급들 사이에서는 마르크스가 기대한 계급 간 적대감은 물론 갈등도 느끼기 어렵다.

베버는 사회 구조의 위계적 집단을 경제적 측면에 의해서만 구분해서는 안 되며 계급(class), 지위(status), 그리고 정당(party)을 포함하는 다원적 개념을 고려해야 한다고 주장하였다. 계층화된 사회 구조 속에서 한 개인의 위치는 경제적 계급에 의한 자산, 사회적 지위에 의한 위세, 그리고 정치적 정당 또는 집단에 의한 권력 등 세 가지 요인에 의해서 복합적으로 결정된다. 지위집단은 성원자격에 대한 공통된 주관과 상대적으로 정교하게 규정된 동류(同類)의식을 가진 사람들의 집단을 말한다.[74] 지위집단은 공동의 가치와 공유하는 생활양식으로 집단결속을 도모한다. 그리고 지위질서(status order) 내에 분배되어 있는 사회적 명예 또는 위세로부터 획득되는 권력의 정도에 따라 높낮이가 결정된다. 베버(Weber (ed. Roth and Wittich), [1968] 1978: 284-288)에게 있어서 정당은 집합적인 이해의 추구를 위해 체계적으로 조직된 자발적 결사체(結社體)를 의미하므로 정치적 정당, 압력단체(소비자협회, 환경보호단체 등), 노동조합, 전문직 집단이 포함된다. 계급, 지위, 정당 가운데 어떤 것도 다른 것(들)을 대표하거나 대체할 수 없지만 중복은 가능하며, 각 구성원들은 집단의식을 가지고 결속을 도모한다.

베버는 사회의 불평등을 분석할 때에는 사회생활에 작용하는 여러 가지 유형의 권력과 지배를 고려해야 한다고 주장하였다. 권력이 "공동 활동에 참여한 다른 사람들이 거부하거나 저항함에도 불구하고 그 활동에서 자신(들)의 의지를 실현하는 사람들이 가진 기회" (Weber (ed. Gerth and Mills), 1946b: 180; Weber (ed. Parsons) 1947: 152) 또는 간략하게 "한편의 의지가 상대편의 동의 여부에 관계없이 행사될 가능성"이라면, 지배(domination)는 "특정 내용을 가진 명령에 개인들로 구성된 어떤

74 계급과 지위집단은 각각 사회적 배경이 다를 뿐만 아니라 추구하는 것도 다르다. 계급이 물질적 목적에 집착한다면, 지위집단은 명예와 위세를 추구한다. 노동조합(trade union)이 생계수단으로서 물질적 이익의 확대를 추구하는 계급조직이라면, 의사협회, 변호사협회 등 전문직협회(professional association)는 공동체로서 회원들의 명성을 보호하는 데 목적을 둔 지위조직이다.

집단이 복종할 가능성"을 의미한다(Weber (ed. Roth and Wittich), 1978: 53). 다시 말해서, 지배는 불평등이 구조적으로 고착된 위계 체계에서 하위 집단 또는 개인이 자신들의 낮은 지위를 수락하고 상위 집단 또는 개인의 명령에 복종하는 상태를 의미한다. 권력은 구체적인 장면에서 행사되는 지배를 논의할 때 사용되는 개념이다. 지배는 피지배집단의 동의나 묵인 아래 행사됨으로써 정통성(legitimacy)을 갖기도 하지만 그렇지 않은 경우도 있다. 정통성에 근거한 지배는 자발적인 복종을 이끌어 내는 권위로 개념화되며 카리스마적 권위, 전통적 권위, 합법적 권위 등 세 가지 유형으로 나뉜다.

베버는 경제 계급 간 투쟁은 사회 구조 내에서 이익을 둘러싼 보편적 경쟁 유형들 가운데, 상당히 결정적이기는 하지만, 하나의 요소일 뿐이라고 주장하였다. 베버는 모든 사회적 관계를 권력관계, 좀 더 정확하게는 지배관계로 간주하였다(Turner, 1988: 65). 그는 권력을 사회적 불평등에 작용하는 결정적인 요소로 보았기 때문에 합리화와 관료제에 관심을 집중하였다. 베버는 권력투쟁이 계급 간 투쟁보다는 합리화한 관료제를 둘러싸고 일어난다고 주장하였다. 그는 민주주의가 관료제에 의해 난관에 부딪칠 것을 예견했으며 미래의 정치가 '지도자 없는' 민주주의의 형태[75]를 띠게 되고 일반 대중이 관료들로 구성된 특권 계급 곧 도당(徒黨: clique)에 의해 통제될 수 있음을 우려하였다. 베버는 불가피한 관료제와 파벌주의로 인해 불평등과 경쟁적 투쟁이 사회주의나 자본주의를 불문하고 모든 사회에 나타나는 보편적인 현상이 될 것이라고 결론짓고 이러한 이유 때문에 미래사회에서도 인본주의가 실현되기 어렵다고 전망하였다. 이러한 전망은, 인본주의 사회는 자연적으로 또는 역사적으로 도래하지 않으므로, 주체적 개인들이 의지를 갖고 인본주의 사회를 건설해야 한다는

75 베버는 민주주의적 계몽과 개인적 카리스마 자질을 갖춘 사람에 의한 공명적 정치민주주의(responsive political democracy)를 선호하였다.

것을 시사한다.

계급은 대개의 경우 재산의 유-무(有-無), 생산수단의 유-무, 지배-복종, 육체 노동-비육체 노동 등 대립적 한 쌍으로 분류된다. 계급 간 관계는 본질적으로 적대적이며 공존을 불허한다. 그러나 한 계급에 속한다고 해서 구성원들이 동질적이라고 단정할 수 없다(Parkin, 1974). 예컨대, 노동 계급에 속하더라도 빈부에서 격차가 있고, 전통에 대한 인식에서 신구(新舊)로 나뉘며, 속성에서 세속(世俗)과 세련(洗練)으로 구분되기도 한다. 자본가 계급이면서도 자신의 기업이 거대 자본가에게 매각될 위기에 처한 자본가도 있고, 노동자 계급에 속하더라도 어떤 노동자는 전통적 노동자들과 달리 부유하고 우아한 생활을 할 수 있다. 그리고 동일한 계급 내에서도 생활방식에서 차이가 두드러져 갈등 수준에 이르지는 않을지라도 결코 가볍지 않은 경쟁이 일어나고 있다.

사회 계급을 조작적으로 정의하거나 세분화하면 마르크스가 기본적으로 전제했던 계급 간 갈등이 약화되고 계층 개념과 비슷해진다. 더욱이 소유재산이 거의 없고 낮은 급료로 고용된 부르주아 경영자가 자본가 계급에 소속되는 것이 어색하듯, 부유해진 노동자가 가난하고 억압받는 노동자 계급에 분류되는 것도 어울리지 않는다.

> 마르크스 이후 수많은 마르크스주의자들에 의해 계급은 다양하게 정의되고 분류되어 왔다. (……) 라이트와 페론(Wright and Perrone, 1977)은 사회 계급을 조작적으로 정의하고 경험적 연구에 이용하였다. 이들은 각 개인들에게 생산양식의 소유, 타인 노동력의 구매, 타인 노동력의 통제, 자기 노동력의 판매 등 네 가지 항목의 여부를 물어봄으로써 각자의 계급을 파악할 수 있다고 생각하였다. 네 가지 준거를 적용하면, 자본가는 생산양식을 소유하고, 타인의 노동력을 구매·통제하며 자신의 노동력은 팔지 않는 사람을 일컫는다. 노동자는 생산양식을 소유하지 못하고 타인의 노동력을 구매하지 못할 뿐만 아니라 통제하지도 못한다. 노동자는 오직

> 자신의 노동력을 팔기만 하는 사람이다. 경영자는 생산양식을 소유하지 못하고 자신의 노동력을 팔면서도 타인의 노동력은 통제한다. 프티부르주아는 생산양식을 소유하지 못하고 타인의 노동력을 사지도 통제하지도 않으며 자신의 노동력을 팔지도 않는다. (……) 계급을 양분하는 경우보다 여러 가지로 세분화하면 설명력이 높아지기 마련이다. 그러나 계급이 여러 갈래로 분류되면 마르크스가 주장했던 계급 사이의 적대감이나 계급 고유의 이데올로기적 문화적 속성은 희미해지게 된다. 다시 말하면, 계급에 개재하는 갈등은 축소되고 계급이 하나의 분류기준으로만 의미를 갖게 된다. 이러한 수준에 이르게 되면, 계급은 계층과 별로 다르지 않은 개념이 된다(오욱환, 2003a: 107-108).

계급 간의 갈등이 완화·둔화되거나 모호해질수록, 동일 계급 내 지위집단 간의 경쟁은 치열해진다. 자신의 이익을 극대화하려는 인간의 욕망은 계급 간 갈등이 약화되더라도 사라지지 않기 때문이다. 중간 계급이 비대해진 현대사회에서 계급 간 투쟁은 점차 약화되고 계층 간 그리고 계층 내 경쟁이 심각해지고 있다. 이데올로기나 정치사상을 두고 벌어진 대립과 논쟁에 둔감해지면, 일상에서의 이익이 경쟁의 표적으로 떠오르게 된다. 마르크스주의자들이 사용하는 사회 계급 개념은 산업사회에 적용될 수 있지만 산업사회 이전에는 존재하지 않았으며, 산업사회의 전형적 유형이 사라지는 시대에서는 그 의미가 흐릿해지고 있다. 현대사회는 후기 산업사회, 포스트모던사회, 지식정보사회, 위험사회, 탈이념사회 등의 명칭들에서 드러나듯 하나의 유형으로 수렴되지 않는다.

자본주의가 발달하면, 계급 또는 집단 간 갈등도 줄어들고 덜 위협적으로 변한다. 사회학에서는 이러한 현상을 '갈등의 제도화'(institutionalization of conflict)라는 개념으로 표현한다(Abercrombie, Hill and Turner, 2006: 201-202; Dahrendorf, 1967; Marshall, 1998: 318). 초기 자본주의 사회에서 갈등이 심각했던 이유는 전통, 산업화 이전의 사회적 유대, 절대적 규범 등이 파괴됨에 따라 유발되었다. 그러나 산업화가 성숙되면, 규제력이 있고 통합적인 기관들이 등장하고 새로운 가치들이 조성되고 확산된다. 정치가 경제로부터 분리되고 자율성을 확보하게 되며, 시민의 권리가 보호되고 기회가 점차 균등해지며 확대된다. 이러한 일련의 변화는 계급 또는 집단 사이에 촉발되는 적대적이며 파괴적인 갈등을 무의미하게 만든다. 노동조합과 같은 기관이 만들어지고 노사 간 단체교섭(collective bargaining)이 제도로서 굳어지게 된다. 고용자와 피고용자 간 착취 대 타도의 적대적 대면 관계가 법인조직과 노동조합을 통해서 교섭과 협상의 관계로 완화된다.

베버의 설명에 따르면, 현대 자본주의는 초기 자본주의와 비교할 때 절대적 그리고 상대적 의미에서 노동자의 빈곤을 더 악화시키지 않으며 노동 계급의 물질적 조건은 농업 노동자들보다 양호하다(Giddens, 1973: 47). 이러한 방향으로의 과도한 기대와 자신감은 1960년대에 이르러 '이데올로기의 종언'(Bell, 1960), 노동자들의 부르주아지로의 전환(embourgeoisement)[76], 그리고 합의에 의한 복지사회의 도래에까지 부

---

76 자본주의 체제가 발달함에 따라 노동자들이 부르주아지로 전환될 것이라는 낙관적 예상은 1950년대 말부터 1960년대에 영국의 일부 사회학자들(Abrams, Rose, and Hindon, 1960; Zweig, 1961)에 의해서 강력하게 제기되었으며, 1980년대와 1990년대에 사회학자와 정치학자들(Crewe, 1987; Dunleavy and Husbands, 1985; Saunders, 1990)에 의해 노동 계급의 생활수준 향상, 소비의 증가, 가옥 소유의 확대, 계층 상승 이동에 대한 기대 고조 등이 원인으로 제시되면서 노동 계급의 도구주의(instrumentalism)와 개인주의(individualism)가 다시 부각되었다. 이들은 노동 계급이 ① 소득의 상승과 생활수준의 향상에 의해 중류 계급의 규범과 가치를 받아들이게 되고, ② 가정과 가족을 무엇보다 더 중요하게 생각하게 되며, ③ 개인적 소비에 대한 포부를 충족시켜 줄 수 있는 정당을 지지하게 된다고 주장하였다. 부르주아지로의 전환은 자본주의의 악화로 중류 계급이 '프롤레타리아로 추락'(proletarianization)할 것이라는 비관적 예상(Braverman, [1974] 1998)과 대립된다. 마르크스는 경제적으로 실패한 자본가와 프티부르주아 집단들이 노동 계급으로 몰락함으로써 프롤레타리아들이 늘어나고 더욱 빈곤해진다고 확신했기 때문에 노동 계급에 의한 혁명이 필연적이라고 주장하였다. 그러나 자본주의의 발전에 의한 노동 계급의 확대와 빈곤화에 대한 예측은 적중하지 않았으며 노동 계급의

풀어졌다. 노동자들의 삶이 풍요로워질 것이라는 기대가 확산되었으며 이를 증명하기 위한 연구들도 수행되었다(예: Zweig, 1961). 그러나 사회 현실은 그러한 기대가 쉽게 이루어질 수 없음을 실증하였다. 노동자들의 삶이 풍요로워질 수 있는지를 검증하기 위해 영국과 미국, 프랑스에서 수행된 연구들(각각 Goldthorpe, Lockwood, Bechhofer, and Platt, 1968a, 1968b, 1969; Berger, 1960; Hamilton, 1967)에 의하면, 노동자들은 갈등이 제도화되더라도 고유의 가치, 생활 유형, 정치적 신념 등을 갖고 있으며 중류 계급만큼 부유해지지 않는다. 노동 계급의 부르주아지화(化)는 쉽게 결론지어질 수 없는 주제이다(Devine, 1992).

현대사회에서 체제 전복을 겨냥한 혁명이 점차 불가능해지고 개혁의 방향이 모호해지는 이유는 적대적 집단들을 뚜렷하게 구별지을 수 없기 때문이다. 다시 말해서, 목표가 불분명하기 때문이다. 타도나 개혁의 대상으로 삼아야 할 집단이 뚜렷하게 드러나지 않기 때문에 방향을 잡기가 쉽지 않다.[77] 혁명은 타도의 대상이 분명히 드러날 때 이루어질 수 있는데, 현대사회에서는 그 대상을 식별하기가 매우 어렵다. 예를 들면, 노동자 계급은 자본가 계급을 상대해야 하는데 자본가들을 직접 대면할 수 없다. 자본가들은 주식을 소유할 뿐 노동자들을 고용하고 통제하는 일은 경영자들에게 위임한다. 주식투자가 재산 증식의 수단으로 인식되면서 노동자들의 주식투자도, 비록 소규모이며 회사 정책에 영향을 미칠 정도는 아니지만, 점차 늘어나고 있다. 노동자들이 경영자들을 적대 집단으로만 볼 수 없는

혁명의식은 약화되었다. 이러한 사실은 현대사회의 불평등이 경제적 계급 개념만으로는 정확하게 설명될 수 없음을 의미한다.

77 자본이 주식의 형태로 바뀜에 따라 자본가 계급은 물론 자본가들도 식별되기 어렵다. 자본의 규모가 거대해지면서 자본가의 직계 혈통에 의한 자본의 독점이 점차 약화되고 법인(corporation), 보험사, 은행 등은 물론이며 국가 정부의 자본 점유율도 높아지고 있다. 오늘날에는 노동자들도 재산 증식의 방법으로 주식에 투자하고 있다. 주식을 보유한 노동자들이 이로 인해 자본가로 분류되지는 않겠지만 그렇다고 노동자의 전통적 유형에 부합한다고 보기도 어렵다. 이들에게 계급혁명에 의한 체제 전복을 기대하기가 점차 어려워지고 있다.

조건들도 늘어나고 있다. 경영자들 역시 고용되어 있으며 한시적으로 업무를 담당할 뿐, 핵심적 결정권을 갖지는 못한다. 피고용자들이 경영 지배 구조를 붕괴시켜도 자신들의 이익이 늘어나지도 않는 경우가 빈번하며 경우에 따라서는 일자리를 잃게 된다.

현대사회에서는 노사관계가 적대관계인지 공생관계인지 모호한 경우가 많다. 이러한 현상 때문에 현대사회에서 일어나는 갈등과 경쟁은 가시화될 수 있는 집단들 사이에서만 일어나며, 상대 집단들을 설정하기가 어려워 갈등과 경쟁이 매우 복잡한 양상을 띤다. 가시화될 수 있는 집단 그리고 상대로 지목될 수 있는 집단은 일상에서 매우 복합적으로 등장한다. 현대인들의 일상생활에는 여러 가지 요소들이 복잡하게 작용한다. 자본가와 노동자로 양분된 계급 구조가 산업의 발달과 조직의 보편화 그리고 직업의 세분화로 점차 흐려져 왔다. 더욱이 자본가와 노동자가 직접 대결하는 구도 역시 한편에서는 자본가들이 경영일선에서 벗어나고 고용된 경영자들이 자본가 역할을 대신하면서, 다른 한편에서는 노동자들이 기술 수준과 경력에 따라서 업무와 직위가 세분되면서 동질 집단으로서의 속성을 많이 상실하였다. 더욱이 자본이 주식의 형태를 띠면서 자본가의 실체도 불분명해졌다.

갈등이 제도화되면서 적대적 대치 상황에서 사생결단하듯 투쟁하는 이원적(二元的) 대립 상황이 이익의 극대화를 위한 다원적 경쟁관계로 변화하게 된다. 갈등관계가 경쟁관계로 바뀌면, 치열함은 덜해지더라도 빈도는 오히려 늘어나고 양상도 복잡해진다. 갈등이 제도화된다고 해서 고용자들이 피고용자들에게 지불하는 재화가 늘어나는 것은 아니다. 분배해야 할 재화는 제한되어 있지만, 협상과 교섭이 가능해지면서 보상에 대한 기대는 오히려 상승한다. 제한된 재화를 두고 더 많은 보상을 기대하며 벌어지는 경쟁은 제도화되기 이전의 갈등 상황보다 치열함이 결코 덜하지 않다. 이러한 과정에서 고용자들이 선택할 수 있는 방법은 인력 구조를 효율적으로 바꾸는 것이다.

경영 합리화라는 이름 아래 갖가지 유형의 경영 전략들은 피고용자 규모를 최소화하면서 통제를 효율화하는 데 집중되어 있다. 고용자들은 분업화, 자동화, 탈전문화, 탈기술화 등으로 경영 합리화를 추구하는데, 그 방향은 '높은 비용이 지불될 뿐만 아니라 통제가 용이하지 않은 피고용자들'을 줄이는 데로 집중된다(오욱환, 2004). 이로 인해 높은 지위의 일자리들이 감소하게 되어, 취업 여부를 두고 벌어졌던 경쟁은 취업 후에도 계속된다. 취업 후의 경쟁은 급료, 승진, 업무, 부서, 역할 등을 두고 계속될 뿐만 아니라 더욱 심각해진다. 갈등의 제도화가 발달된 국가들에서부터 중류계층이 더 빨리 줄어들고 있으며(Newman, 1989) 계층 구조의 양극화 현상이 뚜렷하게 나타나고 있다. 생산양식의 소유 여부로 판가름되었던 양분된 계급 구조가 이제는 계층 간 빈부로 양극화되고 있다.

피아(彼我)의 구분이 어려운 현대사회에서 개인들은 가장 먼저 가족을 단위로 결속한다. 현대사회에서는 갈등이나 경쟁의 상대가 자신으로부터 멀리 떨어져 있기보다는 오히려 가까이 있다. 현대사회에서의 경쟁은 가까운 사람들 사이에서 일어난다. 입사 동기생들 간의 경쟁이 다른 회사에 재직하고 있는 사람들과의 경쟁보다 더 심각할 수 있다. 현대사회에서는 계급 간 갈등보다는 계층 간 경쟁이 더 보편적이며 계층 간보다는 직종(occupation) 간, 직종 간보다는 직종 내에서 경쟁이 더 치열하고 일상생활에 미치는 영향도 더 크다. 입사 동기생들 간의 업적 경쟁은 승진 여부로 판정되다가 직위가 높아지면서 승진과 해직으로 극명하게 가려진다. 같거나 비슷한 조건을 가진 사람들 사이에서 벌어지는 경쟁은 자존심과 체면이 모두 걸려 있는 경우가 많다. 예컨대, 자녀교육을 두고 벌어지는 경쟁은 동창생들, 친인척들, 직장의 동급 동료들, 거주지의 이웃들 사이에서 더 치열하게 전개된다. 그 이유는 조건이 비슷하면 귀속 변인들보다 성취·업적에 의해 우열이 판가름된다고 생각되기 때문이다. 다시 말해서, 우열이나 성패가 개인적 재능과 노력의 결과로 인식되고 동일한 기준에서 비교됨으로써 격차가 뚜렷하게 드러나기 때문이다.[78]

학력주의(學歷主義)나 학벌주의(學閥主義)는 정신 노동자와 육체 노동자 사이에서보다는 동일 계급 내—정신 노동자들 또는 육체 노동자들 내부—에서 더 치열하게 일어난다. 다시 말해서, 학력이나 학벌을 매개로 한 배제는 한 기업체 내 동일 부서에 근무하는 직원들 사이에서 더 치열하게 일어난다. 의사와 간호사 간에 일어나기보다는 의사들 사이에서, 그리고 간호사들 사이에서 일어난다. 교수와 직원 사이보다는 교수들 사이에서 일어난다. 공장 노동자들 사이에서도 학력주의나 학벌주의가 작용할 수 있다. 학연, 혈연, 지연, 종파(宗派) 등에 의한 연고주의(緣故主義)는 사회적 배제의 전형이다. 내부 노동 시장(internal labor market)이나 유리천장(glass ceiling)과 같이, 비공식적이며 비가시적이지만, 실제로 작용하고 있는 차별적인 보상 장치는 배제 과정이 취업 단계에서만 일어나는 현상이 아님을 증명한다.

현대사회에서는 개인들이 자신들의 이익을 확대하기 위해서 집단을 구성한다. 따라서 집단은 매우 다양하게 구성된다. 한 개인은 하나의 집단에만 속하지 않으며 여러 집단에 동시에 속하게 된다. 개인들은 개인적 속성에 따라 자동적으로 어떤 집단에 속할 수도 있고 자율적 판단에 따라 의도적으로 집단을 구성하거나 기존의 집단에 가입하기도 한다. 한 예로 어떤 교수는 직업으로는 중·상류 계층, 종교로는 불교도, 정치적 신념에 따라 보수정당의 당원, 학력과 학벌에 대한 강한 자존심 때문에 학력·학벌주의자, 전통적 가정에 대한 환멸 때문에 독신주의자 등이 될 수 있다. 이처럼 다양한 속성들은 그로 하여금 때로는 배제에 동참·지지하게 하고 때로는 권리침해를 위해 열성을 보이게 한다. 교사나 간호사와 같은 직업의 종사자들은 전문직 지위를 확보하기 위해 학위증이나 자격증을 동원하

---

78 세속적으로 표현하면, 한 가정에서 아버지, 어머니, 그리고 아들·딸의 인생 경쟁에서의 성패는 각각 아버지, 어머니, 아들·딸의 친구들이 비교준거가 되어 판정된다. 한 가정의 아들·딸은 엄마 친구의 잘난 아들·딸 때문에 어머니로부터 시달리게 된다. 그래서 여고동창회에 다녀온 어머니의 자녀 닦달이 더 심하기 마련이다.

여 배제 전략을 구사하면서도 경우에 따라서는 노동조합처럼 조직화된 집단력을 가지고 권리침해를 시도한다. 전문직 종사자들은 공익을 내세워 배제 전략을 구사하기도 한다.

> 의사 · 약사 · 변호사 · 회계사 등 전문 자격사의 진입장벽이 존재하는 근거는 공공의 이익을 보장하기 위해서라고 한다. 국민의 건강을 지키기 위해 또는 법적 시스템 안정성을 위해서 시장논리에 맡겨 둘 수 없다는 이유다. 그러나 그 속에 이해관계가 있다는 사실을 모르는 사람은 없을 것이다. 어떤 제도가 운영된 후 세월이 흐르면 제도 도입의 취지나 목적과 관계없이 진입장벽 안에서 보호를 받고 있는 기득권층이 생긴다. 이들은 경쟁이 없어지거나 약화됨으로써 경제적 지대(economic rent)라는 이익을 향유하게 되고 이를 지키고자 하는 강력한 움직임을 보이게 된다. (……) 정부의 투자개방형 의료법인 논의가 5년째 공전(空轉)하는 이유나 변호사 등 전문 자격사 제도 개혁에 관한 논의가 번번이 좌절되는 근본적인 까닭도 이 기득권 지키기에 있다(현정택, "20명 약대(藥大), 지독한 진입규제." 조선일보, 2010. 3. 5. A38면). (글의 흐름을 위해서만 최소한도로 수정함).

신분, 혈통, 계급 등에 의해 집단의 귀천이 명확하게 구별되던 시대가 지나고 계층, 직업, 학력, 학벌, 종교, 거주 지역, 언어, 성별 등은 물론이며 심지어 취미까지도 동류 집단을 구성하는 기준이 되는 현대사회에서는 여러 가지 변인들을 동원해야만 현상을 파악할 수 있다. 베버는 다양한 개념들을 동원하여 사회현상을 설명함으로써 복잡한 현대사회에 적합한 사회학적 패러다임을 제시하였다. 그는 사회적 불평등을 현대사회에서 넓은 의미로 사용되는 합리화 이론의 맥락에서 접근하였다. 베버는, 사회현상이 계급 이론에서 주장하듯 적대적 계급 사이에서 발생하는 지배와 타도를 위한 투쟁으로 설명될 수 없으며, 다양한 준거들에 의해 발생한 권력 격차로 구별되는 집단들 사이에 공존을 묵시적으로 합의한 상태에서 벌이고 있는 경쟁으로 파악되어야 한다고 주장하였다. 권력의 격차에 따라 집단을 위계적으로 구분하면 계층이 된다. 실제로, 베버는 권력의 분배를 계층화와 동의어로 사용하였다(Parkin, 1979: 44). 집단들은 이익을 극대화하기 위해서 경쟁을 벌이되 반드시 공존해야 하므로 경쟁의 과정과 결과에 대해 집단들 간에 합의, 묵인, 또는 수용이 이루어져야 한다. 결과의 격차가 인정을 받으려면 기회가 균등해야 하므로, 현대사회에서는 기회의 확대와 균등이 최대의 쟁점이 된다.

공식적, 객관적, 가시적으로 확대되고 균등해진 기회 아래에서, 각 집단은 기회를 최대한 많이 확보하기 위해 현실적으로 가능한 모든 전략들을 구사한다. 현재 보유한 기회의 다소(多少)에 관계없이 모든 집단들은 더 많은 기회를 확보하기 위해 몰두한다. 사회 전반적으로 기회가 확대되고 균등화되더라도, 각 개인과 집단들은 자신들의 입장에서 상대적 위치로 판단하기 때문에 주어지는 기회에 만족할 수 없고 기회를 더 많이 확보하기 위해 애쓴다. 기회가 확대되고 균등화될수록, 오히려 기회를 더 많이 그리고 더 강력하게 요구한다. 기회가 제한되었던 사람은 새로운 기회를 제공받으면, 이전의 경우와 비교하여 이를 긍정적으로 평가하여 만족하기보다는, 새로운 상황에서 '기회를 더 많이 가진 사람들'과 비교함으로써 더 많은 기회를 요구하게 된다. 예컨대 굶주렸을 때에는 끼니를 때우는 것만으로도 충분할 수 있을지 모르지만, 허기를 넘긴 후에는 끼니를 때우는 수준으로 만족할 수 없다.

사회 전반적으로 기회가 확대되고 균등해지면, 기득집단(既得集團)은 자신들이 확보해 왔던 기회가 상실될 위기로 인식하지만 미득집단(未得集團)은 지금까지 잃었던 기회를 되찾는 호기로 삼으려 한다.[79] 기득집단

79 기득집단(have group)과 미득집단(have-not group)은 베버의 지위집단을 통합적으로 구분하기 위해 이 논저에서 구안(具案)된 개념이다. 익숙히 들어 온 개념이 아니어서 거부감이 있을 수 있겠지만, 집단의 유형뿐만 아니라 그 집단들 간 불평등의 유형도 다

은 변화 이전과 이후의 득실(得失)을 비교하고, 미득집단은 기득집단에 대한 상대적 격차에 더 집중한다. 각 집단들은 처한 현실적 조건을 고려하여 경쟁을 위한 전략을 구상한다. 기득집단은 수비에 치중하고 미득집단은 공격에 전력을 집중한다. 두 집단 모두 내부 결속을 다지는 한편, 외부를 차단하는 데 치중한다. 기회의 배분과 획득에 대해 기득집단은 합리성(rationality), 수월성(excellence), 자유주의(liberalism)로 방어하며, 미득집단은 정당성(justification), 형평성(equity), 평등주의(equalitarianism)로 공격한다.

합리성과 정당성을 두고 벌어지는 경쟁은 준거 설정에서부터 치열해진다. 기회는 선발에 의해 차별적으로 분배되므로 선발기준이 쟁점이 될 수밖에 없다. 기득집단이 사회경제적 보상이 좋은 일자리들로부터 미득집단을 배제하기 위해 학위증이나 시험점수를 준거로 사용하는 것은, 이 기준이 합의에 의해 설정된 것이 아니기 때문에, 임의적 기준 아래 차별하는 것과 크게 다르지 않다(Jencks, Smith, Acland, Bane, Cohen, Gintis, Heyns, and Michaelson, 1972: 192). 기득집단은 자신들에게 유리한 방향으로 결과가 나오도록, 비유컨대 축구경기에서 한 팀이 골대를 자신들에게 유리하도록 옮겨 놓듯이, 자의적 규정(arbitrary definition)을 설정하고, 이를 기준으로 하여 내부인들(insiders)과 외부인들(outsiders)을 구별한 다음, 구별된 집단에 차별적 보상을 제공하는 조치를 정당화하고

양한 현대사회에서 집단 간 경쟁을 설명할 때 지금까지 사용된 개념들(예: 계급, 계층 등)보다 적절하다. 재원과 보상을 두고 경쟁하는 집단을 묘사하는 데 지배집단과 피지배집단은 적절하지 않으며 상류집단과 하류집단으로 나누는 방법도, 비록 위계적 위치는 드러나지만, 상대적 조건의 유·불리함이 드러나지 않아 마땅치 않다. 미득집단의 개념에는 보상이나 재원의 획득에서 불리하지만 경쟁을 포기한 상태가 아님이 암시되어 있을 뿐만 아니라 미득 상태 곧 아직 획득하지 못한 상태는 획득에의 갈망을 묵시적으로 드러낸다. 기득 계층과 미득 계층으로 지칭하지 않은 이유는 기득과 미득이 계층뿐만 아니라 종족, 인종, 성별, 문화, 언어, 지역, 종교, 세대 등에 따라 나누어지기 때문이다. 다시 말해서, 계층은 기득과 미득을 나누는 한 가지 변인에 지나지 않기 때문이다.

실행함으로써 지배적 위치를 고수하고 강화한다(Weber (ed. Gerth and Mills), 1946a: 240-244, 416-444; Bourdieu, 1973; Bourdieu and Passeron, [1964] 1977; Collins, 1974, 1979).

베버는 '폐쇄'라는 용어를 사회관계, 지위집단과 계급, 조직 집단의 경제관계, 시장, 정치공동체에서의 권력 배분 등의 주제를 다룰 때 빈번하게 사용하였다(각각 Weber (ed. Roth and Wittich), [1968] 1978: 43-46, 302-307, 339-348, 635-655, 926-955). 이때 폐쇄는 한 집단이 다른 집단을 열등하다거나 자격이 없다는 식으로 규정하여 그들의 기회를 봉쇄함으로써 이점을 독점하기 위한 '예속화 과정'(process of subordination)을 의미한다. 다시 말해서, 사회적 폐쇄는 "유리한 위치에 있는 사회집단이 자신들에게 유리한 준거를 적용하여 제한된 범위의 적격자(適格者)들만 기회를 가질 수 있도록 조치함으로써 자신들의 기득권을 확보하고 보상을 극대화하는 과정"으로 풀이된다. 베버는 사회적 폐쇄가 집단적 속성—인종, 언어, 사회적 출신 성분, 혈통 등—에 관계없이 어떤 집단(들)이 "특정한 기회를 독점하려고 시도할 때" 적용될 수 있다고 설명하였다(Weber (ed. Roth and Wittich), [1968] 1978: 342). 착취나 억압이 권력의 강제적 행사에 기반하는 반면, 사회적 폐쇄는 권력의 정당한 적용을 추구한다.

사회적 폐쇄가 집단적 속성에 관계없이 보편적으로 일어난다면, 상대가 다를 뿐이지 사회 계층의 상하에 관계없이 모든 계층에서 일어나고 있음을 의미한다. 기회가 제한된 모든 장면에서는 집단의 유형, 규모, 구성원들의 속성 등에 상관없이 모든 집단이 자신들의 이익을 극대화하기 위해서 다른 집단의 접근을 봉쇄하는 전략을 구사한다. 베버 패러다임의 사회학자들은 베버가 개발한 사회적 폐쇄라는 개념으로 사회 계층의 역동적 현상들을 파악하였다.[80] 파킨(Parkin, 1974, 1979, 2002)은 사회적 폐쇄를 배제와 권리침해라는 대립적 개념으로 구분했으며 이 개념들을 가지고 유리한 계층과 불리한 계층의 폐쇄 전략을 설명하였다. 폐쇄의 준거는 객관적 사실보다는 적용하는 사람(들)의 주관적 판단에 더 많이 달려 있기 때문에, 배제와 포함의 범위와 대상은 상황과 사례에 따라 매우 유동적이다.

사회적 폐쇄가 현실적으로 유리한 집단에 의해서는 배제로 구체화되고 불리한 집단은 이에 대해 권리침해로 맞설 수 있는 이유는 권력이 항상 쌍방적이기 때문이다. 다시 말해서, 사회적 관계에 있어서 한편이 다른 편에 비해 열세에 있더라도 상대편에 대해 어느 정도의 영향력을 갖고 있다. 권력은 상대편에 미치는 영향력이기 때문에, 상대가 없으면 권력 자체가 성립할 수 없다. 그래서 열세에 있는 집단이 상대편에 대해 가할 수 있는 가장 극단적인 권력 행사가 권력관계의 파기(破棄) 곧 권력관계에서 상대역의 거부로 나타난다. 피고용자들이 고용자를 상대로 권리침해를 시도할 수 있는 이유는 권력이 쌍방적이기 때문이다. 예를 들어, 노동운동이 강력한 권력으로 작용할 수 있는 까닭은 동맹파업이 노사관계의 파기로까지 진행될 수 있기 때문이다. 노동운동은 불리한 조건에 있는 집단의 구성원들이 개별적으로는 미약한 권력을 집단적으로 결집시켜 상대 집단과 대등한 권력으로 만듦으로써 가능해진다.

베버는 경제적 관계가 조직된 집단들에 의해서 폐쇄적으로 일어날 수 있음을 설명하였다. 그는 '조직된 집단들의 경제적 관계'(The economic relationships of organized groups)라는 제목의 글에서 '개방적 그리고 폐쇄적 경제관계들'을 다음과 같이 시작하였다.[81]

---

80 베버의 '사회적 폐쇄' 개념은 파킨(Parkin, 1974, 1979, 2002)과 머피(Murphy, 1984)에 의해서 집중적으로 발전했으나 그들 외에도 여러 학자들—Dahrendorf(1959), Giddens (1973, 1981, 1986), Wright(1985), Larson(1977), Collins(1971, 1974, 1975, 1979), Bourdieu(1973, 1975, 1977, 1984, 1986, 1987, 1988), Bourdieu and Passeron([1964] 1977), Lamont and Lareau(1988), Gouldner(1979)—에 의해서 다양해지고 세련되어졌다(Manza, 1992: 276).

81 Economy and society 〉 Part Two: The economy and the arena of normative and de facto power 〉 Chapter 2. The economic relationships of organized groups 〉 2. Open and closed economic relationships

> 일상에서 빈번하게 발생하는 경제적 결정 요인은 근무처, 고객들 그리고 보수가 많은 기회 등을 두고 벌어지는 '생계를 위한 경쟁'(competition for livelihood)의 결과이다. 경쟁자들이 이익의 범위와 관련되어 늘어날 때, 경쟁 참가자들은 경쟁을 제한하는 데 관심을 쏟는다. 대개의 경우, 경쟁자들은 외부적으로 드러나는 인종, 종교, 지역, 출신 성분 등으로 동질 집단을 구성함으로써 다른 (실제적 또는 잠재적) 경쟁자들을 배제하는 전략을 구사한다. 이 경우, 배제를 위한 구실로 어떤 특성이 선택되느냐는 중요하지 않다. 이와 같은 (배제를 위한) 집단 행위는 이에 의해서 배제되거나 또는 될 수 있는 집단들로 하여금 그러한 배제 행위에 상응하는 반발 행위를 불러일으킨다(Weber (ed. Roth and Wittich), [1968] 1978: 341-342).

이 인용된 글에 담긴 의미들을 해석하고 설명하면 다음과 같이 정리할 수 있다.

> 첫째, 사회적 폐쇄는 일상적으로 '생계를 위한 경쟁'에서 일어나고 있다. 일상을 지배하는 것은 전면전과 같은 계급 투쟁이 아니며 집단들 간의 이익의 확대를 위한 경쟁이다.
>
> 둘째, 경쟁은 제한된 보상을 두고 벌어지므로 경쟁자들이 늘어날수록 경쟁은 치열해지기 마련이다.
>
> 셋째, 경쟁이 가열될수록 상대를 효율적으로 배제하기 위해 다양한 전략이 구사된다.
>
> 넷째, 경쟁에서 유리한 고지를 점령하고 상대를 배제하는 데 동원되는 준거는 일차적으로는 외부적으로 드러나는 요인들이다. 이는 배제를 위한 준거가 가시화될 필요가 있음을 시사한다.
>
> 다섯째, 배제는 궁극적으로 달성해야 할 목적이기 때문에, 배제를 위해서는 어떠한 준거들도 동원될 수 있다.

여섯째, 한 집단의 배제는 다른 집단으로 하여금 그에 상응하는 전략을 구사하게 만든다. 다시 말해서, 배제는 피해 집단들로 하여금 결속하게 만들고 대응 전략을 구상하도록 자극한다.

상대 집단의 가시화와 지목(指目)은 일상에서 일어날 수밖에 없기 때문에, 현대사회의 집단 간 대립을 설명하는 데 계급보다는 계층이 더 유용하다. 자본가들이 이면으로 사라지고 은폐됨에 따라 생산수단을 관리하고 경영하는 사람들이 전면에 나서면서 계급보다 계층이 사회현상을 설명하는 데 더 적합한 개념이 되었다. 생산양식의 소유 여부, 노동자의 고용 여부, 노동자의 통제 여부 등으로 구분되는 계급보다 교육 수준, 직업군, 거주 지역, 가옥 형태와 규모, 소비 유형, 취미 활동 등에 의해서 동질화할 수 있는 집단과 이질감을 느끼는 집단이 쉽게 구별된다. 상대적으로 높은 계층은 높은 학력과 명문 학벌, 전문직이나 경영직, 도심 빈민 지역으로부터의 지리적 격리, '출입을 규제하는 주거 지역' (gated community),[82] 값비싼 사치품, 비용이 많이 드는 여가생활이나 스포츠, 특정 종교집회 등으로 낮은 계층으로부터의 차별화를 도모한다. 다시 말해서, 지배집단은 소비 시장에서 최고 명성의 지위를 확보하기 위하여 '지위상품'[83]을 지속적으로 만들어 낸다.

---

82 출입을 규제하는 주거 지역 곧 관문 지역(關門地域)은 보행자, 자전거, 자동차 등의 출입을 강력하게 제한하는 거주공동체 또는 주택 지역을 의미한다. 이 지역은 대개의 경우 벽이나 울타리로 구획을 구분하고 출입구를 제한함으로써 출입을 효율적으로 통제한다. 관문지역화 추세는 점차 확대되고 있으며 지역의 범위도 넓어지고 있다. 이러한 사실은 재산, 문화, 심지어 일상생활까지도 차별화하려는 집단들이 늘어나고 있음을 의미한다.

83 '지위상품 또는 서비스'의 매력은 롤스로이스 자동차, 수제(手製) 가구, 중국 도자기처럼 귀하다는 데 있다. 희소성(scarcity)은 상품과 서비스의 가격을 높임으로써 그 소지자나 수혜자들을 돋보이게 한다(Abercrombie, Hill, and Turner, 2006: 299). 지위상품은 무엇보다도 차별화에 목적이 있기 때문에, 구별되지 않으면 새로운 상품을 개발해야 한다. 여행이 보편화되면, 상류층은 중 · 하류층과 구별되기 위해서 더 멀리, 더 고가의 여

계급, 지위, 권력 등 복합적 요인들에 의해서 사회의 위계적 관계가 다층적으로 그리고 복합적으로 형성됨에 따라 사회집단을 양분(兩分)하고 적대화(敵對化)하기도 어렵다.[84] 다층적 · 복합적 계층 사회에서는, 집단의 수가 늘어나고 종류가 다양해짐에 따라 경쟁관계가 늘어나지만, 집단의 규모가 작아지고 대립과 협상이 빈번해짐에 따라 혁명이 야기될 정도의 격렬한 갈등이 일어날 가능성은 오히려 줄어들게 된다. 그러나 계층 간 경쟁은 계급혁명보다 훨씬 일상적인 장면에서 빈번하게 일어날 수 있다. 계급은 생산수단의 소유 여부, 노동력의 판매 여부 등에 의해서 상호 배타적으로 뚜렷하게 형성되지만, 계층은 복합적 요인들에 의해서 그리고 인식 여부에 따라서 느슨하게 형성된다. 계층은 느슨하게 형성되지만, 그에 따른 우월감이나 박탈감은 직장, 광장, 시장, 집회 등 일상생활에서 수시로 감지되기 때문에 계층 간 경쟁은 자주, 다양하게, 실질적으로 일어난다.

경쟁관계가 늘어나고 복잡해지면서 각 계층은 다양한 전략을 구사하게 된다. 이해관계가 일치하는 집단들은 내적 결속을 도모하고 상대 집단들을 배제하는 데 유리한 장치를 구안한다. 전체 집단들의 공존을 포기하지 않는 범위에서의 경쟁은 상대 집단들이 합의하거나 수용한 규칙 아래 벌어지게 된다. 경기 규칙에 대한 합의나 수용은 기회의 균등한 분배를 전제로 하며, 승패, 당락, 우열, 서열, 순위 등의 결과는 개인적 재능과 노력의 소산으로 인정됨으로써 정당화된다. 기회의 균등화 이후 나타난 결과의 격차는 개인의 능력과 노력의 소치로 인정됨으로써 결과의 격차에 근거한

행을 떠난다. 명품 구입, 명문 학벌 추구도 이 맥락에서 이해될 수 있다. 실용적 가치는 점차 무의미해지며 우월함을 상징하는 상표(brand, label)가 구매의 결정적 변수가 되기도 한다.

84 우리는 투표 행위에서 그 일면을 볼 수 있다. 보수와 진보로 나뉜 정당 구도의 국가들에서 국민들의 투표 결과는 계급 · 계층에 따라 양분되지 않는다. 중 · 상류 계층이라고 해서 보수 정당에만 투표하는 것도 아니며, 하류 · 노동 계층이라고 해서 진보 정당만을 지지하는 것도 아니다.

지배 구조는 정당화된다. 베버는 이러한 유형의 통치-복종관계를 '지배' (domination)[85]라는 개념으로 표현하였다. 지배집단은 경쟁 결과에 대해 열세에 있는 집단이나 개인들의 수락(acceptance)을 이끌어 냄으로써 불평등 구조를 정당화하고 지속시킬 수 있게 된다. 사회가 발전하면서 사회적 폐쇄의 유형도 물리적 폭력에 의한 굴복, 경제적 지배에 의한 복종, 문화적 우위에 의한 수락으로 변화해 왔다. 굴복, 복종, 수락의 순차에 따라 지배력은 약화되지만 지배의 정통성은 오히려 강화되어 불평등 구조가 영속(永續)될 가능성은 높아진다.

현대사회에서 개인들의 생애기회는 업적에 따른 결과나 귀속에 따른 필연에 의해서 일방적으로 결정되지 않는다. 다시 말해서, 생애기회는 보편타당한 업적주의의 결과가 아니며 혈연에 의한 세습이나 계급에 의한 독점적 재생산에 의해서만 결정되는 것도 아니다. 이러한 현실이기에, 현대사회에서 직업이나 신분 · 계급이 생애기회를 좌우하는 정도는 전통사회나 초기 자본주의 사회와는 상당히 다르다. 그리고 현대사회에서 업적주의가 사회경제적 보상을 결정하는 중요한 기준으로 인정되고는 있지만, 그 개념에 대한 규정에는 집단적 이기심이 깊이 스며들어 있다. 현대사회에서 생득적 속성은 그 영향력을 완전히 상실하지 않았으며 업적 또한 중요한 척도로 작용하고 있다. 이러한 복합성 때문에, 현대사회에서 생애기회의 구조를 파악하려면 다양한 변인들을 종합적으로 그리고 심층적으로 고려해야 한다.

선발(選拔), 당락, 우열, 서열 등이 결정되는 기준은 집단들 사이에 합의가 이루어져 정해지는 것이 아니다. 생애기회를 좌우하는 기준이 설정되기까지 각 집단은 공개적으로 의사를 표명하지만 은밀한 전략도 구사한

85 베버는 'domination'(독일어로는 Herrschaft)을 권력(power)의 특정한 사례로 사용하였다. 그는 종속된 집단 또는 개인이 불평등한 현실을 수용함에 따라 불평등 구조가 정규적인 형태(regular pattern)로 정착되는 데 작용하는 권력을 'domination'으로 표현하였다.

다. 교육은 현대사회의 구조적 불평등을 정당화하는 장치로 이용되며, 학교교육은 기득집단에게 현재의 계층을 유지하는 수단이 되고 미득집단에게는 계층 상승 이동의 희망과 기대를 갖게 한다. 현대사회에서 학교교육을 둘러싼 경쟁이 치열해지는 이유는 다음과 같이 정리될 수 있다.

(1) 학교교육의 결과가 능력과 업적의 척도로 공인을 받고 있고,
(2) 장기간의 학교교육은 지속적인 선발 과정을 통해 학생들을 여러 가지 차별화된 궤도로 배치하며,
(3) 학교교육이 다른 분야들에 비해서 비교적 균등하게 기회를 제공할 뿐만 아니라 재능과 노력을 발휘할 수 있는 장치로 인정을 받음에 따라,
(4) 그 결과가 인생의 기회에 직접적으로 작용하기 때문이다.

현대사회는 신분사회나 계급사회처럼 사회 이동이 봉쇄되어 있지는 않지만 그렇다고 해서 무한히 원활하거나 자유롭지도 않다. 기득집단은 미득집단의 상승 이동을 막기 위해 유리한 상황에서 배제 전략을 구사하며, 미득집단도 불리한 상황에 처해 있지만 상승 이동을 위해 침해 전략을 추진한다. 개방을 이념으로 내세우지만 현실적으로는 부분적인 개방의 수준을 넘지 못하고 있는 사회에서, 배제와 침해를 위해 구상하고 실행하는 전략을 파악하려면 실증적 자료뿐만 아니라 사회학적 상상력이 절실히 필요하다. 실증적 자료들이 쉽게 수집될 수 있는 상태로 널려 있지 않다는 사실에 더하여 사회적 폐쇄가 정당성을 표방한 채 은밀하게 이루어지기 때문이다.

사회를 연구하는 데 있어서 그 무엇보다도 중요한 과제는 가시적 현상뿐만 아니라 잠재된 그리고 은폐된 현상까지 심층적으로 파악하는 일이다. 과학의 우수성은 성공적인 노력들이 축적되어 후속 과제를 수행할 때 준거로 활용된다는 데 있다. 이러한 점에서 다량의 비계량적(nonquantitative) 사회학 연구결과들이 통계적 실행들보다 더 과학적인데, 그 이유는 비계량적 결과들은 축적되지만 통계적 실행들은 이전에 수행했던 결과들을 무시하는 데 전력을 다하기 때문이다(Collins, 1981: 3). 과학은 자료의 축적보다 생각을 먼저 요구한다. 개념화 작업은 생각의 결실이다. 전개되고 있는 사태들도 의미 있는 현상으로 포착하고 간파하려면 그에 걸맞은 개념들을 사용해야 한다. 무게, 길이, 넓이, 높이 등은 측정 도구에 의해 측량이 가능하지만, 가속도나 원심력과 같은 현상은 적절한 개념에 의해서만 파악될 수 있다. 단순한 빈도수로 알 수 있는 실태도 있지만 추리통계를 동원해야만 포착될 수 있는 현상도 있다. 경우에 따라서는 조작적 정의(operational definition)를 거쳐야만 측정이 가능해지고 분석과 해석이 더해질 수 있다.

교육사회학에서 베버에 소홀했던 데에는 우연적인 이유도 있겠지만 근본적인 이유도 있다. 교육사회학자들은 실증주의의 영향 아래 교육을 사회질서를 위한 도구로 이용하려는 의도를 갖고 있었지만, 베버는 사회학을 새로운 사회질서, 새로운 사회 구조, 이상사회 등을 실현하는 도구로 사용하는 것을 거부했기 때문이다. 교육은 변화를 추구하는 작업이고 변화의 방향이나 유형은 가치판단의 결과이므로, 교육학에서 가치개입을 봉쇄하기란 사실상 불가능하다. 베버의 사회학은 가치개입을 경고했을 뿐만 아니라 도구적으로 이용되기를 거부했기 때문에, 교육을 경제성장과 사회발전의 도구로 이용하려는 교육학자들에게 비판론으로만 비칠 수밖에 없었다. 현상에 대한 정확한 이해를 요구하는 베버의 사회학적 패러다임은 교육을 기능적 도구로 이용하여 경제성장이나 사회발전을 효율적으로 도모하려는 풍토에서는 수용되기 어렵다.

베버는 새로운 사회질서를 창조하기 위해 사회학을 도구적으로 이용하려는 실증주의자들의 의도에 공감하지 않았다. 그는 사회학이 '비교과학'(comparative science)이 되기를 원했기 때문에 각 사회에 따라 나타나는 현상의 인과관계를 파악하고 그 현상의 의미를 설명하는 데 집착하였다. 그는 "왜 어떤 사회들은 다른 사회들과는 다른 발달 과정을 밟는지"가 궁금하였다. 급속한 변화를 추구하는 발전론자들에게 베버의 패러다임은 "증상이 심각함에도 불구하고 진단에 신중을 기하려는 한가함이나 안일함"으로 비칠 수 있다. 가시적이며 획기적인 정책을 구상하고 실행하려는 정책 입안자들이나 이들을 지원하기 위해서 동원되는 학자들에게 베버 패러다임은 현학적이거나 한가한 지적 유희(遊戲)처럼 인식될 수 있다.

III

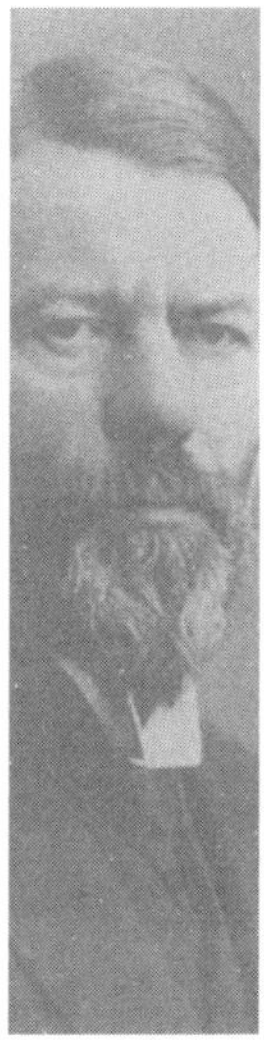

교육사회학에서 베버 패러다임

우리는 다른 학자들이 쓴 글을 읽다가 자신이 이전에 발표한 내용이 아무런 언급도 없이 인용되어 있으면 섭섭함을 숨길 수 없고 경우에 따라서는 배신감을 느끼게 된다. 우리는 무의도적으로 그리고 무지 때문에 앞서 발표된 내용을 빠뜨림으로써 앞선 학자들의 공헌을 인정하지 않고 자신의 글은 독창적인 것으로 부각시킬 수 있다. 또한 세심한 주의를 결여함으로써 선학(先學)들의 업적을 왜곡하거나 가치를 절하시킬 수도 있다. 학계에서는 다른 사람들이 이루어 놓은 성과를 자신이 한 것처럼 발표하는 경우를 '표절'(plagiarism)이라고 지칭하고 비윤리적 행위로 낙인을 찍는다. 대부분의 학자들은 표절에 대해서는 경각심을 갖고 있지만 왜곡, 누락, 기피 등에 대해서는 비교적 안일하게 생각하는 경향이 있다. 그러나 이러한 행위들도 질적으로는 표절과 크게 다르지 않으며 정도가 덜할 뿐이다.

교육학자들이 베버를 연구해야 하는 이유는 교육에 대한 아이디어를 베버로부터 직접 듣기 위해서가 아니다. 베버의 업적들 가운데 교육학이나 교육사회학을 주제로 한 완성된 글을 찾을 수 없다. 그러나 그는 여러 주제—관료제와 교육, 법률교육, 종교사회학, 직업으로서의 학문, 중국의 종교,[1] 정치교육 등—의 글에서 교육에 대해 논했으며 교육에 관한 논쟁도 벌였다(Swedberg, 2005: 81-82). 베버는 현대사회에서 교육이 매우 중요하다고 주장하였다. 그의 설명에 따르면, 계급이 경제적 수단에 의해서 결정되듯이 사회적 지위집단은 교육에 의해서 나누어지며(Weber (ed.

1 한스 거스(Hans H. Gerth)는 베버가 쓴 중국의 종교에 대한 글들을 번역·편집하여 『중국의 종교: 유교와 도교』(*The religion of China: Confucianism and Taoism*)(Weber (ed. and trans. Gerth), 1951)를 출판하였다.

Lassman and Speirs), 1994: 83, 103), 교육으로 획득한 자격증이나 졸업장은 사회 계층 상승 이동에 유리한 조건이 된다(Weber (ed. Roth and Wittich), [1968] 1978: 1000). 교육학에서 베버를 주목해야 하는 이유는 그로부터 사회과학에 대한 독창적 패러다임과 예지를 배우기 위해서이다.

우리가 베버에 주목해야 하고 그의 패러다임을 체계적으로 점검해야 하는 최소한의 이유는 표절을 피하기 위해서이며, 적극적 이유는 새로운 개념들—포스트(post-), 탈(de-) 등의 접두어나 다원(plural), 구조화(structuration) 등의 형용사 및 조어(造語)로 수식되는 개념들—로 표현되는 현대사회[2]에서 일어나는 갖가지 현상들을 이해하는 데 그 어떤 고전 이론들보다도 더 유용하며 발전적 적용이 가능하기 때문이다. 베버의 학문적 범위는 연구주제, 사용된 개념, 연구방법 등 모든 측면에서 매우 폭넓기 때문에, 그의 영향을 받지 않고 사회과학을 탐구하기란 거의 불가능하다. 더욱이 베버의 영향을 받은 학자들도 베버처럼 지적 탐구의 범위를 제한하지 않기 때문에, 베버 패러다임은 학계에 널리 퍼져 있어 그 학문적 기풍(氣風)을 맞아들이지 않을 수 없다. 사회과학을 전공하는 학자가 베버의 영향이나 그의 패러다임을 수용하는 학풍을 피하려면 학문 활동을 그만두어야 한다. 그럼에도 불구하고 우리는, 뒤르케임이나 마르크스의 학문적 공헌은 높이 평가하지만, 베버의 공적을 인정하는 데에는 인색하다.

교육사회학 문헌에서 마르크스는 빈번하게 등장하지만 베버가 언급되는 경우는 매우 적다. 더욱이 마르크스주의, 신마르크스주의, 마르크스주의자, 신마르크스주의자 등과 비교할 때, 베버주의, 신베버주의, 베버주의자, 신베버주의자 등은 용어 자체가 존재하는지 의문이 생길 정도이다.[3] 그러나 베버나 베버 학풍의 학자들이 창출한 이론과 용어들은, 그 출처가

---

2 현대사회가 새로운 개념들로 수식되는 이유는 이전의 사회와 질적으로 다르기 때문이다. 현대사회를 수식하기 위해서 동원되는 개념들은 이전 사회와는 다른 관점이나 패러다임으로 현대사회를 파악하기를 요구하는 메시지를 담고 있다.

밝혀지지 않은 채, 아주 빈번하게 이용되고 있다. 베버나 베버 학풍에 대한 연구는 무엇보다 먼저 그들을 과소평가한 데 대한 반성부터 시작해야 한다. 그들을 제대로 평가하는 작업은 필연적으로 교육사회학의 이론과 개념을 풍성하게 만들고 연구의 주제, 방법, 대상을 확대하는 성과를 가져올 것이다.

1. 베버 학풍의 재평가: 과소평가에 대한 반성

교육학계에서 이루어지는 사회과학적 연구들은 거의 예외 없이 대상 집단의 사회경제적 수준을 중요한 독립 변인 또는 종속 변인으로 삼고 있다. 가정의 사회경제적 배경에 따른 교육 격차, 학력 및 학벌에 따른 사회경제적 지위, 수업장면에서 일어나는 상호교섭 유형의 차이 등 접근의 규모를 불문하고 학생, 학부모, 교사 등은 물론이며 심지어 학교까지 위계적으로 분류한다. 최근 교육학에서 중요하게 다루어지고 있는 경제적 자본, 문화적 자본, 사회적 자본 등도 집단을 질적으로 그리고 위계적으로 차별화하기 위한 개념들이다. 이러한 위계적 집단 구별은 대체로 뒤르케임, 마르크스, 베버로부터 빌려온 개념들을 사용하고 있다.

교육학 연구에서 이루어지는 대상 집단의 사회경제적 구분은 고전사회학이 제안한 세 가지 개념들을 사용하고 있지만, 연구논문을 작성하는 과정에서 실제로 적용되는 집단 분류는 베버의 아이디어에 가장 많이 의존하고 있다. 마르크스 이론을 준거로 하여 수행하는 연구에서조차도 묵시

3 신베버주의에 해당하는 중요한 연구물 가운데 대표적인 두 가지는 랜들 콜린스(Collins, 1986)의 '*Weberian sociological theory*' 그리고 프랭크 파킨(Parkin, 1979)의 '*Marxism and class theory: A bourgeois critique*'이다. 소위 신베버주의에 영향을 미친 학자들로는 앤서니 기든스(Anthony Giddens), 마이클 만(Michael Mann), 테다 스카치폴(Theda Skocpol)이 거명되고 있지만(Swedberg, 2005: 175), 이들이 교육학에 미치는 영향은 거의 없다.

적으로 집단을 구별하거나 실증적으로 집단을 나눌 때 마르크스가 주장한 계급 구분을 적용하지 않는 경우가 허다하다. 이러한 현실에도 불구하고, 교육학자들은 관료제를 다룰 때를 제외하고는 베버에게 주목하지 않았으며 교육학 기본 교재에서는 베버가 지극히 소홀히 다루어지거나 아예 언급조차 않는 경우도 많다. 교육학 도서의 '인명 색인'(name index)에서 베버를 검색해 봄으로써 베버에 대한 교육학자들의 평가 수준을 쉽게 확인할 수 있다.

베버가 사용했던 사회학적 개념과 이론들을 부각시키고 제대로 평가하려는 작업은, 베버의 지적 성향을 계승하거나 발전시킨 학자들이 사용한 개념과 이론들을 체계적으로 소개하는 작업과 연계됨으로써, 교육학의 사회과학적 지평을 넓히고 심화하는 데 크게 공헌할 수 있다. 어떤 유형이든지, 개별 학자들이 수행하는 모든 지적 작업들은 이전에 이루어진 학문적 유산에 새로운 것을 조금 보태거나 발전적으로 해석하는 수준을 넘기 어렵다. 전혀 새로운 관점의 전개를 의미하는 패러다임의 전환(paradigm shift)도 단기적으로 볼 때에는 엄청난 변화처럼 보이지만 장기적으로 보면 조금 두드러진 변화로 나타날 뿐이다. 그리고 패러다임의 전환조차도, 비록 이전의 관점을 부정하고 있지만, 문화적 유산에 깊이 의존하고 있다. 이전의 패러다임을 거부하고 새로운 패러다임이 제시되는 '패러다임 전환'도 대상이 있어야만 가능하다. 새로운 패러다임도 모방하지 않았기 때문에 독창적일 수는 있지만 아무런 영향도 받지 않았다고 말할 수 없기 때문에 전적으로 창조적일 수는 없다.

이 장은 베버 패러다임의 교육사회학 이론들을 발굴하고 재평가하는 데 목적을 두었다. 발굴과 재평가에는 주관적 해석이 따르고 평가자의 가치가 개입될 수밖에 없기 때문에, 이 글은 논란이나 논쟁을 야기할 가능성이 많다. 그럼에도 불구하고 나는 베버 학풍의 이론과 개념들이 교육사회학의 발전에 절실히 요구된다고 확신하고 지지와 반박을 모두 기대하며 이 작업을 시도하고자 한다. 이 작업으로 베버 그리고 그의 학풍이 교육사회학의 화두로 부각된다면, 이 글이 비록 부정적 참고 문헌(negative reference)으로 이용될지라도 그 의의는 충분하다.

베버는 사회학에서 가장 중요한 학자들 가운데 한 사람으로 평가되고 있지만, 그의 작업들 가운데 상당 부분이 오해되고 있으며 그의 이론들은 간과되거나 누락되고 있다(Collins, 1986). 교육사회학에서도 베버는 오해되거나 경시되거나 무시되고 있다. 미국에서는 윌러드 왈러(Willard Waller, 1899~1945)가 사회적 맥락 속에서 지속적인 위협에 직면하면서 생존을 추구하는 '조직으로서의 학교'를 탐구함으로써 베버 학풍의 교육사회학(Waller, 1932)을 시도했지만(Sadovnik, Cookson, and Semel, 2006: 116), 그 이후로는 간간히 소개되고 있는 수준을 넘지 못하고 있다.[4] 이러한 현실은 미국이나 영국에서 발간되는 중요한 텍스트를 점검함으로써 확인할 수 있다. 한국 교육사회학계에서 베버는 뒤르케임과 마르크스에 가려져 있으며 심한 경우에는 존재하지 않는 학자처럼 평가되기도 한다. 뒤르케임학파가 교육 정책 제안을 위한 연구에서 결정적인 준거로 이용되고 마르크스학파가 교육현실을 비판하는 글에서 금과옥조처럼 활용되는 것과는 대조적으로, 베버는 교과서에서 구색 갖추기 정도로 언급되는 수준을 넘지 못하며 의미 있는 내용으로 다루어지지 않고 있다.[5]

나는 한국 교육사회학계에서 베버가 경시된 결정적인 원인들 가운데 하나를 영어권 국가에서 발간된 텍스트에서 찾아보고자 한다. 한국 교육사회학계가 지적 원천으로 삼고 있는 대표적인 영어권 텍스트들은 아래와 같이 정리될 수 있다.

---

4 미국 교육학계는 물론 사회학계에서도 왈러는 주목받지 못하였다. 그러나 1960년대 이후 미국 사회학계는 왈러의 저서(Waller, 1932)를 높이 평가했으며 그의 업적을 기리고자 교육사회학 분과에서는 그의 이름을 딴 상을 제정하여 우수한 저술에 대해 시상하고 있다. 왈러가 46세라는 젊은 나이에 타계하지 않았더라면 베버 학풍의 교육사회학을 크게 발전시켰을 것이다.

5 국내에서 출판된 교육사회학 교재에서 베버는 매우 소홀히 다루어지고 있다. 국내 대학들이 제공하는 교육사회학 교과목의 수업계획안에서도 베버는 주목받지 못하고 있다.

한국에 교육사회학이 소개될 때의 교재와 그 교재의 개정판

Havighurst, R. J. and B. L. Neugarten (1957). *Society and education*. Boston: Allyn and Bacon.

Levine, D. U. and R. J. Havighurst (1984). *Society and education*. 6th edition. Boston: Allyn and Bacon.

Levine, D. U. and R. F. Levin (1995). *Society and education*. 9th edition. Boston: Allyn and Bacon.

교육사회학의 주요 논문들을 편집한 문헌들

Halsey, A. H., J. Floud and C. A. Anderson (eds.) (1961). *Education, economy, and society: A reader in the sociology of education*. New York: The Free Press.

Karabel, J. and A. H. Halsey (eds.) (1977). *Power and ideology in education*. New York: Oxford University Press.

Halsey, A. H., H. Lauder, P. Brown, and A. S. Wells (eds.) (1997). *Education: Culture, economy, and society*. Oxford and New York: Oxford University Press.

Lauder, H., P, Brown, J-A. Dillabough, and A. H. Halsey (eds.) (2006). *Education, globalization, and social change*. Oxford, [UK]: Oxford University Press.

교육사회학의 주요 교과서들

Hurn, C. J. (1978, 1985, 1993). *The limits and possibilities of schooling: An introduction to the sociology of education*. (1st, 2nd, 3rd edition). Boston: Allyn and Bacon.

Persell, C. H. (1977). *Education and inequality*: A theoretical and empirical synthesis. New York: Free Press.

Ballantine, J. H. (1983, 1989, 1993, 1997). *The sociology of education: A systematic analysis.* (1st, 2nd, 3rd, 4th edition). Upper Saddle River, NJ: Prentice Hall.

이 문헌들은 구조기능주의 사회학이 표준사회학(standard sociology)으로 군림한 미국의 학자들에 의해 또는 그들의 주도 아래 출판되었기 때문에 뒤르케임학파가 우세하게 부각되었고, 마르크스학파가 대항 패러다임으로 만만치 않게 부각되었지만, 베버 학풍은 상당히 소홀하게 취급되었다. 이 가운데 한국 교육사회학계에 가장 많은 영향을 끼친 책은 캐러벨과 헐지(Karabel and Halsey)가 1977년에 출판한 『교육에서 권력과 이데올로기』(*Power and ideology in education*)이다. 한국 교육학계에서 교육사회학이 급격히 부상하던 시기인 1980년대에 독보적 위치를 차지했던 이 책은 대학원에서 교재로 많이 채택되었다. 한국 교육사회학계는 이 책에 제시된 패러다임을 절대적 준거로 받아들였다.

캐러벨과 헐지(Karabel and Halsey, 1977)는 교육사회학적 공헌도가 높은 논문들을 편집하면서 1970년대 중반까지의 교육사회학을 '서론'(Educational research: A review and an interpretation)의 장(章)을 통해 분류 · 해석할 때 기능론과 갈등론으로 양분하였다. 이 분류에서 베버 학풍은 갈등론으로 분류되었을 뿐만 아니라 마르크스학파 아래에 둠으로써 영향력이 크게 축소되었다. 이 장(章)의 하위 항목인 '교육에서의 갈등론'에서는 '신베버주의 갈등론'과 '신마르크스주의 갈등론'이 나누어져 있는데, 각각 2쪽(pp. 31-32)과 8쪽(pp. 33-40)이 할당됨으로써 베버 패러다임의 연구들이 상대적으로 빈약하게 소개되었다. 이러한 경향은 30년 가까운 세월이 지나서도 변하지 않았다. 2006년에 편집된 교육사회학 논문선집(Lauder, Brown, Dillabough, and Halsey, 2006)의 서론(Introduction: Prospects for education)에서는 '교육에 대한 갈등적 접근들'(pp. 10-13)이라는 제목 아래 '신마르크스주의 접근'이라는 하위 항목은 있지만 베버와 관련된 항목은 없다. 신베버주의에 대한 언급은 '신마르크스주의 접근'에서 다루어졌다.

나는 베버 학풍이 마르크스의 갈등론으로 분류되어서는 안 된다고 생각했기 때문에 베버 학풍의 독특함을 부각하기 위해 '경쟁론'으로 명명해왔다(오욱환, 2003a). 베버 패러다임의 독자성이 인정되려면 갈등론의 핵심 개념인 갈등과 구별되는 개념이 창안되어야 한다. 베버는 경쟁을 갈등과 구별하였다. 생사(生死)나 지배-종속으로 갈릴 수 있는 극단적 사태를 피하면서도 이익의 극대화를 끊임없이 추구하는 우리의 사회생활은 경쟁으로 연속되고 있다. 우리가 경험하는 이익 다툼은 결과에 따라 보상이 결정되는 경기(game, sports)와 비슷하며 생사가 가려지는 전쟁처럼 전개되지 않는다. 경쟁의 개념은 베버가 내린 정의 그리고 사회학 사전의 용어풀이에 상상력과 논리를 더해 봄으로써 다음과 같이 정리될 수 있다.

(1) 경쟁은, 실제적인 물리적 폭력이 동원되지 않은 상황에서, 이익을 쟁취하기 위해 타인들과 대립하는 상태를 의미한다(Weber (ed. Parsons) 1947: 132).
(2) 경쟁은 평화적 갈등(peaceful conflict)으로 표현될 수 있다(Weber (ed. Parsons) 1947: 132).
(3) 경쟁 과정은 목적과 수단이 질서를 지향하므로 '규제[regulated]'된다(Weber (ed. Parsons) 1947: 133).
(4) 경쟁은 동의되거나 수용된 규칙 아래 일어나며 체제에 대해서는 논란이 없다(Hill, 1981: 3).
(5) 경쟁은 상이하거나 상반된 이익을 추구하는 개인들이 각기 자신들의 이점(利點)과 보상을 극대화하기 위한 겨룸이다(Abercrombie, Hill and Turner, 2006: 74-75).
(6) 경쟁은, 베버에게 있어서는, 모든 사회관계에서 불가피하게 발생하는 현상이며 자본주의 체제에서만 일어나는 독특한 현상이 아니다

(Abercrombie, Hill and Turner, 2006: 74-75).

(7) 경쟁은 인간들의 욕구를 충족시킬 수 있을 만큼의 재원이나 기회가 마련될 수는 없기 때문에 필연적 현상이다.

(8) 경쟁은 인간들의 욕구가 늘어날수록 그리고/또는 준비된 재원이 부족할수록 치열해진다.

(9) 경쟁은 참여자들의 자질과 능력이 비슷할수록 치열해진다.

(10) 경쟁은 규칙의 타당성, 신뢰성, 일관성 등에 의해서 정당화된다.

(11) 경쟁의 결과는 승부(勝負), 우열(優劣), 급락(及落), 적부(適否) 등으로 나타난다.

(12) 경쟁에서는 노력에 대한 보상을 기대할 수 있다. 그러나 갈등에서 노력은 지배자의 착취와 피지배자의 피착취의 심화로 나타난다.

(13) 경쟁은 상대의 존재를 인정하고 공존을 도모한다. 그러나 갈등은 상대와의 공존을 거부한다.

(14) 경쟁은 패자에게 결과의 승복을 요구한다. 그러나 갈등은 패자에게 항복을 강요한다.

(15) 경쟁은 혁명에까지 이르지는 않는다. 그러나 갈등은 혁명을 유발한다.

(16) 경쟁은 경기에 비유될 수 있다. 그러나 갈등은 전쟁에 비유된다.

(17) 경쟁의 결과로 체제가 바뀌지는 않는다. 그러나 갈등의 결과는 현재 체제의 강화 또는 전복으로 나타난다.

베버는 마르크스의 망령에서 벗어나기 위해 노력했으며 독창적인 관점, 개념과 이론, 접근법을 주장하였다. 한 예로, 마르크스는 뒤르케임과 마찬가지로 미래사회에 대해 낙관했지만,[6] 베버는 상당히 비관적인 견해를 피

---

6 마르크스는 공산주의혁명에 의한 평등사회의 도래를 역사적 필연 과정으로 확신할 만큼 낙관적이었다. 마르크스의 사회변동론은, 이러한 필연성을 주장했기 때문에, 사회진화론으로 분류되기도 한다.

력하였다. 뒤르케임은 효율적으로 분업되고 조화된 사회로의 발전을 당연하게 생각했으며, 마르크스는 계급 없는 평등사회가 역사적 필연에 의해서 도래한다고 예견하였다. 그러나 베버는 관료화되고 통제된 사회의 출현이, 자본주의와 사회주의 가운데 어떤 체제를 선택하든, 불가피할 것으로 예측하였다.

캐러벌과 헐지는 베버를 마르크스의 아류로 분류함으로써 베버가 평생 각고의 노력으로 이루어 놓은 성과를 상당히 무의미하게 만들었다. 또한 교육사회학 이론들을 기능론과 갈등론으로 양분함으로써 제3의 관점을 제시하는 베버 학풍의 글들이 체계적으로 배제될 수밖에 없게 했을 뿐만 아니라 제4, 제5 등 다양한 관점의 학풍이 등장할 수 있는 가능성도 제한하였다. 캐러벌과 헐지는 고전사회학이 극단적으로 분류될 때에도 마르크스, 뒤르케임, 베버로 분류되고 있는 사실을 무시하였다. 그러나 이 분류에 걸맞지 않게, 캐러벌은 고전사회학자들 가운데 어느 누구보다도 베버에 심취했으며 베버 패러다임을 자신의 연구(Brint and Karabel, 1989; Karabel, 2005)에 적극적으로 활용하였다. 그는 2005년에 출판한 도서 [*The chosen*]로 2006년 미국사회학회의 '조직, 직업 그리고 일' 분과[7]에서 수여하는 '막스 베버 상'(Max Weber Award)을 수상하였다.

베버를 마르크스의 아류로 분류하는 것(Karabel and Halsey, 1977: 28-32)은 그를 뒤르케임학파에 소속시키는 것만큼이나 부당하다. 그 이유는 베버가 마르크스와의 차별화에 혼신을 다했기 때문이다. 교육사회학과는 달리, 사회학에서는 오랫동안 뒤르케임, 마르크스, 베버 각각의 고유한 사상을 중시하여 세 종류의 고전으로 인정해 왔다. 고전사회학은 뒤르케임, 마르크스, 베버 세 학자의 학문적 특성에 따라 분류되거나(Collins, 1985; Hughes, Martin and Sharrock, 1995) 여기에 상징적 상호교섭 이

---

7 The Organizations, Occupations and Work Section of the American Sociological Association.

론(symbolic interaction theory)이 추가되어 네 영역으로 나누어지기도 한다(Collins, 1994). 학자들의 지적 성향에 따라 콩트, 뒤르케임, 스펜서, 헤겔, 마르크스, 베버, 짐멜, 프로이드, 파레토, 베블렌, 미드, 니체 등이 추가되거나(Ashley and Orenstein, 2001) 니체, 짐멜, 미드, 두 보이스, 만하임 등이 거명되기도 한다(Farganis, 2000).

사회현상을 정확하게 설명하려 하면 할수록 적절한 개념과 이론들이 부족함을 깨닫게 된다. 적절한 개념과 이론의 부족은 어떤 사태를 미시적으로 접근하거나 일상적 현상을 기술하고 해석해야 할 경우에 더욱 절실히 느끼게 된다. 사회 구조가 적과 동지로 명쾌하게 양분되어 있지 않고 사안이나 정책에 따라 관련된 개인과 집단들의 의견이 나뉘며 한 집단 내부에서도 이견이 속출하는 사태가 빈번한 현실에서, 이분법적 논리로 현상을 깔끔하게 설명하려 드는 시도가 무리일 수밖에 없다. 복잡하고 미묘한 사태들을 이분법적 구도로 기술하거나 설명하려 하면, 활용된 개념과 이론들은 이러한 집착에 얽매일 수밖에 없기 때문에 하나의 이데올로기로 변질되기도 한다. 이론의 변질은 구성원들 간의 조화를 절대 명제로 하여 개인들에게는 부여받은 역할의 수행만 강조하는 기능론이나, 구성원들의 갈등을 전제로 하여 타협, 협상, 조화의 가능성을 배제한 채 계급 투쟁을 부추기는 갈등론에 편향된 글들에서 자주 나타난다.

우리는 현대사회에서 모든 개인이 기능적으로 분화된 직업들 가운데 하나를 기꺼이 담당함으로써 상부상조하며 조화롭게 살고 있다고 주장할 수는 없다. 그렇다고 해서, 지배와 피지배의 대립적 관계로 양분된 두 집단들 가운데 어느 한편에만 지속적으로 속해 있으며 상대에 대해 적대감을 갖고 타도하기 위해 몰두하고 있다고 말하기도 어렵다.[8] 또한, 어떤 사람들을 항상 피지배집단으로만 분류하는 것도 무리가 있다. 예를 들면, 노동

---

8 이 두 가지 시각은 조화론 또는 기능론과 갈등론으로 지칭될 수 있으며 각각 뒤르케임학파와 마르크스학파로 대표될 수 있다.

조합에 가입한 정규직 노동자는 자본가와 비교할 때에는 피지배집단이지만 비정규직 노동자가 정규직으로 전환을 요구할 때나 정규직 노동자들이 노조에 가입하려 할 때에는 지배집단이 된다. 남성 임금 노동자들은 자본가와 상대할 때에는 피지배집단이지만 여성 노동자들과 상대할 때에는 지배집단이 된다. 또한 중류 계층의 주부들은 남편들과 대비될 때 피지배집단이지만 파출부를 고용할 때에는 지배집단이 된다. 한편, 현대사회에서 대부분의 성인들은 직업을 통해 생존과 생활에 필요한 재원을 획득하며 그 직업들은 사회적 분업의 형태를 취하고 있지만, 다양한 직업의 소유자들이 사회가 조화롭게 기능하고 유지 · 발전되도록 하기 위해서 사회적 분업에 의해 할당받은 역할 곧 직업에 자발적으로 헌신하고 있다고 말하기 어렵다.

다시 말해서, 우리는 사회의 구성원들이 항상 조화로운 관계를 유지하는 것은 아니라는 사실을 익히 알고 있으며, 그렇다고 해서 이들이 언제나 그리고 어떤 상황에서나 대립 · 반목하고 있는 것도 아님을 알고 있다. 정리해 보면, 인간들은 완벽한 조화와 처절한 갈등의 양극(兩極) 가운데 어느 한쪽에 일방적으로 그리고 극단적으로 치우치지 않으며 조화와 갈등이 개연성을 가진 채 공존하는 상황에서 자신의 이익을 최대한 확보하기 위해 현실적 전략을 구사하고 있다. 이로 인해 사회에서는 타협, 협상, 계약 등 상호교섭 관계가 끊임없이 이루어지고 있다. 현대사회에서 현실적 전략은 유연성과 동질성이 효율적으로 확보되는 규모의 집단 곧 '공동조직'(共同組織: corporative organization)[9]의 유형으로 구체화된다. 협조조

9 공동조직은 'corporative organization'을 번역한 것으로 경제적, 정치적, 사회적 결정이 자신들에게 유리하게 내려지도록 내부적 결속을 도모하는 집단을 일컫는다. 이 외래 개념을 사전에 근거하여 번역하면 조합조직이 되는데 이렇게 번역하면 오해의 소지가 많다. 'corporative'는 형용사로서 '법인의', '협조조합주의의', '협동조합의' 등으로 번역되는데 일부 학자들은 이에 근거하여 corporative organization을 조합조직으로 번역하기도 한다. 이 경우 조합이라는 개념이 노동조합, 신용조합 등으로 국한되는 한계를 극복할 수 없다. 'corporatism'에는 국가(state), 노동조합(trade unions), 회사

합주의(協調組合主義: corporatism, corporativism)[10]는 베버 학풍을 이해하는 데 아주 중요한 개념이지만 이를 명쾌하게 설명하기는 쉽지 않다. 한 사회학 사전(Abercrombie, Hill, and Turner, 1988: 53)은 이 개념에 대해 아래와 같이 기술하고 있다.

> 협조조합주의는 핵심적인 경제적 · 정치적 · 사회적 결정들이 공동조직들에 의해서, 또는 이 조직들과 국가의 연합에 의해서 내려지는 유형을 일컫는다. 여기에서 개인들은 이 조직체들의 구성원으로서 영향력을 갖게 된다. 이러한 조직체들 속에는 노동조합들(trade unions), 전문직들(professions), 영리회사들(business corporations), 정치적 압력단체들과 청원운동가들(political pressure groups and lobbies), 자원단체들(voluntary associations)이 포함되어 있다. 협조조합주의는 시장(market)을 통한 의사결정과 대비된다. 시장에서는 개인들이 사적(私的)으로 선택할 수 있고 집합해서(collectively) 그리고 축적해서(cumulatively) 사회의 형체를 만든다.[11] 정치적 수준에서, 협조조합주의는 자유민주주의의 전통적 유형과 대비된다. 전통적 자유민주주의는 유권자들을 직접적으로 대표하는 정부에 의해서만 정치적 결정이 내려진다.

각종 집단들 사이에 이루어지는 타협, 협상, 계약의 복합적 관계를 파악함으로써 사회현상을 규명하려는 학자들은 사회 구조를 양분하는 구도를

(corporations), 전문가협회(professional associations) 등이 망라되므로 조합으로 번역할 경우에는 그 의미가 너무 제한되어 왜곡될 수도 있다.

10 협조조합주의(corporatism)에 대한 다양한 해석이 골드소프(Goldthorpe, 1984)가 편집한 도서(*Order and conflict in contemporary capitalism*)에 실려 있다.

11 시장에서는 개인들이 개별적으로 또는 모여서 어떤 형체를 만들지만 조직의 형태를 취하지는 않는다. 조합에서 개인들은 공유(共有)한 목적 아래 구성원으로 활동하지만 시장에서 개인들은 개별적으로 또는 모여서 행위하기는 하나 공동 목적을 갖지는 않는다. 따라서 자유주의나 자유방임주의를 선호하는 학자들은 자율적 선택 행위를 강조하기 위해 '시장'을 은유적 개념으로 즐겨 사용한다.

거부하며 가치에 몰입된 이념을 제시하지 않을 뿐만 아니라 독자들을 이상사회로 유도하지도 않는다. 따라서 이러한 성향을 가진 학자들의 이론에서는 이데올로기적 성향이 불분명한데, 그 이유는 이들이 이상사회를 추구하는 데 집착하지 않을 뿐만 아니라 일차적인 목적이 현상의 정확한 설명 또는 의미 있는 해석에 있기 때문이다. 그러나 이들과 비교되는 뒤르케임학파와 마르크스학파는 각각 '조화롭게 분업화된 기능사회(functional society)'와 '계급이 없는 평등사회(equal society)'의 실현을 절대명제로 삼고 있으며 현실사회에서 나타나는 여러 가지 현상들은 이처럼 '미리 설정한 이상사회'의 구현에 비추어져 설명되고 평가된다. 이러한 이유로, 뒤르케임과 마르크스 가운데 어느 쪽을 선호하든지 현상을 기술하는 단계에서부터 가치개입이 불가피하고 평가적 분석과 해석이 두드러질 수밖에 없으며, 경우에 따라서는 교조적(教條的) 또는 선동적(煽動的) 논조를 띠게 된다.

뒤르케임학파의 학자들은 현실사회를 상당히 긍정적으로 평가하는데, 그것은 전통사회에 비해서 현존사회가 훨씬 생산적이며 효율적이라고 생각하기 때문이다. 그리고 이들은 산업화와 도시화에 의한 사회 구성원들의 이질화와 그에 따른 사회결속력의 약화는 학교교육이 선발과 사회화의 역할을 기능적으로 수행함으로써 극복된다고 확신한다. 학교교육은 (1) 선발 기능을 통해서 위계화된 직업 구조에 인력(manpower)을 적합하게 배분함으로써 노동의 분업(division of labor)을 원활하게 하고 정당화할 뿐만 아니라 생산성을 극대화하며, (2) 사회화를 통해서 구성원들에게 사회의 규범과 가치를 내면화하게 함으로써 공유하게 하여 사회적 결속(social solidarity)을 도모한다. 뒤르케임학파의 학자들이 학교교육의 사회화 기능을 당위적으로 강조하고 이에 역행하거나 부합하지 않은 경우들을 부정적으로 규정하고 도덕적으로 비판하며 제재하는 이유는 사회의 존속과 유지를 절대적 목표로 삼기 때문이다. 이들은 사회의 하위 부분들—경제, 정치, 문화, 교육, 종교 등 제반 부분들—이 사회로부터 부여받은 역할을 기능적으로 수행함으로써 현대사회가 발전할 것이라고 낙관한다. 다시 말해서, 이들은 지금까지 일어난 변화가 순행되면 조화로운 기능사회가 구현될 수 있다고 생각한다.

한편, 마르크스학파의 학자들은 현실사회가 자신들이 추구하는 이상사회 곧 평등사회로부터 점차 멀어지고 있다고 판단하기 때문에 매우 비판적인 성향을 띤다. 이들은 이러한 추세로 진행되면 사회경제적 불평등이 더욱 악화되고 평등한 사회는 영원히 불가능해진다고 판단하며 이 추세를 역전(逆轉)시키는 데 주력한다. 마르크스주의자들이 자본주의 체제에 대해 신랄하게 비판하고 새로운 사회를 위한 전략으로서 혁명을 촉구[12]하는 것도 이 맥락에서 이해되어야 한다. 뒤르케임학파의 학자들은 현실사회가 방향을 제대로 잡고 있다고 판단하므로 그 속도를 더하는 데 주력하느라 체제 수용적이고 점진적 성향을 띠지만, 마르크스학파의 학자들은 현실사회가 반대 방향으로 주행하고 있다고 확신하기 때문에 비판적이며 방향의 전환은 그만큼 근본적, 급진적, 구조적 성향을 띠게 된다. 이들은 자본주의 사회에서 학교교육은 사회 구조적 불평등을 재생산하는 효율적인 장치라고 비판한다(Althusser, 1972; Bowles and Gintis, 1976; Sarup, 1978, 1982, 1983. 이에 대한 논의는 Cole (ed), 1988과 Karabel and Halsey (eds.), 1977: VI. Social transformation and educational change 참조).

베버 학풍에서는 유형화된 이익집단이나 묵시적으로 형성되는 집단의식을 강조하며 이러한 의미를 함의하는 계층이 핵심적 개념으로 사용된다. 이러한 점을 중시하기 때문에, 나는 계층과 계급을 혼용하는 것이 부당하다고 주장했으며 그래서 애써 구분해 왔다. 마르크스주의자들이 사용

---

12 마르크스와 엥겔스(Marx and Engels, [1848] 1955)에 의하면, 인류 역사는 계급 투쟁의 역사이며 자본주의 사회의 현실에 대한 기술(description)만으로도 이 사회의 병폐를 치유해야 하는 이유를 찾을 수 있다. 다시 말해서, 자본주의 사회를 제대로 파악하기만 해도 계급혁명의 당위성을 깨닫게 된다.

하는 계급 개념에서는 계급 간 적대성(敵對性), 현존 체제와 지배 계급의 정통성에 대한 거부, 근본적이며 구조적인 변화 등이 강조됨으로써 배타적으로 분류된 집단들 곧 이데올로기를 달리 하는 계급들의 공존 가능성을 찾을 수 없다. 그러나 베버 학풍의 학자들에 의해 분류된 집단들, 예컨대 계층들은 상대의 존재를 거부하거나 상대를 제거하려는 극단적 의도를 갖지 않는다.

계층 간에도 이익을 극대화하기 위한 다툼이 항상 있지만 그 다툼은 상대적 우위를 확보하는 정도를 넘어서지 않는다. 더욱이 베버가 분류한 위계적 집단은 경제적, 사회문화적, 정치적 측면들을 통해서 형성되기 때문에 다양하게 분류되며, 추구하는 목표와 사용하는 전략에 따라 집단들의 이합집산도 얼마든지 가능하다. 나는 베버가 분류한 계층들 사이에 야기되는 다툼은 마르크스주의자들이 언급하는 사생결단의 계급 투쟁(class struggle)과 구별되어야 한다고 주장해 왔다. 이러한 맥락에서, 나는 계층 간의 다툼을 묘사할 때에는 갈등, 투쟁 등이 부적절하다고 생각하여 대안으로서 '경쟁'을 사용하자고 제안했으며 아울러 계층 경쟁(status competition)이라는 용어도 사용하고 있다(오욱환, 2000, 2003a).

베버 학풍은 현존 체제 아래에서 일어나는 계층 경쟁을 공감할 수 있도록 설명하고 해석하는 데 집중한다(Crompton, 1998: 116-123). 이러한 학문적 경향은 지배 계급의 억압과 착취를 기본 구도로 설정하고 이를 극복하기 위해서는 계급 투쟁과 계급혁명이 필수적임을 강조하는 마르크스주의의 지적 분위기와 분명히 대조된다. 그래서 나는 베버와 마르크스 그리고 이들의 패러다임을 이어받은 학자들을, 현실사회에 대한 비판적 성향을 띤다는 데에만 집착하여, 한 부류로 묶는 것(예: Karabel and Halsey, 1977: 31-32)이 중대한 오류임을 지적하고자 한다. 베버 학풍을 마르크스 학파에 포함시키거나 마르크스주의의 변이(變異)로 분류하는 것은 베버에 대한 오해에서 기인한 것이다. 베버는 '마르크스의 망령'(Marx's ghost)에서 벗어나기를 갈망했으며(Salomon, 1945: 596) 실제로 차별화시키는 데 성공하였다(Antonio and Glassman (eds.) 1985; Wiley (ed.), 1987 참조). 그럼에도 불구하고 후대의 학자들은 이원론적 사고가 가져다주는 편이함에 익숙해져 베버를 마르크스에 귀속시키고, 베버 학풍의 학자들을 갈등론에 포함시킴으로써 베버의 중대한 공헌을 격하시키고 있을 뿐만 아니라 많은 지적 유산을 사장(死藏)시키고 있다.

우리가 이분법적 사고나 흑백론과 같은 이데올로기 지향적인 사고를 극복하려고 시도하면 곧바로 베버에 주목하게 된다. 베버의 사상과 접근법은 뒤르케임과 마르크스로 양분된 고전사회학에 제3의 흐름을 추가했으며, 현상에 대한 이해를 강조함으로써 일상에서 일어나는 인간들의 의사소통과 의미 부여를 주제로 삼는 '상징적 상호교섭론'이 출현할 수 있는 밑거름이 되기도 하였다. 상징적 상호교섭론의 접근법은 베버의 해석학적 접근과 상당히 비슷한 맥락을 취하고 있다. 절대적 기준과 거대 담론을 거부하고 나선 포스트모더니즘의 근원도 베버에게서 찾아볼 수 있다. 포스트모더니즘의 중요한 특징들인 '절대적 전제에 대한 거부', '다양성의 추구' 등은 베버가 학문의 필수조건으로 주장했던 것들이다.

교육을 통해서 자유, 평등, 정의 등의 이상을 추구한다면 우리는 현실에 안주할 수 없다. 이러한 이상이 실현되지 않았고 실현되기 어렵기 때문이다. 이상의 실현은 현실에 대한 냉엄한 인식과 반성에서 시작된다. 이는 "꿈을 실현하기 위해서는 반드시 꿈에서 깨어나야 한다"라는 옛 금언과 상통한다. 그리고 교육을 통한 변화를 모색하면서 구조적 혁명을 갈구하는 접근은 모순된 발상일 수밖에 없다. 이러한 접근이 교육의 대상이자 변화의 주체인 인간들을 배제할 뿐만 아니라 인간을 대상으로 하면서 인간의 주체성을 거부하기 때문이다. 교육을 통해서 사회변화를 추진하려면, 우리는 현실을 무(無)비판적으로 수용해서는 안 되며 그렇다고 해서 교육 외적 요인에 의한 구조적 혁명을 마냥 그리고 무작정 기다려서도 안 된다. 사회변화와 관련지어 교육의 역량을 높이려고 시도한 지적 작업들은 베버 학풍을 받아들일 수밖에 없다. 사회변화를 추구하면서 뒤르케임학파의 취약한 현실 비판력과 마르크스학파의 과격함을 우려했다면, 이미 베버 학풍에 동참한 것이나 다름없다.

교육을 통한 사회변화를 기대한다면 그리고 그 변화가 자율성을 가진 인간들에 의해 추진될 수 있다고 확신한다면, 베버 학풍에 깊숙이 참여하고 있는 것과 같다. 나는 앞에서 "자율성을 가지고 자신의 의지와 실천에 의해서 사회변화가 가능하다고 확신하는 개인" 들을 '작인적 주체' —변화의 동인(動因)을 만들어 내는 실존적이며 주도적 존재—로 명명하였다. 이러한 개념이 필요한 이유는 지금까지 개인들이 사회의 부품이나 계급의 구성원으로 취급됨으로써 실존적 존재로 인정을 받지 못하고 사회변화에 종속되었기 때문이다. 개인들이 사회나 계급의 요구에 부응하는 존재로만 인정됨으로써, 교육은 개인들의 속성—지식, 기술, 태도, 가치 등—을 변화시켜 요구된 역할을 수행케 하는 데 치중하였다. 그러나 교육을 중요하게 생각하는 사람들은 교육의 기능을 지식과 기술의 전수로 국한하지 않으며 교육이 사회경제적 보상을 위한 도구로 인식되는 데 대해 강하게 비판한다. 교육의 역량을 강조하려면, 교육을 통한 사회변화의 가능성을 확신해야 한다.

교육을 통한 사회변화를 도모하려면, 개인들에 의해서 사회변화가 가능하다는 인식이 선행되어야 한다. 사회를 개인들로서는 어쩔 수 없는 초월적 존재로 전제하면 개인들을 통한 사회변화는 원천적으로 불가능하다. 당연히, 교육을 통한 사회변화도 불가능하다. 교육을 통한 사회변화는 사회가 '개인들에 의해서 만들어진 구성물' 로 인식되고 사회의 유형도 개인들의 의지와 실행에 의해 바뀔 수 있음이 확신되어야만 가능하다. 자신들의 의지와 행위에 의해 사회변화가 가능하다고 확신하는 개인들은 변화의 동인이며 변화를 주도할 수 있다.

2. 베버주의 교육적 계층화: 콜린스의 시도

한국 교육학계에서 교육사회학이 크게 부각되던 1980년대 초반에 한국에 소개된, 캐러벌과 헐지가 공동으로 편집한 논문선집(Karabel and Halsey, 1977)은 『교육에서 권력과 이데올로기』(*Power and ideology in education*)라는 제목에서부터 강한 인상을 주었다. 장기적인 독재 정치, 민주화에 대한 갈망, 경제성장에 따른 빈부 격차의 심화, 남·북한의 분단 등의 상황은 당시 한국에서 권력과 이데올로기가 지적 화두가 되기에 충분하였다. 이 논문선집이 사회 구조, 사회적 선발, 인적 자본과 노동시장, 정치적·문화적 재생산, 사회개혁 등과 관련하여 교육을 집중적으로 다루기 위해 선택한 서른여덟 편의 논문들은 한국 교육사회학계의 지적 풍토를 완전히 바꾸어 놓았다. 신선한 충격으로 다가온 이 논문선집은 당시 젊은 교육학도들을 교육사회학으로 쏠리게 하는 데 결정적인 계기가 되었다.

그러나 이 인상적인 도서는 교육사회학의 패러다임을 기능론과 갈등론으로 양분함으로써 교육사회학의 관점을 제한하였다. 더욱이 갈등론을 마르크스 패러다임으로 대표하게 함으로써 마르크스 패러다임에 대립적이거나 포함될 수 없는 많은 패러다임과 이론들을 약화시키거나 존재하지 않은 것처럼 인식하게 만들었다. 결과적으로 교육사회학은 뒤르케임의 기능론과 마르크스의 갈등론이라는 양분 구도 아래 전개되었다. 특히, 캐러벌과 헐지가 쓴 '교육 연구: 재고와 해석'으로 번역되는 85쪽에 이르는 장문의 서론은 이러한 구도가 확정되는 결정적 계기가 되었다. 이들은 '교육에 대한 갈등론적 접근'이라는 제목 아래 '신베버주의 갈등론'(Neo-Weberian conflict theory)이라는 하위 항목을 두고 콜린스(Randall Collins)의 1971년, 1974년 논문을 소개하였다. 그러나 소개에 할당된 분량과 내용이 너무 빈약하여 베버 학풍의 교육사회학이 독자적인 패러다임으로 부각될 수 없음을 확인하는 절차처럼 보였다. 결과적으로 이들의 논문선집이 한국의 교육사회학계에 큰 영향을 미침에 따라, 빈약하게 소개된 베버 학풍의 교육사회학은 실제보다 오히려 격하되는 결과가 초래되었다.

한편, 콜린스는 1971년 미국사회학회 정기학술지[*American Sociological Review*]에 발표한 논문 '교육적 계층화에 대한 기능론과 갈등론'(Functional and conflict theories of educational stratification)에서 갈등론을 베버 패러다임으로 국한(Collins, 1971: 1002)하였다. 다시 말해서, 콜린스는 이 논문을 통해 베버 패러다임 교육사회학의 가능성을 입증하려고 하였다. 그의 논문은 설명력과 설득력을 충분히 갖추었기 때문에 추후 발간된 교육사회학 논문선집들은, 앞서 언급한 캐러벨과 헐지의 논문선집까지도, 이 논문을 빠뜨리지 않았다(Cosin, 1972; Karabel and Halsey, 1977; Ballantine, 1985; Ballantine and Spade, 2001; Sadovnik, 2007). 이 논문은 베버 패러다임 교육사회학의 가능성을 확신하는 데 결정적으로 공헌하였다.

콜린스(Collins, 1971)는 선진 자본주의 사회에서 고용에 요구되는 학교교육의 연한이 점차 높아지는 이유를 설명하는 데 동원될 수 있는 두 가지 이론틀을 기술-기능론과 갈등론으로 구분하였다. 그는 미국사회에서의 교육과 계층의 관계를 설명할 때 기술-기능론과 갈등론 가운데 어느 쪽이 더 타당한지를 비교하는 방법을 사용하였다. 그의 설명에 따르면, 기술-기능론은 미국에서 표준사회학으로 지칭될 정도로 영향력을 행사해 온 기능론에 기반을 두고 있다. 이 논문에서 콜린스는 갈등론의 배경이 지위집단들 간의 투쟁에서 다양한 결과들이 초래되는 것에 주목한 베버의 패러다임이라고 밝혔다. 갈등론의 원천을 베버에게서 구한 이러한 구도는 갈등론을 마르크스주의로 인식해 온 학계의 전통에 상당히 도전적인 제안이었다.[13] 이 논문은 베버 패러다임의 교육사회학이 출현하는 데 결정적인 공헌을 했기 때문에 자세히 소개될 필요가 있다. 아래의 글은 콜린스의 논문을 재구성한 것이다.

미국에서 발표된 수많은 연구들은 학교교육 연한(years of schooling)이 사회적 배경에 상관없이 직업적 성취를 결정하는 데 중요한 변수임을 밝혀 왔다. 엘리트 직업들뿐만 아니라 선호 서열이 낮은 직업들도 점차 높은 학력을 요구하고 있다. 이러한 현상에 대한 상식적 설명은 기술-기능론이 잘 반영하고 있다. 기술-기능론에 따르면 (1) 산업사회에서 업무수행에 요구되는 기술의 수준은 과학과 공학의 변화로 인해 지속적으로 높아진다; (2) 공식 교육은 높은 기술을 요구하는 일자리들에 적합하도록 특수 기술의 습득 혹은 보편적 능력의 향상을 위해 적합하게 훈련을 시킨다; (3) 따라서 채용에 요구되는 교육적 구비조건들이 지속적으로 높아짐에 따라, 더 많은 사람들이 더 오랫동안 학교교육을 받아야 한다.

기술-기능론에 의하면, 다음과 같은 가설들이 설정될 수 있다.

가설 1a: 산업사회에서 일자리를 구하는 데 요구되는 교육조건들은, 낮은 기술을 요구하는 일자리들은 줄어들고 높은 기술을 요구하는 일자리들은 늘어나기 때문에, 높아진다.

가설 1b: 산업사회에서 일자리를 구하는 데 요구되는 교육조건들은 동일한 일자리들도 더 높은 기술을 요구하기 때문에 높아진다.

가설 2: 공식적 교육은 일자리에서 요구되는 기술을 제공한다. (a) 더 나은 교육을 받은 피고용자들이 더 생산적인가? (b) 직업적 기술들은 학교에서 학습되는가 아니면 다른 곳에서 습득되는가?

---

13 나는 갈등론을 베버 패러다임과 연결시킨 콜린스의 시도가 타당하다고 생각하지만 용어 선택에서 무리가 있었다고 생각한다. 그 이유는 '갈등론이 곧 마르크스주의'라는 등식이 너무 뿌리가 깊기 때문이다. 그리고 집단 간 갈등은 베버보다 마르크스에 의해 더 극명하게 부각되었다. 마르크스는 계급 개념을 이용하여 갈등을 부각했으며 계급혁명을 주창하였다. 그러나 베버는 계층 개념을 가지고 갈등을 기술했으며 대립하는 집단들의 공존을 부정하지 않았다. 다시 말해서, 갈등이라는 개념은 베버보다는 마르크스를 더 선명하게 떠올리게 한다. 나는 이러한 점들을 언급하면서 베버 패러다임에서는 갈등보다는 경쟁이라는 단어를 사용하도록 제안해 왔다(오욱환, 2003a: 158-163).

기술-기능론은 이 가설들이 검증될 수 있는 적합한 증거들을 제시하지 못한다. 경제적 증거들에 의하면, 경제성장을 위한 교육의 공헌이 명백하게 밝혀지지 않는다. 경제성장을 위한 교육의 공헌은 대중이 문해(文解) 수준을 넘으면서 사라진다. 교육은 때때로 현직에서의 생산성과 무관하거나 심지어 부정적으로 작용하기도 한다. 생산과 직결되는 직업적 훈련은 공식적 학교 훈련을 통해서보다는 현직에서 업무를 수행하면서 더 많이 습득된다. 학교의 질적 수준과 학생문화의 본질을 고려할 때, 학교교육은 업무 기술들이 습득되는 수단으로서는 매우 비효율적이다.

고용자들은 모든 일자리에 요구되는 기술들에 대해 정확하게 알고 있지 못하므로 '최적'(optimizing)보다는 '충족'(satisfying) 수준에서 피고용자들을 채용한다. 이러한 상황에서는 지원자들의 사회적 배경과 같은 귀속적 속성들이 선발의 중요한 준거가 된다. 직업의 종류나 직위에 따라 차이가 있지만, 인종·종족은 물론이며 성명(姓名),[14] 억양, 의상, 품행, 화술 등도 취업 여부에 영향을 미친다. 교육적 조건들도 기준을 정하는 권한을 가진 집단들이 자신들의 이익을 반영할 수 있는 요긴한 장치가 된다. 결론적으로, 교육적 요구에 대한 기술-기능적 관점은 수많은 사실들을 설명하지 못하고 있다. 미국사회의 백인 중류 계층의 상식과 기대를 담은 기술-기능론은 현실과는 거리가 있다.

교육적 요구의 변화는 베버로부터 아이디어를 얻은 갈등론과 현대 조직이론에 의해 더 적절하게 설명될 수 있다. 갈등론으로 설명하기에 앞서 '지위집단'(status group), '이점을 위한 투쟁'(struggle for advantage), '지위문화로서의 교육'(education as status culture) 등 중요한 개

14 가계(家系)를 지칭하는 성(姓)과 개인을 지칭하는 명(名)에는 많은 의미가 담겨 있다. 성(family name)은 종족, 혈통 등을 나타내며, 명(first name)에는 부모의 기대와 가정의 풍토가 깃들어 있다. 미국의 경우, 성경에 나오는 성인들의 이름(예: David, Noah, Mary, Sara 등)을 딴 기독교식 이름은 부모가 기독교 정신에 의미를 두고 있음을 암시한다.

념들을 정리할 필요가 있다. 사회의 기본 단위는 공동의 문화(하위 문화)를 공유하는 연합 집단들 곧 지위집단들이다. 지위집단들은 명예(honor), 취향(taste), 가정교육(breeding), 존경(respectability), 예절(propriety), 수양(cultivation), 우정[good fellows], 일체감[plain folks] 등에 의한 도덕적 평가(moral evaluation)를 준거로 하여 다른 집단들을 주관적으로 구별함으로써 형성된다. 따라서 내집단(ingroup)문화가 부족한 사람들을 배제하는 행위는 규범적으로 정당화된다. 베버의 설명에 따르면, 지위집단은 (1) 경제적 상황 곧 계급에 따른 생활 유형의 차이; (2) 권력적 지위에 따른 생활 상황(life situation)의 차이; (3) 지리적 원근, 민족, 종교, 교육, 지적 혹은 심미적 문화 등으로 구성되는 문화적 조건이나 제도들로 초래되는 생활 상황의 차이 등 세 가지에 의해 형성된다.

'이점을 위한 투쟁'은 다양한 소유물—재화, 위세, 혹은 권력—을 쟁취하기 위한 지속적인 경쟁을 의미한다. 이러한 경쟁은 일차적으로 조직을 통해 이루어진다. 복합적인 사회에서는 경쟁이 조직 내에서도 일어난다. 상황에 따라서는, 낮은 혹은 중간 위치의 구성원들도 실질적인(de facto) 권력을 가짐으로써 복종을 거부하거나 조직의 변화를 도모할 수 있다. 보편적으로, 조직의 엘리트들은 자신이 속한 지위집단에서 신임 임원이나 핵심 조수(助手)들을 선발하며, 하위직의 피고용자들을 채용할 때에는 엘리트 문화의 우수함을 존중하도록 교화된 사람들을 선발하기 위해 애쓴다.[15] '지위문화로서의 교육'은 학교의 중심 활동이 특정한 지위문화를 가르치고 있음을 의미한다. 학교는 지식과 기술 못지않게 어휘와 어조, 옷맵시, 미적 감각, 가치관과 태도도 중요하게 생각하여 가르친다. 많은 학교들이 사교성과 운동을 강조하는데, 이러한 활동도 학교의 목표에 부합할 뿐만 아니라 실질적으로는 더 중요할 수도 있다.

---

15 우리는 여기서 선발 과정에 작용하는 인맥(人脈), 학맥(學脈), 지연(地緣), 혈연(血緣) 등을 연상할 수 있다.

갈등론의 전제들—(1) 현대사회에서 계급과 민족으로 나뉘는 지위집단 문화들은 서로 구별된다; (2) 지위집단들은 조직 내에서 상이한 직업적 위치를 차지하고 있다; (3) 조직적 위치가 상이한 사람들은 권력을 위하여 투쟁한다—은 증거에 의해 지지되고 있다. 교육은 직업적 배치의 기제로 작용한다. 고용자들은 지배적 지위문화로 사회화된 사람들을 선발하기 위해서 교육을 활용한다. 학교는 권력을 가졌거나 자율적인 지위집단들이 자신들의 자녀들에게 종교, 종단(宗團), 민족, 계급 등에 근거한 배타적 교육을 제공하거나 자신들의 문화적 가치들에 대한 존중심을 전파하기 위해서 설립되었다. 고용자들은 지배집단에 대해 존경심을 가진, 그리고 적절하게 사회화된 피고용자를 채용하기 위해서 교육적 요건들을 활용한다. 이들은 피고용자들이 교육을 통해 습득한 기술이나 지식에 대해서는 그다지 관심을 갖지 않는다. 따라서 고용자들이 규범적 통제에 관심을 가질수록 그리고 피고용자의 조직 내에서의 지위가 엘리트 수준에 가까울수록, 고용자들은 높은 교육적 조건들을 갖춘 사람들을 선호한다.

교육받은 사람들이 늘어나면 취업에 요구되는 교육적 요구도 높아진다. 조직의 규모가 거대하고 위세가 높을수록, 고용자들은 관리 직급의 상대적 위세를 높이고 중간 직급의 존경심을 이끌어 내기 위해 교육적 요건을 더 높이 그리고 엄격하게 요구한다. 교육은 고용자들이 피고용자를 선발할 때에는 정당한 준거가 되며, 피고용자들이 승진 기회를 위해 경쟁할 때와 현재 직위의 위세를 높이고자 할 때에는 타당한 준거가 된다. 모든 사람들이 선호하는 직업과 지위를 얻기 위해 학력을 높임에 따라 (고학력의 회소성이 점차 사라져) 높은 학력의 사회경제적 보상효과가 감퇴한다. 개인들이 하나같이 저하된 학력효과를 만회하기 위해, 다시 말해서 경쟁력이 있는 학력을 갖추기 위해 학력을 더 높이면 사회 전체의 학력만 높아지는 학력 인플레이션 현상이 일어난다.

콜린스는 이 논문(Collins, 1971)을 통해서 베버 패러다임 교육사회학이 출현하는 데 결정적으로 공헌하였다. 그는 이후에도 비슷한 성향의 논문과 저서들을 출판함으로써 베버 패러다임을 부각하는 데 적극적이었다(Collins, 1974, 1975, 1979, 1986, 2000, 2002). 이러한 업적을 통해서, 콜린스는 의미 있는 개념과 이론들을 개발하고 확산하였다.

3. 복합적 현대사회에의 적합성

현대인들의 생활은 가족을 중심으로 하여 이루어지고 있다. 현대인들의 생존과 생활의 기반은 가족이다. 이들은 개인적 이해(利害)에 매우 민감하며 가족의 이해에도 그에 못지않은 관심을 갖고 있다.[16] 개인주의(individualism)와 가족주의(familism)가 팽배하고 확산된 현대사회에서, 개인들은 사회의 존속과 유지를 위해서 또는 계급의 단결을 위해서 자신이나 가족의 일상생활을 쉽사리 포기하거나 방치하지 않는다. 다시 말해서, 현대인들은 뒤르케임이 주장하듯 사회의 존속 · 유지를 위해 도구처럼 주어진 역할을 수행하는 기능적 배우(俳優)도 아니며 마르크스가 기대하듯 이념에 의한 계급 투쟁을 위해 헌신하는 혁명적 투사(鬪士)도 아니다. 현대인들은 현실사회에서 한편으로는 기득권을 고수하기 위해 전력을 다하고 있으며, 다른 한편으로는 이익을 확대하기 위해 경쟁에 몰두하고 있다.

전통사회가 몰락하면서 일상생활에 대한 신분 체제의 결정력이 줄어들고 자본주의 경제 구조에 의한 계급 체제도 직업의 다양화와 민주주의의 확산으로 느슨해지면서 혈통, 세습, 상속에 의한 신분과 계급의 재생산이

16 개인주의나 가족주의가 상징하는 사적 영역의 확대는 문화와 여가 산업의 확대에 의해 촉진되기도 한다. 주 5일 근무제로 사생활의 비중과 중요성이 높아지고 있으며 가족 단위의 활동이 늘어나고 있다. '위험사회'(risk society)라는 개념으로 널리 알려진 울리히 벡(Ulrich Beck)은 계급은 물론이며 계층의 구속성도 크게 약화되는 개인주의화(individualization)가 급속도로 진행될 것이라고 예견하였다(Beck and Beck-Gernsheim, [2002] 2006)

어려워졌을 뿐만 아니라 정당성도 잃게 되었다. 직업이 다양해지면 자본가와 노동자로 양분되었던 계급 구조가 다층화(多層化)된 계층 구조로 변화하면서 세대 간(inter-generational)에서는 물론이며 세대 내(intra-generational)에서의 계층 이동이 이전보다 훨씬 용이해지고 빈번해졌다. 피고용 노동자에서 고용자 자본가로의 계급 이동보다 단순 노동자에서 기술직 노동자, 판매 사원에서 판매 담당 이사, 하급 공무원에서 고급관료 등으로의 계층 이동이 훨씬 용이하다.

이러한 맥락에서 개인별 업적에 따라 사회경제적 보상이 주어져야 한다는 업적주의가 사회생활을 지배하는 이념으로 정당성을 확보하면서, 개인과 가족을 단위로 하는 업적 경쟁이 치열해졌다. 전통적 신분사회나 초기 자본주의 체제 아래의 계급사회와 비교할 때, 현대사회는 사회적 지위가 개인의 능력과 업적에 의해 상당히 좌우되고 이로 인해 계층 이동, 특히 상승 이동이 활발하게 일어나고 있다. 업적주의가 확산되고 계층 이동이 원활해지면, 상대적으로 하위에 있는 계층들은 상층으로의 이동을 위한 조건을 구비하는 데 총력을 기울이게 되며, 상대적으로 상위에 있는 계층들은 이에 대처하기 위해 현재 위치를 고수하면서 더 상위 계층으로의 도약을 위해서 몰입하게 된다.

혈연과 상속에 의한 신분사회나 계급사회에 비해 계층사회는 개인별로 객관적이며 확인될 수 있는 업적을 갖추어야 하기 때문에, 자녀들이 잠재력, 능력, 업적 등을 축적하고 공인을 받는 데 부모들이 적극적으로 개입하게 된다. 더욱이 현대사회에서 필요로 하는 능력은 가정에서 길러지지 않고 가정 밖, 특히 학교를 통해서 길러지기 때문에 자녀의 학교교육을 위한 부모들 간의 경쟁은 불가피하다. 계층사회에서는 직업적 지위가 사회적 지위를 좌우하는 변수가 되므로, 직업적 지위에 결정적인 영향을 미치는 학력과 학벌을 둘러싼 가족 간 경쟁이 치열해진다. 가족 간 학력·학벌 경쟁을 설명하는 데 적합한 사례는 현대 자본주의 사회에서는 물론이며 심지어 평등을 정치 이념으로 내세우며 공산주의 체제를 정당화한 옛 소련에서도 찾아볼 수 있다(오욱환, 1992; Dobson, 1977). 전통적 신분사회였던 제정(帝政) 러시아가 1917년 프롤레타리아혁명에 의해 몰락한 후 소련에서는 신분도 사라지고 계급도 무의미해졌지만 정치적 권력과 직업적 지위에 의한 계층이 사회경제적 보상에 미치는 영향은 이전보다 더 커졌다. 계층 상승을 위한 가족 간 경쟁이 치열해지면서 소련사회에서는 자녀교육을 위한 부모주의(parentocracy)가 그 어떤 서구사회에 못지않게 기승을 부렸다.

한국사회의 경이로운 자녀교육열도 신분사회의 몰락, 계급 구조의 취약, 경제성장과 사회발전으로 인한 출세직의 급증, 민주주의의 도입에 의한 업적주의의 확산 등이 계층 상승 이동을 활발하게 만들고 교육을 통한 출세가 보편적 현상처럼 확대되면서 자녀들의 학력과 학벌을 높여 출세하게 하려는 부모들의 집념의 결과이다(오욱환, 2000). 한국에서는 경제의 성장과 교육 기회의 확대가 맞물려 일어남으로 인해 학력·학벌과 사회경제적 출세 사이에 밀접한 관계가 형성됨으로써 교육출세론이 철칙처럼 인식되고 시민종교(civil religion)처럼 확산되었다. 그러나 최근에는 경제성장의 둔화와 과잉 학력화의 부작용으로 세대 간 계층 하강 이동이 차츰 늘어나면서 이를 저지하려는 부모들이 자녀교육에 진력을 다함으로써 가족을 단위로 한 교육 경쟁이, 학력 인플레이션에 의해 교육이 취업과 소득에 미치는 영향이 약화되고 있음에도 불구하고, 한층 더 가열되고 있다. 학력과 학벌에 의한 사회적 폐쇄가 강화되면서 학력주의와 학벌주의가 현실사회에 실제로 작용하는 하나의 이념이 되고 있다. 교육에 의한 구별이 민족에 의한 구별처럼 눈으로 인식될 정도가 되었다(Collins, 1979: 86-87).

학력 인플레이션은 내적 동인에 의해서 촉진되는 '자기구동'(self-driven) 과정이다(Collins, 2002: 24). 사회 전반적으로 학력이 상승하면, 이전까지 취업 시장(job market)[17]에서 상당한 선발력을 가졌던 학력도 더 이상 종전의 효력을 갖지 못한다. 학력 인플레이션 사태에서 종전의 학력효과를 되찾고 차별화에 성공하려면 이전보다 더 높은 학력을 갖추어야 한다. 이러한 과정이 연속될 수밖에 없기 때문에, 학력 인플레이션은 걷잡을 수 없이 진행된다. 고학력의 추구는 개인이나 가족 단위에서는 합리적 선택에 의해서 결행되지만 학력 인플레이션 상태에서는 기대한 효과를 거두기 어렵다. 고학력화는 사회 전체로서는 결코 합리적인 결정일 수 없으며 '의도하지 않았을지라도 예견된 결과'로서 교육받은 실업(educated unemployment), 하향취업(underemployment), 과잉교육(overeducation), 교육과 직업의 불일치(mismatch of education and occupation) 등이 필연적으로 초래되어 개인, 가족, 사회, 국가 모두를 딜레마에 빠뜨린다. 자신의 소득, 직종, 직위 등이 학력에 걸맞지 않게 낮은 사람들은 그러한 상황이 장기화되면 '지위공황'(status panic)[18]과 같은 상태에 빠질 수 있다.

학력 인플레이션을 해소하기 위한 국가적 정책은, 명분이나 절차야 어떠하든, 결과적으로는 교육 기회를 줄이는 형태로 전개될 수밖에 없다. 이는 국가적 난제(難題)[19]가 될 수밖에 없으며 정권의 정통성을 위협하는 요소가 된다. 이 방법이 국민들에게 교육 기회의 박탈이나 불평등으로 비쳐질 가능성이 아주 높기 때문이다. 학력 인플레이션은 사회 구성원들이 학

17 'Job market'은 취업 시장(就業市場) 또는 인력 시장(人力市場)으로 번역되지만, 인력 시장이 단순 일용 노동자들을 대상으로 하는 경우가 늘어남에 따라 취업 시장이 더 적절한 번역이다. 노동경제학에서는 노동 시장(labor market)이 더 많이 사용된다.

18 지위공황은 사회적, 경제적 변화로 자신의 지위에 대해 감당할 수 없는 불안을 느끼는 사회집단에게 일어난다(Turner, 1988: 3). 예컨대, 구멍가게 주인들은 인근 지역에 대형 슈퍼마켓이 들어서면 지위공황을 겪게 된다. 세대 내는 물론이며 세대 간에 일어나는 계층 하강 이동은 지위공황의 결정적인 원인이 된다. 오늘날 선진국에서는 중류 계층이 '우아함으로부터의 추락'(falling from grace)을 겪고 있다(Newman, 1989).

19 학력 인플레이션의 해결이 얼마나 어려운지 알아보기 위해서는 하나의 가정만으로도 충분하다. 그 가정은 84퍼센트에 달해 있는 한국의 대학진학률을 유럽 선진국 수준인 30퍼센트로 줄이는 것이다. 그 결과는 100명이었던 대학생이 36명으로 줄어듦을 의미한다(100×36÷84). 50퍼센트로 줄이더라도 100명의 대학생들 가운데 60명만 남기고 40명을 탈락시켜야 한다(100×50÷84). 우리는 한국에서 이러한 정책이 시행될 때 일어날 수 있는 사태를 상상해 볼 필요가 있다.

교에 머물러야 하는 기간을 지속적으로 연장시킴에 따라 취업 기간을 단축시킴으로써 국가적 생산성을 저하시킨다. 또한 개인들에게 교육비용과 기회비용[20]의 부담을 가중시킬 뿐만 아니라 교사, 직원, 시설, 교수-학습 자료 등의 비용으로 국가에 재정적 부담을 안기는 한편 그 인력의 생산성을 유예함으로써 인적 자본의 효율성을 격감시킨다. 고학력화로 교육 기간은 늘어나지만 기술공학의 발달과 경영의 효율화로 취업 기간이 단축되고 불안정해짐으로써, 학교교육의 생산성과 경제적 보상은 급격히 저하되고 있다.

경제성장률이 둔화되고 탈기술화, 탈전문화, 경영합리화, 사무자동화 등이 가속되면서, 한국에서는 아들이 아버지 나이가 되었을 때 갖게 될 직업적 지위가 지금 아버지가 갖고 있는 직업적 지위에 미치지 못하는 사례가 늘어날 것이다(오욱환, 2004).[21] 계층 하강 이동의 확산으로 한국사회는 위기에 처할 가능성이 아주 높다. 그 징후의 하나로서 출산율의 급락을 들 수 있다. 한국 통계청의 2009년도 발표에 의하면, 한국의 합계출산율(total fertility rate)[22]은 1.15명으로 세계 최저로 밝혀졌다. 자녀를 적게 갖거나 아예 갖지 않으려고 하는 데에는 자녀 양육과 교육에 대한 부모들의 경제적 및 심리적 부담감이 작용하며 세대 간 계층 하강 이동에 대한 두려움도 그 밑바탕에 깔려 있다. 선진국의 문턱까지 도달한 오늘날 한국

20 한 가지를 선택하면 다른 종류의 선택이 불가능한 경우에 어떤 하나를 선택함으로써 다른 선택이 불가능해짐에 따라 잃게 된 가치를 의미한다. 이 기회비용을 교육비에 포함시켜야 하므로(교육비=직접교육비+기회비용) 학생들이 지불하는 교육비는 직접 지불하는 비용보다 훨씬 많다. 예를 들면, 대학 비용에는 등록금, 교재비 등 직접교육비 이외에도 대학에 다니지 않고 직장에 다닌다면 벌어들일 수 있는 소득까지 포함된다.

21 그러나 아버지와 할아버지 사이에서는 이러한 사태가 거의 일어나지 않았는데, 교육 기회와 취업 기회에서 아버지는 할아버지보다 월등히 좋은 조건을 가졌기 때문이다. 그리고 딸과 어머니 사이에서도 아들과 아버지 사이에서 나타날 난감한 사태가 덜 일어날 것이다. 어머니 세대에서 고학력과 취업은 보편적 현상이 아니었기 때문이다.

22 여성 1명이 평생(대개의 경우, 15세에서 49세까지를 기준) 낳을 것으로 예상되는 평균 자녀 수를 의미한다.

의 출산율이 세계적인 빈곤 국가였던 때의 출산율을 기억할 수 없을 정도로 급락한 데에는 계층 상승 이동에 대한 갈망과 하강 이동에 대한 공포가 함께 작용하고 있다.

전통적으로 한국의 부모들은 극도로 빈곤했던 시절에도 "누구나 자기가 먹을 것은 갖고 태어난다"라고 생각했지만, 오늘날 한국의 부모들은 "제대로 키워야 한다"거나 "남부럽지 않게 키워야 한다"라는 절박감을 떨쳐버리지 못하고 있다. 한국사회에서 (1) 사회경제적으로 상당한 위치에 도달한 부모들은 세대 간 계층 하강 이동의 가능성을 떨쳐 버리지 못하고, (2) 사회경제적 지위가 낮은 부모들은 현실적 난관 속에서 계층 상승 이동을 도모해야 하는 어려움에 처해 있다. 각기 처한 현실의 차이에도 불구하고, 한국의 부모들은 자녀들의 교육과 출세에 적극적으로 개입하기 위해 자녀 수를 최소화한다. 세대 간에 일어나는 계층 하강 이동은 가족의 몰락처럼 느껴지게 만든다. 세대 간 계층 하강 이동은 부모-자녀 간 학력 격차가 좁혀지면서 절실하게 감지될 것이다. 지난 1세기 동안 한국에서는 부모-자녀 간 학력 격차가 점차 좁혀져 왔다. 예컨대, 아버지와 아들의 학력 격차는 할아버지와 아버지의 학력 격차보다 훨씬 작다.[23] 부모-자녀 간 학력 격차의 축소와 취업 시장의 악화는 부모들의 직업적 지위보다 낮은 수준의 직업을 갖는 자녀들이 늘어남을 의미한다.

세계 최고 수준에 이른 대학진학률로, 한국에서는 부모와 자녀의 학력 격차가 조만간 거의 없어질 것이다. 그 결과, 한국의 부모들은 자신들보다 나을 것도 없고 큰 기대도 갖기 어려운 상황 아래에서 자녀들을 양육하고 교육해야 하는 난제에 부닥치게 된다. 부모들은 자녀들이 자신들의 학력 정도밖에 획득하지 못하게 됨에 따라 자녀들이 자신들보다 더 출세하기를 기대하기 어렵게 되었을 뿐만 아니라 오히려 하락할 가능성까지도 감지하

23 예를 들면, 초등학교를 졸업한 할아버지와 고등학교를 졸업한 아버지의 학력 격차는 6년이지만, 고등학교를 졸업한 아버지와 대학교를 졸업한 아들의 학력 격차는 4년이다.

게 된다. 상황이 이러하기 때문에, 자녀들에게 명문 학벌을 제공하기 위한 경쟁이 치열해지고 있다. 한국사회에서 시대적 조류처럼 벌어지고 있는 조기유학은 세대 간 계층 상승 이동에 대한 기대보다는, 체면 유지를 위한 한국인들의 집념과 맞물려, 계층 하강 이동을 저지하기 위한 전략으로 더 많이 결행되고 있다(오욱환, 2008b).

순수한 의미에서의 업적주의는 가족 체제가 유지되는 한 실현될 수 없다. 사회경제적 보상을 두고 벌어지는 경쟁의 기본 단위가 가족이며 가족은 다른 집단과는 다르게 가장 친밀한 혈연관계로 구성되기 때문이다. 가족 구조가 유지되는 한, 부모들은 자신들이 가진 경제적 · 사회적 · 문화적 자본[24]을 자녀들에게 물려주기 위해서 가능한 모든 전략을 구사하게 된다(오욱환, 2008a, 2008b). 부모들의 집념과 전략은 평등사회를 지향한 사회주의 국가들에서도 저지되지 않았을 정도이므로, 경쟁을 당연하게 생각할 뿐만 아니라 권장하는 자유주의 국가에서는 부모주의가 팽배할 수밖에 없다. 지배집단은 경제적 자산, 사회문화적 위세, 정치적 권력 등 자신들이 가진 이점들을 경제적, 문화적, 사회적 자본으로 전환한 후 이를 최대한 활용하여 자신들의 기득권을 자녀들에게 효율적으로 그리고 합리적으로 상속하려고 한다.[25] 현대사회에서는 이러한 행위들이 정당화되어야만 피지배집단들로부터의 저항을 막을 수 있다. 정당화는 가시적, 객관적, 측정 가능한 절차를 통해서 확보될 수 있기 때문에 제도적 유형을 취하게 된다. 학업성적, 학력, 학벌은 적용이 가능한 척도들 가운데 가장 타당한 준거로서 인정되어 왔다. 자녀들의 출세를 위한 부모들 간의 지원 경쟁이,

---

24 자본(capital)이라는 개념은 이익 창출(profit-making)과 관련되며 활용과 확대재생산을 강조하기 위해서 사용된다. 돈이 경제적 자본이 아니듯, 부자도 자본가가 아니다. 돈이 많은 부자가 자본가가 되려면 사업을 구상하고 그 돈을 구상한 사업에 투자해야 한다. 돈의 위력보다 자본의 위력이 더 큰 이유도 활용에서 격차가 있기 때문이다.

25 서로우(Thurow, 1972: 79)는 유리한 조건들을 가진 가족들이 자신들의 이익을 유지 · 확대하기 위해 교육에 투자하는 행위를 '방어적 지출'(defensive expenditure)이라는 용어로 표현하였다.

신분과 계급이라는 기득권을 자녀들에게 직접적으로 대물림하기가 어려워지면서, 현실적으로 가능한 상속 수단인 자녀들의 학력 높이기와 학벌 다듬기에 집중되고 있다.

신분사회나 계급사회와 비교할 때, 계층사회에서는 사회경제적 보상을 획득할 수 있는 기회가 상대적이긴 하지만 확대되고 균등해진다. 그렇지만 기회가 확대되고 균등해지더라도 경쟁이 사라지거나 약화되지는 않는다. 기회의 확대와 균등화는, 하위 집단으로 하여금 계층 상승에 대한 기대에 부풀게 하며 상위 집단에게는 계층 하강의 위험을 안겨주므로, 도전과 응전의 양상을 띤 경쟁을 오히려 더 가열시킨다. 한편 경쟁이 가열되면, 불리한 집단은 기회의 확대와 균등화를 이전보다 더 강력하게 요구하고 사회 구조적 불평등에 대한 불만을 더 빈번하게 그리고 격렬하게 표출한다.

> 기회가 확대되면 이전까지 기회가 제한되었던 집단이 기대 수준을 더 높이고 상대적 박탈감도 더 구체적으로 느끼기 때문에 기회균등의 격차가 첨예한 문제로 부각되기도 한다. 기회를 제공하는 사람은 '이전의 상태'와 비교하여 기회균등을 긍정적으로 평가하지만, 기회를 제공받는 사람은 '기회를 더 많이 가진 사람'과 비교하기 때문에 일정 수준에서 만족할 수 없다. 예컨대, 굶주린 자에게 빵을 제공하는 사람은 기회가 균등해졌다고 확신하겠지만, 빵만 받은 사람은 고기까지 먹는 사람을 의식하기 때문에 자신이 균등한 기회를 가졌다고 생각하지 않는다(오욱환, 2003a: 203-204).

1) 경쟁의 전략으로서 폐쇄

현대사회에서 모든 개인들은 자신들의 이익을 극대화하기 위해 여러 가지 전략을 동원하고 있다. 그 전략 가운데 하나는 비슷한 처지에 있는 사람들이 집단을 결성하는 것이다. 집단은 어떤 목적 아래 결성될 수 있지만, 많은 경우 의식하지 못한 채 공감하면서 일치된 활동을 할 수도 있다. 현실적으로는 유(有)목적적 결성보다는 무의식적 결집이 더 빈번하고 규모와 영향력이 더 클 수 있다. 일차적으로는 감정의 공유와 교류에 의해서 무의식적으로 결집된 집단도 공동의 목표를 갖게 되면서 결속력이 강화되어 간다. 이러한 유형의 집단들도 경쟁 관계에 있는 집단들이 등장하면서 피해의식까지 추가되면 이익집단(interest group)이나 압력단체(pressure group)로 변화한다. 가족은 감정과 목적을 모두 공유하기 때문에 그 어떤 집단보다도 강력하게 결속된다. 한국사회에서는 모든 가정들이 다른 모든 가정들을 경쟁 및 갈등 상대로 지목함으로써 가정을 단위로 한 경쟁이 무한히 가열되고 있다.

개별적인 행위로 나타나더라도 유사한 유형을 보이는 개인들을 모으다 보면 집단적 특성으로 분류할 수 있다. 이렇게 구성된 집단들은 계층, 종족, 인종, 종교 등 통상적인 분류법에 적합한 경우가 대부분이지만 이러한 분류법에서 벗어나는 경우도 있어 새로운 범주가 필요하게 된다. 현대사회에서는 이전의 분류법으로는 적합하게 나눌 수 없는 집단들이 등장하고 있다. 그 좋은 사례가 도심과 교외 또는 구도시와 신도시라는 거주 지역의 이질성에 의해 형성되는 집단 특성이다. 자녀교육에 개입하는 부모들의 행위 유형은 개별적이지만 중류 계층과 하류 계층, 백인과 흑인, 양반과 평민, 남성과 여성, 교외 거주자와 도심 거주자 등의 비교집단으로 나누어 봄으로써 집단별 유형의 차이를 드러낼 수 있다. 한국사회에서는 대도시에 신흥 부촌이 형성되면서 경제, 사회, 문화 등에서 기존의 다른 지역들과 격차가 심화되고 있다. 서울 강남구, 부산 동래구, 대구 수성구 등은 선호 학군으로 주목을 받을 뿐만 아니라 중·상류 계층의 거주 지역을 의미하기도 한다.

기회균등 정책은 자유와 평등 가운데 어느 쪽도 포기하지 않기 위해 구상한 정책이다. 그러나 기회의 균등화로 자유와 평등 모두는 물론이며 자유 또는 평등도 이상적 수준까지 실현될 수 없다. 자유와 평등이 동시에 실현될 수 없듯이, 성과에 대한 평가와 그에 따른 보상에서 업적주의와 평등주의가 동시에 충족될 수 없다. 업적에 따른 평가와 보상은 필연적으로 불평등한 결과를 초래하며, 평등주의를 결과에까지 철저히 적용하면 업적주의가 적용될 여지가 없다. 그러나 민주주의 국가는 업적주의와 평등주의 가운데 어느 것도 단념할 수 없다. 동시 충족이 불가능한 모순적인 두 이념을 해결하기 위한 차선책으로 기회균등이 추구된다. 기회균등은 결과에 승복할 수 있도록 도착점에 이르는 과정을 공정하게 하는 조치일 뿐이며 결과의 평등을 보장하지는 않는다. 기회균등은 과정에서는 평등주의를 구현하지만 결과에서는 업적주의를 충족시킨다. 기회의 균등화 정책은 피지배집단은 물론이며 지배집단도 기피할 수 없다. 기회가 균등하게 제공된다면 그 결과에 대해서는 승복해야 하므로, 현실적으로 불리할 것이 없는 지배집단은 기회균등 아래 진행되는 경쟁을 통해서 결과의 불평등을 정당화할 수 있다. 한편, 결과의 평등이 보장될 리 없는 현실에서, 피지배집단은 기회의 균등화로 계층 상승 이동을 실현할 수 있는 국면을 맞을 수 있기 때문에 기회의 확대를 적극적으로 추구한다.

그러나 기회가 아무리 확대되고 균등해지더라도 결과까지 평등해지지는 않는다. 현실적으로는, 기회가 확대되고 균등해질수록 결과에 대한 불만이 오히려 더 높아질 가능성이 많다. 기회가 제한되어 있을 때보다 기회가 확대되고 균등해질수록 결과에 대한 기대가 한층 더 높아지기 때문이다. 기회의 확대와 균등화가 급속히 진행되는 국가일수록 '열망(熱望)의 관리'(management of ambition)로 지칭되는 과제(Brint and Karabel, 1989: 7), 곧 "무한히 상승하는 국민들의 기대 수준을 누그러뜨리고 사회경제적 보상 체제에 조응되게 조정해야 하는 어려운 과제"를 피하기 어렵다.[26] 계층 상승 이동에 대한 대중의 강력한 요구에 부응하기 위해 미국이 선택한 제도는 학교교육의 확대였으며, 그 결과 미국의 학교교육은 유럽 국가들과는 비교가 될 수 없을 정도로 팽창하였다(Hopper, 1968;

Turner, 1960). 그러나 대중의 열망은 국가사회의 안정과 질서를 위해 적정한 수준에서 관리될 필요가 있다. 열망 관리의 실패는 지배 구조의 정통성에 대한 도전으로 나타난다. 열망의 관리는 국가 수준에서의 폐쇄 정책이 시행됨을 의미한다.

미국의 2년제 대학[27]은 설립 목적이 전환되어 열망의 관리를 위한 장치로서의 역할을 충실히 수행하고 있다(Clark, 1960a; Brint and Karabel, 1989). 미국의 2년제 대학은 한편에서는 '민주주의를 위한 기회의 확대'를 위해 열망을 가열(warming up)시키면서, 다른 한편으로는 '위계적으로 분화된 직업 구조에의 배분'을 위해 열망을 냉각(cooling out)시켜야 하는 모순된 역할을 수행해야 한다. 전문직과 관리직에의 취업을 겨냥해 열망이 부추겨져 입학한 2년제 대학의 학생들은 그러한 일자리의 공급이 제한되어 있고 4년제 대학의 학생들과의 경쟁에서 불리할 수밖에 없기 때문에, 대부분 취업에 구조적으로 실패할 수밖에 없다. 2년제 대학의 운영자들은 이러한 사태를 예견하고 학생들의 요구를 중시하는 '소비자 선택'(consumer-choice) 모형보다 노동 시장의 흐름에 부응하는 '경영 지배적'(business-domination) 모형을 2년제 대학의 운영에 적용하여 점차 직업학교로서의 면모를 갖추었지만, 정작 결정적으로 적용된 모형은 '학교라는 조직의 이익'을 그 무엇보다 우선적으로 고려하는 '제도적'(institutional) 모형이었다. 2년제 대학은, 학교교육과 노동 시장의 위계적 구조 아래 4년제 대학과 비교되어 열세에 처해 있기 때문에, 존립의 위기를 극복하는 것을 최우선 목표로 삼았다. 그 목표는 노동 시장의 틈새를 공략하는 것이었지만 예상된 열세와 한계를 벗어나기 어려웠다.

---

26 만족은 기대에 대한 충족에 의해 결정된다. 그래서 불만을 줄이려면 기대 수준을 낮추어야 한다. 학교교육은 수시로 일어나는 선발, 우열, 당락 등의 과정을 통해서 학생들로 하여금 자신들의 포부를 낮추게 만드는 냉각효과(cooling-out effect)를 거두고 있다.

27 미국의 2년제 대학은 'junior college', 'community college', '2-year college' 등으로 지칭된다.

열망 사회로서 최적의 사례에 해당하는 한국사회는 지난 100년 동안 전통, 권위, 빈곤, 침체, 절망 등의 개념들로 묘사되던 사회에서 현대, 민주, 풍요, 성장, 희망 등으로 수식되는 사회로 급변해 왔다. 전통적 신분국가나 다인종 · 다민족 국가와는 다르게, 한국은 비교적 단일민족으로 구성되었고 전통 신분 구조가 붕괴되었을 뿐만 아니라 경제가 급속도로 성장하고 사회가 다양하게 발전해 왔다. 신분, 계급, 인종, 종족, 종교, 언어, 문화 등의 격차 또는 차이에 의해 교육 및 직업 포부가 차별적으로 조정 · 통제될 수 없었기 때문에, 모든 한국인들은 출세를 위한 경쟁에 적극적으로 참여하였다. 그 결과는 확대된 교육과 제한된 일자리의 부조화로 귀결되어야 마땅하다. 그러나 한국에서는 교육의 기회가 급속도로 확대 · 균등화되었지만 국가 경제도 이에 못지않게 성장 · 발달함에 따라, 국민들의 열망을 관리하는 문제가 국가를 위기로 몰아갈 만큼 심각하지 않았다. 다시 말해서, 교육 기회의 확대로 인한 고학력 인력이 과다하게 공급되었지만 경제의 성장과 사회의 발달에 따른 노동 시장의 확대가 인력의 수요를 급증시킴으로써 공급과 수요가 적절하게 조정될 수 있었다.

그러나 20세기 말부터 한국의 교육 기회가, 최소한 양적인 측면에서는, 더 이상 확대될 여지가 없을 정도에 도달함으로써 사회경제적 보상 체제는 국민들의 야망과 기대를 충족시킬 수 없게 되었다. 한국에서는 2009년의 경우, 고등학교 졸업자들 가운데 84퍼센트가 대학에 진학하였다. 영국, 프랑스, 독일 등에서는 대학 진학자가 해당 인구 대비 30퍼센트를 넘지 않을 뿐만 아니라 입학한 학생들 가운데 절반 정도만 대학을 졸업한다. 그러나 한국의 학생들은 거의 모두 고등학교에 진학하고 이들 가운데 80퍼센트 이상이 대학에 진학하고 있다. 이에 더하여 대학 입학생들이 졸업을 우려하지 않을 정도로 중도 탈락률이 아주 낮다. 한국 대학들은 학습 능력이 부족한 학생들을 탈락시키는 체제를 운용하지 않으며, 한국의 고등교육 정책에 졸업정원제[28]와 같은 질적 통제 장치가 없다.

한국에서는 높은 사회적 지위와 소득을 보장하는 직업의 획득만을 열망하는 청소년들이 대학 학습 과정의 이수에 대해서는 아무런 두려움도 갖지 않은 채 대학에 진학함으로써 대학 졸업자들이 엄청나게 배출되고 있다. 한국의 대학은 이미 보편화 단계에 진입하였다. 미국에서 확산되고 있는 '모두를 위한 대학'(College-for-All)이라는 구호는 미국보다 한국에 더 적절하게 적용되고 있다. 미국에서는 대학의 보편화로 적지 않은 학생들이 대학에서의 학습에 대한 준비 없이 진학함으로써 대학에서 실패할 뿐만 아니라 다른 진로의 기회까지 잃고 있다(Rosenbaum, 1997). 비슷한 현상이 한국에서도 일어나고 있지만, 이에 대한 경각심은 거의 없으며 현실이 외면되고 있다.

한국사회에서 고학력화 추세가 멈출 기세를 보이지 않는 이유는 학력과 직업의 밀접한 인과관계를 근거 없이 확신하는 '기회 함정'(opportunity trap)(Brown, 2003)에 한국인들이 깊숙이 빠져 있기 때문이다. 조선의 몰락에서 선진국으로의 진입 단계로 이어지는 한국의 현대사는 교육과 출세가 인과적으로 연결될 수 있는 환경을 제공하였다(오욱환, 2000). 그러나 오늘날에는 취업 시장의 규모에 비해서 대학 졸업자들이 극도로 과잉 공급되고 있기 때문에, 이들은 기대하는 일자리를 구할 가능성이 높지 않다. 더욱이 선호되는 일자리들은 경영의 합리화와 통제의 효율화를 위한 탈기술화와 탈전문화가 급속도로 진행되면서 오히려 줄어들고 있다. 이처럼 우울한 현실임에도 불구하고, 대학 졸업자들은 전문직, 기술직, 사무직 등으로 지망하는 직업의 범위를 제한할 뿐만 아니라 직업적 포부도 낮추지 않는다. 그 결과, 실업, 반실업(半失業),[29] 잠재실업(潛在失業),[30] 하향

28 한국에서도 대학졸업정원제가 일시적으로 시행되었다. 군사쿠데타로 집권한 전두환 정권은 국민들의 관심을 끌고 대학을 통제하기 위하여 '7·30교육개혁조치'의 하나로 졸업 정원의 130퍼센트의 학생들을 선발한 후 4년 동안 30퍼센트를 탈락시키는 정책을 시행하였다. 그러나 이 정책은 표방한 목적을 달성하는 데 실패했으며 3년 후에 이전의 입학정원제로 환원되었다. 이 과정에서 대학 입학 정원이 비약적으로 증가하였다.

29 반실업(subemployment)은 불완전고용 상태로서 직업 찾기를 포기한 사람(실망 노동자: discouraged worker), 시간제 일거리밖에 없는 사람, 취업하고 있으나 부적절한 급

취업(下降就業)[31], 학력-직업 불일치 등이 누구에게나 닥칠 수 있는 보편적 현상으로 급속히 확산되고 있다. 그 결과 때문이라고 확신할 수 있듯이, 국가 정책에 대한 비난이 점차 확산되고 있으며 맹렬해지고 있다. 불만 표출의 강도 측면에서, 경제에 대한 불만은 정치에 대한 불만보다 훨씬 강할 수밖에 없다. 생존과 생활의 절박성에서 정치는 경제의 비교 상대가 되지 못하기 때문이다. 실제로 정치에 대한 불만도 경제에 대한 불만의 간접적 표현인 경우가 많다.

실업과 그에 따른 경제적 빈곤, 심리적 좌절, 사회문화적 체면 손상은, 밀스(Mills, [1959] 1975: 14-15)가 『사회학적 상상력』(*The sociological imagination*)[32]에서 최적의 사례로 제시한 대로, 개인적 곤경(trouble) 수준을 훨씬 넘어 사회적 쟁점이 되었다. 세대 간 계층 상승 이동에 익숙해진 한국의 기성세대는 세대 간 계층 하강 이동이 확산되는 현실에 당혹감을 감추지 못하고 있다. 지난 한 세기 동안 한국사회는 최빈국에서 저개발국, 개발도상국 등을 거쳐 선진국의 문턱에까지 이르도록 성장하고 발전해 왔다.[33] 이러한 과정에서 극히 예외적인 사례들을 제외하면, 대부분의 한국인들은 부모 세대보다 계층이 상승하였다. 그러나 앞으로 한국에서는 수많은 부모들이 자신들의 계층보다 자녀들의 계층이 더 낮은 현실을 목

료를 받는 사람 등을 분류하기 위한 개념이다. 전통적인 실업통계에서 은폐되어 있는 이들을 고려해야만 노동 시장의 현실을 제대로 파악할 수 있다.

30 잠재실업(latent unemployment)은 취업이 불안정하거나 자신의 능력에 어울리는 직장을 구할 때까지 한시적으로 불만족 상태에서 낮은 수준의 직장에 근무하는 것을 의미한다.

31 하향취업(underemployment)은 높은 수준의 능력을 갖춘 사람이 낮은 임금의 일자리에 취업하는 경우를 말한다. '불완전고용'으로 번역되어 왔지만, 이 번역이야말로 그 의미를 불완전하게 담고 있다.

32 사회학도들은 물론 사회과학을 전공하는 학자들도 반드시 읽어야 할 도서로서 한국어로 번역되어 있다(Mills (강희경 · 이해찬 역), [1959] 2004).

33 한국의 경제성장 속도를 파악할 수 있는 수치는 많이 있지만 그 가운데 극적인 수치를 보여주는 것은 국민소득의 변화이다. 한국은 40년 만에 국민소득 100달러(1963년)를 10,000달러(1995년)까지 끌어 올렸다.

격하게 될 것이다.

오늘날 한국에서는 기대 소비 수준은 높지만 그에 걸맞은 직업을 구하지 못하는 젊은이들이 넘쳐나고 있으며 이 사태는 점차 더 심각해질 것이다. 이와 같은 사태의 악화가 생각만큼 급속도로 진행되지 않고 다소 늦추어지는 듯 느껴지는 까닭은 가구당 자녀 수가 적기 때문이다. 다시 말해서, 부모들이 자녀들을 경제적으로 후원하고 있기 때문에 사태의 심각성이 드러나지 않고 있다.[34] 만약 가구당 자녀 수가 예전처럼 많아서 부모들이 자녀들을 경제적으로 지원할 수 없다면, 사태는 걷잡을 수 없을 정도로 악화되었을 것이다. 세대 간 계층 하강 이동이 일어나는 현실에서는 여러 가지 유형의 집단들에 의한 사회적 폐쇄가 점차 확대될 수박에 없다.

불평등이 구조화되어 있을 때와는 다르게, 기회가 확대되고 균등해지면 기득권을 가진 사람들은 현재 상태를 유지하기 위해서 이전보다 더 전략적으로 행위하게 된다. 이들이 구상하고 동원하는 전략은 비슷한 조건에 있는 사람들과 연대하고 집단을 구성하여 자신들의 지위에 대한 도전에 대응하는 것이다. 이렇게 구성된 집단 곧 좋은 조건을 갖춘 집단은, 자신들이 보유하고 있거나 상대적으로 쉽게 보유할 수 있는 요인들을 순수하게 개인적 재능과 노력의 결과로 인식될 수 있는 업적, 성과, 능력 등을 측정하는 기준으로 제시한다. 그러나 이들이 제시하는 요인들은 계층, 인종, 민족, 성별 등에 따라 차이가 드러나는 문화, 언어, 종교, 가치관 등을 함축하고 있다.

상대적으로 유리한 조건을 갖춘 집단들은 자신들이 이미 갖추고 있으나 상대 집단들은 아직 미흡한 요인들을 평가의 준거로 삼는다. 유리한 집단들은 자신들이 일상적으로 가지고 있는 것들을 질적으로 우수하고 상대적으로 높은 가치가 있는 것으로 규정한다. 이러한 규정에 의해서, 이들이

34 한국사회의 고학력 실업은 이미 심각한 수준에 이르렀다. 다만, 부모들이 자신들의 소득 가운데 일부를 자녀들에게 지원함으로써 자녀들의 실업 사태의 심각성을 부분적으로 흡수하거나 은폐시키고 있을 뿐이다.

가진 것들은 사회적 폐쇄 과정에서 객관적으로 우수한 자본으로 활용된다. 이들은 자산, 문화, 인맥을 각각 경제적, 문화적, 사회적 자본으로 활용하여 계층 유지와 상승을 도모한다. 경제적, 문화적, 사회적 이점이 단순히 격차를 구별하는 데 이용되는 수준을 넘어 자본으로 활용되면 그 영향력은 더욱 커진다. 자본은 투자를 통해서 확대 재생산된다. 예컨대, 금전이 많고 적음에 따라 부자와 빈자가 구분되지만, 이 금전이 자본으로 활용되면 자본가와 노동자 또는 고용자와 피고용자로 나누어진다. 사회 계층 간 경쟁이 치열해지면, 경쟁에 참여할 수 있는 기회는 균등하게 부여될지라도 경쟁 이전의 격차가 해소되지 못하고 경쟁 규칙이 여러 가지 자본에 의해 차별적으로 적용됨으로써 계층 구조에 의미 있는 변화가 일어나지 않는다.

베버는 사회 구성원들이 기득(旣得)집단과 미득(未得)집단으로 나누어지던 것을 경제, 사회문화, 정치 등 세 영역으로 확대했으며, 베버의 지적 전통을 잇는 학자들은 이 세 영역에 인종·종족, 성별, 연령, 지역 등을 추가하여 더 세부적으로 나누었다. 베버 학풍의 교육사회학은 이처럼 세밀하게 나누어진 기득집단과 미득집단 사이에서 발생하는 교육적 불평등과 그 불평등의 결과로 나타나는 사회적·경제적·문화적 불평등을 주제로 다룬다. 결과적으로, 베버 학풍의 교육사회학은 다양하게 나뉘는 기득집단과 미득집단 사이의 교육적 불평등과 사회적·경제적·문화적 불평등을 이해하고 해석하기 위해서 연구의 대상, 주제 그리고 방법을 적절하게 구사한다.

교육장면에서 일어나는 기득집단과 미득집단의 경쟁은 집단의 유형 구분에 따라 차이가 있지만 기득집단이 사용하는 전략은 사회적 폐쇄로 집중된다. 사회적 폐쇄는 베버가 처음 사용한 개념으로 "다른 사람들이 재원이나 보상에 접근하지 못하도록 제한함으로써 특권을 유지하거나 극대화하는 상습(常習), 관례(慣例) 그리고 행위(行爲)"를 의미한다(Abercrombie, Hill, and Turner. 2006; Jary and Jary, 1991; Johnson, 2000; Turner,

2006: 567). 베버가 창안한 '사회적 폐쇄'는 직업, 특히 의사(醫師) 직업을 연구하는 학자들에게 지속적으로 중요한 아이디어를 제공하였다(Friedson, 1970; Berlant, 1975; Parry and Parry, 1976; Larson, 1977; Waddington, 1984; Macdonald, 1985; Crompton, 1987; Witz, 1992).

사회적 폐쇄는 1970년대 이후 매우 의미 있는 개념으로 사용되고 있지만 그 이전에도 도시 사회학자들에게는 유용한 개념이었다(Beshers, 1962). 이 개념은 콜린스(Collins, 1979, 1986)에 의해 신용·자격증명주의(credentialism)[35]와 어울려 계층화 현상을 설명하는 핵심 개념으로 부각되었으며, 파킨(Parkin, 1979)에 의해 하나의 이론으로 자리를 잡았다(Morrow and Torres, 1998). 파킨의 폐쇄 이론은 매우 의미 있는 이론이지만, 이에 대한 비판도 적지 않다. 머피(Murphy, 1984, 1988)는 폐쇄 이론을 수정하고 발전시켜 사회 계층화 현상을 설명하는 데 적용하려고 노력하였다. 머피(Murphy, 1988)는 파킨의 폐쇄 이론이 너무 포괄적임을 지적하고 폐쇄를 원칙적[principle], 파생적(derivative), 우발적(contingent) 유형으로 세분하였다. 한편, 맨자(Manza, 1992)는 사회적 폐쇄를 신베버주의 사회 이론의 하나로 보고 마르크스의 착취 이론과 비교하였다. 그는 착취와 폐쇄의 개념을 통해서 신마르크스주의와 신베버주의가 이어질 수 있는지를 탐색하였다. 그는 사회적 폐쇄라는 개념과 이론의 출현 및 발전에 대해 검토한 후 폐쇄 이론이 극복해야 할 과제로 (1) 비공식적 폐쇄(informal closure)에 대한 설명력의 한계, (2) 현상의 기술(description)에 치우침에 따른 설명력에서의 한계, (3) 중류 계급의 급진성(middle-class radicalism)과 자본가들과의 차이에 대한 경시, (4) 착취(exploitation)와 지배(domination)의 혼동, (5) 폐쇄 유형들의 구조에

---

35 탈학교 사회(deschooling society)를 제안한 일리치(Illich, 1970)도 공교육이 학생들의 일상생활과 유리되고 사회적 서열화에만 이용되고 있음을 비판하였다. 그는 사회적 통제의 수단으로 이용되는 학교교육(schooling)의 폐지를 주장하고 진정한 의미에서 배움이 교류되는 교육(education)을 대안으로 제시하였다.

대한 이해 부족 등을 지적하였다.

사회적 폐쇄는, 베버에 의해 사회학의 핵심 개념으로 부각되었지만, 인류의 역사 또는 가족의 등장과 함께 시작되었다고 추측하는 것이 타당할 듯하다. 예컨대, 의사들은 '히포크라테스 선서'(Hippocratic Oath)를 통해 환자에 대한 헌신을 맹세하면서 동시에 "나는 내가 받은 훈련과 강의와 그 밖의 모든 지식을 나의 자식들과 나의 스승의 자식들과 종제(從弟)로서 올바르게 훈련을 받고 서약한 사람들에게 전수하여 줄 것이며 그 외에는 어느 누구에게도 전수하지 않겠습니다"(Freedman and Freedman, [1979] 2005: 298)라고 집단이기주의적 배제에의 동참을 서약한다. 의사와 같은 전문가집단뿐만 아니라 노동자들도 노동조합을 결성하고 다른 노동자들의 가입을 제한함으로써 이들을 배제하는 전략을 구사한다. 12세기 유럽에서 기사(knight) 신분이 발달했을 때, 기사들만이 긴 창이나 검을 지닐 수 있도록 규제함으로써 기사직에 사회적 폐쇄가 이루어졌다. 부르주아라는 개념도 성채를 의미하는 'burg'에 거주하는 사람들(burgher)을 다른 사람들—성 밖에 거주하는 사람들—과 구별 짓기 위해서 만들어졌다. 현대적으로 해석하면, 부르주아라는 명칭을 통해서 도시에 거주하는 상공업자들은 도시 밖에 거주하는 농부와 어부, 광부들로부터 자신들의 이권을 보호받았다. 성(城)에는 문지기들이 입성(入城)을 통제함으로써 사회적 폐쇄 역할을 수행하였다.

2) 사회적 폐쇄의 이론화

파킨(Parkin, 1974, 1979, 2002)은, 현대사회에서는 계급 이외에도 다른 여러 변인들에 의해 집단 분할이 일어나며 노동력이나 임금의 착취 이외에도 다양한 방법에 의해 불평등이 일어나고 있음을 주장하기 위해서, 계급 개념의 한계를 극복하는 데 집중하였다. 그는 계급 이외에도 계층, 인종, 민족, 성, 종교 등 여러 가지 변인에 의한 위계적 분할과 이에 대한 투쟁[36]을 설명하기 위해서 사회적 폐쇄 개념을 도입하였다. 파킨(Parkin, 1979: 44)에 의하면, 사회적 폐쇄는 "제한된 범위의 적격자들(a limited circle of eligibles)만 재원과 기회에 접근할 수 있도록 재구성함으로써 자신들의 보상을 극대화하려는 사회집단들의 전략"으로 정의될 수 있다. 따라서 사회적 폐쇄는 적격자에 대한 '규정에 의한 차별'(discrimination by definition)의 유형으로 나타난다.

파킨은 마르크스주의 학자들(예: Nicos Poulantzas, Eric Olin Wright 등)이 현대사회의 계급 구조에 적합하도록 계급을 세분화하는 과정에서 베버의 계층과 유사해짐을 주목하였다. 이러한 흐름을 정리하면, 현대사회에서의 위계적 집단 분할은 계급, 계층, 인종, 민족, 성, 종교, 문화, 언어 등 출처는 다를지라도 권력으로 수렴되어 사회적 폐쇄를 통해 이루어지고 있다. 그리고 사회적 폐쇄는 자본주의 사회에서는 물론이며 사회주의 사회에서도 일어날 뿐만 아니라 강도 또한 큰 차이가 없다. 이러한 사실은 사회적 폐쇄가 현대사회에서의 불평등을 설명하는 데 적합한 개념임을 의미한다.[37] '규정에 의한 차별'로서 사회적 폐쇄는 규정의 준거가 계급, 계층, 인종, 민족, 성별, 지역, 종교, 문화 등으로 확산됨으로써 사회 도처에 편재하는 현상으로 나타난다. 그러나 개인들의 생득적 속성보다는 생후의 성취가 준거가 될 때 사회적 폐쇄가 정당성을 갖게 되므로, 생후의 업적들 가운데 최적의 척도로 인정되는 교육성취가 가장 선호된다.

파킨은 사회적 폐쇄를 점차 세련된 개념으로 발전시켰다(Parkin, 1974, 1979). 파킨(Parkin, 1974: 4)은 사회적 폐쇄와 관련되어 상반된

---

36 파킨(Parkin, 1979)은 남아프리카공화국에서의 흑백 갈등, 북아일랜드에서의 가톨릭계와 기독교계 간의 투쟁, 그리고 거의 모든 나라에서 일어나고 있는 남녀차별 등을 사례로 들었다.

37 '사회적 폐쇄'는 계급, 계층, 인종, 종족, 종교, 문화, 언어, 성별, 지역 등 다양한 준거에 의해 일어나고 있기 때문에 매우 유용한 개념임을 충분히 짐작할 수 있다. 그러나 한국의 학계에서는 이 개념의 활용도가 아주 낮다. 이러한 사실은 웹사이트를 통해 이 개념을 검색해 보면 쉽게 확인할 수 있다.

상황에 처한 두 집단이 전개하는 전략을 처음에는 배제와 연대[solidarism]로 개념화하였다. 그는 추후(Parkin, 1979) 연대를 적극적 행위가 함의되어 있는 권리침해로 대체하였다. 이 두 개념은 학업성적, 학력, 학벌, 출세 등을 위한 집단 간 경쟁을 설명하는 데 아주 적절하므로 자세히 소개될 필요가 있다. 파킨(Parkin, 1979: 44-88)의 '배제로서 사회적 폐쇄'(4장) 그리고 '권리침해로서 사회적 폐쇄'(5장)에서 발췌한 글을 '사회적 폐쇄로서 배제'와 '배제에 대한 도전으로서 권리침해'로 제목을 바꾸어 재구성하였다.

사회적 폐쇄로서 배제

베버는 사회적 폐쇄가 기득집단에 의해 독점화(monopolization)를 위한 배제의 형태로 실행된다고 설명하였다. 모든 개인들을 주체적인 사회적 행위자(social actor)로 인식하는 베버가 배제된 집단의 반발을 놓칠 리 없었다. 한 집단이 자신들의 기회를 확보하기 위해서 상대 집단을 부적격자(不適格者)로 규정하고 배제하면, 부적격자로 규정된 개인들은 집단을 이루어 이에 대해 대항하기 마련이다. 배제된 집단은 배제하는 집단의 배제에 상응하는 대항 전략을 구사한다(Weber, 1978: 339-355). 베버는 배제와 그에 대한 대항 전략을 '공동체 폐쇄'(community closure)를 설명할 때 사용하였다.

베버가 제시한 공동체는 "사회적 활동에 대한 공통의 지향성을 형성하는 구성원들이 공유한 결속"으로 정의될 수 있다(Neuwirth, 1969: 149). 정치적, 경제적, 사회적 이익을 위한 경쟁은 공동체를 구성하게 하고 구성원들 간의 관계를 돈독하게 만든다. 베버의 '공동체'(community)는 '느슨한 유형의 결사(結社)단체'로서 미국의 사회생태학에서 주제로 삼는 지역사회—선택한 거주 지역의 주민들이 환경적 조건을 위해 형성한 이익집단—와는 명백히 구별된다.[38] 베버의 공동체는 정치적, 경제적, 사회적 이익을 위해 결속한 집단을 의미하며 외부의 압력에 대해 대응 전략을 구사한다. 공동체관계가 형성되면 그 구성원들은 정치적, 경제적, 사회적 이점을 더 많이 차지하기 위해 결속하며, '공동체 폐쇄'로 개념화될 수 있는 '독점을 목표로 한 집단 행위'가 일어난다.

배제적 폐쇄(exclusionary closure)는 한 집단이 다른 집단을 예속화(subordination)하는 과정을 통해 희생시킴으로써 특권을 고수하는 행위를 의미한다. 배제에는 한 집단이 다른 집단을 부적격하다고 판정하는 절차가 필요하므로, 판정기준이 주목을 받게 되고 쉽게 쟁점으로 부각된다. 유리한 위치에 있는 집단은 불리한 처지에 있는 집단이 갖출 수 없거나 갖추기 어려운 조건들을 판정기준으로 제시한다. 유리한 집단은 제시한 기준을 객관화, 정당화, 합법화함으로써 이점을 유지하거나 확대한다. 이에 대해, 불리한 집단은 자신들의 불이익이 그 기준에 의해 체계적으로 야기된 것임을 간파하고 기준을 거부하기 위해 결속을 다지고 집단 활동을 전개한다.

파킨의 설명에 따르면, 배제 전략은 모든 계층 체제에서 적용되므로 계급에 의한 착취보다 훨씬 널리 퍼져 있다. 배제는 어떤 사회집단이 상대 집단을 기준에 미달한다고 판정하여 제외시킴으로써 자신들의 특권을 유지하거나 강화하는 과정이며 결과이다. 이익을 독점(獨占) 또는 과점(寡占)하려는 집단이 있는 한 배제는 피할 수 없기 때문에, 집단의 유형과 규모가 다양해지는 현대사회에서 배제가 급격히 확산되고 있다. 배제는 규모에서 격차가 있고 유형에서 차이가 있을 뿐이지 인간사회에서 보편적으

---

38 베버의 공동체 배제와는 구별되지만, 지역사회의 배제 기능도 점차 강화·확산되고 있다. 미국의 경우, 인종통합학교가 법률에 의해 강행되면서 백인 중산층 부모들이 자녀 교육을 위해 도심을 떠나 교외로 이주하였다. '백인들의 도심에서 교외로의 탈출'(white flight)로 교외에 새로 형성된 거주 지역의 주민들은 정치, 경제, 사회 등 제반 영역에서 공동의 목표를 추구하면서 외부에 대해 상당히 배타적이었다(Gittell, 2008). 이러한 현상은 베버의 사회적 폐쇄의 사례로서 적합하다. 그리고 비교적 최근에 여러 국가에서 형성되고 있는 관문 지역은 외부의 출입을 극도로 제한하면서 주민들의 이익을 보호한다. 관문지역화는 사회적 폐쇄가 주거문화에까지 확대된 사례가 된다.

로 일어나고 있다. 상위 집단이 하위 집단들을 배제하고, 배제된 하위 집단들 가운데 상대적으로 상위에 있는 집단이 주어진 조건 아래에서 더 하위에 있는 집단들을 배제하는 과정이 모든 유형의 인간사회에서 일어나고 있다.[39] 인도에서의 카스트(caste),[40] 미국이나 남아프리카공화국과 같은 다인종사회의 인종별 계층화, 옛 소련에서의 신(新)계급화,[41] 이탈리아의 지역주의 등은 배제가 국가의 유형이나 사회적 상황에 따라 기준을 달리할 뿐 인간사회의 보편적 현상임을 예증한다. 한국사회에도 학력·학벌주의, 지역주의, 신분차별 등이 작용하고 있으며 국제결혼가정, 이주민가정 등과 같은 다문화가정이 늘어나면서 인종·민족차별의 가능성이 높아지고 있다.

사회적 폐쇄—기득권을 활용한 배제와 연대를 통한 권리침해—는 기회가 제한되어 있고 집단이 이질적으로 구분될 수 있을 때에는 언제나 일어난다. 동일 계급 내에서도 주어진 기회가 제한되고 그 기회를 획득하려는 하위 집단들이 형성되기만 하면 사회적 폐쇄가 일어난다. 배분을 두고 벌어지는 집단 간 투쟁에서 전개되는 전략은 권력과 밀접하게 관련되어 있다. 권력은 정당하게 행사될 때에는 권위로 인정되지만, 부당하게 강행될 때에는 폭력으로 규정되어 저항을 불러일으킨다. 마르크스는 재산의 소유 여부에 의해 유산 계급과 무산 계급을 분류하고 유산 계급에 의해 무산 계급에 대한 착취가 자행된다고 설명하였다. 그러나 현실사회에서는 어떤

39 배제가 상위 집단에서 하위 집단으로 내려가면서 지속적으로 일어나고 있다는 사실은 마르크스가 주장하는 계급의 양분화가 비현실적임을 의미한다.

40 인도의 카스트제도는 브라만(Brahman: 사제), 크샤트리아(Kshatrya: 무사), 바이샤(Vaisya: 농민, 상인), 수드라(Sudra: 노예) 등 네 가지 계급이 있으며 카스트 아래에는 달리트(Dalit)가 있다. 달리트는 불가촉천민(不可觸賤民)을 지칭하며 '억압받는 자', '파괴된 자', '억눌린 자' 등을 뜻한다. 간디는 이들을 '신의 자식들'이라는 의미를 담은 '하리잔(Harijan)'으로 부르자고 제안하였다.

41 질라스(Djilas, [1965] 1969: 154)의 설명에 따르면, 계급 없는 사회를 지향한 소련에서 새롭게 등장한 지배 계급은 국가로부터 위임을 받은 권력을 가지고 시민들에게 군림하고 그들을 통치하는 특권 집단이었다.

집단도 상대적으로 유리하기만 하면 다른 집단—예컨대, 부르주아가 프롤레타리아, 프로테스탄트가 가톨릭, 백인이 흑인, 남성이 여성—을 배제하는 현상이 보편적으로 일어나고 있다.

사회적 불평등을 제대로 파악하려면, 계급 착취보다 계층 배제에 주목해야 한다. 배제를 위한 규칙과 제도들은 출생에 따른 권리(pretension)나 오점(stigma)이 개입되지 않은 보편적 기준에 의해 정당화되어야 한다. 이 때문에 배제를 실행하는 집단은 기회의 개방을 통해 정통성[42]을 인정받아야 하면서도 폐쇄를 유지함으로써 사회적 불평등 구조를 재생산해야 하는 모순된 과제를 안고 있다. 우리는 현대사회에서 학교교육이 이 모순된 과제를 안고 있을 가능성이 많음을 예감할 수 있다. 학교교육은 한편에서는 오랫동안 계층 이동의 수단으로 인식되어 왔지만, 다른 한편에서는 사회의 구조적 불평등을 재생산하는 장치로 비판되고 있다.

현대 자본주의 사회에서 배제를 위해 사용되는 대표적인 두 가지 장치는 (1) 소유권의 행사와 (2) 학문적 또는 전문적 자질과 신용 · 자격증명서(credential)[43]의 활용이다(Weber (ed. Roth and Wittich), [1968]

---

42 합리성(合理性: rationality), 합법성(合法性: legality), 정통성(正統性: legitimacy) 등은 혼용되고 있지만 엄격하게 따질 경우에는 의미가 같지 않다. 합리적이더라도 법에 어긋날 수 있으며, 법에 저촉되지는 않지만 공감, 동의, 수용할 수 없는 조치도 있다. 독재 정권은 합법적일 수는 있지만 국민들로부터 정통성을 인정받기는 어렵다. 정통성은 지배를 받는 사람들이 그 지배에 대해 동의할 때에만 확립될 수 있다.

43 베버 학풍의 교육사회학에서 가장 빈번히 그리고 중요하게 사용되는 개념이지만 'credential'은 깔끔하게 번역되지 않는다. 영어사전에는 "대사(大使), 공사(公使) 등에게 수여하는 신임장(信任狀), 사람의 자격 · 적격 · 적성" 또는 "자격증명서, 성적증명서, 인물증명서"로 풀이되어 있다. 교육사회학에서는 선별 과정에서 현실적으로 이용 가능한 객관적, 가시적 구비조건을 의미한다. 선발자들은 지원자들의 실제 업무 능력을 파악할 수 있는 방법이 없을 때 대안으로서 학업성적, 학력, 학벌 등을 준거로 삼아 고용 후의 업무수행 능력을 예측한다. 성적, 학력, 학벌이 상대적으로 높은 지원자들은, 취업 후 발휘될 실제 업무 능력과는 무관하게, 단지 상대적으로 우위에 있다는 이유만으로 선발된다. 영어 단어 'credential'은 "신용할 수 있는 근거 또는 요구조건의 구비"라는 의미로 사용되므로 '신용증명서', '자격증명서', 또는 '신용 · 자격증명서'로 번역하면 무난할 것 같다. 따라서 'credentialism'은 '신용증명주의', '자격증명주의' 또는

1978: 344; Parkin, 1979: 54). 자산의 소유권은 생산의 수단과 결실에의 접근을 방지하는 장치이며, 신용 · 자격증명주의(credentialism)는 위계적으로 분업화된 일자리에의 입장(入場)을 통제하고 감시 · 조정하기 위한 장치이다. 위계적 분업이 종교와 교육에서 먼저 발달되었다는 사실은 이 분야에서 신용 · 자격증명주의가 일찍 도입되었음을 시사한다. 노동의 분업화가 가속되면서 자산 소유권보다 신용 · 자격증명주의가 배제 장치로서 더 많이 이용되고 있다. 자본의 지배가 자본가로부터 법인조직(corporate firm)으로 이전됨에 따라 경영 · 관리 분야의 층계(層階)가 확대되었다. 이 층계의 확대는 사회적 폐쇄가 작용하는 사태가 늘어남을 의미한다. 자본가의 직접적 지배 체제에서 법인조직을 통한 간접적 지배 체제로 전환되면서 자산에 의한 계급관계가 점차 사라지고 권력과 권위에 의한 계층관계로 확산된다.

베버는, 고등교육이 대중화 단계에 이르기 훨씬 전에, 학위증이 배제의 효과적인 도구로 이용될 것임을 예견하였다.

> 학위증의 확장(擴張)과 확산(擴散)은 관리직과 사무직에서 특권적 계층을 만드는 데 기여할 것이다. 이 증명서는 그 소지자들로 하여금 저명한 집안과의 혼인, 신사도(紳士道)에 집착하는 집단에의 가입, 업무수행 능력에 대한 급료로서보다는 존경의 표현으로서의 대접(待接), 보장된 승진과 노후보험, 그리고 그 무엇보다도 사회경제적 특권 지위의 독점을 주장하게 만든다. 각처로부터 정규 교과과정과 특수 시험의 적용에 대한 요구가 제기되는 이유는 '교육을 위한 갈망'에의 새삼스러운 각성 때문이 물론 아니며 (특권

'신용 · 자격증명주의'로 번역된다. '신용 · 자격증명주의'는 지원자들 가운데 적합한 사람들을 선발할 때 성적, 학력, 학벌이 상대적으로 우열을 가리는 데 현실적으로 활용이 가능한 자료로서 이용됨을 의미한다. 선발하는 사람들은 성적, 학력, 학벌이 상대적으로 우위에 있는 지원자들이 다른 지원자들보다 더 나을 것이라고 믿을 수밖에 없다. 이러한 논리는 성적, 학력, 학벌과 생산 능력의 인과관계를 확신하는 인적자본론(human capital theory)이나 지위획득론(status attainment theory)과 분명히 구별된다.

적) 자리들의 공급을 제한하고 교육 관련 자격증을 소지한 사람들이 그 자리들을 독점하기 위해서이다. 오늘날 [베버 시대] '시험'은 이러한 독점의 보편적 수단이기 때문에 결코 저지되지 않을 것이다(Weber (ed. Gerth and Mills), 1946b: 241-242). (괄호 안의 내용은 저자가 추가한 것임).

20세기에 접어들면서부터 높은 학력이 취업을 결정하는 변수로 작용함에 따라 학력에서 상대적 우위를 차지하기 위한 경쟁 곧 학력 경쟁이 치열해지기 시작하였다. 학력 경쟁은 학력을 인적 자본 또는 생산 능력의 준거로서보다는 상대적 우열을 가리는 차별화 근거로서 선발효과에 편중되게 하였다. 경쟁자들보다 우위를 차지하고 전문성을 인정받기 위해서, 졸업장을 획득하기 위한 열망이 수많은 국가에서 열병[diploma disease]처럼 확산되었다(Dore, 1976). 학력 인플레이션은 부모주의에 의한 자녀교육열과 같은 공급 측면에서만 촉진되었으며 고용자들의 인력 요청과 같은 수요 측면의 요구에 대한 응답의 결과로 나타난 현상이 아니다(오욱환, [1986] 1996; Brown, 1995; Collins, 1979; Dore, 1976). 미국과 같은 고(高)학력사회에서는 학력에 걸맞은 직업의 부족 곧 학력과 직업의 부조화가 확대됨에 따라 학교교육에 대한 비판이 거세지고 있다. 심지어 대학진학률이 지금보다 훨씬 낮았던 1970년대부터 학력에 걸맞은 직업을 보장할 듯이 선전하며 학생들을 유치하는 방식이 '강도'(robbery) 행위로 비유되기도 하였다(Berg, 1971).[44] 대학졸업장이 전문성을 보장하는 듯이 인식됨으로써 이를 획득하기 위한 경쟁이 지식이나 기술의 습득과 무관하게 가열되고 있다. "학력 인플레이션은 현대 교육의 추잡한 비밀이다"

---

44 1960년대 미국의 고학력화는 2009년 한국의 고학력화의 비교 상대가 되지 못한다. 2009년을 기준으로 하더라도 대학진학률에서 한국은 미국을 훨씬 앞질렀다. 그렇다면, 오늘날 한국의 고학력화는 어떻게 은유될 수 있을까? 1960년대 미국의 교육을 '강도'라고 규정한 버그(Berg, 1971: 제목)의 표현법을 빌리면 '사기'(詐欺)라고 비난해도 심하지 않을 듯하다.

(Collins, 2002: 29).

전문화(professionalization)는 해당 직업의 시장가치(market value)를 보호하고 강화하기 위하여 신입자(新入者)의 조건을 통제하고 공급을 제한하는 장치가 되고 있다(Abbott, 1988; Berlant, 1975; Freidson, 1970, 1986; Larson, 1977; Macdonald, 1985, 1995; Weeden, 2002). 따라서 전문성을 인정받으면 사회적 폐쇄라는 보호 장치를 확보하게 된다. 높은 학력과 명문 학벌은 지식과 기술의 습득보다는 전문성을 인정받는 중요한 절차로 이용되고 있다. 전문화는, 사회적 배제 장치로 이용됨에 따라, "수요와 자유 경쟁의 원칙에 따라 시장에서 가격이 형성되어야 한다"라는 시장경제 원칙을 붕괴시킨다. 전문성이 국가로부터 공인을 받게 될 경우에는 그 배제효과가 완벽하게 발휘될 수 있다. 전문가집단들은 국가로부터 공인을 받는 데 그치지 않고 임의적으로 행위 또는 윤리 규정을 만들어 자체적으로 질적 통제를 시행함으로써 배제효과를 강화하고 있다.

공식적 자격증과 증명서는 문화적 자본을 소유한 사람들이 전문적 직업과 지위에 부여된 사회경제적 이점을 자신들의 자녀들에게 전수할 수 있는 기회를 확보하는 데 편이하게 이용되는 도구이다. 사회 계층과 관련된 자질이나 속성들을 측정하고 시험의 형식을 띠어 발급되는 증명서는, 후손들에게 쉽게 이전되지 않는 실제적 기술이나 적성과는 다르게, 지배집단이 문화적 자본을 후손들에게 편리하고 정당하게 전수하는 장치로 이용된다. 세대 간 전수가 용이한 문화적 자본은 정신노동(white-collar) 전문직을 얻는 데 중요한 변수로 작용하지만, 세대 간 전수가 쉽지 않고 개별적으로 실제적인 연마를 통해서 습득되는 기술과 적성은 스포츠와 연예계통의 직업에서 주로 요구된다.

문화적 자본의 영향이 크게 작용하는 자격증명서를 취득함으로써 전문적 직업을 획득한 사람들은 "그 자격증에 명시된 기술과 서비스를 제공할 수 있는 능력을 평생 동안 유지한다"라고 간주된다. 이들은 고객들이 범접할 수 없는 지식, 기술, 능력 등을 갖춘 것으로 인정받음으로써 안정된 노동 시장을 갖게 된다. 전문직을 가진 사람들은 고객들이 그 무엇보다도 자신들의 전문성을 의심할 때 가장 민감하게 대응한다. 그래서 이들은 자신들의 업무를 고객들이 쉽게 알아볼 수 없도록 복잡하고 난해하게 표현하거나 기록하기도 한다. 그러나 연예나 스포츠 영역의 직업을 가진 사람들은 사회로부터 끊임없이 공개적으로 점검을 받아야 한다. 그리고 연예인과 운동선수들은, 소비자들의 자의적인 판단과 구매에 의해 가치가 판정되므로, 매우 불안한 노동 시장을 갖고 있다.

입직(入職)에 대한 체계적인 제약(制約) 장치는 정신노동 직업에만 국한되지 않으며 육체노동 직업에서도 도제제도, 노동조합 등을 통해 확산되어 왔다. 그러나 이러한 직업에서의 사회적 폐쇄는 정신노동 직업에서 이루어지는 배제의 강도에는 미치지 못한다. 자격시험의 통과에 의한 사회적 폐쇄는 법률에 의해 독점으로 공인된다. 자격증명주의는, 자본가들의 착취가 노동자들로 하여금 노동조합을 결성케 하고 도전을 불러일으키는 것과는 다르게, 권력을 가진 고용자들의 독단으로 인식되지 않기 때문에 집단적 거부나 저항을 불러일으키지 않는다. 자격증명에 의해 직업을 보호받는 전문가들은 자신들이 사회적 폐쇄를 효율적으로 전개할 동안에는 자신들을 고용하는 계급에 직접적으로 예속되지 않으며 오히려 자신들의 전문성을 의심할 수 있는 일반 대중들—고객 또는 잠재적 고객—에 대해 예민하게 대처한다.

전문 직업에의 입직을 통제하기 위해 학문적 장애물과 자격조건의 장벽을 강화함에 따라, 전문직 부모들의 자녀들도 입직 구비조건을 갖추지 못할 가능성이 점차 높아진다. 전문직 중류 계층의 자녀들은, 부모들로부터 많은 문화적 자본을 지원받음에도 불구하고, 부모들이 자신들의 직업을 방어하기 위해 설치한 방호벽에 부딪치게 된다.[45] 한편, 문화적 자본에서

45 부자는 자신의 재산을 자녀들에게 물려줄 수 있지만, 의사, 변호사, 교수 등은 자녀들에게 자신들의 직업을 상속할 수 없다.

불리한 가정의 총명하고 의지력이 있는 자녀들이 공시(公示)된 조건들을 갖춤으로써 전문직을 획득하는 사례들이 늘어난다. 이러한 현상은 학교교육 기회가 확대되고 균등해지면서, 비록 비율상으로는 제한적일지라도, 뚜렷하게 나타난다. 자격증명주의는 사회경제적으로 높은 직업을 가진 부모들이 자신들의 직업을 자녀들에게 상속할 수 없게 하고 개인들로 하여금 업적이나 능력을 스스로 증명해 보이도록 요구함으로써 업적주의가 부분적이나마 실현되게 한다. 이러한 현상은, 전통사회에서는 거의 일어날 수 없었기 때문에, 현대사회를 업적주의 사회로 과도하게 부각한다.

부모들은 자녀들이 전문직의 자격조건을 갖추도록 지원을 할 수 있지만 자격증명을 대신해서 갖추어 줄 수는 없다. 그러나 부모들은 기득권을 자녀들에게 전수하기 위해 다양한 전략을 구사하므로 가족주의와 함께 부모주의라는 새로운 용어가 의미 있는 개념으로 확산되고 있다. 자녀에게 기득권을 물려주기 위한 부모들의 집념이 얼마나 집요한지는 평등사회를 지향한 소련의 경우를 살펴봄으로써 확인할 수 있다(오욱환, 1992). 소련에서는 대학에 입학하고 전문직을 취득하려면 '공산당의 승인으로 임명된 지위를 가진 사람' 곧 노멘클라투라의 추천을 받도록 규제함으로써 자격증명주의가 변형된 형태로 시행되었다.[46] 소련에서는 추천제도가 사회적 배제를 위해 효율적으로 이용되었다. 다시 말해서 특권 집단이 내부 추천을 통해 좋은 일자리들을 독점함으로써, 평등사회의 구현을 약속하며 프롤레타리아혁명에 성공한 소련에서 봉건주의 사회와 자본주의 사회에서나 볼 수 있는 사회 구조적 불평등이 혁명 이후 곧바로 등장했을 뿐만 아니라 점차 굳어졌고 세대를 이어가며 재생산되었다. 우리는 추천에 의한 기회의 제한이 옛 중국과 한국의 과거제도에서 고위관료들에 의해 시행되었음을 기억할 필요가 있다.

---

46 비슷한 사례로서, 조선 시대 양민(良民)의 자제들은 과거(科擧) 시험 응시에 요구되는 보단자(保單字: 신원보증서)와 추천서를 얻기가 어려워 과거에 응시할 수 없었다.

자본가들은 하나의 계급으로 불리지만 내부적으로는 이익이 상충하며, 노동자들 역시 동일 계급으로 분류되지만 내부적으로는 생애기회가 균등하지 않다. 자본가들은 원료 시장, 노동 시장, 판매 시장 등에서 상호경쟁이 치열하며, 노동자들은 직위, 임금, 권한, 업무 유형, 노동조합 가입 여부 등에서 격차와 차이가 유발됨으로써 내부적으로 이질적인 하위 집단이 형성된다. 사회적 폐쇄는, 제한된 기회를 두고 집단 간에 경쟁이 있을 경우에 불가피하게 일어나는 현상이므로, 집단이 구분되고 이익이 상충될 때에는 언제나 일어난다. 현대사회에서는 집단이 계층, 인종, 민족, 성, 종교, 문화, 언어, 지역뿐만 아니라 직급, 업종, 학력, 학벌 등 여러 가지 준거에 의해서 다양하게 구성되므로 사회적 폐쇄가 도처에서 그리고 수시로 일어나고 있다.

파킨(Parkin, 1979)의 설명에 따르면, 배제는 기득집단이 현재 보유한 이점을 유지하거나 확대하기 위해 미득집단이 재원이나 보상에 접근할 수 없도록 봉쇄하는 전략을 의미하며 신용 · 자격증명주의나 전문가주의(professionalism)에 의거한 자격의 구비가 필수적 조건으로 요구된다. 기득집단은 자신들이 향유해 온 기회가 미득집단의 도전에 의해 상실될 위기에 처할 때마다 기회에 접근할 수 있는 조건을 강화함으로써 미득집단의 의지를 꺾거나 무력화시킨다. 예컨대, 의사나 법조인이 되기 위해 갖추어야 하는 최소 학력이 점차 상승하는 데에는 이 직업의 업무를 수행하는 데 요구되는 지식과 기술의 발달에 따른 불가피한 조치라기보다는 비전문가들과의 간격을 더 확연하게 벌림으로써 전문성을 보장받으려는 기득집단의 이권 확보의 의지가 중요한 요인으로 작용하고 있다.

배제는 개인적 속성들이 객관적 기준으로 적용됨으로써 개인 차원에서 이루어지는 것처럼 인식되지만, 배제되는 개인들은 계층, 인종, 민족, 성별, 종교, 언어, 지역 등에 의해서 특정 집단으로 분류될 수 있다. 배제가 개인 차원을 넘어 집단 차원에서 이루어질 경우에는 '사회적 배제'(social exclusion)라는 개념이 적합하며 '통계적 차별'(statistical discrimination)도 유용한 개념이 된다. 사회적으로 배제된 집단들은 공식적으로는 시민이지만 실질적으로는 시민으로서 권리와 의무를 행사·수행하기가 어렵게 된다. 이로 인해 이 집단들은 경제적으로 빈곤해지고 정치적으로 무력해지며 사회적으로 인정받지 못하게 될 뿐만 아니라, 자녀들을 동일한 상황에 처할 수밖에 없게 함으로써 자녀 세대에서도 빈곤, 저학력, 실업·준(準)실업·잠재실업, 저소득 등으로 이어지는 사회적 배제 과정이 반복된다. 이로써 사회적 배제는 불평등을 재생산하는 기제로 작용하게 된다.

배제에 대한 도전으로서 권리침해

권리침해는 배제를 당한 사람들이 집단을 형성하여 자신들을 제외시킨 집단의 독점이나 과점에 대항할 때 구사하는 사회적 폐쇄 전략이다. 권리침해는 지배집단에게 돌아간 재원이나 이익을 잠식하여 부분적으로 재분배하거나 완전히 몰수하려는 목적으로 추진되는데, 현실적으로 약자들의 강자에 대한 도전 형식을 띠므로 힘의 결집이 무엇보다 먼저 이루어져야 한다. 파킨이 '권리침해'를 초기에는 '연대'(連帶)로 개념화한 이유도 바로 이 점 때문이다. 권리침해의 전형은 노동조합이 고용자인 자본가들을 상대로 하여 전개하는 투쟁이다. 종속적 민족, 종족, 인종이 동등한 권리를 얻기 위해서 벌이는 투쟁이나 여성들이 성차별 철폐를 위해서 전개하는 집단운동들도 적절한 사례가 된다. 권리침해를 시도하는 집단들은 인본주의, 평등주의, 정의의 실현 등을 강조한다.

권리침해는 집단 구성원들이나 지지자들이 동원되는 대중운동—동맹파업, 시위, 연좌항의, 행진, 피케팅(picketing) 등—에 크게 의존한다. 이러한 대중운동에 의존하기 때문에 권리침해 활동은 법적 질서와 불편한 관계에서 전개되는 경우가 많다. 조직된 노동의 형태로서 표출되는 집단 활동은, 권리침해의 요구를 저지하기 위해 배제의 타당성을 재확인하려고 도덕적 판단을 내세우는 지배집단에 의해, 공갈(恐喝) 행위처럼 비난받는다. 자산과 신용 · 자격증명서에 근거하여 보상을 획득하는 사람들의 관점에서 보면, 제재(制裁)의 위협에 터한 권리침해는 수용된 분배정의의 원칙을 따르지 않기 때문에 분명히 비(非)정통적인 행위로 비쳐진다. 한편, 권리침해로 인해 소청(所請)을 제기하는 사람들의 입장에서 보면, 분배정의의 이론은 "기능적 중요성에 따라 사회경제적 보상이 결정된다"라는 논리를 펴고 있다. 이 논리에 의하면, 신용 · 자격증명서를 보유하지 못한 사람들은 이를 소지하고 있는 사람들보다 기능적으로 덜 중요하므로 낮은 보상을 감수해야 한다. 그러나 기능적 중요성은 보편타당한 준거에 의해 결정되기 어렵다.

여러 가지 직업의 종사자들이 파업했을 때를 가정해 보자. 의사, 변호사, 교수, 버스 운전사, 비행기 조종사, 청소부, 우체부, 신문 · 방송기자, 가정주부 등 여러 직업 가운데 어떤 직종의 파업이 사회의 유지에 치명적일까? 청소부의 파업으로 인해 도시가 쓰레기로 뒤덮이는 사태를 상상해 보면, 청소부의 파업이 그 어떤 직종의 파업보다 결코 덜 심각하지 않음을 쉽게 알 수 있다. 가정주부가 단합하여 파업한다면, 가정은 물론이며 국가도 위기에 처하게 된다. "뇌 전문 외과의(外科醫)는 '존경받는' 직업의 목록에서 상위에 올라 있다. 그러나 버스 운전사는 뇌 전문 외과의보다 더 많은 사람들의 생명을 보호할 책임이 있는데도 안타깝게 보통 아래쪽에 위치한다" (Allen (박인용 역), [2004] 2010: 161). 이러한 사실들을 근거로 삼을 때, 직업의 기능적 중요성을 결정할 수 있는 보편타당한 준거는 없다.

노동자의 협상 지위는 오랜 기간에 걸쳐 다음과 같은 이유로 개선되어 왔다. 첫째, 생산의 자본 집약 정도가 높아질수록 산업에서의 집단 활동으로 인한 피해는 늘어나기 때문에, 경영진에서는 노동자 측의 요구를 수용할 준비를 갖추게 된다. 자본의 집약이 오랫동안 지속됨에 따라 노동자의 협상 역량이 향상되어 왔다. 둘째, 경제가 국제 시장에 맞게 조정되고 외국과의 경쟁이 가열됨에 따라, 빡빡한 납품일정에 맞추어야 하는 기업은 노동자의 동맹파업으로 치명적인 타격을 받을 수 있다. 마지막으로, 자본주의 체제가 발달할수록 생산 과정은 한층 복잡해지고 분업된 노동이 연동(聯動)함에 따라, 생산 체제의 중심에 있는 다양한 핵심 집단들이 노동자들의 움직임에 의해 분열될 가능성이 높아진다. 이러한 이유들로 인해 조직적 노동운동의 협상력은 강화되었다. 강력한 노동단체가 성취한 권리침해의 성공 사례들은 그보다 약한 집단들로 하여금 권리침해 전략에 관심을 갖게 만들었다. 그 결과, 권리침해의 사례들이 다양해지고 확대되었다.

생산 체제의 장기적인 발전은 노동 계급의 협상력을 상승시켰을 뿐만 아니라 노동 계급 내부적으로 생산에의 기여도에서 격차가 있는 기술직과 비기술직 간에 불평등을 야기하였다. 노동 계급의 자본 계급에 대한 폐쇄 시도는 노동 계급의 내부 집단들 사이에서 분배를 두고 벌어지는 경쟁적 대립에 의해 방해를 받았다. 현대 자본주의는 경제성장을 통해 재원을 늘림으로써 권리침해 요구를 사전에 수용할 수 있었다. 그러나 성장이 멈추거나 기대에 미치지 못할 경우에는 권리침해가 빈번하게 그리고 강력하게 시도될 가능성이 높아진다. 경제성장이 정체하여 전체 배당량이 줄어들었는데도 불구하고 노동자들이 자신들이 차지할 절대 할당량을 고수하거나 늘린다면, 특권 소수 집단이 이전까지 차지해 왔던 할당은 불안해질 수밖에 없다. 쇠퇴하는 자본주의가 직면한 가장 심각한 문제는 소수가 배제를 통해 확보한 재원을 다수의 몫으로 전환시키더라도 다수의 권리침해 요구가 해결되지 않는다는 데 있다. 소수로부터 회수한 재원은, 그 규모가 제한되어, 다수에게 할당할 경우에는 보잘 것 없는 수준에 머물 수 있기 때문이다.

권리침해형 사회적 폐쇄는 피지배 계급이나 하류 계층에서만 일어나지 않으며 성, 인종, 민족 등에서 종속적 지위에 있었거나 불리한 처지에 있었던 집단들에 의해서도 제기되고 있다. 이 전략은 기득집단으로 하여금 자신들이 차지해 왔던 재원이나 기회를 일정 부분 포기하게 만든다. 기득권을 할애하거나 포기해야 하는 입장에 처하게 될 기득집단의 방어는 충분히 예상되므로, 미득집단의 권리침해 전략은 노동자들의 단체 행위, 차별철폐조치(affirmative action)[47] 등의 경우처럼 상당히 공격적인 양상을 띤다. 현실적으로 불리한 처지에 있는 사람들은 개별적으로는 대항 세력이 될 수 없기 때문에 집단으로 연대하여 요구를 관철하는 전략을 구사한다. 현대사회에서는 스스로 불이익을 당하고 있다고 생각하는 사람들이 많기 때문에 집단 결집이 빈번해지고 집단 유형도 다양해진다.

집단으로 결속함으로써 요구를 관철하는 사례가 늘어날수록 집단 연대는 가속되는데, 이는 한편에서는 성공 사례들을 모형으로 삼아 집단 연대가 이루어지고 다른 한편에서는 권리침해에 의해 기득권을 상실한 사람들이 이를 견제하기 위해 집단을 결성하기 때문이다. 현대사회에서는 공식 집단뿐만 아니라 비공식 집단이 무수히 많으며 한 집단 안에도 여러 유형의 하위 집단들이 산재해 있다. 현대인들은 다양한 집단에 소속됨으로써 연결망을 넓혀 전략적으로 이용하기도 한다. 이러한 집단들이 조직의 형태를 띠기 때문에 현대사회가 조직사회로 지칭되기도 하며 그 속에서 개인들은 조직인간이 된다.

배제와 권리침해의 비교

인류 역사상 배제와 권리침해는 강도에서 차이가 있었지만 끊임없이 지속되어 왔다. 고대 노예사회나 중세 봉건사회와 같은 전통사회에서는 지배집단의 배제가 너무나 강력하여 피지배집단은 권리침해를 엄두조차 낼 수 없었다. 고대 사회에서 노예들은 철저하게 배제되기도 했지만, 그렇지 않았다고 해도 세력이 워낙 미약하여 권리침해를 위해 여론을 형성하거나 사회운동을 전개할 수 없었다. 중세 봉건사회에서도 왕족과 귀족은 혈통과 가문에 의한 배제를 통해 군림하고 지배할 수 있었으며 농민들은 권력

47 미국에서 시행되고 있으며 '약자보호조치', '소수집단우선책'으로도 번역된다. 이 법안은 소수 인종, 소수 민족 그리고 여성이 교육 기회와 고용에서 받고 있는 차별을 없애는 데 목적을 두고 있다.

에 접근조차 할 수 없었다. 그러나 지식과 기술을 가진 지식인들은 제한적이었고 미약했지만 권력을 가질 수도 있었다.

전통사회에서도 노예반란이나 농민운동이 있었지만 너무나 미약하여 체제를 바꿀 수 없었을 뿐만 아니라 작은 변화도 기대하기 어려웠으며 경우에 따라서는 그 이전보다 더 가혹하게 배제되었다. 그러나 봉건 시대를 지나면서 생산기술이 발달하고 상업이 활발해지면서 상인(商人)과 공인(工人)이 재산을 축적하고 경제적 자본을 통해 권력을 갖게 되었으며 지위가 상승하게 되었다. 중세 도시에서 상업과 공업을 주도한 상공인들은, 귀족들을 견제하려는 국왕의 지원을 받음으로써, 경제적 자본을 가지고 급속도로 권력을 키워나갔다. 이들은 혈통이나 가문에 의한 지배의 부당함을 드러내기 위해서 업적주의의 정당성을 부각하였다. 도시 상공인들은 부르주아 계급으로서 시민들의 현실적 불평등을 고발하고 변화의 필요를 강조하였다. 근대 시민사회에서 부르주아 계급은 귀속주의와 업적주의를 각각 부당함과 정당함으로 대비시킴으로써, 프랑스에서처럼 부르주아 계급이 주도한 시민혁명(1789~1794)을 통해 또는 시대적 조류에 순응한 사회변화를 통해 새로운 지배집단으로 등장하게 되었다.

산업과 무역이 발달하면서 봉건사회가 자본주의 사회로 변화함에 따라 부르주아 계급은 새로운 지배집단으로 부상하였다. 부르주아 지배 계급은 자신들의 강점인 자산을 가지고 사회적 배제를 실행했으며, 프티부르주아(petit bourgeoisie)들은 경제적 자산은 없었지만 생산에 필요한 지식과 기술을 인적 자본과 문화적 자본으로 활용하여 사회적 배제에 가담하였다. 현대사회에서는 관료제가 확산되고 조직이 보편화됨에 따라 자본가 계급의 직접 지배도 줄어들고 있다. 조직에서의 지배와 복종이 권력의 유무로 결정되었으며, 권력을 행사할 수 있는 자리는 그에 걸맞은 능력과 업적을 요구하게 되었다. 그러한 능력과 업적은 전문성으로 개념화되며(Weber (ed. Gerth and Mills), 1946b: 233), 전문성을 지원하는 지식과 기술은 신비하거나 심원하거나 난해한 것으로 포장됨으로써 접근을 제한

한다. 이러한 과정을 거치면서 사회적 폐쇄는 능력과 업적을 객관적으로 측정하는 지표에 의해 이루어지게 되었다. 능력과 업적은 사회 구조적 불평등으로부터 영향을 받아서는 그 정당성을 인정받을 수 없기 때문에, 능력을 발휘하고 업적을 낼 수 있는 기회는 반드시 균등한 것으로 공인(共認)을 받아야 한다. 현대사회에서 학교교육이 능력을 신장하고 발휘할 수 있는 최적의 장치로 인정받음으로써, 국가는 학교교육의 기회를 확대하고 균등화하는 데 심혈을 기울여 왔다.

사회적 폐쇄로서 배제와 권리침해는 각각 기득집단과 미득집단에 의해 구상·실행되므로 각 집단이 처한 현실에 따라 상이할 수밖에 없다. 기득집단의 배제는 이미 확보한 이익을 고수하는 데 치중함으로써 방어적이고, 현행법이나 제도뿐만 아니라 관습의 지원을 받으려 하며, 수월성과 업적주의 그리고 자유주의를 강조한다. 한편, 미득집단의 권리침해는 현실적으로 불리한 처지를 개선하려는 욕구로 추진됨으로써 공격적이고, 기득집단에 유리하도록 제정된 법과 제도의 지원을 받기 어렵기 때문에 사회운동을 전개함으로써 여론의 지지를 확보하는 데 치중한다. 미득집단은 형평성(equity)과 인본주의 그리고 평등주의를 내세워 기존 법과 제도의 부당함을 부각하여 개선을 촉구한다. 현대사회에서 작용하는 배제와 권리침해는 〈표 4〉와 같이 정리된다.

조직사회와 포스트모던사회로 지칭되는 현대사회에서 개인들은 여러 조직과 집단에 소속되어 있다. 계층, 신분, 성별, 인종, 종족, 언어, 지역, 문화 등 생득적 속성 때문에 자동적으로 속하게 되는 집단들과 필요나 의지에 의해서 가입하는 조직들 때문에 개인들이 소속되는 집단과 조직들은

〈표 4〉 현대사회에서 작용하는 배제와 권리침해의 비교

	사용 전략	지원 체제	정당성의 근거	지향 이념
배제	방어적	법, 제도, 관습	수월성	업적주의, 자유주의
권리침해	공격적	사회운동, 여론	평등성	인본주의, 평등주의

그 성향이 매우 다양할 수밖에 없다. 개인들은 어떤 경우에는 유리한 집단·조직의 구성원이 되고 어떤 경우에는 불리한 집단·조직의 일원이 된다. 불평등한 사회 구조의 꼭짓점에 있거나 바닥에 있는 경우라면 각각 배제나 권리침해만을 구사할 수밖에 없겠지만, 그렇지 않은 거의 모든 사람들은 배제와 권리침해를 모두 구사할 가능성이 많다.

파킨(Parkin, 1979: 89-116)은 이러한 상황을 설명하기 위해 '이중 폐쇄'(dual closure)라는 개념을 사용하였다. 사회의 위계적 구조에서 가운데에 위치한 개인들일수록 이중 폐쇄 곧 배제와 권리침해를 함께 구사할 가능성이 높으며 위로 갈수록 배제를, 그리고 아래로 갈수록 권리침해를 더 많이 구사할 개연성이 높아진다. 우리 모두는, 이중 폐쇄로부터 자유로울 수 없기 때문에, 모순적 상황에 처하기 쉽다. 학벌주의(學閥主義)를 비난하는 고학력자가 학력주의(學閥主義)를 지지하는 경우, 임금 협상에서는 고용자의 독단을 비판하는 노동조합원이 조합에의 가입조건을 까다롭게 정하는 경우 등은 그 사례로서 적합하다. 우리 모두는 일상에서 이와 비슷한 처지에 있기 때문에 적절한 사례들을 얼마든지 제시할 수 있다.

3) 폐쇄 이론과 교육

베버가 제창한 개념들 가운데 '사회적 폐쇄'는 교육과 가장 밀접하게 관련된다. 사회적 폐쇄는 보편적 현상이지만 배제의 규범은 시대의 상황과 사회의 유형에 따라서 변화하였다. 머피(Murphy, 1988)는 역사적으로 카스트, 혈통, 인종, 민족, 종교 등에 의한 배제가 있었지만 현대사회에서는 신용·자격증명이 공식적인 배제 규범으로 확고해지고 있음을 강조하면서 '신용·자격증명에 의한 배제'에 주목하였다. 머피의 설명에 따르면, 베버는 이익의 독점을 위한 상대편의 예속화 과정에 가시적이면서 편이한 특성들인 인종, 언어, 혈통뿐만 아니라 학위증도 이용된다고 주장하였다. 베버의 독점화, 폐쇄, 계급, 지위집단에 관한 이론들은 권력과 지배의 이론으로 수렴된다.

콜린스는 비록 폐쇄라는 개념을 사용하지 않았지만 베버가 사용한 '기회의 독점'을 발전시켜 '신용·자격증명론'을 완성하였다(Murphy, 1988: 8). 머피는 배제와 그에 대한 대응을 다룬 콜린스의 연구들(Collins, 1968, 1971, 1975, 1976, 1979, 1980, 1981)을 검토한 후 지배집단이 자신들의 '실재에 대한 정의'(definition of reality)를 다른 집단에게 강요하고 있다는 사실을 부각하였다. 콜린스는 현대사회의 특성을 복합적인 조직사회로 전제하고, 조직의 엘리트들이 자신들이 속한 지배집단에서 핵심적 인재들을 선발하면서 동시에 피지배집단 구성원들 가운데 지배문화의 우월성을 존중하도록 사회화된 사람들을 등용함으로써 지배집단에 대한 충성심을 보장받는다고 주장하였다.

지식인들은 지식을 하나의 자본처럼 활용함으로써 전통사회에서 선택된 민족이 혈통에 의해 지배집단이 되었듯이 상위 계층의 자리를 차지한다(Collins, 1975: 87). 왕조 시대 중국의 유학자들, 전통 유럽사회의 기독교 신사들, 소비에트 국가들의 공산당 이론가들처럼 현대사회에서는 고학력·명문 학벌을 가진 사람들이 범접할 수 없는 수준의 높은 지위문화를 갖춘 엘리트로서 지배적 지위를 차지한다. 학력과 학벌, 또는 소유한 지식과 문화가 일차적으로 지위의 상징으로 인정되기 때문이다. 콜린스는 베버의 계층에 해당하는 '지위집단'에 의해 현대사회가 구조화된다고 주장하였다. 지위집단에 대한 그의 설명을 재구성하면 다음과 같이 정리된다.

> 지위집단은 일차적으로는 가족과 친구들로 구성되지만 점차 종교, 교육, 종족의 공동체로 쉽게 확산된다. 지위집단은 공동의 문화를 만들고 공유함으로써 경제적 계급, 사회·문화적 위세, 정치적 권력 등으로 형성되는 사회적 지위에 정체감을 갖게 된다. 재산, 위세, 권력에 의해 배치되는 사회적 지위들 가운데 높은 자리는 누구에게나 선망됨으로써 이 자리를 차지하기 위해 지위집단들 사이에 경쟁이 끊임없이 지속된다. 이러한 현실에

서는 개인으로보다는 집단으로 경쟁에 참여하는 것이 전략적으로 유리하므로 지위집단의 결속력이 점차 강화된다. 지위집단들 사이에 벌어지는 경쟁은 일차적으로 조직을 통해 이루어지고 조직은 구성원들을 적합하게 선발하고 효율적으로 통제할 때 강화될 수 있으므로, 조직의 엘리트들은 충성심을 확신할 수 있는 사람들을 선발하는 데 세심한 주의를 기울인다. 조직의 엘리트들은 자신들의 문화를 내면화한 사람들을 선발한다. 선발된 구성원들이 조직의 엘리트가 되면 동일한 절차로 신입 구성원들을 선발하기 때문에 지배적 지위집단에 의한 다른 집단의 배제는 반복되며 불평등한 사회 계층 구조가 지속된다.

교육과 폐쇄 이론의 접목은 콜린스에 의해 본격적으로 시도되었는데, 그는 교육적 신용·자격증명(educational credential)이 사회적 배제의 강력한 도구가 되고 있음을 강조하였다. 콜린스는 학교교육이 단계에 따라서 독특한 기능을 한다고 주장하였다. 그의 설명에 따르면, 학교는 학생들에게 지배집단의 문화를 사회화한다. 고등교육 단계에서는 학생들을 통해 엘리트문화를 전파하고[48] 초등교육 단계에서는 학생들이 엘리트문화를 존중하도록 교화(教化)한다. 학교의 핵심 활동들 가운데 하나는 지배집단의 문화를 가르치는 것이다. 학교생활은 상위 계층의 어휘, 억양, 사교술, 의상, 심미감, 운동, 가치, 품행 등을 가르친다. 교육을 통제할 수 있는 권력을 가진 지위집단은 자신들의 문화를 학교문화로 삼아 가르침으로써 조직을 원활하게 유지할 수 있다.

학교는 사회화와 선발 기능을 통해서 위계적으로 나누어진 계층 구조를 유지하는 데 이용된다. 사회의 상위 일자리들은 학력의 상승과 함께 지배집단의 문화를 습득하고 체득한 엘리트들에 의해 점유되며, 하위 일자리

48 베커(Becker, 1972)는 대학생들이 '캠퍼스생활'(campus life)을 통해 사회에서 공인되는 엘리트문화를 습득하고, 인맥을 형성하며, 사회생활과 직장생활에서 유용한 감각을 익힌다고 설명하였다.

들은 지배집단의 문화를 선망하는 수준에서 학력을 중단한 저(低)학력자들에게 배분된다. 위계적 사회 계층 구조는 지배집단의 문화를 체득한 사람들과 그 문화를 존중하도록 교육받은 사람들이 통제와 예속의 관계를 이룸으로써 효율적으로 유지될 수 있다. 이러한 현상은 현대사회에서 교육이 민족, 인종, 계급처럼 지위집단의 속성이 되고 있음을 증명한다. 교육은 대물림되는 귀속적 지위와는 다르게 성취적 지위로 인정됨으로써 업적과 능력에 걸맞은 지위는 정당화된다. 실질적인 측면에서 분석하면, 교육은 민족이나 계급에 따른 속성이 그러하듯 현직(現職)에서의 업무수행 능력과 무관하다. 그렇지만 교육은, 업무 능력과 밀접한 인과관계가 있는 것으로 인식되고 있기 때문에, 권력 집단이 배제를 정당화하고 민족, 인종, 사회 계급 등에 의한 거부를 은폐하는 데 이용되고 있다.

콜린스(Collins, 1979)는 공식적 학위증과 같은 증명서가 '자산이 없는(propertyless) 중 · 상류 계층'에 의해서 관료조직 내부에서의 상위 지위를 차지하기 위한 무기처럼 이용된다고 주장하였다. 콜린스의 설명에 따르면, 학위증과 같은 신용 · 자격증명서를 취득한 사람들은 증명서를 독점함으로써 자산을 소유한 사람들과 견줄 수 있는 위치를 유지한다. 학위증이나 자격증으로 자신들의 능력을 공인받은 사람들은 이 증명서의 유무로 조직에서 상위 지위에의 접근을 허용하거나 불허함으로써 조직 내 영향력 있는 지위를 독점하고 통제한다. 콜린스의 지위적 자산(positional property)은 부르디외(Bourdieu, 1973, 1974, 1986; Bourdieu and Passeron, [1964] 1977)의 문화적 자본(cultural capital)과 아주 비슷한 개념이다. 콜린스가 지위적 자산을 가지고 중 · 상류 계층이 하류 계층을 배제하고 상위 지위를 독점하는 과정을 설명하듯, 부르디외는 지배집단이 자신들의 문화를 유일(唯一) 정통 문화로 표방함으로써 문화적 자본을 독점하고 이 자본의 유무로 사회를 계층화한다고 주장한다.

학위증이나 자격증이 지위적 자산으로 또는 문화적 자본으로 간주되어 사회적 배제의 도구로 이용됨은 개인의 자산 소유를 불허한 사회주의 국가들에서 학위증과 자격증이 새로운 사회 계층을 형성하는 데 결정적인 조건이 되었다는 사실을 통해서도 재차 확인할 수 있다. 이러한 사실은 베버가 자본주의 경제 체제이든 사회주의 경제 체제이든 간에 모든 국가들이 관료제로 수렴되고 조직에서 작용하는 권력에 의해 사회가 계층화된다고 예언한 바와 일치한다. 관료조직에서의 권력은 경제적 자본보다 지위적 자산 곧 문화적 자본에 의해 결정된다. 현대 자본주의 국가에서처럼 자본가들이 은폐되거나 사회주의 국가처럼 자본가의 존재를 불허할 경우, 사회에서 작용하는 권력은 문화에 기반을 둔 지식과 기술에서 도출된다. 따라서 문화의 정의와 측정 방식에 따라 권력 유무가 판가름된다. 부르디외의 문화적 자본론이 문화의 정의(definition)와 규정에 주목했다면, 콜린스의 신용·자격증명론은 문화의 사회적 공인 방식에 집중하였다.

폐쇄 모형의 발달에 광범위하게 기여한 학자로 부르디외를 빠뜨려서는 안 된다. 부르디외는 자신을 베버의 지적 전통에 귀속시키지 않았으며 '폐쇄'(closure)라는 개념을 분명하게 사용하지는 않았지만, 그의 지적 작업들(Bourdieu, 1973, 1975, 1977, 1984, 1986, 1987, 1988)은 폐쇄 모형과 아주 유사하다. 그의 설명에 따르면, 사회에는 집단별로 이질적인 문화들이 있지만 지배집단이 자신들의 문화만을 공식적이며 가치 있는 문화로 공시함으로써 다른 집단들의 문화들과 구별할 뿐만 아니라 그들의 문화들을 인정하지 않는다. 따라서 지배집단은 임의적 구별(arbitrary distinction)[49]을 통해 문화적 자본을 확보하게 되며, 피지배집단은 규정에 의해서 문화적 자본이 빈약해질 수밖에 없다. 지배집단이 문화를 규정하는 행위는 사회적 폐쇄의 전형적인 유형에 해당한다. 지배집단의 자녀들

---

49 한 집단이 다른 집단들로부터 구별되기 위하여 사용하는 전략은 매우 다양하다. 사치(luxury)는 적절한 사례가 된다. 베블렌(Veblen, [1899] 2007)의 설명에 따르면, 유한 계급(leisure class)은 실용성이 전혀 없는 값비싼 상품들을 구매함으로써 이러한 비용을 감당할 수 없는 집단들을 차별화한다. 학력과 학벌을 두고 벌어지는 경쟁도 차별화에 집중됨으로써 점차 사치의 속성을 갖게 된다. 그 극단적인 사례는 한국사회에서 확산되고 있는 조기유학이다(오욱환, 2008b).

은 자기중심적인 문화 규정에 의해 문화적 자본을 확보한 상태에서 학교에 다니며 자신들이 일상적으로 사용하는 언어 코드와 표현양식을 가지고 자신들의 문화에 기반을 둔 교육 내용을 배우게 된다. 이러한 과정을 거침으로써 문화적 자본에 대한 규정, 적용, 평가 등은 피지배집단을 좋은 일자리, 풍부한 재원, 상위 계층 등으로부터 효율적으로 배제하게 된다(Lamont and Lareau, 1988).

자본주의 체제 아래 경제적 자본에 의한 독점과 조직사회에서 상위 집단의 지위적 자산 또는 문화적 자본에 의한 독점은 상호배타적 관계가 아니다. 다시 말해서, 경제적 자본에 의한 지배 계급의 독점과 문화적 자본에 의한 상위 계층의 독점은 동시에 일어날 수 있을 뿐만 아니라 상승 작용도 가능하다. 사회적 폐쇄가 문화적 자본에 의해서도 유발됨을 강조하기 위해 자본주의 사회에서의 경제적 자본에 의한 배제와 대비시키는 설명이 지나칠 수 있음을 경계할 필요가 있다. 베버 방식의 이상형에 의한 설명법은 이처럼 유형 간 차이를 부각하는 데 집중한 나머지 이상형들의 공존을 불허하는 듯이 오해될 수 있다. 그리고 지위집단의 독점화도 여러 가지 근거에서 이루어지고 있다. 남아프리카공화국, 미국, 영국 등에서는 인종에 의해서, 북(北)아일랜드에서는 종교에 의해서, 그리고 스위스를 포함한 거의 모든 국가에서 두드러지게 드러나는 성별에 의한 지위집단의 독점화가 일어나고 있다(Murphy, 1988: 178).

베버는 기능적 지식과 기술의 필요성을 인정함으로써 지위문화(status culture)에 의한 사회적 폐쇄를 어느 정도 수긍했지만, 콜린스는 지위 독점의 근거로 제공된 지위문화를 불필요한 것으로 생각하였다. 이러한 결과는 두 학자의 지위문화에 대한 견해의 차이에서 유발된 것일 수도 있지만, 그들이 활동한 시대와 사회의 차이에서 기인했을 가능성이 높다. 학교교육의 기회 측면에서 베버의 시대(1864~1920) 독일은 콜린스의 시대(1941년 이후) 미국의 비교 상대가 되지 못한다. 우리는 고학력사회가 될수록 학력이 업무 생산성의 지표보다는 선별(screening)을 위한 도구로 이용될 것임을 충분히 예측할 수 있다. 다시 말해서, 베버는 학력을 통한 지식과 기술의 습득 그리고 이 지식과 기술의 생산성에의 기여를 어느 정도 인정한 반면, 콜린스는 학력이 선별 도구로 이용되는 측면에 초점을 맞추었다.

경제가 성장하고 사회가 발전할 뿐만 아니라 정치적 민주주의가 진행되면서 인종, 종족, 성별 등 생득적 조건에 의한 배제가 정당성을 상실하고 심각하게 도전을 받게 되었으며, 이에 따라 자격·신용증명서와 같은 개인주의적 기준이 배제의 도구로 급격하게 부각되어 왔다. 학위증과 같은 증표는 개인의 능력과 자격을 증명하는 도구로 정당성을 인정받지만 후손에게는 이양되지 않는다. 이러한 한계 때문에, 자녀들에게 높은 학력과 명문 학벌을 제공하기 위해 부모들이 자녀교육에 깊숙이 개입하게 되고 그 결과 학력의 상승이 급속히 진행되어 교육 인구 구조와 노동 시장 구조의 불일치로 인한 과잉교육(overeducation), 하향취업(underemployment), 교육과 직업의 불일치 등이 심화된다(Battu and Sloane, 2000; Bills, 2003: Burris, 1983; Freeman, 1976; Halaby, 1994; Labaree, 1997; Rumberger, 1981; Sandefur and Park, 2007; Smith, 1986; Tsang, 1987). 학력이 상승할수록 교육의 생산효과는 하락하고 신용증명효과가 상승한다. 다시 말해서, 교육은 실용적 기능보다는 차별화의 준거 곧 배제의 도구로 더 많이 이용되게 된다.

우리는 앞에서 사회적 폐쇄가 기득집단에 의해서는 배제로, 그리고 미득집단에 의해서는 권리침해로 구체화된다는 파킨의 주장을 살펴보았다. 학력과 학벌을 가지고 이 주장을 설명하면, 기득집단은 배제적 특권을 보호하고 강화하기 위해 학력과 학벌을 이용하지만 미득집단은 노동 시장에서 자신들을 배제하는 장벽을 제거하고 특권을 쟁취하기 위해 학력과 학벌에 집착한다는 결론에 이르게 된다. 신용·자격증명서는 양면성이 있어서, 한편에서는 계층 유지를 위한 방어용 무기로, 그리고 다른 한편에서는 계층 상승을 위한 공격용 무기로 이용된다. 학력과 학벌은 방어와 공격의 무기로 이용되므로 그 자체의 성능보다는 상대보다 우위에 있을 때라야 제압할 수 있기 때문에 계층 간 학력 · 학벌 경쟁은 점차 가열될 수밖에 없다. 그리고 방어와 공격은 개인보다는 집단으로 결집함으로써 전력을 강화할 수 있으므로 학력과 학벌에 의한 인맥 곧 학맥(學脈)과 학연(學緣)이 형성된다.

고학력사회가 될수록 학력의 차별화 기능이 약해져서 학력주의는 약화되고 학벌주의가 강화된다. 고학력자들이 집중되어 있는 조직—병원, 법원, 대학 등—일수록 학력주의보다 학벌주의가 더 강력하게 작용한다. 학력주의나 학벌주의가 작용할 경우에는 직장 간에서는 물론이며 한 직장 내에서도 이질적인 노동 시장이 공존하는 노동 시장 분절화(Reich, Gordon, and Edwards, 1973) 현상이 일어난다.[50] 특히 학벌주의는 교육 시장의 분절화를 초래하며 이로 인해 교육에서 직업으로 이어지는 과정이 통로(route), 채널(channel) 또는 궤도(railroad)처럼 제한되고 고정됨으로써, 이러한 과정을 밟지 않은 집단이나 개인들을 체계적으로 배제하여 결과적으로 노동 시장 분절화와 사회적 차별을 야기한다.

학력주의와 학벌주의는 취업 때뿐만 아니라 그 후에도 작용한다. 학력 또는 학벌은 선발에 영향을 미치며 취업 후에는 보직, 승진, 임금, 현직 훈련 기회 등에도 작용한다. 학력이 높고 학벌이 좋으면 동일 직장 내에서 '내부 노동 시장'(internal labor market)이라고 불리는 좋은 계열에 속하

---

50 노동시장분절론(labor market segmentation theory)은 마르크스주의자들에 의해 제기되고 있지만(Edwards, 1975; 1979), 이 이론을 제기하는 학자들은 시장에서의 사회적 관계에 관심을 쏟음으로써 생산관계에만 초점을 맞추는 전통적 마르크스주의에서 상당히 벗어나 있다. 직장 내 이질적인 노동 시장들이 공존할 경우, 불리한 노동 시장에 속한 사람들은 완행열차 안에서 자신들을 앞질러 가는 급행열차를 보는 것과 같은 열등감과 박탈감을 피할 길이 없다. 불리한 노동 시장에 속한 사람들은 '보이지 않으나 실재하는 낮은 유리천장' 아래에 갇힌 것처럼 승진, 업무, 임금 등에서 점차 뒤처지게 된다. 노동 시장이 분절됨으로써 상당히 이질적인 조건에서 차등화된 보상을 받게 되는 피고용자들은 동질감을 갖기 어렵다. 결과적으로 노동 시장의 분절화는 계급의식을 약화시키고 계층 경쟁을 심화시킨다.

게 된다(Doeringer and Piore, 1971). 조직 내에서 중요한 지위와 자리의 독점은 학력과 학벌에 의해서 시작되지만 점차 조직 자체에서 인정하는 신용·자격증명에 의해 대체되기도 한다. 노동 시장, 학교, 그리고 관료적 공식 조직에서의 독점과 배제는 하나같이 균등한 기회를 제공받은 개인들 사이에 일어난 공정한 경쟁에 의한 결과로 부각된다. 높은 지위나 선호되는 업무 부서는 능력과 업적에서 상대적으로 더 나은 사람들에게 배정된 결과임이 강조됨으로써 직장에서의 계층화가 정당화된다.

문화적 자본이나 지위적 자산을 배제의 도구로 사용하는 집단은, 자신들이 불리한 처지에 있었을 때에는, 혈통과 자산을 배제의 강력한 도구로 이용했던 귀족 신분과 자본가 계급에 대한 권리침해의 전략으로 업적주의의 구현을 요구하였다. "사회가 단선적(單線的)으로 진화하여 계급 없는 사회가 도래한다"라는 마르크스의 예측이 빗나가고 자산 이외에 위세와 권력에 의해 다양한 집단들이 등장했을 뿐만 아니라 집단 간 관계도 지배-복종으로보다는 우월-열등으로 이루어지고 있다. 이러한 변화는 유산 계급(propertied class)에 대해 지식과 문화로 대항한 '자격증명서를 갖춘 집단들'(credentialed groups)의 끊임없는 도전이 성공했기 때문이다. 능력을 갖고 업적을 증명할 수 있는 집단들의 권리침해가 성공적으로 결실맺음에 따라 지배집단이 다양해졌다. 이 때문에 계급 사회에서 무(無)계급 사회로의 단선적 진행이 일어나지 않았으며 오히려 다양한 집단들이 고유의 이념을 내세우고 이익의 확대를 추구하는 다원적 계층사회가 도래하였다. 현대사회는 복합사회, 다중사회, 포스트모던사회 등 다양한 이름으로 지칭되고 있지만 집단들은 여전히 위계와 우열로 구분되어 차별화되고 있다.

상속 또는 재생산 방법으로 자신들의 기득권을 대물림하려는 귀족과 자본가들에 맞서기 위해서 상대적으로 불리한 집단들은 지위가 공정하게 획득되어야 함을 주장하고 지위획득의 기준으로 능력과 업적의 증명을 강조하였다. 이러한 다양한 집단들의 상충되는 요구들을 조정하고 불가피하게 위계적으로 구성될 수밖에 없는 사회적 지위 구조를 정당화하기 위해 국가의 역할이 중요하게 부각된다. 국가는 이 역할을 공정하게 수행하기 위해서 해당 지위에 적합한 자격요건을 객관적으로 공시하게 된다. 이 때문에 전통사회와 비교할 때 현대사회에서는 신용과 자격을 증명하는 체제가 훨씬 많이 그리고 강력하게 요구되었다. 학교교육은, 능력과 업적을 축적하고 이를 평가하는 데 있어서 어떤 체제보다도 효율적이고 정당하기 때문에, 현대사회에서 학교교육이 급격하게 확대되었을 뿐만 아니라 그 기회 또한 균등하게 배분되어 왔다. 그러나 학교교육의 기회균등과 확대는 역설적으로 학교교육에의 요구를 더 자극하게 된다. 그 이유는 학교교육 기회가 확대되고 균등해질수록 학력과 학벌에서의 상대적 우위를 지키는 일이 더 어려워지기 때문이다.

비록 완벽하지 않고 전통사회와 비교할 때 상대적으로 나은 정도이기는 하지만, 현대사회에서 학교교육은 기회가 균등하게 제공되고, 편견이 적으며, 학생들을 격려하고 고무할 뿐만 아니라, 성취한 결과에 의해서만 평가한다고 알려져 있다. 따라서 학교 내 그리고 진학 단계에서의 선발과 선별이 공정성을 인정받고 있다. 직업에서의 등급도, 그로 인해 사회경제적 불평등이 야기될 수밖에 없지만, 학교교육에서의 성취 결과에 따라 좌우된다고 인식됨으로써 수용되고 있다. 학업성적, 학력·학벌의 격차와 그 결과에 의한 직업에서의 위계화가 모두 인정되면, 사회경제적 격차가 교육 기회에 의해 고스란히 결정되는 듯이 인식됨으로써 교육 기회를 둘러싼 경쟁이 집단 간 그리고 개인 간에 치열해질 수밖에 없다.

교육에서 상대적 우위에 있는 사람들 곧 교육적 지위집단(educational status group)은 선망되는 일자리나 높은 사회경제적 보상을 독점하는 데 있어서 성적·학력·학벌을 최대한 이용한다. 그 결과, 현대사회에서는 노동 시장이 학력이나 학벌에 의해 분절되고 있다. 신분 체제가 붕괴된 사회, 신생 독립 국가, 내전을 겪은 국가들은 지배 구조의 정통성을 확보하기 위해서 가시적이며 객관적인 준거에 의한 선발을 지향한다. 이러한 상황에서는 학력과 학벌이 취업이나 승진을 결정하는 데 타당한 준거가 될 수 있기 때문에, 교육에 의한 계층화가 급격하게 진행될 수밖에 없다. 한국사회에는 학력과 학벌로 출세 가도를 달린 사례들—예컨대, “개천에서 용 난다”라는 ‘개천출용설’(開川出龍說)의 신화적 사례들—이 셀 수 없을 정도로 많아, 교육과 계층의 밀접한 인과관계가 철칙처럼 인식되고 있다(오욱환, 2000). 한국사회에 확산되어 있는 ‘교육출세론’은 교육이 배제와 권리침해의 강력한 도구임을 의미하고 있다.

4. 폐쇄 이론의 교육사회학에의 적용

배제가 기득집단이 재원과 기회의 독과점을 위해 사용하는 방어적 전략이라면, 권리침해는 미득집단이 자신들의 몫을 되찾기 위한 공격적 전략이다. 배제와 권리침해는 기득집단과 미득집단 사이에 도전과 응전의 양상을 띠며, 도전이 강해지면 응전도 그에 걸맞게 강해지는 상승적 관계로 전개된다. 배제와 권리침해는 경제성장으로 재원과 기회의 절대량이 늘어날 때에는 온건해지지만 경제침체로 그 절대량이 줄어들 때에는 과격한 양상을 띠게 된다. 그리고 절대량이 늘어나더라도 기대 수준이 이를 초월하게 되면 배제와 권리침해는 약화되지 않는다. 성장이 거듭될수록 기대 수준은 그보다 더 높아지기 때문에 절대량의 증가만으로는 집단 간 경쟁과 갈등을 줄이기 어렵다. 가장 심각한 시점은 급격히 진행된 성장이 멈추거나 하락할 때인데, 그 이유는 기대와 충족의 괴리가 클 뿐만 아니라 절망이 시작되기 때문이다. 고학력화가 극단으로 치닫고 선망하는 일자리는 늘어나지 않고 있는 오늘의 한국이 이러한 경우의 대표적 사례에 해당한다.

파킨의 배제와 권리침해는 마르크스주의자들의 착취와 혁명에 대비된다(Manza, 1992). 배제와 권리침해는 기득집단과 미득집단의 공존을 전제로 하지만, 착취와 혁명은 각각 지배집단의 지속적 억압과 피지배집단의 체제 전복 기도(企圖)를 의미함으로써 공존의 가능성을 불허한다. 파킨의 배제는 법률적 지원을 받음으로써 설득력을 갖게 되며 권리침해는 법적 규제를 벗어나기도 하지만 체제를 거부하는 수준에까지 이르는 경우는 거의 없다. 그리고 시민권이 확대되고 산업민주화(industrial democracy)가 진행되면서 노동삼권—단결권, 단체교섭권, 단체행동권—의 보장에서 나타나듯 권리침해가 점차 법적 정당성을 확보하고 있다. 또한 상대적으로 불리한 처지에 있는 시민들도 학력이 높아지면서 정치에 대한 효능감이 상승하여 자신들의 권익을 위해 적극적으로 활동한다. 오늘날 시민단체가 다양해지고 있을 뿐만 아니라 활성화되고 있으며, 동호회 역시 취미나 기호를 같이 하는 수준을 넘어 정치적 의사를 표명하기도 한다. 이러한 조직의 영향력은 인터넷을 통한 정보의 교환과 의사(意思)의 결집 및 표명이 효율적으로 이루어지면서 무시될 수 없는 수준에 이르렀다.

재원이나 보상의 종류에 따라, 그리고 경쟁하는 지위집단의 유형에 따라 사회적 폐쇄—배제와 권리침해—는 다양하게 나타난다. 사회적 폐쇄에 관한 베버(Weber (ed. Gerth and Mills), 1946a: 416-444)의 논문 '중국 식자층'(The Chinese literati)[51]에 의하면, 중국 관료들의 자제들은 교육 기회를 독점했을 뿐만 아니라 각 지역별로 할당되는 과거시험의 수험(受驗)자격 후보자 할당 가운데 상당한 비율을 선점하였다. 식자층은 하나의 '통합된 지위집단'을 형성하여 교육, 시험, 관직으로 이어지는 출세통로를 폐쇄함으로써 다른 집단들의 진출을 봉쇄하였다. 관직을 획득하기 위해 통과해야 하는 시험은 문화적 지위집단이 향유하는 교양—현학적이며 서적을 통해서 얻게 되는 문예—에서 출제되었다.[52] 베버의 논문 '중국

---

51 교육사회학의 고전에도 관심을 갖는 교육사회학 논문선집들(Cosin, 1972; Ballantine, 1985; Ballantine and Spade, 2001; Lauder, Brown, Dillabouth, and Halsey, 2006)은 베버의 이 논문을 전체 또는 부분으로 발췌하여 싣고 있다.

52 중국의 과거제도와 식자층에 대해 이해하는 데 샤피(Chaffee, [1985] 2001)의 『송대 중국인의 과거생활: 배움의 가시밭』(*The thorny gates of learning in Sung China: A social history of examination*)이 아주 유용하다.

식자층'(Weber (ed. Gerth and Mills), 1946a: 416-444)에서 지식이 사회적 폐쇄의 수단으로 이용되었음을 확인할 수 있는 문장들을 발췌하여 제시한다.

> 12세기 동안, 중국의 사회적 서열은 재산보다는 관직을 위한 자격에 의해 결정되어 왔다. 이 자격은 교육, 특히 시험에 의해 결정되었다. 중국은 문예교육을 배타적 조건으로 삼음으로써 사회적 위세의 기준으로 삼았다. (……) 인도의 브라만교(Brahmanism)처럼, 중국에서는 식자층이 문화 전체를 결정하는 주창자로 군림하였다(Weber (ed. Gerth and Mills), 1946a: 416). 식자층의 위세는 마술적 권력들의 카리스마로 형성되지 않으며 문예에 관한 지식의 소지에 근거하였다(p. 417). 식자층은 통합된 지위집단처럼 처신하였다. 그들은 공동의 지위적 명예(status honors)를 과시했으며 중국의 동질적 문화를 전수하는 유일한 집단으로 합심하였다(p. 420).
>
> 중국의 모든 관리들은 국가에서 실시하는 시험들을 통과해야 하며 근무처와 직위도 이 시험들의 결과에 의해서 결정된다. (……) 문예교육은, 예외가 있기는 하지만, 인도의 베다교육이 독점되듯이 실질적으로 그리고 합법적으로 대가(大家: great families)에 의해 독점되고 있다. 고관(高官)들의 자손들은 각 지방별로 시험 지원자들을 할당할 때 특별하게 그리고 우선적으로 대우받는다(p. 423).
>
> 이 시험제도는 세습적 지배자들이 공식적으로 녹봉(祿俸)을 받을 수 있는 관직을 획득할 수 있는 권리를 독점하여 봉신(封臣)이나 공적 귀족과 같은 폐쇄적 신분을 유지하는 수단이 되어 왔다(p. 424). (……) 한편, 인문주의 교육(humanist education)은 이와 같은 경력을 준비해 온 학생들이 교양 있는(cultured) 지위집단에 귀속됨을 각인시켜 왔다. (……) 중국의 시험들은, 현대사회에서 법관, 의사, 혹은 기술자들을 선발하기 위해 시행되는 합리적 그리고 관료적 시험 규정들과는 다르게, 특정 기술들을

측정하지 않았다(p. 427). (……) 지위집단으로서 식자층은 [시험에 합격하여 관직을 얻었을 경우는 물론이며] 심지어 시험에 응시했지만 취업하지는 못했을 경우에도 특권층이었다. 관직을 얻은 식자층은 강제 부역과 체벌을 면제받았을 뿐만 아니라 녹봉을 받음으로써 지위에 따른 특권을 누렸다(p. 434).

중국 대중들은, 하급관리들을 불신하고 정부와 가능한 접촉하지 않으려 애썼지만, 문예교육(literary education)이 신비한 권력을 관리들에게 부여한다고 믿었다(Bendix, 1960: 120). 관직을 수행하는 데에는 특정 기술들이 필요했지만, 출제되는 문제들은 그 기술들과 관련이 없었다. 필요한 서적이 갖추어져 있고, 생업(生業)에 종사하지 않음으로써 책을 읽을 수 있는 시간이 확보된 가족의 자제들만 시험에 응시할 수 있었다. 교육받은 식자층은 왕권 시대에 제2의 계층에 속할 수 있었다. 서양의 경우, 라틴어나 희랍어를 구사할 수 있는 식자층은 군주의 정치적 자문역을 담당함으로써(Weber (ed. Gerth and Mills), 1946a: 92) 지배집단에 속할 수 있었다.

베버의 연구에서 밝혀진 중국 전통사회에서 뚜렷하게 드러난 사회적 폐쇄는 한국역사에서는 조선 시대 과거제도에서 그대로 반복되었다.

조선사회에서는 많은 가문들이 지배집단인 양반의 신분에 귀속하여 경쟁률이 높아졌고 이 때문에 관리의 등용 과정이 민감한 사안이 됨에 따라 선발제도가 그 이전의 시대보다 체계화되었다. 양반은 자신들의 기득권을 확보하기 위해서 관리 선발제도를 배타적으로 활용하였으며 그 대표적인 사례가 과거제도였다. 조선 시대에서는 음서(蔭敍)[53]가 원칙적으로 공신

53 공신(功臣)이나 전·현직 고관의 자제를 과거에 의하지 않고 관리로 채용하던 방법을 의미한다.

이나 3품 이상 관리의 자손에게 국한하였기 때문에 과거를 통하지 않고 관직을 얻을 수 있는 길은 매우 제한되었으며 양반들의 삶의 기회는 과거에 의해 좌우되었다. 과거 시험에서 급제와 관직의 획득은 개인적 영달일 뿐만 아니라 일가친척 모두에게 경사였다. 이러한 사실은 족보(族譜)에 기록되어 후대로 전수되면서 종족과 가계의 영광으로 부각되었다. 과거 시험 가운데 가장 중요한 것은 문관의 등용 시험이었다. 과거에 응시하기 위해서는 소정의 교육을 받아야 했는데 양반이 모든 교육 기회를 통제하였기 때문에, 결과적으로 양반이 문관의 등용 시험을 독점하였다(오욱환, 2000: 177-178).

교육에서 일어나는 사회적 폐쇄는 학업성취, 학력, 학벌 등에서 격차를 유발하고 가치관 · 태도, 문화, 언어 등에서 이미 있었던 차이를 심화시킨다. 이러한 격차와 차이는 취업, 소득, 승진 등 경제적 측면뿐만 아니라 배우자, 거주지, 교우 등을 선택할 때 영향을 미침으로써 사회적 측면에서도 인맥 형성에 결정적인 변수로 작용하게 된다. 다시 말해서, 경제적 자본뿐만 아니라 문화적 자본, 심지어 사회적 자본[54]의 형성과 활용이 지배집단 내부에서 폐쇄적으로 이루어짐에 따라 지배집단과 피지배집단 간의 격차가 뚜렷해져 신분사회로 고착된다. 조선 시대 교육은 신분을 가르는 절대적 기준이었다. 조선사회의 몰락 이후 한국사회에서 일어난 주목할 만한 현상들 가운데 하나는 부모의 자녀교육열이었다. 전통적 신분 구조의 붕

54 콜먼은 공동 연구(Coleman and Hoffer, 1987)와 단독 연구(Coleman, 1988)에서 '사회적 자본'을 경제적 자본과 문화적 자본에 의한 불평등 구조의 재생산을 완화할 수 있는 대안으로 제안하였다. 그러나 감성적일 수밖에 없는 인맥에 의해 형성되는 사회적 자본은 개방적 속성보다는 폐쇄적 속성을 더 많이 갖고 있다. 생애기회에 상당한 영향을 미칠 수 있는 정보를 가진 사람이나 집단들은 외집단(outgroup)보다는 내집단(ingroup)으로 인식하고 있는 사람들에게 이 정보를 먼저 그리고 정확하게 제공한다. 사회적 자본은 부정적으로 이용되어 사회적 폐쇄의 도구가 될 가능성이 아주 많다(Portes and Landolt, 1996). 자본은 유형이 어떠하든 그 소유자에 의해 개인적 이익을 확대하기 위해서 활용될 뿐이며 공적 기금처럼 운용되지 않는다.

괴는 출세의 길이 개방됨을 의미한다. 새로운 지배 구조는 지배의 정통성을 확보하기 위해 객관적이며 가시적인 준거에 의해 인재를 등용하였다. 이 때문에 학력과 학벌이 출세를 위한 공인된 준거로서 부각되었다.

교육장면에서 일어나는 사회적 폐쇄는 "누가 교육을 받아야 하는가"라는 질문에 답함으로써 이루어진다. '교육받아야 할 사람에 대한 규정'이 내려지면 그 후의 배제는 그 규정에 의해 정당화된다. 우리는 이러한 유형의 배제를 '규정에 의한 폐쇄'(closure by definition)로 지칭할 수 있다. 규정에 의한 폐쇄는 '규정에 의한 배제'와 '규정에 대한 권리침해'로 나누어진다. 규정에 의한 폐쇄는 상호교섭 또는 상호작용 학파에서 제창한 '이름 지어 붙이기' 곧 '명명'(labeling)[55]과 아주 유사하다(Lemert, 1951, 1972; Becker, 1963; Douglas, 1972; Rubington and Weinberg, 1973. 이에 대한 비판은 Taylor, Walton, and Young, 1973 참조). 명명이론(labeling theory)에 의하면, 일탈(deviance)은 행위 그 자체에 내재된 속성이 아니며 사회적 관중(觀衆)의 규정에 의한 결과이다. 다시 말해서, 어떤 행위를 했기 때문에 일탈자가 되기보다는 사회적 규정에 의해 일탈자로 분류된다. 예를 들면, 동일한 분량의 술을 상습적으로 마셔도 한국에서는 '알코올 의존증'(alcoholism)으로 명명되지 않지만 음주에 대해 엄격한 국가에서는 알코올 의존증으로 명명되어 사회적 일탈로 분류되고 법적으로 제재되기도 한다.

규정에 의한 교육 기회와 학습 기회로부터의 배제는 교육장면에서 일상적으로 일어나고 있다. 입학 여부를 결정하는 선발, 우열반이나 교과과정별 계열화(tracking)와 관련된 능력별 집단화(ability grouping), 수업장면에서의 학습 기회와 관련된 학생들에 대한 교사의 기대(expectation)와

55 명명 이론은 사회적 일탈이 해당 개인의 속성이나 행위의 결과에 대한 판단이 아니며 집단 규정과 반응에 의해 창작된다고 주장한다(Becker, 1963; Douglas, 1972; Lemert, 1972; Rubington and Weinberg, 1973). 따라서 집단의 규정과 반응이 엄격하면 일탈이 더 많이 발생하고 관대하면 줄어든다.

학생들의 자성예언(self-fulfilling prophecy) 등은 집단별 또는 개인별 명명, 분류, 낙인 등의 결과에 의해서 상당히 좌우된다(Cicourel and Kitsuse, 1963; Gamoran and Mare, 1989; Keddie, 1971; Labov, 1969; McDermott, 1977; Mehan, Villanueva, Hubbard, and Lintz, 1996; Oakes, 1985; Rosenbaum, 1980; Rosenthal and Jacobson, 1968; Rist, 1977; Wheelock, 1992).

교육사회학이 거시적 접근에 대한 집착을 버리고 미시적 접근에도 관심을 갖게 되면 사회적 폐쇄가 교육장면에서 얼마나 보편적으로 이루어지는지를 간파할 수 있다. 교육적 발전은 국가 수준에서의 교육 정책을 통해서 이루어지지만, 이에 못지않게 의미 있는 변화가 일상적인 교실 사태에서도 충분히 일어날 수 있다. 감동적인 교육효과는 교육장면에서 관습적으로 이루어져 온 명명, 분류, 낙인에 대한 교사의 개인적 저항과 이를 극복하기 위한 의지적, 주체적, 작인적 구상과 실행의 결과로 나타나고 있다(예: 수학교사 하이메 에스칼란테(Jaime Escalante)를 주제로 한 Mathew, 1988; Meek, 1989, 그리고 에린 그루웰(Erin Gruwell)에 대한 *The freedom writers diary* (김태훈 역), [1999] 2007). 미시적 접근을 동원하면, 교육 기회의 격차보다 학습 기회의 격차가 교육적 불평등의 일차적 원인임을 확인할 수 있다. 다시 말해서, 학교의 유형이나 단계에서보다는 학급에서의 일상적 활동에서 차별이 일어나고 격차가 심화된다.

규정에 의한 배제는 역사가 오래되었을 뿐만 아니라 매우 다양하다. 장 자크 루소(Jean-Jacques Rousseau, 1712~1778)는, 『인간불평등기원론』(Rousseau (최현 역), [1775] 1974)에서 "인간의 불평등은 자연법에 의해서 정당화될 수 없다"라고 주장할 만큼 평등을 강조했지만, 『에밀』(Rousseau (정봉구 역), [1762] 2006)에서는 소피(Sophie)를 단맛에 길들게 하고, 여성예술(womanly arts)을 배워야 하며, 남성을 보좌해야 하는 여자로 규정함으로써 교육으로부터 배제시켰다. 교육이 지배의 도구임은 미국의 동부 명문 사립대학들 곧 아이비리그에 속한 대학들[56]이 1969

년에 이르러서야 여학생을 받아들였다는 사실로서도 확인될 수 있다. 미국 흑인들이 백인들에 의해서 인간이라기보다는 노동력으로만 규정되었을 때 이미 '강제적 무지(compulsory ignorance)를 위한 법'에 의한 합법적 배제의 기초가 준비된 셈이다. 미국에서 교육을 둘러싸고 제기된 수많은 소송들은 대부분 규정에 의한 배제와 권리침해의 사례에 해당한다. 기득집단은 다른 집단들의 인종, 종족, 종교, 언어, 문화 등의 특징을 차별적으로 규정함으로써 배제를 정당화한다.

규정에 의한 사회적 폐쇄 곧 규정에 의한 배제와 그러한 규정에 반박하는 권리침해는 미국의 인종통합학교 정책의 변화가 적절한 사례를 제공한다. 미국에서는 남북전쟁 후 노예해방선언(Emancipation Proclamation, 1863)에도 불구하고 학교는 인종에 따라 분리되어 있었다. 1896년 철도 승객의 분리가 합법화됨(*Plessy v. Ferguson*)에 따라 '분리평등'(separate but equal)의 원칙 아래 흑인과 백인 학생이 각각 별도의 학교로 배정되었다. 그러나 1954년 캔자스 주(州) 토피카 시(市) 학구(學區)를 상대로 인종분리학교의 위법을 제소한(*Brown v. Topeka Board of Education*) 흑인 목사 브라운이 승소함에 따라 인종통합학교가 국가 권력에 의해서 강행되었다. 그러나 안타깝게도 합법적(de jure)이라고 연방정부가 명령한 인종통합학교 정책도 학부모들의 '거주·이전의 자유'를 통제할 수는 없었다. 백인 학부모들이 통합학교를 거부하기 위해 교외로 이주함으로써, 인종분리학교가 실질적(de facto)으로 재현되고 있을 뿐만 아니라 점차 악화되었다(Gittell, 2008; Hochschild, 1985). 이뿐만 아니라 통합 정책 자체를 위헌으로 판정하는 사례도 점차 늘어가고 있다

---

56 미국 동부의 명문 사립대학들은 아이비리그(Ivy League)로 약칭된다. 아이비리그에는 Brown University(Providence, Rhode Island), Columbia University(New York, New York), Cornell University(Ithaca, New York), Dartmouth College(Hanover, New Hampshire), Harvard University(Cambridge, Massachusetts), Princeton University(Princeton, New Jersey), University of Pennsylvania(Philadelphia, Pennsylvania), Yale University(New Haven, Connecticut)가 속해 있다.

(Sadovnik, Cookson, and Semel, 2006: 80). 이 사례들은 사회적 폐쇄가 현실적 상황에 따라 계층별·지역별로 이루어지고 있으며, 부모주의로 결집한 집단에 의해 법률적 규정이 변화함을 증명한다.

베버 패러다임을 취하는 학자들이 발표한 '교육장면에서의 사회적 폐쇄'의 사례들을, 집단 구분의 유형과 활용된 도구 및 전략을 중심으로 하여, 세부적으로 살펴보자. 여기서 항목에 따라 분류된 연구들은 배타적이지 않아 중복 배정될 수도 있지만, 설명의 편의를 위해 핵심 개념에 따라 한 항목 아래 두었다.

1) 계층에 의한 폐쇄

베버 패러다임의 학자들이 가장 선호하는 집단 분류기준은 계층이다. 계층은, 적대적으로 양분되어 있고 이념에 의해 결집되는 계급과는 다르게, 여러 층으로 나누어져 있고 층 간 구분도 명확하지 않으며 현실적 조건 아래 이익의 극대화를 추구하므로 상위 계층과는 물론이며 하위 계층과도 경쟁관계에 있다. 계층 간 경쟁은 하위 계층이 경쟁력을 갖출수록, 그리고 각 층이 늘어나 층 간 간격이 좁혀질수록 가열된다. 현대사회는 전통사회와는 달리 재원과 기회가 비교적 균등해짐에 따라 하위 계층의 경쟁력이 이전보다 많이 높아졌다. 그리고 산업화에 따른 경제성장으로 가계소득이 늘어나고 자녀 수가 감소함에 따라 각 가정의 경제적 조건이 향상되었다. 농경사회나 가내수공업 시대가 지나가면서 취업에 요구되는 자격을 갖추는 데 학교교육이 결정적 조건이 되었다. 가계소득이 상승하고 취업조건으로 학교교육의 중요성이 강화되면서 계층 간 교육 경쟁이 점차 가열되었다.

학교교육의 기회가 확대되면서 계층 간 학력 경쟁도 가속되었다. 콜린스(Collins, 1971)는 '교육적 계층화'(educational stratification)라는 개념을 중심으로 하여 계층 간 학력 경쟁을 설명하였다.

피지배집단은, 지배집단이 문화와 지식을 통해서 지배를 정당화해 왔음을 경험하였고 산업의 발달로 지적 기술이 상위 직업을 얻는 데 결정적 수단이 됨을 목격했기 때문에, 계층 상승 이동을 위해 더 높은 학력을 추구하게 되었다. 기회의 확대가 자유 경쟁 체제를 정당화하는 데 요구되는 전제조건인 기회균등을 충족시키는 것으로 인식되면, 학력 경쟁이 공정성을 확보하게 되고 누구나 이 경쟁에 참여함으로써 치열해진다. 학력 경쟁에서 지배집단이 패할 가능성은 거의 없다. 교육 수준이 상승할수록 비용과 노력이 더 많이 요구되기 때문에, 상위 계층은 더욱 유리한 조건에서 경쟁에 임할 수 있다.

학력 경쟁에서 중·상류 계층은 유리한 규칙으로 경기를 진행할 수 있고 결과에 대해서는 하류 계층의 승복(承服)을 얻어낼 수 있기 때문에 이중으로 이익을 챙길 수 있다. 하류 계층은 불리한 학력 경쟁을 감당하기 위해 경제적, 정신적 부담에 시달리며 경쟁의 결과는 물론이며 그에 따른 계층화 곧 사회경제적 불평등 구조까지 인정해야 한다. 하류 계층은 중류 계층과 상류 계층을 따라잡으려고, 중류 계층은 하류 계층을 따돌리고 상류 계층을 따라잡기 위해서, 그리고 상류 계층은 중·하류 계층과의 격차를 유지하기 위해서 학력상승을 추구하기 때문에 사회 전반적으로 학력이 급격히 상승하면서 학력 인플레이션이나 과잉교육 현상이 발생하게 된다.

상위 계층은 하위 계층보다 유리한 조건에서 경쟁에 참여한다. 동일한 선에서 출발한다고 기회가 균등한 것은 아니다. 그러나 학부모들은 교육 기회균등의 허구성을 알지 못하며 설혹 알고 있더라도 크게 개의치 않는다. 거의 대부분의 부모들은 구조적 변화보다는 주어진 조건 아래에서 최대의 이익을 추구하려는 데 관심을 더 많이 둔다. 균등하고 공정하게 제공되는 것으로 이해되고 있는 학교교육 경쟁에서 하위 계층이 상위 계층을 따라잡을 수 있는 가능성은 매우 적다. 상대적으로 불리한 계층은 동일 수준의 학교교육에 같은 금액의 교육비를 투입하면서도 그 교육에 따른 보상은 적게 회수한다. 하류 계층은 더 부담스러운 교육비를 투입하고도 그에 따른 이익은 적게 얻음으로써 학력 경쟁에서 이중적 손해를 보게 된다(오욱환(2003a: 159)에 소개된 콜린스(Collins, 1971)).

교육적 계층화는 미국의 2년제 지역전문대학 제도에서도 잘 드러난다. 하위 계층, 특히 소수 인종·민족이 고등교육 기회의 확대를 요구하자 미국사회는 2년제 지역전문대학을 개방하였다. 그러나 2년제 대학은 학생들로 하여금 계층 상승의 포부를 고무하기보다는 일정 수준에서 접도록 하는 데 이용되고 있다. 클라크(Clark, 1960a, 1960b, 1980)는 이를 냉각기능[57]으로 개념화하였다.

> 클라크는 고등교육이 학생들을 계층 상승 이동을 추진하도록 마냥 부추기기만 하는 것이 아니라 '냉각기능'도 수행함을 부각하였다. 다시 말해서, 교육은 모든 학생들을 부추겨 계층 상승 이동을 시도하게 하면서 다른 한편에서는 하류 계층의 학생들을 일정 수준에 머무르게 하는 역할도 한다. 그의 설명에 따르면, 2년제 지역전문대학은 고등교육을 통해 계층 상승 이동을 시도하는 수많은 학생들에게 고등교육 기회를 주면서 동시에 높은 지위에는 부적합함을 스스로 인식하게 하여 능력에 적합한 직위에 만족하게 하는 역할을 수행한다. 지역전문대학의 냉각기능은…… 학생들이 모르게 이루어지기 때문에 비열할 수밖에 없다(Clark, 1960b).
>
> 교육의 냉각기능은 뒤이어 발표된 캐러벌의 연구(Karabel, 1972)에서 분명히 밝혀졌다. 그는 지역전문대학이 자본주의 사회의 계급 갈등을 완화시키는 기제로 활용되고 있음을 주장하였다. 그의 연구는 지역전문대학이, 개방과 평등을 위해 설립·운영된다고 표방하고 있지만, 피지배집단의

57 냉각기능은 자신의 한계를 현실적 맥락에서 인식하게 하여 실현 가능성이 없는 포부를 접도록 한다. 또한 계층별 노동 분업을 적절하게 유지하게 하며, 하류 계층의 사람들로 하여금 낮은 사회적 지위가 자신들의 능력 부족 때문임을 자인하게 함으로써 욕구 불만을 사전에 차단하여 사회질서를 유지하는 데 기여한다.

> 고등교육에 대한 요구를 수용하면서 위계적 불평등 구조를 정당화하기 위한 도구로 이용되어 왔음을 밝혔다. 그의 설명에 따르면, 지역전문대학은 하류 계층 학생들의 고등교육 욕구를 충족시키는 모양을 갖추고 있지만 핵심적으로는 이들이 4년제 대학 학생들보다 능력이 떨어짐을 자각하여 낮은 수준의 직업을 감수하게 하는 기능을 수행한다. 이러한 과정을 거침으로써 계층에 의한 구조적 불평등이 후속 세대로 자연스럽게 넘어간다. 비슷한 연구들(Clark, 1960a, 1960b, 1980; Karabel, 1972; Velez, 1985; Brint and Karabel, 1989; Pincus, 1994)의 결론을 요약하면, 일반적으로 수학(受學) 기간이 상대적으로 짧고 질적으로 낮은 대학들은 하위 계층 학생들에게 교육 기회의 균등을 체험하게 하면서 동시에 적당한 수준으로 포부를 낮추어 하류 계층의 직업을 선택하게 하는 역할을 은밀하게 담당하고 있다(오욱환, 2003a: 160).

2년제 대학의 냉각기능은 여러 학자들에 의해 지지되었다. 그러나 이러한 연구들이 2년제 대학의 냉각기능을 지적했다면, 로젠바움(Rosenbaum, 1997)의 연구는 2년제 대학의 개방 정책이 "누구나 대학에 갈 수 있다"라고 부추김으로써 대학에서 요구하는 학습 능력을 전혀 갖추지 않은 채 대학에 진학한 학생들이 중도에 탈락하면서 심각한 좌절을 경험하고 있음을 고발하듯 설명하였다.

로젠바움(Rosenbaum, 1997)의 설명에 따르면, 미국에서는 '모두를 위한 대학'(College-for-All)으로 번역될 수 있는 정책이 시행됨으로써 거의 모든 고등학생들이 대학진학을 당연하게 생각한다. 대학교육 기회의 확대를 의미하는 이 정책은 학생들과 그들의 부모들로 하여금 "수학 능력(修學能力)에 불문하고 누구나 대학에 진학할 수 있다"라고 확신하게 만든다. "누구나 대학에 진학할 수 있다"라는 의미는 고등교육 기회의 균등함을 강조하는 것이지만 학생들은 "아무나 대학에 진학할 수 있다"라고 해석한다. 이러한 해석 아래, 수많은 학생들이 고등학교 단계에서 익혀야 할 지식과 기술을 소홀히 한다. 그 결과, 대학진학 후 수업을 따라갈 수 없을 정도로 수학 능력이 낮은 학생들도 대학진학을 결행한다. 고등학교 교사들은 이 수준에 있는 학생들이 대학에서 중도 탈락될 수밖에 없음을 확신하면서도 학생들과 그 부모들에게 부정적인 안내를 해줄 수 없어 대학진학을 묵인할 뿐만 아니라 권장하고 있다(Rosenbaum, Miller, and Krei, 1996).

한편, 2년제 대학들은 방대하게 설립되었을 뿐만 아니라 개방 정책으로 인해 엄격한 선발 과정을 거치지 않고 입학을 허가할 수밖에 없다. 결과적으로 대학에서 개설되는 강좌를 도저히 따라갈 수 없는 학생들이 속출하고 중도 탈락률이 상당한 수준에 이르게 된다. 이 학생들은 고등학교의 수업이 대학에서의 수업과 전혀 무관하다고 생각한다. 로젠바움(Rosenbaum, 1997)은 이처럼 예견된 비극적 과정을 밟은 학생들이 경제적으로뿐만 아니라 심리적으로도 심각한 손실을 피할 수 없다는 사실을 부각하며 대학 개방 정책의 낭만적 기대를 비판하였다. 미래를 자의적으로 그리고 환상적으로 전망함으로써, 수많은 학생들이 고등학교 시절에 현실을 직시하고 준비해야 할 기회를 낭비하고 있다. 대학교육에 대한 비현실적 인식으로 대학에서의 수학 능력을 구비하지 않은 채 누구에게나 개방된 2년제 대학에 진학한 후 중도에서 탈락한 학생들은, 고등학교 시절과 2년제 대학에 재학한 기간을 허송했을 뿐만 아니라 생애기회에 심각한 영향을 미칠 정도의 기회비용(opportunity costs)까지 허비한 셈이 된다.

1980년대에도 미국의 명문 사립대학들, 특히 하버드, 예일, 프린스턴 대학교는 초일류 기숙 사립고등학교들과 '전세와 물물교환'(chartering and bartering)으로 알려진 방법으로 끈끈한 사적 인맥관계를 지속하면서 입학사정에서 혜택을 줌으로써 다른 고등학교 출신 학생들을 배제하였다(Persell and Cookson, 1985). 퍼셀과 쿡슨이 선정한 초일류 기숙 엘리트 사립고등학교 16개교[58]는 하버드, 예일, 프린스턴 등 명문 대학 출신의 진학담당 교사들을 장기 계약을 통해 확보하여 출신 대학의 입학담당관들과 사적 교류를 유지하게 함으로써 입학에 관한 정보와 학생들에 관한 정보를 교류한다.[59] 한편, 명문 사립대학들은 이 16개 고등학교 출신 학생들을 입학시킴으로써 이들의 부모 곧 부유한 저명인사들[60]과의 인맥을 유지함으로써 다양한 지원을 받는다. 선별된 16개 고등학교 출신 학생들은 부모들의 사회경제적 배경에 힘입어 상대적으로 뒤처지는 기숙 고등학교 출신 학생들은 물론이며 공립학교 학생들보다 아이비리그의 8개 대학에 진학할 수 있는 기회를 월등히 많이 갖는다. 16개 고등학교 출신 학생들은 '학습능력적성시험'(Scholastic Aptitude Test: SAT) 점수가 합격선(1,175점)에 미치지 못하더라도(1,050점 이하) 입학이 허락되기도 한다.

미국의 초일류 엘리트 사립고등학교들과 동부의 명문 사립대학들은 물물교환 형식의 사회적 관계망을 형성함으로써 상호이익을 도모하고 있다. 이 고등학교들은 이러한 관계망을 통해서 '대학의 학생 선발 과정에 대한 내부자의 관점'(insider's view of a college's selection process)을 얻어서 최적의 학생들을 해당 대학들에 제시함으로써 합격률을 높인다. 한편, 대상이 되는 대학들은 이 관계망을 통해서 재정적으로나 정치적으로 도움이 될 수 있는 현재와 미래의 후원자들을 확보한다. 다시 말해서, 이 대학

---

58 퍼셀과 쿡슨이 선정한 16개교는 Phillips Andover Academy (MA), Phillips Exeter Academy (NH), St. Paul's School (NH), St. Mark's School (MA), Groton School (MA), St. George's School (RI), Kent School (CT), The Taft School (CT), The Hotchkiss School (CT), Choate Rosemary Hall (CT), Middlex School (MA), Deerfield Academy (MA), The Lawrenceville School (NJ), The Hill School (PA), The Episcopal High School (VA), 그리고 Woodberry Forest School (VA) 등이다.

59 일류 기숙 엘리트 고등학교의 진학담당 교사들 가운데에는 대학에서 입학담당관으로 근무한 사람도 적지 않다. 이들은 대학의 입학담당관들과의 교류를 통해서 대학에서 선발하고자 하는 학생들의 조건들을 미리 파악할 수 있다. 이들은 학생들로 하여금 이 조건들을 갖추게 할 뿐만 아니라 요구하는 조건들을 갖춘 학생들을 해당 대학에 지망하도록 함으로써 합격 가능성을 극대화한다.

60 한 학교를 예로 들면, 학생들의 부모들 가운데 40퍼센트가 미국의 '사교계 명사 인명록'(Social Register)에 실려 있다.

들은 재력가와 명망가들의 자녀들을 입학시킴으로써 그 부모들로부터 재정적 지원과 정치적 후원을 받을 뿐만 아니라 그 부모들로부터 경제적, 문화적, 사회적 자본을 상속받게 될 학생들을 확보함으로써 미래를 위한 투자도 동시에 할 수 있다.

베버는 계층을 경제적 자산, 사회적 위세, 정치적 권력을 준거로 하여 나누었지만, 계층들 간의 차이는 삶의 유형 곧 문화에 의해서 가장 잘 드러난다. 자산, 위세, 권력이 일상생활의 유형에 미치는 영향은 막대하여 의식주, 거주 지역, 배우자, 수명, 건강 등을 결정하지만 특히 문화의 차이가 부각되고 있다. 계층 간의 문화 차이는 문화자본이라는 개념과 접목하면서 차이가 위계적 격차 또는 우열로 전환되어 매우 의미 있는 변수로 이용되고 있다. 계층별 문화자본의 격차가 사회적 폐쇄의 도구로 이용되는 대표적 사례들 가운데 하나는 '언어실조'이다. 한 국가 내에서도 계층, 인종, 종족, 지역 간 사용되는 언어들이 다를 뿐만 아니라 우열과 격차가 있으며, 공식 언어 또는 표준 언어로 공인·채택된 언어를 사용하지 않는 집단은 언어실조로 판정될 가능성이 높다. 언어실조로 판정된 집단은 공식·표준 언어를 사용하는 장면에서 의사소통에 어려움을 겪을 수밖에 없으며 이로 인해 사회적으로 배제되기도 한다(Bernstein, 1973, 1974, 1976; Labov, 1969; Ogbu, 1999, 2004).

교육사회학의 고전적 이론들 가운데 하나인 번스타인(Bernstein, 1973, 1974, 1976)의 언어실조론을 여기서 자세히 소개하기로 한다. 번스타인의 언어실조론은 영국 중류 계층[61]의 정련된 어법이 학교에서 공식적 언어로 채택됨으로써 이 어법을 가정에서 익히지 못한 노동 계층의 자녀들이 학교에서 일어나는 수업장면에서 공식적 교수-학습 언어, 곧 정련

---

61 번스타인의 연구에서는 중류 계급으로 기술되었지만, 의미상으로는 마르크스의 계급보다 베버의 계층이 더 적합하다. 계급은 적대적 관계를 함의해야 하므로 상대적 우열을 나타내는 상류, 중류, 하류 등으로 분류하는 방법은 부적절하다. 상대적 우열로 집단을 구분할 때에는 계층 개념이 더 적합하다.

된 어법(elaborated code)을 이해하지 못하여 학업성취가 뒤떨어지는 현상을 설명한 것이다.[62] 학교는 정련된 어법을 학교의 공식적 교수-학습 언어로 채택함으로써 이 어법을 모르거나 이 어법에 익숙하지 않은 노동 계층 자녀들을 학습 기회(learning opportunity)로부터 배제시키는 역할을 수행하게 된다.

> 두 계급에 따른 어법 차이는 두 계급의 아동들이 학습장면에 직면할 때 유·불리함으로 나타난다. 학습장면에서는 중류 계급의 어법으로 의사소통이 이루어지기 때문에 중류 계급 아동은 아무런 불편 없이 교사로부터 교육적 메시지를 전달받을 수 있지만 노동 계급 아동은 말(수업 언어)을 이해할 수 없어 메시지를 전달받는 데 어려움을 겪게 된다. 다시 말해서, 노동 계급 아동은 말귀를 못 알아듣는다. 중류 계급 어법으로 수업이 진행되는 교실은 노동 계급 아동에게는 이방(異邦) 세계나 다름없다. 낯선 문화권에 들어간 사람처럼 노동 계급 아동은 수업의 교육적 메시지를 이해하기 위해서 이를 자신이 익숙한 말로 '번역'해야 한다. 이 번역 작업은 노동 계급 아동에게만 추가된 부담이므로 이 아동은 학업성적에서 불리할 수밖에 없다. 더욱이 이 아동이 번역에 실패할 경우에는 교육적 메시지를 전혀 전달받을 수 없어 학업성적에 매우 불리하게 작용한다. (……) 노동 계급 아동이 중류 계급 어법을 사용하는 교사의 말을 이해하지 못해 교사-학생 관계에 긴장과 갈등이 생길 수 있으며 심한 경우 교사의 지시를 따르지 않는 '문제아동', '반항아동' 등으로 분류될 수 있다(오욱환, 2003a: 285-286).

---

62 번스타인의 연구는 영국에서는 영향력이 높지만, 미국의 사회언어학자 라보프(Labov, [1969] 1973)는 이를 기능론의 맥락에서 설정된 '언어실조론'으로 명명하고 "노동 계급의 흑인 아동들이 현실적으로 처한 환경을 무시한 지극히 가설적이며 이론적인 수준의 신화"라고 비판하였다. 한편 스텁스(Stubbs, 1983)는 라보프의 연구를 영국에 소개하면서 번스타인의 언어실조론에 대한 재해석의 필요성을 시사하였다.

교육 기회(educational opportunity)는 학교에 다닐 수 있는 기회 이상을 의미하지 않는 경우가 너무 많다. 우리는 "교육 기회 곧 학교에 다닐 수 있는 기회가 균등해진다고 해서 학습 기회까지 균등해지는 것은 아님"을 분명히 인식할 필요가 있다. 학습 기회의 격차는 한 학교 내에서는 물론이며 심지어 한 학급 내에서도 얼마든지 일어나고 있다. 한 학교 내에서의 학습 기회 불평등은 능력별 집단화로 명료하게 드러나며, 한 학급 내에서의 학습 기회 불평등은 교사와 학생의 상호교섭 유형에 따라 발생한다. 능력별 집단화는 능력에 따라 집단을 나눌 뿐만 아니라 각 집단에 걸맞은 교과과정과 교수방법을 적용하므로 학습 기회의 불평등을 피할 수 없다. 교사의 학생별 기대와 학생들의 자성예언에 따라 형성되는 교사와 학생의 상호교섭은 한 학급 내에서도 다양하게 전개된다. 그 유형에 따라 학생들은 고무되기도 하고 좌절하기도 한다. 예컨대, 케디(Keddie, 1971)는 영국 중등학교의 4학년 학습장면에서 교사가, 능력별로 집단화하지 않은 학급의 학생들임에도 불구하고, 실제 수업을 진행할 때에는 수학(受學) 능력에 따라 대략 세 집단으로 나누고 각 집단에 걸맞게 의사소통함으로써 한 학급임에도 이질적인 교과과정을 운영한다고 주장하였다.

학교에 다닐 수 있는 기회가 수업장면에서 학습할 수 있는 기회와 구별되어야 하는 또 하나의 이유는 학업성적, 학력·학벌 등의 격차가 학습의 결과에 의해서 더 정확하게 예측되기 때문이다. 사회적 폐쇄가 사회집단 사이에 전략적으로 이루어지는 상황에서는 기회의 구분이 세밀해지고 정교해질 필요가 있다. 한 회사에 동일한 시점에 동일한 조건으로 취업했다고 하더라도 추후 소득과 승진에서 확연한 격차가 발생하듯이, 한 학교에 재학하더라도 학업성취에서 현격한 격차가 발생한다. 학생들의 개인차를 고려한 후에도 그들의 사회경제적 속성들에 따라 수업장면에서 유리하거나 불리할 수 있다. 다시 말해서, 한 교실에서 같은 교사로부터 수업을 받는 학생들일지라도 균등한 학습 기회를 제공받는 것이 아니다. 더욱이 학생들의 입장에 서보면, 균등한 학습 기회가 얼마나 어려운지를 절감할 수 있다.

번스타인의 언어실조론은 부르디외의 문화자본론과 매우 비슷하다. 부르디외는 마르크스주의자로 분류되기도 하지만 그의 학문적 성향은 베버로부터 영감을 받았으며 베버 패러다임을 활용하였다(Swedberg, 2005: 306-307). 부르디외(Bourdieu, 1973, 1974; Bourdieu and Passeron, 1977)는 "자의적이고 독단적인 사회적 불평등이 무슨 이유로 자연스럽게 세대를 이어가며 지속되는지"를 궁금하게 생각하였다. 그는 이렇게 된 데에는 지배집단의 속임수(trick)가 있다고 주장하였다. 그의 설명에 따르면, 지배집단은 권력의 불평등을 문화적 격차에 의한 정당한 배분으로 변조시킴으로써 피지배집단의 동의와 수용을 이끌어 낸다. 다시 말해서, 지배집단은 보유한 권력을 가지고 문화를 자신들에게 유리하도록 규정함으로써 문화적 자본에서 상대적 우위를 확보한다. 학교는 지배집단의 문화를 교수-학습의 매체로서 이용할 뿐만 아니라 교과 내용으로 선정하고 조직하기 때문에, 지배집단 자녀들은 피지배집단 자녀들보다 아주 유리한 조건에서 학습하게 된다. 그 결과, 학업성적, 학력, 학벌 등에서 집단 간 격차가 발생하며 이 격차는 사회경제적 보상에서 격차를 유발하는 원인으로 작용한다.

부르디외는 지배집단이 자신들의 문화를 정통성 있는 문화로 규정하는 행위를 상징적 폭력(symbolic violence)이라고 비판하였다. 부르디외의 문화자본론은 지배집단이 문화가 전수되는 학교를 이용하여 피지배집단을 체계적으로 배제하는 현상을 설명하는 데 적합하다. 문화적 자본을 충분히 확보한 지배집단은 학교교육을 매개로 하여 소득이 높은 일자리에 취업함으로써 경제적 자본(economic capital)을, 그리고 높은 지위를 가진 사람들과 교류함으로써 사회적 자본(social capital)도 축적한다.

> [부르디외의] 설명에 의하면, 문화는 보편적인 것도 아니며 중립적인 것도 아니다. 따라서 어떤 특정 계급의 문화가 보편적 문화로 그리고 모든

사회 구성원들이 공유해야 하는 상징 체제로 등장하는 것은 임의적 조작의 결과이며 일종의 폭력이다. 지배 계급[63]이 고유의 문화를 갖듯이 피지배 계급도 고유의 문화를 갖고 있다. 그러나 지배 계급은 피지배 계급의 문화를 가치 있는 문화로 인정하지 않고 자신들의 문화만을 정통성을 가진 가치 있는 문화로 규정하고 피지배 계급에게 습득하도록 강요한다. (……) 이러한 논리에 의하면, 학교는 지배 계급이 임의적 권력을 바탕으로 하여 지배문화를 정통성 있는 문화로 자연스럽게 전수하는 상징적 폭력이 행사되는 곳이다.

학교는 지배 계급의 이데올로기를 담고 있는 문화를 공평하고 중립적인 것으로 받아들여 학생들에게 가르침으로써 사회적 불평등을 조장시킨다. 학교의 불평등 조장 기능은, 학교가 중립적 기관으로 인정되고 모든 사회 구성원들을 위해 보편적 가치를 지향한다고 인식됨으로써, 실상이 드러나지 않을 뿐만 아니라 매우 효율적으로 이루어진다. 실제로, 학교는 공통 교과를 운영하고 평가를 객관화함으로써 경쟁이 공정하게 진행되고 있음을 과시하기도 한다.

지배 계급의 문화에서 지식이 만들어지고 그 지식에서 교과과정이 선정·조직되므로 지배 계급의 자녀들은 자신들의 문화를 배우게 되며 피지배 계급의 자녀들은 남의 문화—생소하고 체질에도 맞지 않는 문화—를 배울 수밖에 없다. (……) 불공정한 경기에 의한 결과는, 이러한 사실이 밝혀지지 않음으로써, 정당화되어 지배 계급 자녀들은 높은 학력과 학업성취를 통해 자연스럽게 높은 사회적 지위를 차지한다. (……) (지배 계급의 문화는) '제도화된 문화적 자본'(institutionalized cultural capital)으로 작용하게 된다. 문화적 자본은 제도화 과정을 거침으로써 사회적 계급을 결정하는 준거로서 보편타당성을 확보한다(오욱환, 2003a: 147-149).

---

63 여기서 계급은 계층 또는 집단의 의미로 사용된다. 마르크스에게 있어서 계급은 자본가와 노동자로 대표되지만, 그의 논리를 벗어나면 계급은 계층과 구별 없이 사용되고 있다. 우리는 번스타인이 중류 계층을 중류 계급으로 표현한 사례를 이미 확인하였다.

맥더머트(McDermott, 1977)가 수행한 '학습장면에서의 사회적 관계에 대한 관찰 연구'는 교사의 언어와 문화가 사회적 폐쇄의 도구가 될 수 있음을 증명한다. 교사는, 자신의 출신 배경과 관계없이, 교수-학습 장면에서 학교라는 제도가 요구하는 문화와 언어를 가지고 역할을 수행한다. 국가의 제도교육을 담당하는 학교는 해당 국가의 지배집단이 가진 문화와 언어를 준거로 삼는다. 이러한 현실에서 교사는 자신의 역할을 수행할 때 사용하는 언어 · 문화와 다른 언어 · 문화를 가진 학생들을 교육장면에서 배제할 가능성이 많다. 학생들은 각기 자신들의 가정에서 통용되는 언어와 문화를 가지고 등교한다. 따라서 학교에서 공식적으로 사용하는 언어 · 문화와는 다른 언어 · 문화를 가지고 있는 학생들은 언어와 문화의 이질성 때문에 의사소통에 어려움을 겪게 된다. 맥더머트는 교사가 구사하는 언어와 문화에 익숙하지 않은 학생들의 경우, 특히 어린 학생들의 경우,[64] 교사와 '신뢰할 수 있는 인간관계'를 형성하는 데 실패할 가능성이 아주 높다고 설명하였다. 그리고 학생이 교사에 대해 신뢰감을 갖지 못하면 원활한 학습활동이 불가능하다고 주장하였다. 그는 교사로부터 기본적 신뢰감을 얻지 못한 학생들이 이를 얻기 위해 노력하는 모습을 '투쟁'(struggle)으로 묘사함으로써 절박함을 강조하였다. 학생이 교사에 대해 갖는 기본적 신뢰감은 정신과 의사와 환자, 심리 테스트 실험자와 피실험자, 상담자와 피상담자 사이에 형성되어야 하는 '신뢰를 바탕으로 한 소통(rapport)'에 비유할 수 있다.

> 학생들은 지적 욕구뿐만 아니라 자존심 또는 집단에서 소외되지 않으려는 의식이 있기 때문에 학급에서 진행되는 교수-학습 활동에 참여하려는 또는 집단소속감을 잃지 않으려는 의지를 갖고 있다. 학생들의 이러한 의

---

64 맥더머트는 가정의 언어 유형이 교수-학습 과정에 미치는 영향을 부각하기 위해서 초등학교 1학년 학생들을 대상으로 연구하였다.

지는 학생들로 하여금, 교사의 시각으로는 아닐지 몰라도, 교수-학습 활동에 참여하기 위해 나름대로 전략을 구사하게 한다. 맥더머트는 학급장면에서 나타나는 아동들의 이러한 노력을 '투쟁'이라고 묘사하였다. 교사가 학급 아동 모두를 겨냥하고 질문했을 때 답을 모르는 아동도 답하겠다고 손을 든다. 그러나 이 아동은 교사의 지명을 받을 가능성이 거의 없는데[65] 그 이유는 교사가 이 행위를 대답을 자청하는 행위로 인식하지 않기 때문이다(오욱환, 2003a: 369).

우리는 사회적 폐쇄가 드러내 놓고 또는 거리낌 없이 이루어지는 것만이 아님을 주시해야 한다. 수많은 유형의 사회적 배제는 은밀하게, 당연한 듯이, 또는 너무나 자연스럽게 이루어진다. 특히 학교장면에서 일어나는 사회적 배제는 집행하는 교사들은 물론이며 그 대상이 되는 학생들조차도 의식하지 못하는 경우가 많다. 가시적으로 이루어지는 배제보다 은밀하게 이루어지는 배제가 더 부당하며, 무의식적으로 이루어지는 배제는 훨씬 더 심각하다. 왜냐하면 은밀하게 이루어질수록, 더욱이 무의식적으로 이루어질수록 당연한 현상으로 인식됨으로써 변화의 가능성이 희박해지기 때문이다. 어떤 현상에 대해 의식하고 있을 때보다 각성하고 있을 때 변화의 가능성은 높으며, 숙명으로 체념하거나 당연한 듯 받아들일 때보다 의식조차 못할 때 변화의 가능성은 극도로 낮아진다. 권리침해는 각성으로부터 시작되며, 배제 전략은 불평등 구조나 현상을 자연스럽게 수용하도록 하여 극단적으로는 의식치 못하게 하는 데 주력하고 있다.

라루(Lareau, 1987)의 학교와 가족의 관계에 대한 질적 연구는 학부모

---

65 답을 모르는 학생이 손을 드는 이유는 소외되지 않기 위해서이다. 이 학생은 손을 들지만 교사의 지명을 받지 못하는데, 이것은 그의 손들기가 맥락에 맞지 않아 교사가 이 행위를 지명받기 위한 동작으로 인지할 수 없기 때문이다. 이 학생은 스스로 위안하기 위해 손을 들지만, 그의 모호한 손들기는 교사의 주목을 받지 못한다. 이 학생의 탈맥락적인 행위는, 유머를 듣고 모두 웃을 때 이해하지 못한 사람이 함께 웃음으로써 소외되지 않으려는 것처럼, 학급사회에서 존재감을 잃지 않으려는 의지일 수 있다.

와 교사의 관계가 가족의 문화적 자본 수준에 따라 의미 있게 다름을 겨냥한 것이다. 그는 연구를 통해서 가족 배경이 교육적 생애기회(educational life chance)에 미치는 영향은 상당히 크며, 그 영향은 학부모와 교사의 관계를 통해서 교육의 모든 과정에 작용한다고 주장하였다. 준기술직(semi-skilled) 또는 비기술직(unskilled) 노동 계층 부모들의 자녀들이 재학하는 빈곤 지역의 초등학교와 전문직 부모들의 자녀들이 다니는 중·상류 계층의 교외 지역 초등학교는 교사-부모의 관계를 서로 다르게 설정한다.

라루(Lareau, 1987)의 연구에 의하면, 중·상류 계층 거주 지역의 학교에서는 부모와 교사가 상호협력하지만 부모가 자녀교육을 주도할 뿐만 아니라 자녀교육을 위해 학교에 요구하는 사항들도 적지 않다. 이 지역의 부모들은 학교행사에 적극적으로 참여하고, 교사와 빈번하게 그리고 밀도 있게 교섭한다. 이 부모들은 교사와의 면담에서 화제를 자녀의 학업성취에 집중한다. 한편, 노동 계층 거주 지역의 학교에서는 교사들이 부모들로 하여금 자녀교육에의 개입을 독려하지만 여의치 않으며 부모들은 학교행사에 적극적으로 참여하지 않는다. 이 지역의 부모들은 교육에 대한 문외한이나 비전문가로 자처함으로써 스스로 무력하게 처신하며 교사들을 교육전문가로 인정함으로써 교사에게 의존한다. 그래서 이 부모들은 자신들의 자녀와 관련된 일임에도 불구하고 교사에게 종속적이며 교사와의 면담에서도, 자신들의 무력함을 감추기 위해, 자녀들의 학업과는 무관한 일들을 화제로 삼는다.

라루는 후속 연구(Lareau, 1989; Horvat, Weininger, and Lareau, 2003)에서 가정의 이점(home advantage)이 사회적 자본으로서 부모들의 학교교육에의 개입에 유리하게 작용하고 있음을 주장하였다. 중·상류 계층은 우위에 있는 문화적 자본을 가지고 자녀교육에 적극적으로 개입함으로써 문화적 자본이 열세에 있는 하류 계층과 학업성적, 학력, 학벌에서 격차를 벌인다. 지역 연고로 학교를 배정받는 경우, 학교는 소재 지역의 사회 계층을 고려하여 교사-부모의 관계를 설정한다. 사회 계층이 높은 지역에 소재한 학교에서는 학부모들의 높은 학력, 사회경제적 지위, 문화적 자본 등을 배려한다. 이 지역의 학교는 자녀에 대한 학부모들의 높은 교육성취 기대를 수업에 적극적으로 반영한다. 한편, 사회 계층이 낮은 지역에 소재한 학교는 부모들로 하여금 자녀교육에의 적극적 개입을 권유하지만 이들의 반응이 기대에 미치지 않기 때문에 학생들에 대한 교육적 기대를 이러한 현실에 맞추게 된다.

학교와 교사는 학생들의 가정 배경을 준거로 삼아 학생들에 대한 교육적 기대를 설정한다. 교사기대는 "교사들이 학생들에 대해 현재 알고 있는 정보들에 근거하여 학생들의 미래 행동 또는 학업성취에 대해 내린 추론"(Good and Brophy, 1997: 7)을 의미하며, 교사의 학생에 대한 인식이 갖는 교육효과는 자성예언과 기대유지(sustaining expectation)에 의해 일어난다(Cooper and Good, 1983: 3). 학생에 대한 아주 특별한 정보를 새로 입수하거나 교사 스스로 교육신념을 획기적으로 바꾸지 않는 한, 교사는 학생들의 종전까지의 발달 유형이 유지되기를 기대하고 그 유형이 해당 학생에게 당연하다고 생각하며 잠재력의 변화 가능성을 인정하지 않는 경향이 있다. 교사들은 학급장면에서 실제로 적용하는 교과과정과 교수방법을 학생들의 사회경제적 계층에 맞추기 때문에, 학교교육을 통한 사회 계층 이동은 활발하게 이루어지기 어렵다. 학교는 중 · 상류 계층이 가정의 이점을 활용하여 상대적으로 불리한 처지에 있는 하류 계층을 교육적 자본 획득의 경쟁에서 체계적으로 배제하는 기구로 이용된다.

2) 인종과 종족에 의한 폐쇄

우리는 앞에서 번스타인의 '언어를 통한 학습 이론'이 사회적 배제를 설명하는 적절한 사례가 될 수 있음을 살펴보았다. 라보프(Labov, 1969)는 이보다 더 적절하게 언어를 통한 사회적 배제를 설명하였다. 그의 논문 제목— '비표준 영어의 논리'(The logic of non-standard English)—은 언어를 통한 사회적 배제의 부당성을 역설적으로 강조하고 있다. 논리가 결여된 언어는 비표준 언어로 규정되지만, 미국 흑인 영어는 논리상 결함이 없음에도 불구하고 비표준 영어로 규정되어 학교 언어로 사용되지 못한다. 그는 미국 흑인들이 사용하는 영어도 고유의 문법을 갖고 있으며 영어 사용의 유창성이나 어휘 수에서 흑인들이 결코 백인들에게 뒤처지지 않음을 확인하였다. 이러한 사실에도 불구하고 흑인 영어가 비표준 영어로 규정되어 학교에서 '틀린 영어'로 취급되는 현실을 비판하였다. 흑인 아동들은 자신들에게 익숙한 흑인 영어를 사용할 수 없는 학교장면에서 정체성에 혼란을 겪게 된다.

> 라보프의 연구를 근거로 하여 학업성취 격차를 해석하면, 피지배집단(노동 계급, 흑인, 소수 민족 등)의 언어는 지배집단의 언어에 견주어 실조되거나 결핍된 것이 아니며, 피지배집단 아동의 학업성취가 상대적으로 낮은 이유는 지배집단의 언어가 공식 언어로서 표방되고 학교에서 교육 언어로 채택되기 때문이다. 이러한 해석은 식민지에서 통치 국가의 언어가 공식 언어로 강요되고 피지배민족의 언어가 열등한 언어로 낙인이 찍히며 사용이 금지되거나 제한되는 과정을 연상해 보면 이해될 수 있다. 이 경우, 통치 국가의 언어를 구사할 수 있는 능력은 곧바로 학업성취의 성공을 의미하며 사회 계층을 상승시키는 데에 결정적인 요인으로 작용한다[66](오욱환, 2003a: 186).

라보프의 연구(Labov, 1969)는 부르디외의 '상징적 폭력론'을 떠오르게 한다. 상징적 폭력론에 의하면, 지배집단은 자신들의 문화를 정통성을 가진 유일한 문화로 표방함으로써 다른 집단의 문화를 저급하거나 부적절

66 일제 식민통치 시대, 한국에서는 일본어를 구사할 수 있으면 높은 지위를 얻을 수 있었다. 일본어를 능숙하게 구사하면 통치 지배를 수용한다는 메시지를 줄 수 있었을 뿐만 아니라 학력과 학벌의 우수함을 증명할 수 있었다.

하다고 판정하고 자신들의 문화를 강요한다. 지배집단은 자신들의 문화 수준에 이르지 못한 집단들을 열등하다고 판정함으로써 사회적으로 배제시킨다. 우리는 흑인 영어가 비표준 영어로 규정되는 이유가 흑인 영어의 언어적 결함에 있다기보다는 권력에서 우위에 있는 백인들의 흑인들에 대한 배제 때문임을 확인할 수 있다. 흑인들에 대한 백인들의 견제는 '강제적 무지를 위한 법'을 발동하여 흑인들에게 읽기를 가르치지 못하도록 하고 인종분리학교를 유지하기 위해 여러 가지 방법을 강구한 미국의 인종차별 역사가 증명하고 있다. 일제 식민통치 시대에 우리도 학교에서 한국어를 사용할 수 없었다.

옥부(Ogbu, 1999)는 미국의 도시 중심부 빈민 지역에 거주하는 가난한 흑인 학생들의 언어와 교육적 성취 간의 관계를 연구하였다. 그는 캘리포니아 주 오클랜드 시에 있는 저소득 지역공동체에 대한 광범위한 문화기술(ethnography)을 통해, 학교에서의 성공에 필요한 표준 영어와 이 지역에서 공동체로서 생활하는 데 사용되는 '속어적 영어'(slang-English) 곧 흑인 영어 사이에 내재하는 긴장 상태를 상세히 기록하였다. 그는 이 지역의 흑인 학부모들과 학생들이 "학교가 학생들의 학업 성적을 향상시키고 학력을 높이며 직업에서의 상승 이동을 위해 표준 영어를 가르치는 것이 매우 중요하다"라고 확신함에도 지역공동체 안에서는 표준 영어의 사용이 용납되지 않는 현실을 주목하였다. 이와 같은 모순이 흑인 학생들이 표준 영어를 사용하는 데에 어려움을 더하고 이 지역 흑인 학생들의 교육적 성취를 방해한다.

옥부(Ogbu, 1999)는, 번스타인(Bernstein, 1973, 1974, 1976)이 영국 노동 계층의 영어[restricted code]가 중류 계층의 영어[elaborated code]에 비해 문법적으로 뒤떨어지지 않음을 주장하고 라보프(Labov, 1969)가 미국 흑인 영어를 비표준 영어로 규정해야 할 이유가 없다고 강조했듯이, 흑인들이 지역공동체에서 사용하는 속어적 영어 코드에 문화적 결함이 없다고 밝혔다. 그는 흑인 영어가 백인 영어와 다를(different) 뿐인데도 지배집단 곧 백인들의 기준에 의해 열등한(deficient) 언어로 규정되고 학교와 사회에서 실제로 사용이 규제되고 있다고 주장하였다. 빈곤하지만 공동체처럼 생활하는 흑인 밀집 지역의 흑인 아이들에게 이질적인 두 가지 언어를 적절하게 구사해야 하는 상황은 곤혹스러울 수밖에 없다. 이 아이들은 두 가지 이질적인 문화들 속에서 문화충격을 일상사처럼 겪고 있다(Ogbu, 2004).

우리는 이처럼 딜레마의 상황에 처할 수밖에 없는 흑인 학생들의 처지를 공감해야만 사회적 폐쇄의 진면목을 파악할 수 있다. 예컨대, 지능은 인종 또는 민족 간의 질적 차이를 양적 격차로 전환시킴으로써 상대편을 배제하기 위해 동원된 개념이다. 지능은 각 개인들의 실제적 잠재력이며 성취의 격차를 유발하는 결정적 요소(지능+노력=업적)로 알려짐으로써 사회경제적 지위의 격차가 지능의 우열에 의해 정당화되기도 하였다. 그러나 지능의 개념, 속성, 요소, 측정, 적용 등은 매우 임의적으로 결정된다. 임의적 결정도 과학에 의해 타당성이 확보되면, 사회적 폐쇄의 준거로서 위력을 발휘한다. 지능과 관련된 논쟁은 다양한 측면에서 일어났지만, 지능의 과학성을 주장하는 학자들과 지능에 포함된 지배집단의 이데올로기적 의도를 고발하는 학자들 사이에 벌어진 논쟁이 가장 치열하게 전개되었다(오욱환, 2003c). 공감을 불러오기 위해서 지능과 관련된 인종차별의 사례들을 소개한다.

> 캐리어(Karier, 1973: 124-125)는 1960년도판 스탠퍼드-비네 지능검사에 포함된 종족 및 인종차별 문항을 예시하였다. 이 검사는 북유럽 앵글로색슨(영국인)계 남자와 멕시코계(系) 미국인(또는 남(南)유럽계 후손) 남자를 그림으로 제시하고 6세 아동으로 하여금 "누가 더 멋있습니까?" 라는 물음에 답하도록 요구하였다. 아동은 정답을 맞히기 위해서는 반드시 북(北)유럽계 영국인 남자를 선택해야 한다. 만일, 아동이 멕시코계이고 자신의 종족에 대해 긍지를 갖고 있기 때문에 멕시코계 미국인 남자를 선택

하면 그는 오답을 선택한 것이고 따라서 점수를 받을 수 없다. 이 아동이 점수를 얻으려면, 자신들을 억압하는 사회가 요구하는 정답을 선택해야 하고 높은 점수를 위해 자존심을 희생할 만큼 사회화되어야 한다. 동일한 상황이 북유럽계 영국인 여자와 흑인 여자 가운데 예쁜 사람을 선택해야 하는 문제가 6세 흑인 아동에게 주어졌다(오욱환, 2003a: 247-248).

이 집단들[인디언, 멕시칸, 흑인]의 아동들은 특별한 계급으로 분리되어야 한다. (……) 이 아동들은 추상성을 숙달할 수 없지만 가끔 능률적인 노동자로 만들어질 수는 있다(Terman, Dickson, Sutherland, Frazen, Tupper, and Fernald, 1922: 125).

득점(得點)과 인종·민족적 정체성 가운데 하나를 선택하고 다른 것을 포기하도록 요구하는 상황은 매우 폭력적이다. 표준 영어를 능숙하게 구사해야만 학업성적과 학력을 높이고 이를 통해 좋은 직업을 얻을 수 있지만, 이러한 행위는 일상이 흑인 지역공동체에 붙박여 있는 그들에게 문화적 또는 종족적 자살을 의미한다. 백인들의 영어는 표준 영어로 규정되어 학교와 사회에서의 공식 언어로 사용됨으로써 이 언어와 코드를 달리하는 영어를 사용하는 흑인들을 문화적으로 배제하는 기능을 하게 된다. 우리는 인디언 보호 지역에서 백인이 주도하는 학교[67], 통치 국가가 식민지에서 실시하는 학교 등에서 문화적 배제가 어떤 결과를 초래할지를 상상해 보아야 한다.

표준 영어와 차이는 있지만 그래도 영어일 수밖에 없는 흑인 영어

67 이에 대한 상상력을 더하는 데 아주 적절한 소설이 있다. 포리스트 카터(Forrest Carter)는 인디언으로서의 생애 경험을 바탕으로 하여 자전적 소설 *The education of Little Tree*를 출판하였다(Carter, [1976] 2001). 이 소설의 주인공인 인디언 소년 '작은 나무'(Little Tree)는 미국의 교육법에 따라 학교 곧 백인 학교에 가면서 자신의 존재감을 잃게 된다. 이 소설은 '내 영혼이 따뜻했던 날들', '리틀 트리', '작은 나무야 작은 나무야', '꼬마 인디언', '작은 나무 산에서 내려오다', '아메리카 인디언의 가르침' 등의 제목으로 번역되었다.

(Ebonics)[68]를 사용하는 흑인 학생들이 광둥어(Cantonese)를 사용하는 중국계 학생이나 타갈로그어(Tagalog)를 사용하는 필리핀계 학생들을 포함한 60종의 비(非)영어권 언어 집단들보다 언어 차이를 극복하는 데 더 많은 어려움을 겪는다는 사실은 흑인 영어가 표준 영어의 습득을 방해하고 있음을 의미한다(Ogbu, 1999, 2004). 흑인 영어는 아프리카에서 강제로 미국으로 끌려와 노예로 착취당해 온 흑인들이 백인 주인들로부터 모국어를 사용하지 못하도록 규제받았을 뿐만 아니라 표준 영어조차도 배우지 못하도록 통제받은 상황에서 저항의 표상으로, 그리고 정체성과 존재감을 지키기 위해서 독특한 형태로 구성되고 발전되어 왔다.

흑인 영어의 기저에는 표준 영어에 대한 거부와 대항이 깔려 있기 때문에 흑인 학생들이 표준 영어를 배우는 데 어려움을 겪을 수 있다. 비영어권에서 이민을 온 학생들은 영어를 배움으로써 언어 능력을 향상시킬 수 있고 사회의 주류(mainstream)에 진입할 수 있지만, 흑인 학생들은 표준 영어를 배움으로써 정체성의 상실을 겪을 수 있으며 공동체로부터 소외되고 결국은 이탈할 수도 있다(Ogbu, 2004).[69] 이러한 차이가 흑인 학생들과 비영어권 여타 소수 민족 학생들의 표준 영어 학습에의 집중도에 격차를 유발할 수 있다. 노예로서 백인 중심의 주류 사회로부터 철저히 배제되어 온 미국 흑인들은 고유의 대항 문화(counter culture)와 대항 언어(counter language)를 개발함으로써 인종적 정체성을 고수해 왔지만, 이처럼 처절한 상황에서 형성된 정체성이 그들을 주류 사회로부터 또다시 배제되게

---

68 'Ebonics'는 아프리카계 북미 사람들이 사용하는 언어를 말한다. 1996년 이후에는 아프리카계 미국인 특유의 영어(African American Vernacular English: AAVE)를 가리키면서 미국 표준 영어와의 차별화가 강조되었다. 이 용어는 1996년 캘리포니아 주 오클랜드 학구(學區)에서 하나의 언어로 정통성을 인정받으면서부터 미국사회에서 논쟁을 불러일으키는 개념으로 부각되었다.

69 흑인 밀집 지역에 거주하는 흑인 학생이 표준 영어를 익히기 위해 적극적으로 행동하면 흑인 지역사회로부터 "백인들의 영어(White English)로 말하고 백인처럼 군다(acting white)"라고 비난과 외면을 받게 된다.

하는 역설적 기능을 하고 있다.[70]

미국의 흑인들은 주류 집단으로부터 무능 · 무지한 인종으로 규정됨으로써 기회 접근이 제한되며, 현실 사태에서 차별을 지속적으로 경험하면서 기회에의 접근을 스스로 포기한다. 이러한 상황은 일탈 이론에서 주장하는 '일탈 경력 쌓기'(deviant careers), '이차적 일탈'(secondary deviance) 등과 아주 비슷하다(Lemert, 1972). 흑인 아동들의 학업성취 실패 이유들 가운데 결코 간과될 수 없는 이유가 "학업이 자신들의 생애 기회에 의미 있는 변화를 가져오지 못할 것이라는 인식"이다. 옥부(Ogbu, 1986, 2004)가 미국사회에서 흑인들의 현실적 처지를 '유사 카스트'(caste-like)로 묘사한 이유도 여기에 있다.

1964년에 제임스 콜먼(James Coleman)이 책임자로 선임되어 발족한 연구팀은 2년여에 걸쳐 방대한 자료를 수집하고 분석하여 1966년 콜먼보고서로 널리 알려진 『교육기회의 균등』(*Equality of educational opportunity*)이라는 백서(白書)를 출판하였다.[71] 콜먼 연구팀(Coleman et al., 1966)은 흑인 학생들의 낮은 '운명통제감'(fate control)이 학습의욕을 저하시키고 있음을 강조하였다. 콜먼보고서에서 12학년을 대상으로 한 질문지의 문항 101번부터 113번이 운명통제감과 관련된 물음이었다. 그

---

70 이러한 유형의 재생산 과정은 영국의 노동 계급 남자 반항아들에게서도 일어나고 있다. 윌리스(Willis, 1977)는 영국의 중부 작은 공업도시(가칭 '해머타운')의 종합학교에 재학하고 있는 12명의 영국계 노동 계급 남자 반항아들('사나이들': lads)의 거친 문화를 심층적으로 기술한 후, 이 학생들이 자율적 결단에 의해 아버지의 계급을 승계한다는 '역설적 사실'을 밝혀냈다. 이 반항아들은 노동현장 문화를 기반으로 하여 '대항문화'를 주창하며, 학교문화를 거부하는 과정을 통해서 주체적으로 노동 계급의 직업을 선택하게 된다. 이러한 선택은 결과적으로 사회 구조적 불평등의 재생산으로 귀결된다.

71 J. S., Coleman, E. Q. Campbell, C. J. Hobson, J. McPartland, A. M. Mood, F. D Weinfeld, and R. L York (1966). *Equality of educational opportunity*. Washington, D. C.: U.S. Government Printing Office. 1964년 미국 의회는 교육국(U.S. Office of Education)으로 하여금 교육 기회의 불평등에 대해 보고하도록 하였다. 교육국은 당시 존스 홉킨스 대학교 사회학과 교수였던 콜먼과 6명의 사회학자들로 연구팀을 구성하였다.

문항들을 살펴보면 운명통제감의 의미를 파악하는 데 도움이 된다. 여기에서는 이 문항들 가운데 두드러지는 세 가지 문항을 소개한다(Coleman et al., 1966: 654-655).

102. 행운이 성공을 위해서 노력하는 것보다 더 중요하다.
103. 내가 앞으로 나가려 할 때마다, 어떤 일이나 사람이 나를 가로막는다.
110. 나 같은 사람은 인생에서 성공할 수 있는 기회를 많이 갖지 못한다.

인종차별은 특정 인종에 대한 사회적 배제를 의미한다. 에릭슨(Erickson, 1975)은 미국 2년제 지역전문대학의 학교상담자들이 학생들의 학업이나 진로를 지도할 때 피상담자와의 인종, 종족, 의사소통 유형(communication style) 등의 일치 또는 유사 정도에 따라 상당히 다르게 안내하고 있음을 밝혔다. 에릭슨의 연구결과에 따르면, 상담자는 동족(同族)의 피상담자는 물론이며 범(凡)동족으로 볼 수 있는 피상담자, 심지어 경험이 비슷한 피상담자를 훨씬 호의적으로 대하며 긍정적인 방향으로 지도한다. 미국의 지역전문대학 제도는 고등교육의 기회를 확대하기 위한 적극적 평등화 정책으로 알려져 있지만, 에릭슨의 연구에서 드러나듯이 내부적으로는 인종, 종족, 문화 등에 의한 배제가 진행되고 있다.

진로 지도 교사와 진로 상담자들은 학생이나 피상담자들에게 전문가로 인정받고 있기 때문에, 불리한 처지에 있는 인종·종족의 학생들은 부정적인 진로 지도나 상담을 받게 되면 자신들의 진로를 스스로 제한하고 포부를 접어 버린다. 전문화가 사회적 배제의 준거로 작용하므로, 교직의 전문성이 사회적으로 인정을 받을수록 교사에 의한 학생들의 배제가 더욱 효율적으로 이루어질 수 있다. 학생들의 진로에 대한 교사의 문지기(gate-keeper)[72] 역할은 진로 지도나 상담에만 국한되지 않으며 교실 수업 과정에서도 빈번하게 수행되고 있다(Alexander and McDill, 1976; Anyon,

1983b; Carnoy and Levin, 1985: Ch 5; Keddie, 1971; Kelly, 1985; McDermott, 1977; Rist, 1977; Rosenbaum, Miller, and Krei, 1996). 교사의 문지기 역할은 학생들이 어릴수록 그리고 학생들의 사회적 배경이 열악할수록 교사의 권위가 상대적으로 더 두드러지면서 강력해진다.

앞에서도 언급하였지만, 클라크(Clark, 1960a)는 '냉각기능'이라는 개념을 가지고 지역전문대학 제도가 학습 능력이 낮은 학생들에게 대학진학의 포부를 부추겨 진학하게 한 다음 서서히 자신의 무능함을 자각하여 현실과 타협하게 한다고 설명하였다. 우리는 기회의 확대가 곧바로 결과의 평등으로 이어지지 않음을 인지할 필요가 있다. 기회의 확대는 기회의 불평등에 대한 불만을 해소하는 데 자주 그리고 효율적으로 이용되며 결과의 평등까지 보장하지는 않는다. 따라서 기회의 확대는 결과의 불평등을 수용하게 하는 전략이 될 수 있는데, 그 이유는 기회를 제공받은 다음에 초래된 모든 결과에 대해서는 개인이 책임을 져야 하기 때문이다. 신자유주의 정책은 "개인들에게 기회를 최대한 허용하고 선택의 자유를 보장해야 한다"라는 명분을 강조하면서 실질적으로는 기회와 선택에 따른 개인들의 책임을 요구한다. '선택의 자유'라는 이데올로기는 기득집단이 자유의 방어라는 명분 아래 자신들의 특권을 유지하는 데 더 많이 이용되어 왔다.

교육에서의 인종에 대한 배제는 미국 엘리트 대학의 입학 정책에 대한 연구들(Karabel, 1984, 2005[73]; Synnott, 1979)이 인상적으로 설명하였

72 '문지기'는 재산, 서비스 혹은 정보에의 접근을 통제할 수 있는 영향력을 가진 사람을 은유적으로 표현한 개념이다. 예를 들면 과학사회학(sociology of science)의 경우, 학술지의 편집자들, 연구비의 금액과 지급 여부를 결정하는 심사자들, 취업 지원자들을 면접하는 사람들, 학술대회를 조직하는 사람들이 과학의 질적 수준을 평가하고 통제할 뿐만 아니라 과학자들의 경력과 명성을 규제한다(Abercrombie, Hill, and Turner, 2006: 162). 이러한 사실을 고려하면, 과학의 객관성도 상당 부분 허구임을 알 수 있다. 우리는 이들과 인맥이 연결되어 있는 과학자와 닿지 않은 과학자가 균등한 기회를 가질 것으로 기대하기 어렵다. 교육현장에서는 진로 지도 교사 또는 상담 교사가 상급학교 진학이나 직업 선택 과정에서 문지기 역할을 수행한다. '전철원'(轉轍員: switchman)도 동일한 의미를 전하기 위해 은유적으로 사용되고 있다.

다. 캐러벌은 초기 연구(Karabel, 1984)에서 막스 베버가 중국 식자층 연구에서 사용한 '수양'(cultivation), '수양의 교육'(pedagogy of cultivation), 수양의 현대어에 해당하는 '업적 또는 능력'(merit) 등의 개념들과 부르디외의 '문화적 임의성'(cultural arbitrariness), 파킨의 '사회적 폐쇄론', 그리고 콜린스의 '조직을 통한 집단 간 투쟁'을 논의하면서, "지배집단이 능력이나 업적을 자신들에게 유리하도록 임의로 규정한 후 이 규정된 개념을 준거로 삼음으로써 기피하고 싶은 인종, 종족, 종교, 계급 등을 배제한다"라는 가설을 설정하였다. 그는 아이비리그로 알려져 있는 미국 동부 명문 사립대학들의 입학 정책의 변화를 세밀하게 분석함으로써 이 가설이 사실임을 검증하였다.

1920년대까지 하버드, 예일, 프린스턴 등 동부 명문 사립대학들에는 교육비가 엄청난 초일류 사립고등학교를 거친 명문가의 아들들이 지원하고 입학하는 것으로 널리 알려져 있었기 때문에, 일반인들은 이러한 유형의 사립대학에 아예 지원하지 않았다.[74] 그런데 1920년대 초 동부 유럽에서 미국으로 이주한 유대인들의 아들들이 하버드, 예일, 프린스턴 등 명문 엘리트 대학에 지원하고 입학시험에서 탁월한 성적을 거두면서 대거 입학함에 따라 미국의 전통적 지배집단인 '백인 앵글로색슨계 신교도'(White Anglo-Saxon Protestant: WASP) 명문가의 아들들이 많이 탈락하였다. 유대인 학생들은 대학을 계층 상승 이동의 통로로 확신했지만, 명문가 출신의 기독교도 학생들은 대학을 이미 확보한 상류 계층에 장식을 더하는 정도로만 생각하였다. 유대인 학생들은 학점에 몰입함으로써 높은 성적을 획득했지만, 명문가 출신의 기독교도 학생들은 스포츠나 사교클럽에 심취

---

73 이 책[*The chosen*]은 여러 언론기관들(The Washington Post World, The Christian Science Monitor, The San Jose Mercury News)로부터 '올해의 최고 도서'로 선정되었다.

74 엄청난 교육비뿐만 아니라 라틴어와 같은 전통적 교과과정의 특정 교과목 때문에도 비(非)명문가 아들은 지원하기 어려웠다. 이 대학들은 1969년에 여학생의 입학을 허용하였다.

함으로써 성적이 좋지 않았다. 그 결과, 유대인 아들들이 하버드 대학교의 경우에는 입학 정원의 25퍼센트까지 차지했으며 콜롬비아 대학교의 경우에는 40퍼센트에 이르렀다. 이 비율은 미국 내 유대인들의 인구수로 볼 때 경이로운 결과였다.[75]

미국의 전통적 명문가 아들들의 입학이 크게 줄어듦에 따라 전통적 명문가 출신 동문들의 기부금이 격감하여, 명문 대학들의 재정이 어려워졌을 뿐만 아니라 학교의 명성이 크게 실추하였다. '유대인 문제'(Jewish problem) 또는 '유대인 침입'(Jewish invasion)으로 명명된 이 곤혹스러운 사태를 해결하기 위해서 이 대학들은 시험에 의한 선발[76]을 대체한 인종별 할당(quotas), '품성'(character)에 의한 선발, 지역별 할당 등 다양한 방안을 강구하였다. 입학생의 인종별 할당과 '지역별 다양화'(geographical diversity)는 기회균등의 이름 아래 시행될 수 있었으며 실제로는 유대인들을 배제하기 위한 '범주적 차별'(categorical discrimination)이었다. 지역별 조정은 명분상으로는 동북부 도시들 이외의 지역에 거주하는 학생들을 선발하려는 것이었지만 실제로는 동북부 도시들에 집중적으로 거주해 온 유대인들의 입학을 봉쇄하기 위한 수단이었다.[77] 이처럼 복잡한 제도를 운용하기 위해서 입학담당관을 채용하였다.

입학사정관제도는 시험점수에 의한 선발에서 학생들의 '품성'에 의한

75 당시의 민족별 인구 구성 비율에 관한 자료를 구하기 어려워 2007년도에 발표된 통계에 의해 대략적이나마 추정해 보았다. 2007년의 경우, 미국인 중 유대인의 비율은 전체 인구 가운데 1.7퍼센트 또는 개종 유대인까지 포함하면 2.2퍼센트(6,452,030명/296,410,404명)로 발표되었다.

76 지배집단은 시험에 의한 선발을 선호했으며 정당화하였다. 이들은 합리성에 의한 지배를 철칙으로 내세웠으며, 합리성의 준거를 교육에 둠으로써 교육에 의한 지배도 정당화하였다. 이들은 시험에 의한 선발을 기회균등과 업적주의를 충족시키는 장치로 부각하였다. 그런데 지배집단은, 정작 응시 기회가 확대되고 균등해질 뿐만 아니라 업적주의가 구현되는 사태가 벌어지자, 이를 철회하고 새로운 전략을 구사하였다.

77 유대인 이주민들은 생존을 위해서 상공업에 종사해야 했으며 뉴욕과 같은 동부 대도시에 거주할 수밖에 없었다.

선발로 전환시키기 위한 조치였다. 무엇보다 먼저 입학 여부를 결정하는 핵심 개념인 '능력과 업적'(merit)이 다시 정의되었다. 입학사정관에 의한 '품성 선발'[78]은 능력주의나 업적주의에 위배되었으므로 교수들이 반발하였다. 그러나 이 대학들은, 업적주의의 위배와 교수들의 반발에 대한 대응으로 인종별 균등배분[79]이라는 명분 아래 타 인종·민족의 학생들을 받아들이면서, 입학사정관제도를 통해 명문가와 동문의 아들들을 입학시켰다. 그리고 졸업 후 정치계와 경제계에서 크게 공헌할 수 있는 인재의 발굴을 명분으로 내세우며 입학사정관제도를 결행하였다. 하버드, 예일, 프린스턴 대학교는 이 제도를 통해 범주적 거부(categorical rejection)의 전략으로 유대인의 대량 입학을 저지하고 명문가 아들들을 선발할 수 있었다.

> 이 새로운 제도(입학사정관제)의 핵심은 '품성'(character)—유대인들에게는 결핍되어 있지만 높은 지위의 신교도들에게는 풍부한 자질—이었다. 하버드, 예일, 프린스턴 대학교를 지망하는 신사(紳士)들에게, '품성'은 총체적 기질과 생활 유형을 약칭하는 말이었다. '품성'은, 본래부터 실체가 없기 때문에, 오로지 그 품성을 가진 사람들에 의해서만 유무와 정도가 판단될 수 있었다. '남자다움'(manliness), '개성'(personality), 그리고 '지도성'(leadership)과 같은 고도로 주관적 자질들에 대한 새삼스러운 강조와 결부시켜, 미국 동부 명문 3개 대학(하버드, 예일, 프린스턴)의 문지기들(여기서는 입학사정관들을 지칭)은 개인적 판단에 크게 의존하여

---

78 품성의 결정적 변인은 종교로서, 개신교(Protestant)가 선호되었으며 유대교는 물론이며 가톨릭교도 함께 차별되었다. 종교에 더하여, 동창과의 인맥(alumni connection), 운동 기능(athletic skill), 개인 추천서(personal letters of recommendation) 등이 포함되었다. 품성을 기준으로 채택함으로써 특권층 아들들의 입학이 한결 수월해졌다. 품성과 함께 강조된 속성은 지도성(leadership)이었다.

79 대학은 유대인 학생들을 가려내기 위해서 입학원서에 '선호하는 종교', '어머니의 처녀 때 이름', '아버지의 출생지', '성(姓: family name)의 변천'에 대해서 반드시 기재하도록 요구하였다. 또한 고등학교 교장들에게 지원자의 종교적 성향을 개신교, 천주교, 유대교, 알 수 없음 등으로 표시해 줄 것을 요구하였다(Synott, 1979).

지원자들의 입학을 허용하거나 거부할 수 있는 광범위한 재량권을 가졌다 (Karabel, 2005: 2).

입학 사정에 준거가 되는 능력 또는 업적은 객관적인 학구적 척도보다는 주관적인 비학구적 척도에 의해 가름되었다. 이러한 조치는 어떤 집단에 이익을 주기 위해 다른 집단에게 불이익을 강요함으로써 사회적 배제의 전형적 유형으로 남게 되었다. 능력 또는 업적에 대한 규정은 결코 중립적일 수 없다. 기득집단은 사회적 배제가 필요할 때마다 능력과 업적의 개념을 새롭게 규정하고, 상황을 다시 설정하며, 적절한 전략을 구상하고 실행한다. 미국 동부 명문 3개 대학의 입학 정책 역사는 '능력과 업적'의 의미를 둘러싼 투쟁의 역사이다. 이 사례는 한국에서도 입학사정관제도가 기득집단에 유리하게 작용하게 될 것임을 예견하는 데 도움을 준다.

우리는 캐러벌의 연구에서 부르디외의 문화적 자본론의 적용 가능성을 확인할 수 있다. 부르디외가 주장했듯이, 문화적 자본은 '중립적인 자원'의 다소(多少)보다는 '문화적 자본에 대한 규정'에 의해 유무(有無)가 가려진다. 다시 말해서, 무엇을 문화적이라고 규정하느냐에 따라 문화가 풍부한 집단과 문화가 결핍된 집단이 나누어진다. 문화가 "어떻게 규정되느냐"에 따라 어떤 집단은 자본을 확보하고 어떤 집단은 자본의 결핍을 피할 수 없게 된다. 문화는 보편타당한 기준에 의해서는 물론이며 합의에 의해서도 규정되지 않는다. 어떤 집단만이 보유한 문화적 자질이 문화적 자본으로서 제도화되면 특정 영역으로부터 다른 집단들의 구성원들을 배제하는 정통성 있는 기준으로 작용하게 된다(Lareau and Weininger, 2003: 598; Stampnitzky, 2006: 461). 예컨대, 하버드 대학교의 경우에는 업적 또는 능력의 개념을 편파적으로 규정함으로써 경영·정치 관련 학과에 명문가의 자제들이 입학할 수 있는 통로를 마련해 주었다. 미국의 전통적 상류 계층인 '백인 앵글로색슨계 신교도'들은 자신들에게 유리한 기준을 '품성'으로 지칭하고 이를 하버드, 예일, 프린스턴 대학교의 입학사정 기준으로 적용함으로써 유대인 아들들을 배제하였다. 현대사회에서 배제는 핵심 개념의 자의적(恣意的) 규정에 의해 체계적으로 이루어진다.

의사(意思)를 결정할 수 있는 권력을 가진 집단에 의한 임의적 개념 규정은 상징적 폭력의 대표적 유형으로 적합하다. 개념의 규정에 의한 배제는 절묘하게 은폐되어 이루어지기 때문에 심지어 정당해 보이기도 한다. 이러한 속임수는 자연스럽게 이루어질 수 있는데, 이는 속는 사람들은 물론 속이고 있는 사람들도 이 사실을 인지하지 못하기 때문이다. 개념의 규정은 권력의 유무에 의해 결정되므로, 현대사회에서 일어나는 배제는 조직의 대소(大小)나 유형을 불문하고 단위 조직 내에서 권력을 가진 집단의 주관적 개념 규정에 의해 이루어진다.

어떤 국가를 막론하고 교육 정책은 수월성과 평등성을 추구한다. 국가가 개입하지 않고 가족주의와 부모주의에 지배될 경우, 교육은 수월성에 의해 독주(獨走)된다. 교육에는 비용과 시간이 투입되어야 하므로 경제적, 문화적, 사회적 자본에서 유리한 개인과 집단들이 교육을 독점하거나 과점할 수 있기 때문이다. 국가가 교육에 개입하지 않았던 시대, 교육은 자본에서 유리한 집단에 의해 철저히 독점되었다. 그래서 공교육(public education)은 어느 국가에서든지 수월성보다는 평등성 또는 형평성에 비중을 두고 추진되기 시작하였다. 다시 말해서, 공교육은 지배집단이 사교육을 통해 교육을 독점하던 시기에 교육 기회의 확대와 균등화를 추구하기 위해서 출현하였다. 그러나 교육 기회가 확대되어 대중화 단계를 거쳐 보편화 단계에 이르면서 공교육에서도 수월성이 점차 강조된다. 더욱이 국가 간 경쟁이 치열해지면 국가의 경쟁력을 높이기 위해 교육에서의 수월성이 중요한 정책목표로 부각된다.

결과적으로 모든 국가는 교육에서의 수월성과 평등성을 동시에 추구하고 있으며 어느 것도 포기하지 못한다. 국가가 처한 상황에 따라, 또는 집권한 정당의 성향에 따라 수월성과 평등성 가운데 어느 편으로 치우치는 경우는 있지만 한쪽을 포기하는 경우는 없다. 한편, 교육에서 수월성과 평등성은 동시에 해결될 수 없는 배타적 관계에 있기 때문에 모든 국가의 교육 정책은 역설(paradox)과 딜레마(dilemma)에 빠져 있다. 세계 모든 국가의 교육 정책들이 비판으로부터 자유로울 수 없는 이유도 역설과 딜레마의 정책을 수행할 수밖에 없기 때문이다. 국가의 교육 정책은 공익을 위해 구상되고 실행되지만, 현실적으로는 부모주의와 가족주의에만 집착하는 부모들의 자녀교육을 위한 전략적 결행에 의해서 무력해지거나 경우에 따라서는 사태가 더욱 악화되기도 한다.[80] 부모들의 자녀교육을 위한 전략적 행위는 유리할 때에는 사회적 배제로, 그리고 불리할 때에는 집단결속을 통한 권리침해로 나타난다.

미국의 교육개혁은 수월성과 형평성이라는 양립하기 어려운 과제를 수행하기 위해서 추진되어 왔다(Petrovich and Wells, 2005). 다인종 국가인 미국에서 경제적 자산은 거주 지역을 선택할 수 있는 능력에 격차를 유발함으로써 인종에 의한 배제가 법에 저촉되지 않은 채 실제로 이루어지게 만든다. 미국의 인종통합학교 정책은 인종차별 철폐라는 맥락 아래 추진되었다. 1863년에 링컨 대통령은 노예해방을 선언했지만, 인종차별은 지금도 여전히 지속되고 있다. 학교교육에서 일어나는 흑인들에 대한 배제는 법률적 명령에도 불구하고 좀처럼 개선되지 않았다. "분리되어 있지만 평등하다"(separate but equal)라는 주장 아래, 백인과 흑인으로 나누어진 인종분리학교가 정당화되었다.

그러나 분리평등이 위헌으로 판결됨에 따라, 연방정부는 통합학교 명령을 하달하고 인종분리학교를 폐지하기 위해서 군대까지 동원했지만, 백인 부모들이 인종통합학교를 기피하기 위해서 거주지를 옮기는 현실적 전략까지는 통제할 수 없었다. 통합학교 명령은 이보다 상위에 있는 '거주·이전의 자유'를 규제할 수 없었던 것이다. 백인 부모들은 거주지를

80 우리는 한국 교육 정책의 결정권자들이, 정당화나 불가피함을 변명하고 있지만, 자녀교육에서는 자신들이 구상하고 집행하는 교육 정책들에 역행했거나 역행하고 있는 사례를 수시로 목격해 왔다.

옮김으로써 흑인들로부터 벗어나는 전략을 구사하였다. 백인들은 경제적 자본의 위력을 이용하여 흑인들의 거주 지역에서 지리적으로 완전히 벗어나는 방법으로 흑인들의 접근 가능성을 철저히 배제하였다. 백인들이 교외로 이주함에 따라 흑인들만 거주하게 된 도심의 흑인 밀집 지역에 위치한 학교는 흑인 학교가 되지 않을 수 없었다. 도심에서 멀리 떨어진, 백인 중·상류 계층이 거주하는 교외에 설립된 학교는 고액의 이주 비용이라는 경제적 부담과 교통의 불편을 유발함으로써 가난한 흑인 아동의 입학을 실질적으로 막을 수 있었다. 백인 부모들은 대거 교외로 이주하여 사회적 폐쇄를 성공적으로 달성하였다. 백인들의 도심 탈출로 이 지역의 경제가 몰락하게 되자, 남아 있을 수밖에 없게 된 흑인들은 생존까지도 위협받게 되었다. 경제적으로 극도의 빈곤에 처하게 된 흑인 부모들이 자녀교육에 대해서 아무런 조치도 취할 수 없게 됨에 따라 흑인 학생들의 학력은 급락하였다.

인종통합학교는 인종차별의 철폐라는 인도주의적 측면 외에도 흑인 학생들의 학업성취를 향상시키기 위한 조치로서 시도되었다. 흑인 학생들의 학업성취가 백인 학생들에 비해 크게 낮은 이유를 밝히기 위한 작업이 다각도로 이루어졌다. 콜먼보고서는 "학교 간 격차가 재학생들의 학업성취에 영향을 미친다"라는 미국인들의 학교교육에 대한 상식과 신화 그리고 교육학자들의 가설을 철저히 부정하였다. 콜먼 연구팀은 2년의 기한을 가지고 전국에 걸쳐 학생 645,000명, 교사 60,000명, 학교 4,000개교를 대상으로 하는 프로젝트를 계획하였다. 이들은 학생들의 학업성취를 측정하기 위해 1, 3, 6, 9, 12학년 학생들에게 읽기(reading), 쓰기(writing), 계산하기(calculating), 문제해결하기(problem solving)와 같은 능력시험을 실시하였다. 이 거대한 규모의 조사 연구는 여섯 인종·민족 집단들—흑인, 푸에르토리코계 미국인, 미국 인디언, 멕시코계 미국인, 동양계 미국인, 백인—의 교육 기회 불평등 정도와 원인을 규명하기 위한 것이었다. 이 보고서를 요약하면 다음과 같다.

(1) 소수 민족 학생들은 학문적으로 불리한 상태에서 학교에 입학한다.

(2) 흑인 학교(schools for blacks)와 백인 학교 사이에는 학교 특성에서 차이가 있지만, 그 차이는 미미하며 백인 학교가 항상 더 나은 것도 아니다. 그리고 학교 특성의 차이가 흑인 학생과 백인 학생 사이의 학업성취 격차를 설명하지 못하였다. 학급 크기, 학생 1인당 경비, 학교 시설 그리고 다양한 교과과정이 실제적으로 학업성취에 아무런 영향도 미치지 않는다. 심지어 교사의 시험점수, 경험, 가족 배경조차도 학생들의 시험점수에 미약한 영향을 미칠 뿐이다.

(3) 학생들 간 학업성취 격차는 가정의 영향으로 상당히 설명된다.

(4) 학생의 성공에 다소 영향을 미치는 요인들 가운데 가장 의미 있는 요인은 학생집단의 사회 계층별 구성이다.

(5) 학생들, 특히 흑인 학생들의 학업 향상에 관련된 또 하나의 변인은 '자신들에게 일어나는 사태에 대한 통제감'(a sense of control over the events of their lives)이다. (오욱환, 2003a: 202-203을 정리한 것임).

교육 신화가 부정되는 충격이 예상되었기 때문에, 콜먼보고서는 신문기사에 대한 국민들의 관심이 덜 쏠리게 하기 위해 미국의 독립기념일인 7월 4일이 포함된 주말에 공개되었다(Greene, 2005: x). 이 보고서는 재정, 시설, 교사 등 투입 측면에서의 학교 간 격차가 학생들 간 학업성취 격차의 원인이 아님을 밝혔다. 이 보고서를 통해, 학교 간 학생들의 학업성취 격차를 유발하는 요인들이 재학생들의 가정에 있으며 학생 인구의 사회적·경제적·문화적 구성이 중요한 변수가 된다는 사실이 드러났다. 콜먼보고서에 의하면, 사회경제적 지위가 낮은 학생들은 부유하고 학업성취 수준이 높은 급우들과 어울리지 못할 때 학업성취에 부정적으로 영향을 받는다. 이 사실은 학교가 인종과 사회경제적 지위에 따라 분리됨으로써 이미 불리한 조건에 처한 아동들의 학업성취 기회가 박탈되는 결과가 초래됨을 의미한다.

인종통합학교 정책은 법률을 통한 강제력을 행사함으로써 인종이 통합된 학교를 만들려는 시도이지만 부모주의와 가족주의에 의해 번번이 봉쇄당해 왔다(예: Formisano, [1991] 2004). 인간의 이성이나 경제적 합리성에까지 기대를 걸고 시행된 정책들, 예컨대 학교선택제(school choice)는 가족주의와 부모주의에 의한 이기적이며 전략적 결행에 의해 무산되었을 뿐만 아니라 사태를 더욱 악화시키기도 하였다(Shapiro and Johnson, 2005). 거주 · 이전의 자유는 인종통합학교 정책으로부터 규제를 받지 않기 때문에 좋은 학구를 찾아 거주지를 선택하는 가족을 저지할 방법이 없다. 경제력이 있는 백인들은 빈곤 때문에 거주 · 이전의 자유가 극도로 제한된 흑인들이 접근할 수 없을 정도로 도심에서 멀리 떨어진 교외로 이주한다. 흑인들은 이 교외 지역의 주거비용을 감당할 수 없기 때문에 이주를 생각할 수도 없다. 학교선택제는 교외에 인종적으로 동질적인 더 나은 학교들을 만들게 함으로써 도심 학교와의 격차를 심화시켜 도심 학교에 재학하던 학생들 가운데 상대적으로 경제력이 낫거나 공부를 잘하는 학생들이 도심의 공립학교로부터 먼저 빠져나가게[cream-skimming] 만든다. 그 결과, 학교 간 학력 격차는 더 벌어지고 불평등은 걷잡을 수 없을 정도로 악화된다.

미국의 학구들은 인종과 계층에 따라 구획되어 있으며 거주민들의 재산세를 재원(財源)으로 하기 때문에 빈곤 지역에 거주하는 가난한 아이들은 열악한 학교를 벗어날 수 없다. 샤피로와 존슨(Shapiro and Johnson, 2005)은 "학교교육을 통해서 한 세대의 빈곤이 다음 세대로 전수된다"라는 가설을 인종, 자산, 학교 선택 등을 인과적으로 관련지음으로써 증명하였다. 이들은 부유한 부모들이 경제적 자본을 이용하여 자녀가 다닐 학교를 엄선함으로써 보유한 특권을 학력과 학벌을 매개로 하여 물려준다고 설명하였다. 이들은 불리한 가정환경에 처한 아이들이 좋은 학교에 입학할 수 있는 기회를 확대하기 위해 추진된 학교개혁들이 실제로는 유리한 조건을 가진 부모들에게 더 유리한 조건을 추가해 주는 결과를 초래하는 역설적 사태를 비판하였다.

샤피로와 존슨(Shapiro and Johnson, 2005)은 열악한 거주 지역에 있는 공립학교에 강제로 배정됨으로써 불이익을 피할 수 없는 가난한 학생들을 구제하기 위해 공립학교 교육비에 해당하는 금액을 부모들에게 지불하고 그들로 하여금 그 지불금을 활용하여 원하는 공립학교 또는 사립학교를 선택하게 하는 제도인 '공립학교 교육비에 해당하는 금액 지불제' 곧 바우처제도(voucher system)[81]가 기대한 효과에 정면으로 반대되는 결과를 유발한다고 설명하였다. 이들은 학부모들이 경제적 여건이 허락하면 학교선택제 이전부터 사립학교 학비를 지불하거나 좋은 공립학교가 있는 지역으로 이사함으로써 자녀들의 학교를 선택해 왔음을 지적하였다. 이러한 사실은 학교선택제가 획기적인 정책이 아니며 그로 인해 별다른 효과를 거둘 가능성도 없음을 의미한다.

샤피로와 존슨(Shapiro and Johnson, 2005)은 부모들에게 자녀들의 학교를 선택할 수 있게 하는 제도가 그 기회를 활용할 수 있을 정도의 경제력을 갖춘 가정의 경쟁력을 더 높여 주어 빈곤 가정으로 하여금 선택의 여지를 오히려 박탈하는 결과를 초래한다고 강조하였다.

> 불행하게도 사람들이 선택하는 상황에 영향을 주는 사회학적 변수들은 바우처제도와 같은 시장경제 논리에 기초한 개혁(market-based reform)

81 '공립학교 교육비에 해당하는 금액 지불제'는 역사가 오래되었다. 자유주의 경제학자 밀턴 프리드먼(Milton Friedman)은 1955년에 발표한 논문에서 사립이나 공립 교육기관에서 사용할 수 있는 공적 자금을 가족에게 제공함으로써 이들로 하여금 학교를 선택케 하는 제도를 제안하였다. 그는 독점을 깨고 개인들에게 선택의 자유를 제공하면 복지가 향상된다고 변함없이 확신하였다(Friedman and Friedman, [1979] 2005). 자유 의지에 의한 선택을 기조로 하고 시장(market) 논리를 적용하는 신자유주의 교육 정책은 학교선택제를 표방하면서 지지층을 넓혀가고 있다(Chubb and Moe, 1990). 그러나 신자유주의 교육 정책은 선택의 자유, 교육성취, 균등화, 사회적 결속 등의 측면에서 성공으로 평가될 수 없는 상황에 처해 있다(Levin and Belfield, 2003).

들이 극복하기 (어려울 정도로) 너무나도 강력하다. 정부가 학자금 지불 보증을 통해 학부모의 학교 선택을 지원하는 대담한 노력은, 자녀를 위해 최선의 교육이라고 생각하는 것에 기꺼이 비용을 지불할 수 있는 부유한 부모들에게 재정지원을 더 도와주기 위해, 대부분의 가난한 학생들과 유색 인종 학생들이 계속해서 다녀야 하는 공립학교에서 재원을 빼내가는 역설적 현상이 실행됨으로써 불평등을 더욱 악화시킬 것이라는 우려가 우리의 자료에서 사실로 드러나고 있다.

더구나 저소득층 학생들이나 최악의 학교에 다니는 학생들에게만 자금을 지원하는 바우처 프로그램조차도 지원액을 대폭 늘리지 않는다면 가난한 흑인 가정과 부유한 가정 사이의 격차를 극복하기는 힘들다는 것을 우리의 자료는 보여준다. (……) 미국에는 학교까지의 교통편 제공은 관두고라도, 가난한 학생들에게 충분한 학비를 지원해 주고 명성 있는 학교에 입학하는 것을 보장해 줄 바우처 계획에 대한 정치적 지원이 전혀 없기 때문에, 현재 구상되고 개념화되고 있는 수준에서의 바우처 프로그램들은 (경제적 자본의 유무에 의해) 교육적 조건들을 '갖춘 사람들'과 '못 갖춘 사람들' 사이에 심화되고 있는 격차를 줄이지 못할 것이다. 사실상, 이러한 프로그램들은 오히려 문제를 악화시키고 있다(Shapiro and Johnson in Petrovich and Wells (김안나 · 정희욱 역), [2005] 2008: 265-266을 바탕으로 하여 부분적으로 첨삭함).

우리는 학교선택제가 선택의 기회를 허용할 뿐이며 그 기회를 보장하지는 않음을 인식해야 한다. 기회가 허용될 뿐 보장되지는 않을 경우, 그 기회를 이용할 수 있는 능력의 여부에 따라 선택 기회가 제공되기 이전보다 격차가 더 심화된다. 신자유주의 교육 정책은 기회의 허용을 확대함으로써 그 기회를 이용할 수 있는 집단과 이용할 수 없는 집단 간의 기회 격차를 심화시키고 있다. 기회가 허용될 뿐 보장되지 않을 경우, 확대된 기회를 이용할 수 있는 집단은 허용된 기회가 아무런 의미도 없는 집단을 더욱 쉽게 배제할 수 있다. 학교선택제는 대부분의 사립학교들과 인기가 높은 공립학교들의 지명도를 더 높임으로써 지원하는 학생들이 늘어나게 되어, 이 학교들에 대한 학부모의 선택권은 제한될 수밖에 없고 오히려 학교가 학생들을 선택할 수 있게 된다. 이 경우, 선발권을 갖게 된 학교들은 학부모들의 사회 계층, 인종, 학력, 학벌 등을 근거로 하여 학생들을 선택한다. 이 과정에서 인종이 가장 결정적인 변수가 됨에 따라, 인종통합학교의 실현은 점차 어려워지고 학교의 인종분리 현상은 더욱 강화되며 학교 간 격차는 심화된다. 이러한 추세 때문에, 학교는 인종에 의한 사회적 배제가 효율적으로 이루어지는 장치가 된다.

학부모들로부터 선호되는 학교는 이들이 교류하기 싫어하는 사람들을 배제함으로써 지명도를 더 높일 수 있다. 미국의 경우, 학교의 질적 수준은 재학하고 있는 학생들의 인종과 계층에 의해서 평가된다.

> 사실, 너무나 빈번하게, 재학생들의 인종적, 계층적 구성에 따라 학교의 질적 수준이 평가되고 있다. 학교 안에서 무슨 일이 일어나고 있는지를 알 수 있는 구체적인 증거가 없는 상황에서는, 백인들이 다니는 부유한 학교들이 최고로 여겨진다. 따라서 백인 부자 학교가 소재한 지역에 있는 집을 사서 자녀들을 백인 부유층 자녀들이 다니는 학교에 보내는 것이 부모가 가진 특권을 대물림할 수 있는 최선의 방법이다. 현재와 같이 거주 지역이 (인종과 계층에 따라) 분리되고 당연한 결과로서 학교가 분리될 뿐만 아니라 불평등해지는 상황에서는, 자녀에게 최선의 조건을 제공하려는 부모의 선택 행위에 의해 불평등이 악화될 수 있다(Shapiro and Johnson in Petrovich and Wells (김안나 · 정희욱 역), [2005] 2008: 268을 바탕으로 하여 부분적으로 첨삭함).

자녀에게 최적의 학교를 선택해 주기란 쉽지 않으며, 인종에 따라 최적의 조건도 상당히 다르다. 백인 부모들은 백인 학생의 구성비가 높은 학교를 선택하면 되지만, 흑인 부모들은 흑인 학생의 비율이 높은 학교를 선택할 수 없으며 그렇다고 백인 학생의 비율이 높은 학교를 선택할 수도 없다. 흑인 부모들은 인종과 문화가 다양한 학교를 선호한다. 백인 부모들은 자신들과 다른 사람들을 배제하면 되지만, 흑인 부모들은 그렇게 할 수 없으며 조화를 도모해야 한다. 현실적으로 유리한 집단에게는 사회적 폐쇄가 자신들의 정체성을 고수하는 방향으로 이루어지지만, 불리한 집단은 자신들의 정체성과 걸맞지 않은 집단과의 조화를 추구해야 하므로 사회적 폐쇄가 용이하게 이루어지지 않는다. 우리는 이러한 사실을 고려함으로써 배제가 권리침해보다 훨씬 쉽게 이루어질 수 있음을 확인할 수 있다. 배제와 권리침해는 각각 '피하기'와 '어울리기'에 비유될 수 있다. 어울리기가 피하기보다 더 어려운 이유는 피하려는 사람들에게 다가가야 하고 그들과 조화를 이루어야 하기 때문이다.

'교육비 지불제'로 약칭될 수 있는 바우처제도는 시장논리를 학교교육제도에 적용하려는 자유주의자들에 의해 주창되어 왔다. 바우처를 제안하는 학자들(Chubb and Moe, 1990; Friedman, 1955, 1962)은 정부가 공교육을 독점함으로써 소비자인 부모들의 자녀교육에 대한 선택권이 무시되고 있다고 주장한다. 바우처를 지지하는 학자들은 "학생들에게 바우처를 제공하면 사립 교육 공급자들이 공립학교 학생들을 놓고 경쟁하게 될 것이고, 질이 낮은 학교들이 개선 압력을 받게 되어 교육 소비자들에게 전에 없던 교육 기회를 제공하게 될 것"이라고 주장한다(Carnoy and McEwan in Petrovich and Wells (김안나 · 정희욱 역), [2005] 2008: 284). 이들의 주장에는 너무 많은 가정들이 안일하게 전제되어 있다. 이들의 전제들은 다음과 같이 정리될 수 있다. (1) 학교는 지원하는 학생들을 모두 수용할 수 있는 여유가 있다; (2) 사립학교는 바우처에 매력을 느낄 것이다; (3) 바우처가 제공되면 이를 받아들일 사립학교가 신설될 것이다; (4) 학생들이 빠져나가는 공립학교들은 존립의 위협을 느껴 개선될 것이다; (5) 바우처를 받는 도심 학교의 학부모들은 학교를 선택할 수 있는 경제적, 시간적, 지리적 여유가 있을 것이다. 이러한 전제들은 상품의 수요와 공급이 시차(時差)를 두고 적절하게 조정되는 시장논리를 기반으로 하고 있다. 그러나 학교교육은 시장논리가 적용되기에는 너무 많은 변인들이 복잡하게 얽혀 있으며 자연스럽게 조정이 될 때까지 기다릴 수 있는 한가함이 없다.

우리는 위에서 제시된 전제들에 대해 다음과 같이 반문할 수 있다. (1) 학교가 지원하는 학생들을 수용할 수 없는 사태가 벌어질 때에는 어떻게 해야 하는가?; (2) 사립학교가 과연 재학생들의 등록금과 비교할 때 많이 모자라는 바우처 금액에 매력을 느끼며, 바우처제도 아래 대거 유입되는 도심 공립학교 학생들을 재학생들의 부모들이 싫어하는데도 불구하고 받아들일까?; (3) 바우처가 제공되면 이를 반영할 사립학교가 신설될까?; (4) 학생들이 빠져나가는 공립학교는 존립의 위협을 느낄지라도 개선할 수 있는 능력을 갖출 수 있을까?; (5) 도심의 가난한 부모들이 바우처를 지급받더라도 거주지에서 멀리 떨어져 있는 학교를 선택할 수 있는 경제적, 시간적, 지리적 여유가 있을까?

바우처제도에 대한 실험적 연구에서는 지망하는 학생 수가 극히 제한되어 있고 실험에 대한 관심 때문에 현실적으로는 가능하지 않은 조건들이 받아들여지지만, 이 제도가 본격적으로 실시될 경우에는 사태가 전혀 다르게 전개될 것이다. 실험 상황에서 나타난 효과가 실제 사태에서도 나타나리라고 기대하기 어려운 이유는 인간사회에는 실험 상황에서 통제할 수 없는 변수들이 실제 사태에서 너무 많이 그리고 강력하게 작용하고 있기 때문이다. 소규모 시범 단계에서는 가능했지만, 실제 장면에서 사립학교가 적은 금액의 바우처에 매력을 느낄 가능성은 없다. "영리를 목적으로 하는 사립학교 학생들의 평균점수가 비슷한 사회경제적 배경을 가진 공립학교 학생들의 평균점수보다 낮다. (……) 그리고 사회경제적 지위가 낮을수록, 비(非)종교적 영리 사립 바우처 학교 학생들의 성적이 공립학교 학생들에 비해 낮아진다"(Carnoy and McEwan in Petrovich and Wells

(김안나 · 정희욱 역), [2005] 2008: 301). 이러한 결과는 사립학교의 수월성이 학교효과(school effect)보다는 비싼 교육비를 부담할 수 있을 정도의 사회경제적 배경을 가진 학생들의 인적 구성에 따른 효과일 가능성이 많음을 의미한다.

기존의 사립학교 학부모들은 도심의 학교에서 온 가난한 소수 민족 학생들을 받지 않기를 원할 것이다.[82] 도심의 공립학교들은 그나마 성적이 높은 학생들이 떠남에 따라 동료효과(peer effect)[83]까지 잃게 되어 더욱 열악해지고 개선에 필요한 지원을 받기가 더 어려워져 결국 황폐화될 것이다. 이 때문에 학교가 폐교되면, 이 학교에라도 다녀야 하는 학생들은 더 멀리 떨어진 비슷한 조건의 공립학교까지 통학해야 하는 어려움만 가중될 것이다. 도심 공립학교의 학부모들은 바우처 금액을 받더라도 이 금액을 가지고 원하는 학교를 찾기 어려울 것이다. 다시 말해서, 바우처제도는 이러한 조건의 부모들에게 학교선택권을 제공하지 못할 뿐만 아니라 선택의 기회를 오히려 제한할 수 있다. 비슷한 정책을 편 영국의 경우, 뒤처진 공립학교들에 대한 정부의 징계가 그 학교들과 그 학교에 재학해야

82 이러한 예측은 완전한 실현이 요원한 미국의 통합학교 정책으로 미루어 보아 충분히 타당하다. 그리고 인종적으로 혼합된 지방 학교에서 계열화(tracking)를 폐지하려는 시도가 지방 엘리트들의 조직적이며 집요한 저항에 부딪치고 있음을 밝힌 연구결과(Wells and Serna, 1996)를 통해서도 재차 확인할 수 있다. 이 연구에 의하면, 이미 인종적으로 혼합되어 있는 학교임에도 불구하고 자녀들이 우수반 출신이라는 이점을 고수하려고 지역 엘리트 부모들은 다른 지역으로의 이주로 위협(threatening flight), 지역의 다른 기관들의 책임자들과 연대(co-opting the institutional elites), 지지세력의 확대를 위한 준(準)엘리트들의 흡수(buy-in of the 'non-quite elite'), 계열화를 유지하는 조건으로 학교에 다른 보상의 제공(detracking bribes) 등 모든 방법을 동원하여 탈계열화(detracking)를 저지한다.

83 동료효과는 한 학생의 학업성취에 미치는 동료 학생들의 영향을 의미한다. 학업성적, 교육적 포부, 직업적 포부 등이 높은 급우 또는 학우와 어울리면 비슷한 수준을 기대하거나 설정하게 되고 결과적으로 그와 같은 수준에 이를 수 있게 된다. 콜먼보고서에서 나타난 유의미한 학교효과는 동료효과에 크게 좌우되었다. '버스통학을 통한 인종통합 학교 정책'(busing)도 동료효과에 대한 기대가 컸기 때문에 시행되었다.

하는 학생들을 더욱 어려운 처지에 빠뜨림으로써 공교육이 위기에 처하게 되었다(Davies (이병곤 역), [2000] 2007).

경쟁력이 떨어지는 학교들이 도태되면, 좋은 학교들만 살아남게 되어 좋은 교육이 제공된다는 발상은 참으로 낙관적이며 안일하다.[84] 상품의 공급 출처가 다양하고 공급 출처들 사이에 경쟁이 치열함을 전제하는 시장경제논리를 적용하면 이러한 발상에는 무리가 없지만, 학교교육에는 그러한 시장논리가 적용되기 어렵다. 좋은 학교에 대한 수요에 비해서 공급이 원활하게 이루어지기 어렵기 때문이다. 또한 좋은 학교에 대한 심리적 수요는 충만하지만 그에 대한 비용을 지불할 수 없기 때문이기도 하다. 자녀들을 좋은 학교에 보내고 싶지만 그에 따른 비용을 부담할 수 없는 부모들은 현실적으로 지원이 가능한 학교에 보낼 수밖에 없다. 도태된 학교에 재학하던 학생들이 전학할 수 있는 학교는 월등히 좋은 학교이기보다는 도태된 학교와 비슷한 수준의 인근 학교일 가능성이 많다. 그러므로 도태된 학교에 재학하던 학생들의 학업성적이 다른 학교로 전학한다고 해서 향상된다고 확신할 수 없다.

의무교육 단계 또는 보편화된 학교교육 단계에서는 공교육에 대해 국가가 책임을 져야 한다. 학교선택제에 의해 좋은 학교들은 학생 선발권을 갖게 되어 이전보다 더 나은 학생들을 선택할 수 있게 되지만, 상대적으로 뒤처지는 학교들—대부분 대도시에 소재하고 재정 상태가 열악한 공립학교들—은 선택의 여지가 더 줄어든다. 이처럼 모두에게 보장되지 않은 기회의 확대는 실제로는 기회의 불평등을 심화시킬 뿐이다. 자유주의 이념 아래 추진된 교육 정책들은, 이상적인 전망에도 불구하고, 결과적으로는 현실적으로 불리한 조건에 처해 있는 학생과 학부모들을 기회의 확대라는 이름 아래 제도적으로 배제하는 효과를 거두고 있다.

---

84 이러한 발상은 기차의 마지막 칸이 가장 위험하다고 마지막 칸을 떼어 내는 좁은 소견과 비슷하다.

3) 성에 의한 폐쇄

성차별은 남성이 여성을 배제하는 유형으로 전개된다. 남성의 여성 배제는 인류 역사만큼이나 오래되었고, 인류가 생존하는 한 지속될 가능성이 높으며, 모든 유형의 사회에서 정치적 이념, 경제 체제, 종교, 문화, 종족, 인종 등을 불문하고 보편적으로 일어나고 있다. 성차별은 조화와 기능적 역할 분화를 이상으로 전제하는 뒤르케임학파나 모든 사회현상을 경제로 수렴시키고 계급관계로 귀착시키는 마르크스학파에서 설명되기 어렵다. 불평등을 극복하려는 마르크스주의가 하나의 페미니즘을 발전시켜 '마르크스주의 여성학'의 이름으로 여성학 연구에서 하나의 분파를 이루고 있지만, 가부장제를 타도해야 할 표적으로 삼는 급진주의 페미니즘으로부터 신랄한 비판을 받고 있다. 사회현상을 다양한 변인으로 설명한 베버가 고전적 사회학자들 가운데에서는 성차별을 가장 잘 설명할 수 있다. 사회적 폐쇄를 제시한 베버 패러다임을 배경으로 하여 교육장면에서 일어나는 성별 배제를 켈리(Kelly, 1985), 길리건(Gilligan, 1979), 퍼롱(Furlong, 1986)의 연구를 중심으로 하여 예시하고자 한다.

켈리(Kelly, 1985)는 영국 학교의 교과과정(curriculum)과 교수-학습장면에서 여성을 배제하는 사태가 일상적이며 빈번함을 비판하였다. 켈리의 설명에 따르면, 학교에서 가르치는 과학은 남성중심적(masculine)이어서 여학생들이 과학으로부터 배제되게 만든다. 켈리는 과학 수업에서의 여학생 배제가 다음과 같이 나타났다고 설명하였다. 첫째, 과학과 관련된 사람들—연구하는 사람, 가르치는 사람, 과학자로 인정되는 사람—이 모두 남성들로 대표됨으로써 여성은 과학에 접근하기 어렵다. 예를 들면, 물리실험실에 게시되어 있는 저명한 과학자들의 사진이 마리 퀴리(Marie Curie, 1867~1934)만 제외하고는 모두 남성들이어서 여학생들은 과학자로서 정체감을 갖기 어렵다. 둘째, 과학 교재의 사례 제시 및 적용 방법이 남성중심적이다. 과학을 사물에 관한 학문으로 규정함으로써 사람과 관련해서 생각하도록 사회화된 여학생들은 과학으로부터 멀어지게 된다. 셋째, 과학 교과의 교수-학습 과정을 남성중심적으로 전개함으로써 여학생들이 불리하도록 만든다. 학생들로 하여금 과학을 위험하고 거친 것으로 인식하게 함으로써 남학생들은 도전하도록 유도하고 여학생들은 회피하게 한다. 넷째, 근본적으로 남성의 세계관에 과학적 사고의 기반을 둠으로써 과학과 남성을 일체화시킨다. 과학을 권력과 연계시킴으로써 권력에 대해 정체감을 갖는 사람 곧 남성들이 과학을 선호하도록 만든다.

여성들은 과학자로 생활할 수 있는 여건이 현실적으로 마련되어 있지 않기 때문에 일찍부터 과학을 포기한다. 여학생들이 수학과 과학을 싫어하는 이유도 이와 무관하지 않다. 켈리는 여성 과학교사를 대폭 증원하고, 남성중심적 교과 내용과 교사-학생 상호교섭을 양성 균형적으로 재구성하며, 여성과 과학을 긍정적으로 연계하면 여학생들의 과학 성적을 크게 높일 수 있다고 확신하였다. 켈리의 확신은 남녀공학보다 여학교에 재학하는 여학생들의 물리학 성적이 상대적으로 높다는 사실로써 어느 정도 증명된다. '여성적 과학'(feminist science)을 제안한 켈리의 전략은 권리 침해의 사례가 된다.

길리건(Gilligan, 1979)은 "여성은 남성보다 도덕성이 낮다"라고 주장한 콜버그(Lawrence Kohlberg, 1927~1987)의 도덕성 발달 단계(stages of moral development)를 정면으로 반박하였다. 길리건은 심리학자로서 도덕심리에 대한 콜버그의 연구를 비판했지만, 콜버그의 연구는 성에 따른 사회적 배제를 설명하는 데 유용한 사례가 될 수 있다. 도덕성은 사회생활과 밀접하게 관련되므로 도덕성 발달에서 여성이 남성보다 낮다면 도덕적 판단이 중요하게 작용하는 직업으로부터 여성들이 체계적으로 배제될 수 있다. 길리건의 설명에 따르면, 콜버그의 도덕성 발달을 측정하는 도구는 지극히 남성중심적인 기준에 의해서 만들어졌기 때문에 이 도구를 이용하는 한 여성들의 도덕성이 남성보다 낮을 수밖에 없다. 길리건은 여성이 남성과는 다른 도덕적 기준을 갖고 있으며, 이 기준을 적용할 때 여성의 도덕성은 남성보다 낮지 않다고 주장했다. 다시 말하면, 여성은 남성과는 다른 도덕적 기준을 갖고 있으므로 남성의 도덕성을 기준으로 삼아 만든 도덕성 척도는 여성에게 부적합할 뿐만 아니라 여성을 차별한다. 편파적인 측정 도구에 의한 도덕성 평가는 규정에 의한 배제의 전형적인 유형에 해당한다.

남성중심적 패러다임이 지배하는 사회에서 여성의 존재는 인식되지 않으며 목소리는 청취되지 않는다. 이러한 상황에서 학교는 성별 불평등을 재생산하는 역할을 수행하게 된다. 여성학자들은 학교의 조직, 교과과정, 그리고 교수-학습 활동이 여성의 욕구와 필요가 더욱 적합하게 반영되도록 변화해야 한다고 주장해 왔다. 길리건은 이후 뉴욕 주 트로이 시에 있는 기숙형 대학예비(college preparatory) 학교인 엠마 윌러드(Emma Willard) 여자고등학교를 집중적으로 연구하였다(Gilligan, Lyons, and Hanmer, 1990). 길리건 연구팀은 이 학교의 여학생들이, 최고의 조건들을 갖추고 있는 학교에 다니고 있음에도 불구하고, 내적 목소리가 평가절하되고 기회가 제한되는 교육을 받고 있다고 지적하였다. 전통 있는 기숙형 사립 대학예비 여자고등학교에서도 여학생들의 목소리가 제대로 반영되지 않고 있다는 사실은 남녀공학 학교에서 여학생들의 교육 기회가 심각하게 제한받고 있음을 충분히 시사한다.

가정에서 시작된 성별 불평등은 학교에서 강화되고 사회에서 고착된다. 여성들이 사회경제적 보상이 낮은 직업에 집중되는 이유에 대한 설명은 다양하다. 그렇지만 그 설명들은 결국 "여성들이 사회적으로 배제되고 있다"라는 결론에 도달한다. 퍼롱(Furlong, 1986)은 영국 여학생들의 직업적 포부가 낮은 이유가 학교에 있지 않음을 강조하였다. 그는 영국에서 여성의 취업을 위해 여러 가지 방안이 시도되었지만 여성들은 여전히 기술 수준, 지위 그리고 소득이 낮은 일자리에 집중되고 있음을 먼저 지적하였다. 그는 노동 시장에서의 성차별, 여성의 낮은 취업률과 열등한 취업 유형, 여성의 노동 시장에 대한 부정적 인식, 여학생의 직업적 포부의 저하 등을 인과적으로 연계하였다. 그는 여학생들의 낮은 직업적 포부가 근본적으로 가정에서부터 기인한 것임을 확인하였다. 여학생들의 낮은 직업적 포부는 가정에서 어머니로부터 받은 영향이 결정적이다. 어머니들은, 자신들의 경험에 비추어 여성의 취업 전망이 밝지 않으며 노동 시장에서의 성차별이 조만간 변화할 전망이 없다는 것을 익히 알기 때문에, 딸에게는 취업 가능성이 높은 직업을 기대하고 추구하도록 유도한다. 결과적으로 여성들은 '여성들의 일자리'(women's jobs)나 여성에게 덜 패쇄적인 일자리를 집중적으로 지망하게 된다. 이 연구는 여성들의 취업 결정이 결코 개인의 자율적 판단의 결과가 아니며 노동 시장에 엄연히 존속하고 있는 성차별을 감안한 현실적 대책임을 천명하였다.

최근 한국사회에서 성별에 따른 학교 인구 구성을 둘러싼 참으로 역설적이며 기이한 현상이 일어나고 있다. 초등학교, 중학교, 고등학교에 이르기까지 여학생들이 학업성취에서 남학생들에 뒤지지 않음으로써 아들을 둔 부모들이 양성(兩性)학교 곧 남녀공학을 기피하기 시작하였다. 양성학교와 단성(單性)학교가 시대적 상황에 따라 다른 주제로 공론화되고 있다. 이러한 현상은 고등학교 과정에서 가장 두드러지게 나타나고 있다. 이 현상이 역설적인 이유는 여학생들이 불리할 때에는 사회적 공론화가 되지 않았기 때문이다. 지금도 여성에 대한 차별이 사회에 널리 퍼져 있고 학교교육에서도 일상적으로 일어나고 있지만 주목받지 못하고 있다. 예컨대, 교장 인구의 성비(性比)는 남성이 높은 반면 교사 인구의 성비는 여성이 월등히 높다. 이는 여학생들이 불리할 때에는 문제가 되지 않았는데, 남학생들이 불리해지자 곧바로 사회적 문제로 부각되고 있다. 사회적 폐쇄는 현상 그 자체보다는 그 현상에 대한 지배집단의 인식에 의해서 시작된다. 이 사실은 사회적 폐쇄가 지극히 자의적인 결정에 의한 것임을 의미한다.

4) 종교에 의한 폐쇄

종교는 표방하는 가치와 달리 매우 폐쇄적이다. 종교의 종류나 종파에 따라 폐쇄성에서 격차가 있지만 폐쇄성 자체를 부정하기는 어렵다. 다신교보다는 일신교가 더 폐쇄적이며, 성령을 중시할수록 폐쇄성이 높다. 미국 교과서 검열에 대한 델패토르(DelFattore, 1992)의 연구는 교과과정에 대한 종교집단의 개입이 구체적으로 어떻게 진행되는지를 상세하게 밝히고 있다. 미국 초·중·고등학교에서 사용하는 교과서에 대한 검열은 점차 강화되어 왔다. 교과서 검열과 채택에 대한 도전은 진화론, 인종 및 종족의 평등화, 비(非)전통적 성역할, 평화주의(pacifism) 등에 대한 극단적 보수주의 활동가들(activists)에 의해서 야기되고 있다. 이들은 자신들의 종교적, 정치적, 사회적 관점에 부합하지 않는 교과과정을 수정하는 데 매우 적극적이며 조직적이다.

델패토르(DelFattore, 1992)는 고등학교용 명문집(anthology)에 수록된 비극 '로미오와 줄리엣'(*Romeo and Juliet*)이 심하게 편집됨으로써 원작자를 셰익스피어(William Shakespeare, 1564~1616)로 인정할 수 없을 정도임을 확인하였다. 그는 셰익스피어의 희곡에서는 연인이었던 로미오와 줄리엣이, 극단적 보수주의 기독교 활동가들의 압력에 의해서 내용이 과도하게 수정·삭제됨으로써, 친구로 돌변했다고 표현하였다. 이러한 결과는 미국 기독교 근본주의자들(fundamentalists)이 미국 공교육에 공격적으로 개입함으로써 초래되었다. 이들은 자신들의 교리에 부합하지 않은 내용이 학교에서 다루어지는 것을 저지하기 위해 모든 방법을 동원한다. 이들이 가장 많이 사용하는 전략은 소송을 제기하는 것이다. 그 결과, 여러 주(州)에서 교육기관이 피고로 소송에 휘말렸다.

'신데렐라'(*Cinderella*), '골디락스와 곰 세 마리'(*Goldilocks and the three bears*), '오즈의 마법사'(*The wizard of Oz*) 등에는 인간처럼 행동하고 말하는 동물이나 사물이 나오는데, 이것이 기독교 교리에 어긋난다는 이유로 제소[*Mozert v. Hawkins County Public Schools*]되었고, '원숭이 공판'(monkey trial)으로 널리 알려진 재판[*McLean v. Arkansas Board of Education; Edwards v. Aruillard*]이 창조론(creationism)을 학교에서 가르치도록 강력하게 요구한 초보수적 기독교 근본주의자들의 제소에 의해 열렸다. 그리고 세속적 인본주의 종교를 권장했다는 이유로 역사, 사회, 가정 교과서 44종이 공립학교로부터 제외되도록 하는 법원 명령이 내려졌으며[*Smith v. Board of School Commissioners of Mobile County*], 리시스트라타(*Lysistrata*),[85] 맥베스(*Macbeth*),[86] 벤저민 프랭클린의 자서전(*The autobiography of Benjamin Franklin*) 등 고전문학을 교과 내용에 포함시킬 것인지의 여부를 둘러싼 대립이 법정 공방[*Farrell v. Hall; Virgil v. Columbia County School Board*]으로 이어졌다.

종교집단뿐만 아니라 여러 가지 유형의 이익단체도 교육에 개입하고 있다. 그러나 실제적인 영향력은 집단에 따라 크게 달라진다. 미국의 교과서는 국정(國定)이나 검인정(檢認定)으로 규제되지 않기 때문에 수많은 출판사들이 교과서를 제작하고 있다. 출판사들은 국가의 교육적 목적보다는 판매량을 늘리는 데 더 몰두한다. 그래서 교과서를 배우는 학생들이나 가르치는 교사들보다는 교과서를 구입하는 학교위원회(school board)[87]

---

85 리시스트라타('군대를 해산시킨 사람'이라는 의미)는 아리스토파네스(Aristophanes)가 쓴 희극적(喜劇的) 희곡으로 기원전 411년 아테네에서 처음으로 공연되었다. 아름다운 아테네의 여인 리시스트라타는 펠로폰네소스 전쟁으로 시달리는 그리스 여성들을 구원하기 위하여 남자들이 평화를 협상할 때까지 남편과의 성관계를 거부하도록 촉구하는 '성 파업'을 일으킨다. 우여곡절 끝에 남자들이 굴복하여 아테네와 스파르타는 전쟁을 종식하게 된다. 희곡 '리시스트라타'는 반전(反戰)과 여권(女權)을 부각시키는 데 아주 적절한 작품으로 인정받고 있다. 리시스트라타는 반전과 여권신장 때문에 보수주의자들로부터 기피 대상이 되고 있다.

86 윌리엄 셰익스피어의 4대 비극(햄릿 Hamlet, 오셀로 Othello, 리어왕 King Lear, 맥베스 Macbeth) 가운데 마지막 작품이다. 마녀의 역할이 중요하고 비윤리적인 내용을 담고 있다는 이유로 보수주의자들이 학교 교과과정에서 배제시키려고 한다.

의 기호나 요구에 더 민감하게 반응한다. 학교위원회는 압력단체들의 이면공작(lobby)에 취약하다. 그 결과, 미국의 학생들이 배우는 내용은 텍사스 주나 캘리포니아 주처럼 인구가 많은 거대한 주들의 영향을 받게 된다. 영리를 목적으로 하는 한, 출판사들은 판매량에 절대적으로 영향을 미치는 거대 주(州)들의 요구에 맞추어 교과서의 내용을 구성할 수밖에 없다. 거대 주들의 교과서 내용에 대한 기준은 비록 소수일지라도 강력하게 정치적 활동을 전개하는 압력단체들의 요구를 실질적으로 반영하고 있다. 미국에서는 기독교 근본주의자들이 강력한 압력단체로 활동함으로써 미국의 학교교육에 미치는 영향이 매우 크다. 이 사실은 다른 종교나 종파에 소속된 부모들의 자녀들이 교육장면에서 불이익을 받을 수 있음을 의미한다.

교육에 미치는 종교집단의 영향력은 무시할 수 없다. 종교단체에서 학교를 설립하는 이유는 적극적 의미에서는 선교를 위해서이며 소극적 의미에서는 타 종교나 종파의 영향력을 배제하기 위해서이다. 미국의 아이비리그 대학들은 하나같이 기독교 종파에 의해서 설립되었다. 가톨릭 고등학교들은 공립학교들이 기독교를 배경으로 하여 가르침으로써 가톨릭 정신이 배제되는 데 대한 자구책으로 설립되기도 하였다. 종교집단들 간의 경쟁은 이미 학교교육에 깊이 스며들어와 있다. 종교집단은 공식적 교과과정(formal curriculum)에 영향을 미칠 뿐만 아니라 잠재적(latent), 은폐적(hidden) 교과과정을 통해서도 학교교육에 개입하고 있다. 심지어 학문과 지식의 측면에서 보면 마땅히 가르쳐야 할 내용들이 종교적 이유로 배제되기도 한다. 교육학계에서는 마땅히 가르쳐야 할 의미 있는 지

87 미국에서는 학교위원회가 교과서를 총괄적으로 구입하여 학생들에게 대여하는 방식을 취하고 있어 학생들은 교과서를 구입하지 않는다. 그러나 자녀교육열이 유별난 아시아계 미국인들은 교과서를 별도로 구입하여 자녀교육에 이용하기도 한다. 아시아계 부모들의 높은 자녀교육열을 부각하려 할 때 교과서의 개별 구입을 사례로 제시하는 경우가 많다.

식이 배제되는 경우를 '배제적 교과과정'(null curriculum)[88]이라고 개념화하고 있다(Eisner, 1985; Flinders, Noddings, and Thornton, 1986). 다양한 유형의 집단들이 교과과정에 포함될 지식의 선정과 조직뿐만 아니라 교과과정의 유형—공식적, 잠재적, 은폐적, 배제적 교과과정 등—과 교과과정의 시행 단계—국가 수준, 학교 수준, 학급 수준 등—에까지 개입하고 있다. 이러한 개입은 집단이 처한 상황에 따라 배제 또는 권리침해의 형태로 나타난다.

5. 연구주제와 방법의 다양화

베버는 다양한 학문 분야에 관심을 가졌다. 그는 이상사회(理想社會)를 설정하지 않았고, 타인에 의해 제시되었던 이상사회를 지지하거나 발전시키기 위해 이론을 구성하거나 강론을 펴지 않았으며, 오직 사회현상에 대한 정확한 이해에만 치중했기 때문에 관심 영역이 시공간적 제약을 받지 않았고 주제가 당연히 폭넓을 수밖에 없었다. 베버는 여러 국가들을 여행하면서 다양한 사회현상에 주목했고, 역사를 거슬러 올라갔을 뿐만 아니라, 학문 간의 경계를 개의치 않고 넘나들었으며, 오로지 지적 호기심에만 이끌려 주제를 선정했기 때문에 그의 탐구 영역은 광범위하였다. 뒤르케임이 자본주의 사회를 연상시키는 산업사회에 주력하고 마르크스가 사회

88 'null curriculum'은 '영(零) 교육과정'으로 번역되어 왔다. 나는 원어가 전하려는 메시지를 이 번역어가 제대로 담지 못했다고 생각하여 '배제된 교과과정' 또는 '배제적 교과과정'으로 번역하고 있다. 생물학을 가르칠 때 진화론을 의도적으로 가르치지 않는다면, 진화론은 교과과정에서 배제될 뿐만 아니라 잘못된 지식, 무가치한 지식, 유해한 지식 등으로 취급되어 무력화하게(nullified)될 것이다. 따라서 배제적 교과과정은 어떤 내용을 가르치지 않는 것이 아니라 그 내용의 오류나 무가치함 또는 유해함을 가르치는 효과를 얻는다. 이 때문에 배제적 교과과정은 여러 교과과정들 가운데 하나로서 의미를 갖게 된다.

주의 사회의 도래에 집착함으로써 두 학자는 이데올로기에서 양분될 수 있다. 하지만 베버는 그 어느 편에도 치우치지 않으면서 그 어느 편에도 적용되고 있다. 상이한 관점과 패러다임들을 종합하거나 접목시키려고 시도하는 학자들이 베버로부터 의미 있는 시사를 받는데, 이는 베버가 이데올로기에 얽매이지 않고 현상에 대한 통찰에 집중했기 때문이다.

1) 연구주제의 확대

베버는 연구주제와 대상을 선정함에 있어서 동양과 서양, 과거와 현재, 학문별 전공 영역 등을 가리지 않았다. 그의 학문적 배경이 법학, 경제학, 역사학, 정치학, 종교학, 사회학 등 사회과학의 거의 모든 분야가 망라되다시피 한 점에서 알 수 있듯이, 베버는 학문 영역 간 경계를 인정하지도, 유념하지도 않았다. 우리가 학자로서의 가치관과 행위를 중시하여 그를 바람직한 학자의 모범으로 받아들인다면, 오늘날 적지 않은 학자들이 화두로 삼고 있지만 스스로는 꺼리거나 좀처럼 시도하지 않고 있는 학제(interdisciplinary) 연구나 통섭(consilience)[89]이 쉽게 이루어질 수 있다. 뒤르케임학파나 마르크스학파로 분류될 수 있는 교육사회학자들이 분명하게 드러나는 데 비하면, 베버 학풍의 교육사회학자들을 선별해 내기는 쉽지 않다. 베버 학풍의 교육사회학자들의 경우, 지향하는 이념이 뚜렷하지 않고 사용하는 개념들이 다양하기 때문이다. 베버는 이념보다 주제에 집중했기 때문에 학자의 모형으로서 더욱 적합하다.

베버로부터 자문을 받는다면, 우리는 갈등론으로 지칭되고 있는 마르크스 패러다임의 교육사회학이나 기능론으로 발전된 뒤르케임 패러다임의

---

89 통섭과 박물학의 차이가 있을 터인데 우리는 이를 혼용하고 있다. 학제 연구나 학문 간 통섭은 그 중요함이 강조되어서라기보다는 자신의 능력이 닿는 데까지 그러한 유형의 연구를 하는 학자들의 실천에 의해서 가능해지고 발전된다. 우리는 그 대표적 학자로서 베버를 쉽게 떠올릴 수 있다.

교육사회학에서 드러나듯 이념을 앞세움으로써, 달리 말해서 추구하는 이상사회를 현상 파악보다 우선적으로 설정함으로써, 제한된 관점에 의해 현상이 왜곡되는 사태를 막을 수 있다. 그리고 우리는 자연과학적 방법의 적용이 필수적인 절차처럼 강조됨으로써 연구의 주제와 대상이 극도로 제한되는 난국을 맞지 않을 수 있다. 방법론에 구속되어 연구주제를 제한하는 것은 언어도단이다. 다시 말해서, 동원하는 방법론이 허락하지 않기 때문에 지적 탐구를 포기하는 행위는 어리석다. 탐구의 주제를 정했다면, 현실적으로 가능한 방법으로 접근하거나 새로운 방법을 시도해 보는 것이 지적 호기심에 충실한 학문 행위로서 적합하다.

교육자들은, 베버의 방법론적 개인주의에 근거하여, 교육을 통한 사회의 변화를 추구할 수 있다. 베버는 그토록 다양한 사회현상들을 다루면서도 개인들의 주관적 행위가 사회현상의 기원과 소재임을 지속적으로 주장하였다. 교육학자들은 전통적으로 교육의 목적을 개인의 속성 변화에만 국한시킴으로써 '사회변화에 적응하는 교육'에 편중했으며 '교육을 통한 사회변화'에 대해서는 스스로 무력해지거나 때로는 그러한 변화를 기피하였다(오욱환, 1991, 1999b, 2005a, 2006). 사회변화를 선도한 위인들이 교육을 통해 발굴되고 육성되었다면, 교육을 통해 사회변화를 주도하거나 사회변화에 동참할 대중들을 길러 낼 수 있다. 교육은, 엘리트들을 양성하여 변화를 주도하게 하듯이, 대중들을 사회변화의 주체로 길러 낼 수 있다. 우리는 대중들을 의식 없는 군집(crowd)으로 간주하지 않고 이들의 주체성, 개성, 자율성을 인정하고 중요하게 고려하는 포스트모던 시대에 살고 있다.

교육은 이상적으로 표현될 수 있지만 그 이상을 제도적으로 실현하려는 학교교육은 지극히 현실적이며 일상적인 일이다. 한 국가의 교육 유형은 우아하게 표현된 교육 이념이나 체계화된 교육제도 또는 권위적인 교육정책보다도 부모들이 자녀들에게 더 나은 생애기회를 보장해 주기 위해 경쟁적으로 전개하는 자녀교육 행위에 의해 더 많이 좌우된다. 사교육의 비대화, 학력 인플레이션, 조기유학의 확산, 공교육의 위기, 입시제도의 난맥, 교원평가제도에 대한 시비, 학력 표준화·우열반 편성·계열화 논쟁 등은 다양한 이유들로 인해 쟁점으로 부각되고 있지만 그 심연에는 부모들의 자녀교육 개입 또는 부모들의 교육출세론적 신념과 전략이 작동하고 있다. 이러한 현상은 그 어떤 패러다임보다도 베버의 패러다임에 의해 더 정확하게 파악될 수 있다.

부모주의와 가족주의가 학업성적, 학력, 학벌을 두고 벌이는 경쟁에 치열하게 개입한다는 사실은 공적 가치보다 사적 이익에 의해 국가나 사회의 교육 유형이 좌우됨을 의미한다. 우리는 여기서 베버가 개인들을 초월하는 유기체로서 국가나 사회의 존재를 철저히 거부했음을 기억할 필요가 있다. 국가나 사회는 개인들의 의지의 소산일 뿐이다. 부모들의 자녀교육 행위는 가족을 단위로 하여 이루어지지만, 상당히 많은 경우에는 집단적 성향을 띠게 된다. 집단으로 의사를 표명하는 까닭은 이기주의적 목적을 은폐하고 공론(公論)임을 내세우기 위해서이다. 물론, 집단을 구성하는 것이 전략적으로 유리하고 경쟁력을 갖추는 데 도움도 된다. 일상사로 이루어지는 자녀교육의 양상과 그에 따라 유형이 결정되는 국가나 사회의 교육현상을 파악하기 위해서는 탐구 대상을 계급보다는 계층으로 구분하는 방법이 더 적합하며 필요에 따라서는 계층보다 더 하위 단위로 나눌 필요도 있다.

그리고 때로는 여러 가지 기준을 연합한 2차원 또는 3차원으로 세분화된 집단으로도 나누어야 한다. 곧 계층으로 상류, 중류, 하류를 구분하고 인종으로 다수 인종과 소수 인종으로 구분하면 여섯 가지 종류의 집단이 등장하게 된다. 예컨대, 미국 뉴욕에 거주하는 중류 계층의 한국계 미국인들의 자녀교육 방식은 중류 계층 앵글로색슨계 미국인들의 자녀교육 방식과 다를 뿐만 아니라 하류 계층 한국계 미국인들의 자녀교육 방식과도 구별된다(Lew, 2006). 생애기회와 자녀교육관에서, 미국의 소수 민족은 백인으로 대표되는 다수 민족과 구별될 뿐만 아니라 소수 민족이 된 배경—

자율적 소수 민족(유대인, 모르몬교도, 아미시[90] 등), 이민 소수민족(중국인, 필리핀인, 한국인, 일본인 등), 카스트와 같은 소수 민족(흑인, 미국 인디언, 멕시코인, 하와이 원주민, 푸에르토리코인 등)—에 따라서도 차이가 뚜렷하게 나타난다(Ogbu, 1982, 1986, 1994, 2004).

옥부는 사회적 계급만으로는 미국 흑인들이 겪는 불평등한 현실을 제대로 파악할 수 없다고 주장하면서 인종과 종족이 미국에 정착하게 된 배경까지 세심하게 고려하도록 촉구하였다. 그의 설명에 따르면, 미국 백인들이나 중류 계급의 흑인들은 경제적, 교육적, 그리고 사회적 문제들을 인종보다 계급의 측면으로 설명하려 한다. 인종·민족의 측면으로 설명하는 경우, 백인들은 중국, 일본, 한국에서 이주한 아시아계 민족들의 미국 정착을 성공 사례로 삼아 흑인들의 사회경제적 불평등이 사회 구조에 의한 결과가 아니라고 주장한다. 그러나 옥부는 흑인들의 정착 역사는 아시아계와 전혀 다르며 오랫동안 받아 왔던 인종적 차별과 착취에 의한 사회인식이 깊숙이 작용한다고 강조한다. 1960년대까지 흑인들 가운데 높은 계층에 이른 사람들의 직업은 법, 의료, 경영, 교육, 목회 등에 국한되었는데, 이 가운데 흑인 지역을 대상으로 한 교육과 목회가 3분의 2를 차지했다. 성공한 흑인들도 높은 소득이 가능한 직업들—건축, 토목, 회계, 화학, 관리 등—로부터는 배제되었다. 성공한 극소수의 흑인들을 제외한 대부분의 흑인들은 불안정한 육체노동 직업을 갖거나 실업 또는 잠재실업 상태에서 벗어나지 못하였다.

---

90 네덜란드의 종교개혁자 메노 시몬스(Menno Simons)에 의해 유래한 메노나이트(Menonite) 교회에 속하는 보수적인 프로테스탄트 교회의 교파로, 주로 미국의 펜실베이니아, 오하이오, 인디애나, 일리노이 주 등에서 집단으로 생활하고 있다. 이들은 18세기의 검은 모자나 검은 양복을 입고, 마차를 사용하는 등 문명의 소산물들을 거부한다(두산백과사전 www.encyber.com 참조). 아미시 학교는 교사-학생의 관계가 전통에 따라 권위적임에도 불구하고 미국의 평균을 넘어서는 학업성취를 보이고 있다. 교사와 학생이 문화를 공유함으로써 원활한 상호교섭이 이루어지는 것이 학습에 효과적임을 증명하는 사례로 이용되고 있다(McDermott, 1977).

미국 흑인들이 겪은 인종차별의 역사—오랜 노예생활과 그 후의 직업상 한제—는 이들로 하여금 카스트의 하층민과 같은 신분으로 인식하게 만들었다. 인종에 의한 사회적 배제를 오랫동안 뼈저리게 경험함으로써 흑인들은 "교육을 통해서 출세할 수 있다"라는 신념 곧 '노력 낙관주의'(effort optimism)를 여간해서는 받아들이지 못한다. 흑인들은 교육에 대해 의미를 부여하지 않기 때문에, 교육에 쏟는 이들의 열정이 높을 수가 없다. 심지어 흑인 학생이 교육을 통해 출세하려는 열망에서 학교생활에 성실하고 학업에 몰두하며 표준 영어인 백인 영어를 구사하면, 흑인 지역 공동체로부터 배척되고 문화적 정체성을 상실할 수도 있다(Labov, 1972; Weis, 1985; Steele, 1992).

흑인들이 교육과 학업에 부여하는 의미가 얼마나 낮은지를 설명하기 위해서, 옥부(Ogbu, 1994)는 (1) 사회 계층 이동에 성공하여 게토(ghetto)와 같은 흑인 빈민가를 떠나 부유한 교외 지역(예: North Carolina 주의 Durham)에 거주하는 중·상류층 흑인들의 자녀들도 동일한 조건의 백인 학생들보다 학업성적이 낮으며, (2) 이 지역에서의 흑백 학생 간 학업성취 격차가 도심의 빈민 지역(예: Tennessee 주의 Memphis)에서 일어나는 흑백 학생 간 학업성취 격차와 유사한 유형을 띠고 있는 사례를 제시하였다. 이러한 사례는 성공한 흑인 부모들도 자신들의 자녀들에게 삶의 모형이나 '의미 있는 타인'(significant other)[91]으로서의 영향력을 발휘하는 데 한계가 있음을 의미한다.

부유한 교외 지역으로 이주할 정도로 사회경제적으로 성공한 부모를 둔 흑인 학생들조차도 부모를 준거집단으로 삼는 데 한계가 있으며 흑인사회

---

91 의미 있는 타인(significant other)은 역할 모델로 선택된 사람을 뜻한다. 누구를 의미 있는 타인으로 삼느냐에 따라 상당히 다른 인생이 전개될 수 있다. 사람들은 사회적·경제적·문화적으로 영향력이 있는 사람을 의미 있는 타인으로 삼는다. 가정과 거주지는 의미 있는 타인들의 유형이 결정되는 데 영향을 미친다. 빌 게이츠와 마이클 잭슨을 의미 있는 타인으로 각각 설정한 두 아동의 학업에 대한 의식은 상당히 다를 것임을 쉽게 짐작할 수 있다.

의 인종에 대한 인식을 답습하는 경향이 있다. 하물며 경제적 기반이 철저히 무너지고 주민들이 꾸려 가던 구멍가게들마저 월마트(Wal-Mart)와 같은 거대 자본의 대형 슈퍼마켓에 의해 깡그리 사라진 도심의 흑인공동체 지역은 '내부 식민지'(internal colony)라는 개념에 부합되게 교육 기회뿐만 아니라 생애기회에서도 철저히 배제되어 있다. 아뇽(Anyon, 2005)은 이러한 지역에 거주하는 흑인 학생들의 학업성취를 높이는 데에는 교육 기회의 확대와 같은 교육 정책보다는 대형 슈퍼마켓을 지역 거주민들의 구멍가게들로 대체함으로써 지역 경제를 되살리고 취업 기회를 늘리며 각 가정의 소득을 증대하는 것이 더 효과적이라고 주장하였다. 그 이유는 이 지역의 가난한 부모들이 생존의 위협에서 벗어나기만 해도 자녀들의 미래를 걱정하고 그 맥락에서 자녀교육을 가장 먼저 그리고 세심하게 배려할 것이기 때문이다.

세계 역사가 변화하게 된 계기가 어떤 인간들의 결단에 의해서였다는 관점은 교육을 통한 사회변화의 가능성을 크게 확대시킨다. 교육학은 '인간'과 '변화'를 중요한 핵심 개념으로 사용하고 있다. 역사의 주체였던 사람들은 하나같이 인간을, 때로는 적은 규모로 때로는 엄청난 규모로, 가르쳐서 변화의 주체자들(agents for change)로 부각시켰다. 교육이 인간을 변화시키는 데 목적을 둔다면 그 영역은 특정 개인에서 소수의 개인들로, 더 나아가 모든 개인들에 이르기까지 무한히 확대되어야 한다. 교육이 이루어지는 장면은 교실, 학교 등 집단임에도 불구하고, 교육학은 개인들의 속성 변화에 너무 집착하고 있다.

교육학의 범위가 축소된 이유는 교육의 영역을 제도교육으로만 국한시켰기 때문이다. 인류의 교육 역사를 살펴보면, 원시사회에서 현대사회로 발전하면서 교육의 범위가 축소되어 왔음을 알 수 있다. 원시사회에서는 생활 자체가 교육이라고 할 정도로 교육이 생활의 중요한 부분을 차지했지만, 현대사회에서 교육은 제한된 시간과 공간 곧 일정한 학령(學齡)과 제도화된 학교에서만 이루어지고 있다. 따라서 현대사회에서 교육은 제도

교육과 동일한 개념처럼 사용되고 있다. 이러한 지적 전통이 매우 강해서, 학교교육의 범위를 넘어서는 데 목적을 둔 평생교육까지도 제도적 모양을 갖춘 기관에서 제공되는 교육만을 대상으로 삼을 정도이다(오욱환, 2007).

교육사회학이 기능주의와 마르크스주의에 의해서만 접근되면서 교육현상은 구조적 맥락에서만 파악되었기 때문에, 사회 활동의 주관적 의미를 강조하는 현상학적 주의론(voluntarism)이 끼어들 수 있는 여지가 전혀 없었다. 그러나 1970년대 초기 영국에서 출현한 신교육사회학(new sociology of education)이 미시적 접근을 통해 그동안 방치되었던 교육의 실제 과정을 주제로 취급하면서 거시적 접근만으로는 교육현상을 파악할 수 없음이 명백해졌다(Young, 1971b; Brown, 1973; Flude and Ahier, 1974). 신교육사회학자들은 학교 및 학급 단위에서 일어나는 교과과정의 선정과 운용조차도 사회 구조적 영향으로부터 자유로울 수 없다는 사실을 간파하였다. 이들은, 교과과정의 선정 · 조직 그리고 교사-학생 간 상호교섭에 의해서, 한 학급 내에서도 학습 기회의 불평등이 일어날 수 있음을 주목하고 교사의 의지에 의해 학습 기회의 불평등이 해소되면 교육적 불평등과 사회경제적 불평등이 개선될 수 있다고 확신하였다.

그러나 신교육사회학자들의 확신은 교실에서의 학습 기회 불평등이 사회경제적 불평등 구조에 의한 체계적인 배제 전략에 의해 이루어지고 있음을 확인하면서 크게 후퇴하였다(오욱환, 2001; Eggleston, 1974; Young and Whitty, 1977). 우리는 학교교육 기회의 균등화가 쉽지 않을 뿐만 아니라, 그 균등화가 학생들의 학습 기회의 균등화로 이어지지도 않음을 분명하게 인식할 필요가 있다. 사회적 폐쇄가 거시적으로는 물론이며 미시적으로도 체계적으로 이루어지고 있기 때문이다. 제도적 폐쇄는 개인 수준에서 능력과 업적의 격차가 수용되거나 묵인되어야 가능하며 지속될 수 있기 때문에, 개인 간 격차가 유발되는 학급 단위에서도 사회적 폐쇄가 일어날 수밖에 없다. 학급과 같은 미시적 장면에서의 폐쇄는, 학급이 위계적으로 나누어진 사회나 직장과 무관한 것으로 인식되고 공유된 문화와 언어를 매개로 하여 보편적 가치를 추구하는 것처럼 인식되기 때문에, 거시적 폐쇄보다 훨씬 정교하게 이루어진다.

결과적으로 교육현상을 이해하는 데서부터 교육의 변화를 추구하는 데까지 미시적 접근과 거시적 접근이 모두 필요하다는 결론이 도출되었다. 그러나 뒤르케임학파와 마르크스학파는 거시적 접근으로 편향되어 있기 때문에, 그리고 현상학, 상징적 상호교섭론 등은 미시적 접근에 의존하고 있기 때문에, 이러한 패러다임과 이론들이 종합적 접근으로서는 한계가 있기 마련이다. 그러나 베버 패러다임은 적절한 대안으로 제기될 수 있다. "베버의 개념들은 모든 수준의 범위(scale)와 복합성(complexity)에 적용될 수 있기" 때문이다(King, 1980: 7).

이상(理想)으로 설정한 사회를 추구하기보다는 현실을 이해하는 데 관심을 기울인 베버의 학문적 성향은 실체가 모호한 사회 구조는 물론이며 자율성을 향유하고 있는 듯이 묘사된 인간도 인정하지 않는다. 다시 말해, 베버에게 있어서, 사회는 인간들의 구체적 행위에 의해 영향을 받으며 인간은 사회 구조적 영향으로부터 완전히 자유롭지 못하다. 인간과 사회 사이에 배타적 논리를 적용하지 않음으로써 베버의 이론은 뒤르케임이나 마르크스의 이론보다 사회에서 일어나고 있는 현상에 훨씬 밀착되어 있다. 사회에 대한 일반 이론(general theory)을 만들려는 뒤르케임 패러다임과 마르크스 패러다임은 가치를 개입시켜 현실사회를 평가할 뿐만 아니라 이상사회의 모형을 제시하고 이에 집착하기 때문에 현실사회를 있는 그대로 파악하는 데에는 한계를 드러낼 수밖에 없다.[92] 그러나 베버 패러다임은 가치개입을 최대한 자제하므로 현실사회의 진면목을 이해하는 데에는 더 적절할 수 있다.

---

92 뒤르케임에게 있어서 이상사회는 효율적으로 분업화되어 생산성이 확대되고 사회 구성원들이 도덕적으로 통합된 기능사회라면, 마르크스에게 있어서 이상사회는 모든 개인들이 자신의 삶의 의미를 만끽할 수 있는, 계급이 없는 평등사회이다.

베버에게 있어서 핵심 개념 가운데 하나는 사회적 활동(social action)이다. 이 개념은 사회학의 난제로 등장하고 있는 구조와 주체를 통합하는 데 활용될 수 있다. 베버가 주창하는 사회적 활동은 기능론에서 주장하는 역할 행동(role behavior)과 명백히 구별된다. 역할 행동에는 행위자의 주체적 의지가 개입될 여지가 없다. 기능론에서도 역할 행동이 개인에 따라 다를 수 있음을 인정하지만 여기에서는 개인의 인성(personality)만이 가미될 뿐이다. 기능론에서는 역할보다 인성의 결정력이 더 높아서 나타난 사회적 행동을 부정적으로 평가하는 경향이 있다. 기능론에 의하면, 한 개인의 사회적 행동은 역할과 인성의 함수[B=f(R×P)]로 나타나는데 인성의 결정력이 높다는 것은 사회적 역할을 중요하게 고려하지 않음을 의미한다.

기능론은 사회로부터 지위를 부여받은 개인이 그 지위에 요구된 역할보다 개인적 인성에 더 많이 좌우되어 행동한다면 사회가 원활하게 유지될 수 없다고 판단한다. 기능론은 사회의 유지와 발전을 최우선적으로 고려하기 때문에 인성에 좌우된 행동을 역(逆)기능적으로 간주한다. 다시 말해서, 기능론에서는 개인의 자율성이 제한될 수밖에 없다. 사회적 활동은, 주체자의 사회인식과 주관적 의지가 표출된 결과이기 때문에, 주어진 역할에 대한 개인적 인성의 차이에 의해 유발된 역할 행동과는 구별된다. 기능론에서 개인차를 고려하더라도 이는 어디까지나 개인의 성향을 의미할 뿐 개인의 자율성을 인정한 것이 아니다.

베버 사회학의 강점은 비교방법의 활용에서 확연히 두드러진다. 베버는 다양한 사회를 이해하는 데 관심을 기울였기 때문에 서구사회뿐만 아니라 동양사회에 대해서도 의미 있는 업적을 남겼다. 한 예로 '중국 식자층'에 대한 연구는 유교문화권 사회를 이해하는 데 필수적 고전으로 평가되고 있다. 이 연구는 중국의 과거제도를 도입한 조선사회의 지배 구조와 문화를 파악하는 데 유용할 뿐만 아니라 교육출세론이 철칙처럼 작용하고 있는 현대 한국사회를 이해하는 데에도 적절하다.

베버 학풍의 교육사회학에서 가장 핵심적으로 사용하는 개념이 있다면, 그것은 사회적 패쇄 또는 사회적 배제가 될 것이다. 콜린스의 신용·자격증명주의도 사회적 배제의 한 유형이다. 인류의 등장과 함께 출현한 교육은 가정에서부터 시작되었고 생존에 필요한 지식, 기술, 요령(know-how) 등을 전수하는 데 그 목적이 있었다. 그러나 교육은 제도의 유형을 띠면서부터 선발의 기준으로 이용되었다. 생업에 필요한 지식, 기술, 요령의 전수가 목적이라면 초등 단계부터 학교가 설립되어야 이치에 맞다. 그러나 고대 유럽 국가들의 사례들(Boyd, [1964], 1994)과 중국 송대(宋代)의 경우(Chaffee (양종국 역), [1985] 2001)를 통해 추론할 수 있듯이, 제도교육(institutional education)은 오늘날의 학교제도로 볼 때 고등교육 단계부터 체계화되었다. 그 이유는 고등교육이 사회적 폐쇄에 목적을 두었기 때문이다. 다시 말해서, 다른 집단들이 근접할 수 없는 수준으로 제도교육을 시행함으로써 사회적 구별을 공식적으로 규정할 수 있는 근거가 마련되었다.

제도교육이 사회적 폐쇄의 수단으로 이용되었음을 증명할 수 있는 사례들은 많다. 중국의 유학자, 인도의 브라만(Brahman), 유대(Judea)의 랍비(Rabbi) 등은 제도적 교육기관을 통해서 높은 사회적 지위를 독점할 수 있었다(Collins, 2000). 사회적으로 유리한 위치에 있는 집단들은 자신들이 누려 온 권력을 유지하기 위해서 다른 집단들의 접근을 봉쇄할 필요가 있었다. 이 목적을 달성하는 데 지식이 활용되었다. 이 경우, 지식은 쉽게 습득할 수 있는 것이 아니어야 하고 차별화가 두드러져야 했기 때문에, 많은 비용이 요구되고 절차가 까다로운 고등교육이 제격이었다.

그러나 미국의 경우, 초등교육이 무상화(無償化)되고 의무교육이 되어가던 과정에도 지배집단의 이익이 직접적으로 개입하였다(Katz, [1968] 2001). 마이클 카츠(Michael Katz)의 설명에 따르면, 미국에서 의무교육이 처음 실시된 보스턴 지역의 경우, 부모들에게 자녀교육을 의무로 부과하기 위하여 교육비를 면제할 필요가 있었다. 그 비용은 당연히 연방정부,

주정부, 학구 등에서 부담해야 했지만, 의외로 그 지역의 자본가들이 부담하였다. 자본가들은 아동들을 학교에 수용함으로써 당시 문제가 되었던 청소년들의 일탈행동을 막고 사회질서를 유지할 수 있었으며 사회화를 시킬 수 있었다. 교육의 대중화, 보편화 등이 반드시 우아한 목적 아래 진행된 것이 아님을 간파할 필요가 있다. 우리는 보스턴 지역 자본가들이 의무교육을 위해 자금을 지원했다는 역사적 사실을 통해서 배제가 반드시 제외하는 방식으로만 이루어지지 않으며 교화나 사회화도 배제의 전략에 포함된다는 것을 확인할 수 있다.

2) 연구방법의 개방

베버는 지적 호기심이 그 어떤 연구절차나 방법보다 강렬해야 하고 우선해야 함을 강조하고 스스로 실행한 사회과학자이다. 그의 지적 작업들은 학문 간 연구와 다학문(多學問) 연구의 중요함과 필요성을 인식하게 만들었으며 어느 한 분야나 전공을 방어적으로 고수하는 자세가 반(反)학문적임을 경고하였다. 베버의 주장에 따르면, 학자는 지적 호기심에 충실해야 하며 학문 영역들 사이에 가로 놓인 장벽이나 협곡을 개의치 않아야 할 뿐만 아니라 방법론 때문에 연구의 주제를 제한해서도 안 된다. 그리고 베버는 학자라면 연구주제를 찾은 후에 그에 적합한 방법을 찾는 것이 당연한 순서이며, 스스로 한정한 연구방법에 얽매여 주제를 제한하는 것은 말이 되지 않는다고 주장하였다. 연구방법들 사이에는 우열이 없으며 주제와의 적합성만이 중요하다. 그러나 현실적으로는, 적지 않은 학자들이 다양한 연구방법들을 배우고 사용하는 데 주저하며, 결코 적지 않은 학자들이 이미 통달했거나 익숙한 연구방법에 스스로 구속됨으로써 일정한 주제만 반복적으로 다루기도 한다.

베버 패러다임은 교육사회학의 연구방법을 다양화하는 데 도움을 줄 수 있다. 우리는 베버의 방법론에 대한 주장과 그의 지적 업적들을 통해서 자연과학적 철칙을 준수해야 하는 부담 곧 '자연과학에 대한 순진한 숭배'(naive cult of hard science)에서 해방될 수 있다. 한편, 계급의 구성원으로서만 인식되는 개인들을 자유의지를 가진 실존적 존재로 인정함으로써 그들의 일상적 행위를 통해 사회현상의 진수를 포착할 수 있게 되었다. 그리고 우리는, 개인의 자율성에 대한 그의 신념에 힘입어, 집단으로부터 실제로 또는 묵시적으로 부과되는 제약을 거부함으로써 실존적 존재로서 행위와 활동을 주도할 수 있다. 베버의 방법론적 개인주의는 인간의 사회적 행위를 심리적 반응 행동으로 환원하거나 철학적 이념이나 신화적 일화로 추상화함으로써 실체를 잃어버리는 데 반대한다.

베버의 방법론적 개인주의는 개인들의 일상을 의미 있는 행위로 주목하게 함으로써 '일상생활의 사회학'(sociology of everyday life)을 가능하게 했으며, 사회현상이 개인들의 현실인식에 의한 행위의 결과임을 착안하게 함으로써 현상학의 중요함을 부각시켰다. 또한 개인들을 '의미를 부여하는 존재'로 인정함으로써 '상징적 상호교섭론'(symbolic interaction theory)과도 조우하게 하였다. 방법론적 개인주의는 개인들의 행위를 중요한 연구대상으로 인정하는 것이기에 사회심리학에도 관심을 갖게 만들었다. 교육사회학은 일상생활의 사회학, 현상학, 상징적 상호교섭론, 사회심리학, 그리고 문화인류학 가운데 어느 것도 소홀히 할 수 없다. 교육이 일상생활에서 의미를 부여함으로써, 그리고 주체적 인간들의 상호교섭으로써 이루어지기 때문이다.

베버의 주장을 풀이한 파킨(Parkin, 2002: 18)의 설명에 따르면, 집단은 생각할 수 없고 느낄 수 없으며 인식할 수도 없다. 생각하고 느끼고 인식할 수 있는 존재는 오직 개별 인간들뿐이다. 이 개인들의 주관적 이해를 간파하고 사회활동을 위한 동기를 파악하는 것이 사회과학의 과제이며, 이 과제는 자연과학이 수행하는 과제와 전혀 다르다. 인간은, 분자(分子)나 식물은 물론 동물과도 달라서, 자신들의 행위에 앞서 동기를 갖는다. 인간의 행동은 주관적 의미에 의해 유도되어 행위로 표출된다. 달리 표현하면, 사회적 행위자들은 어떤 생각과 의미를 갖고 있으며 그에 따라 행위로 의도한 바를 추구한다. 당연히 모든 행위는 그에 대한 이유와 의미로부터 분리될 수 없다. 주체적 개인들은 반응하고 행동하기보다는 행위 · 활동(action)한다.

베버는 외국에 대해서도 지적 호기심을 발휘하여 이탈리아, 러시아, 중국, 인도, 팔레스타인 등에 대해서 연구하였다. 그는 오늘날—지식정보사회라는 이름에 걸맞게 국가들 사이에 지식과 정보의 교류가 활발하고 인터넷을 통해 외국의 문헌을 손쉽게 접할 수 있는 21세기—과는 전혀 다른 시대인 1800년대 후반과 1900년대 초반에 활동했음에도 불구하고 국가 간 비교 연구에 몰두하였다. 그의 비교 연구는 방법론적 측면에서 중요한 메시지를 전하고 있다. 다양한 현상들에 대한 일반적 원인들을 체계적으로 포착하려는 목적을 가진 비교 연구는 사회과학의 발전에 크게 기여할 수 있다. 비교 연구는, 다소 부정확한 자료에 의존하기는 하지만, 정확할지는 몰라도 설명을 위한 원리나 법칙들을 탐색하는 데에는 무력한 측정치보다도 사회과학의 발전에 더 중요하다. 다시 말해서, 비교 연구는 자료의 정확성에서 한계가 있지만 사회현상을 이해하고 설명하는 데 아주 유용한 방법이다.

베버로부터 비교 연구의 중요성을 배움으로써 교육사회학은 실증적 방법론의 압박으로부터 놓여날 수 있고 연구주제를 확대할 수 있다. 모든 사회과학이 철학에서 분가했듯이, 교육사회학도 교육철학에서 시작하고 교육철학과 결별하면서 정체성을 갖게 되었다. 교육사회학이 독자적 영역을 확보하기 위해서는 주제와 방법에서 기존의 영역들로부터 구별될 필요가 있다. 교육사회학이 주목을 받은 데에는 사회변화가 중요하게 작용하였다. 미국의 경우, 제1차 세계대전(1914~1918)은 교육사회학이 발전할 수 있는 계기를 마련해 주었다. 미국에는 전통적으로 개인주의가 확산되어 있었지만, 제1차 세계대전을 겪으면서 국가와 사회의 중요성이 크게 부각되었다. 이전까지는 교육의 목표가 '개인의 성장'에만 집중되어 왔지만, 이 전쟁을 계기로 '사회의 존속과 발전'이 교육의 새로운 목표로 추가되었다. 국가나 사회의 위기는 사회학적 상상력을 갖게 만든다.[93]

그러나 미국에서 교육사회학은 학문적 정체성을 쉽게 인정받지 못하였다. 그 중요한 이유는 연구방법에 있어 사회과학적 조건을 갖추지 못한 데 있었다. 1930년대 이후, 미국에서는 실증적 연구방법이 '과학화'라는 구호 아래 사회과학계를 주도하였다. 어떤 영역이든지 실증적 방법론을 사용하지 않으면 사회과학으로 인정을 받을 수 없었다. 이러한 흐름이 사회학계를 오랫동안 주도함에 따라 사회학계에서 측정이 가능한 변인들로 사회현상을 설명하려는 학자들이 주류를 이루었다. 이들은 조작이 가능한 개념들을 가지고 사회현상의 정도를 측정하고 이를 수치화함으로써 집단 간의 차이를 비교하였다. 그러나 당시의 교육사회학은 방법론적 엄격성을 적용하기가 용이하지 않았다. 초기의 교육사회학은 문제제기와 논의 형식에 익숙해 있었기 때문에, 연구의 절차와 방법에 과학적 엄격성을 요구하는 사회과학적 방법에 적응하기 어려웠다(오욱환, 1999a).

이러한 시대적 요구를 수용하지 못함에 따라, 초기의 교육사회학은 더 이상 존속할 수 없게 되었다. 그 전환점이 교육학자들에 의해 발간되었던 교육사회학 정기 학술지가 사회학자들에게 넘어감으로써 마련되었다. 1927년 9월에 창간된 『교육적 사회학의 학술지』(*Journal of Educational Sociology*)는 1963년 5월에 36권 9호로 종간(終刊)하고 출판권이 미국사회학회로 이전되었다. 미국사회학회는 제호(題號)를 『교육사회학』(*Sociology of Education*)으로 바꾸고 1963년 가을에 37권 1호부터 발간하였다. 그러나 사회학자들은 좀처럼 교육사회학에 관심을 갖지 않았

---

93 우리는 여기서 고전사회학자들—칼 마르크스, 에밀 뒤르케임, 막스 베버—의 인생이 1818년(마르크스 출생)에서 1920년(베버의 사망)까지 약 100년에 걸쳐 있고 이들이 1864년(베버의 출생)에서 1883년(마르크스의 사망)까지 약 20년 동안 공존했음을 되새길 필요가 있다. 이들의 생애 주기는 서구사회가 산업화, 도시화, 전쟁, 혁명 등의 소용돌이에 휩싸여 있을 때였다.

다. 브림(Brim, 1958: 9-10)의 설명에 따르면, 사회학자들이 교육사회학에 무관심했던 이유는 다음과 같다. (1) 교육사회학 논문들이 과학적이지 않았다; (2) 교육사회학 논문들은 사회학 논문들과 비교할 때 사회과학적 방법론이 취약하였다; (3) 교육사회학 논문들은 대부분 교육현장에 대한 소수의 문제들에만 집중되었으며, 이 문제들을 다룰 때에도 사회학적 이론과 개념을 적용하지 않았다; (4) 교육사회학을 연구하는 학자들이 대부분 사회학적 학력과 경력을 갖추지 않았다.

그렇다면, 사회학자들이 교육사회학에 관심을 갖게 된 이유는 무엇인가? 제2차 세계대전 이후 사회학이 확대되면서 사회학자들이 대거 배출되자 영역의 확대가 절실히 필요해졌다. 한편, 이 시기에 교육에 관한 연구를 지원하기 위해서 정부와 연구재단들(예: 카네기, 켈로그, 러셀 세이지 재단)이 막대한 규모의 기금을 조성하고 연구비를 지원하였다. 이후 사회학자들이 연구비를 지급받았던 과제들 가운데 콜먼보고서에서 드러나듯, 막대한 규모의 연구비는 사회학자들이 교육현상에 관심을 갖게 하는 데 큰 몫을 차지하였다. 지금도 교육사회학은 방대한 연구비에 힘입어 사회학과의 하위 전공 분야들 가운데 중요한 위치를 차지하고 있다.

풍부한 연구비를 지원받은 사회학자들의 교육사회학 연구는 대부분 양적 접근법을 취함에 따라 교육사회학 연구의 정통적 연구방법이 양적 방법으로 굳어져 갔다. 계량적 방법은 과학적 엄격성을 고수한다고 주장되면서 교육사회학 연구를 편향시켰다. 지금도 미국에서는 사회학과에 소속되어 교육사회학을 전공하는 학자들은 계량적 방법을 주로 사용하고 있으며 지원받은 연구비로 학생들을 연구원으로 채용할 수 있는 이점을 갖고 있다. 양적 접근은, 연구방법들 가운데 하나이지만, 현실적으로는 관련 학자, 발표된 논문 등 수량적 측면에서 교육사회학 연구를 지배하고 있다. 이 때문에 교육사회학 연구방법이 실질적으로는 양적 접근으로 제한되고 있다. 양적 접근은 방법론적으로 장점을 갖고 있지만, 이 방법만 가지고서는 교육현상을 이해하는 데 한계가 있다. 연구에 필요한 자료는 입수(入

手)와 측정(測定)이 가능한 자료만이 아니다. 입수와 측정이 가능한 자료에만 의존하면, 교육을 발전시키고 학교교육을 개선할 수 있는 연구를 수행할 수 없다. 이러한 한계를 벗어나는 데 베버 학풍이 공헌할 수 있다. 실증적 방법론에의 집착은 상상력에서 한계를 초래할 수 있다.

양적 접근법은 수치화된 자료를 사용해야 하기 때문에 연구주제가 제한된다. 더욱이 조사방법에만 의존하면, 조사할 수 없는 경우에는 연구 자체가 불가능해진다. 실험설계법을 사용하는 연구는 실험이 가능하고 반복할 수 있다는 데 강점이 있다. 자연과학의 실험을 모형으로 삼는 사회과학 연구들은 실험이 불가능할 때 실험에 준하는 방법을 사용한다. 질문지를 사용하는 연구는 질문에 응답할 수 있는 대상이 있을 때에만 가능하다. 양적 접근법에만 의존하면, 역사 연구, 지역 연구, 비교 연구, 심층관찰 연구 등은 불가능하거나 심각한 한계에 부닥치게 된다. 변인이 통제될 수 있는 자연과학적 방법론을 원칙으로 고수하면 사회과학은 불가능하다. 그러므로 사회과학의 폭을 넓히려면 자연과학적 발상에서 벗어나야 한다.

연구방법에 종속됨으로써 연구주제를 제한받는다면 본말(本末)이 전도된 것이다. 연구주제는 연구방법에 앞서야 하며, 주제에 최적의 연구방법이 없더라도 차선책으로 연구를 수행하는 것이 낫다. 베버의 지적 업적을 살펴보면, 그는 연구의 주제, 대상 그리고 방법에 구속받지 않았다. 또한 모국인 독일은 물론이며 이탈리아, 미국, 러시아, 심지어 중국[94]과 인도[95]에도 관심을 가졌다. 그는 고대, 중세, 근대 등을 넘나듦으로써 시대에도 제한을 받지 않았다. 우리는 베버에게서 지적 호기심이 자유로운 진정한 학자의 모범을 찾을 수 있다. 베버는 학제 연구의 모형도 충분히 제시하였다. 예컨대, 그의 대표적 연구업적인 『프로테스탄트 윤리와 자본주의 정신』은 사회학, 종교학, 철학, 역사학, 경제학 등을 망라하고 있으며 대상

94 중국 식자층, 유교(Confucianism), 도교(Taoism) 등에 관한 논문이 있다.

95 힌두교(Hinduism), 불교(Buddhism)에 관심을 가졌다.

지역은 유럽과 북미를 포괄한다.

학제 연구가 필요한 까닭은 사회현상이 학문의 분류에 맞추어져 있지 않기 때문이다. 사회현상은 사회학자, 정치학자, 경제학자, 심리학자, 교육학자, 역사학자 등이 영역을 분할하여 독점하도록 맞추어져 있지 않을 뿐만 아니라 질적 연구, 양적 연구 등에 적합하도록 드러나 있지도 않다. 우리는 인도에서 유래했다는 '장님과 코끼리' 이야기를 떠올릴 필요가 있다. 현상에 대한 이해는 어떤 관점에 의해 제한될 수밖에 없다. 각 학문 영역은 나름대로 관점을 다양화하고 범위를 넓히지만 한계가 있기 마련이다. 이 한계를 극복하는 방법의 하나로 학제 연구와 통섭이 장려되고 있다.

지적 호기심에 충실하고 정확한 이해에 몰입한다면, 베버처럼 연구방법, 연구범위, 연구대상 등을 제한하지 않게 될 것이다. 과학적이어야 한다는 것을 철칙처럼 강조함으로써 자료 수집과 분석에서부터 기계적인 엄격한 조건들을 요구하여, 많은 학자들, 특히 젊은 학자들의 연구의지를 꺾고 있다. 콜린스는 베버의 수많은 연구들이 비교방법으로 이루어진 점을 근거로 하여 비록 다소 부정확한 자료를 가지고도 대상 집단이나 사회들을 비교함으로써 매우 의미 있는 이해에 이를 수 있음을 강조하고 있다. 베버의 학문적 자세와 공헌을 모형으로 삼음으로써, 우리는 지적 호기심을 유지하고 탐구하는 데 부차적일 수밖에 없는 방법론적 엄격함에 짓눌려 탐구 의지를 손상당하는 위험을 피할 수 있다.

연구방법들 사이에 우열이 있을 수 없다. 실험, 조사, 문헌분석, 면담, 발굴, 관찰 등 다양한 연구방법들을 서열화할 수도 없다. 연구방법은 연구주제에 적합해야 한다. 그물을 먼저 만든 후에 물고기를 잡는 것보다 물고기의 종류와 생태를 파악한 후에 그물을 만드는 것이 현명하다. 물고기의 생태를 파악한다면, 구태여 그물을 사용하지 않아도 물고기를 잡을 수 있다. 연구의 주제를 정했는데 최적의 연구방법이 없다면 차선의 방법을 가지고 연구하는 것이 연구를 포기하는 것보다 훨씬 낫다. 예를 들면,

독재가 실시되던 시대의 사회상을 파악하려고 하는데, 그 시대에는 사회 비판적 속성 때문에 사회학이 허용되지 않았고 사적(史的) 자료가 파기되어 전혀 없다면, 당시의 문학작품을 통해서 간접적으로나마 파악할 수 있다. 솔제니친[96]의 작품들은 일당독재 시대 소련의 사회를 연구하는 데 중요한 자료가 될 수 있다. 난장이가 상징적으로 등장하는 조세희[97]의 소설은 경제성장에 몰입한 독재정권 아래 노동의 현장이나 가난한 사람들의 일상을 연구하는 데 그 어떤 자료보다 풍부한 상상력을 제공한다.

사회과학 연구방법론을 논할 때 베버의 『사회과학방법론』(Weber (김석현 역), 1960; 차성환 (편역), 1990)이 빠지는 경우는 없다. 그의 해석학적 접근은 통계적 방법이나 조사연구 방법에 대한 한계가 지적되면서 다시 주목받기 시작하였다. 외부의 '심판과 같은 사회학'(sociology as judge)보다 '내부의 상식'(common sense of inside)을 더 중요하게 고려하는 질적 연구방법이 크게 선호되면서 베버의 연구방법론에 대해 재평가가 이루어져 왔다(Schwartz and Jacobs, 1979). 우리가 베버의 연구방법론에 주목하는 이유는 연구주제에 걸맞은 연구방법의 중요성을 강조하고 연구방법에 연구주제를 구속시키지 않기 위해서이다. 다시 말해서, 계량적 접근법이나 실험적 또는 준(準)실험적 설계에 의한 연구의 부당함을 주장하기 위해서가 아니다. 베버 방식의 연구방법을 강조하기 위해 다른 연구방법을 비하하는 잘못을 범할 수 있음을 경계해야 한다. 베버는 연구주제에 맞게 연구방법이 다양화되어야 한다고 강조했으며 연구방법의

96 알렉산드르 솔제니친(Aleksandr Solzhenitsyn, 1918~2008)은 러시아의 소설가로 옛 소련의 인권탄압을 고발한 『수용소 군도』로 인해 반역죄로 몰려 1974년 소련에서 추방된 후 20년 동안 미국에서 망명생활을 했으며 1994년 러시아로 귀국하였다. 이후 '러시아의 양심'으로 추앙받았으며, 『이반 데니소비치의 하루』, 『암병동』 등으로 1970년에 노벨문학상을 수상하였다.

97 조세희(1942~)는 1970년대에 왕성하게 작품 활동을 한 소설가로 대표작으로는 『난장이가 쏘아올린 작은 공』이 꼽히고 있다. 1970년대 처참했던 도시 노동자들의 숙명적 인생을 '난장이'를 상징적으로 내세우며 절묘하게 묘사하였다.

대체(代替)를 주장하지 않았다. "만일 하나의 학문 분야가 위기에 빠져들고, 그래서 독자적인 연구의 '본질'에 대한 '불확실성'이 증대되면, 개별 과학자들은 '자기 정체를 인식하기 위해서 방법론을 걱정하게 된다" (Tenbruck (차성환 역), 1990: 28). 학문의 정체성을 방법론에서 찾는다면, 그 학문은 이미 비극적 상황에 처해 있는 것이다.

자연과학적 연구방법의 우수성은 객관성으로 집약된다. 특히 실험 연구는 동일한 상황을 재현할 수 있다는 점을 내세워 객관성을 보장받으려 한다. 자연과학적 방법을 원용(援用)하는 사회과학자들은 객관성의 우위를 주장하며 다른 방법을 사용하는 것을 비과학적이라고 비판하기도 한다. 그러나 사회과학은 재현할 수 없는 현상과 임의로 통제할 수 없는 인간들을 대상으로 하므로, 사회과학에서 자연과학과 같은 객관성은 원천적으로 불가능하다. 따라서 자연과학적 객관성을 보장받을 수 있는 연구방법은 사회과학에는 없다. 사회과학이 객관성을 보장할 수 없다는 사실은 사회과학에서는 객관성이 무시되어도 좋다는 말이 아니다. 완벽한 객관성에는 이르지 못하더라도 객관성은 적극적으로 추구되어야 한다. 사회과학에서는 타당, 공감, 호응, 동의, 수용 등을 통해서 객관성에 접근해 왔다.

사회과학에서도 자연과학의 연구방법과 유사한 방법을 사용할 수 있을 때에는 사용해야 한다. 그러나 그러한 방법을 강구할 수 없을 때에도 탐구는 지속되어야 하므로 이 경우에는 상호주관성(inter-subjectivity)이라는 차선책을 이용할 수 있다. 객관성을 자신하는 연구에서도 연구자의 주관을 완전히 배제할 수 없다. 어떤 주제를 선정하는 과정에서부터 연구자의 주관이 개입되기 마련이다. 셀 수 없이 많은 주제들 가운데 어떤 주제를 선정하는 데에는 연구자의 가치가 개입할 수밖에 없다. 사회과학의 경우, 객관적인 연구방법을 사용한다고 해서 연구결과의 객관성이 보장되는 것은 아니다. 연구가 진행되는 과정에서 객관성이 흔들릴 수 있고 논문의 기술(記述), 설명, 해석 등에서 객관성이 보장될 수 없는 표현이나 수사가 개입될 수밖에 없기 때문이다. 우리는 사회과학 논문들이 연구의 결과를 기계적으로 표현하지 않음을 익히 알고 있다.

주관이 개입한 연구도 연구 과정을 세밀하게 기술하여 공개하고 독자들로부터 충분한 동의를 얻으면 객관성을 어느 정도 확보할 수 있다. 베버는 사회학자들에게 다른 사람들로부터 검사와 점검을 받음으로써 객관성을 추구하도록 촉구하였다. 그는 '직업으로서의 학문'에 대해 연설했을 때 "견해를 달리할지도 모를 청중들이 침묵을 강요당하고 있으면 발표하지 말라"고 경고하였다. 베버의 해석학적 방법은 주관적인 것처럼 인식될 수 있지만 그는 주관과 객관의 교류를 강도 높게 요구하였다. 논문이 공인을 받으려면 출판 전에 편집위원회에서 선정한 익명의 학자들로부터 심사를 거쳐야 하며, 출판 후에는 독자들로부터 공감, 동의, 수용, 묵인 등으로 인정을 받거나 비판, 반박, 거부 등에 의해 객관성을 높인다. 학계의 공인은 사회과학에서 객관성을 보완하는 방법으로 이용되고 있다.

베버는 시간과 공간에 의해 제한되는 탐구의 범위에 구속되지 않고 다양한 사회에서 일어나는 여러 가지 현상에 대한 정확한 이해와 의미 있는 해석에 주력했기 때문에, 그의 이론은 현대사회에서 일어나고 있는 여러 가지 현상을 파악하는 데까지 유용하게 활용될 수 있다. 사회가 다원화되어감에 따라 이상사회로서 계급 없는 사회를 건설하기 위해 사회에서 일어나는 모든 현상들을 계급 간의 갈등적 관계로 축약시켜 파악하려는 마르크스 패러다임이 한계에 부닥치고 있다. 한편, 사회의 구성원들이 급속도로 이질화되어가고 다양한 집단들로 이합집산함에 따라 규범과 가치의 공유를 통해 사회결속을 도모하려는 뒤르케임의 패러다임도 사회의 변화 속도를 따라가지 못하고 있다. 산업의 발달에 따른 직업의 다양화로 야기된 사회결속의 이완을 크게 우려하여 출현했던 뒤르케임의 패러다임은 계급, 계층, 성별, 인종, 종족, 종교, 문화, 언어 등 귀속적 속성에 가까운 변인들에 학력, 학벌, 직업, 취미 등 생후(生後)의, 성취적(成就的), 성향적(性向的) 속성으로 분류될 수 있는 변인들까지 추가되어 집단이 다양하게 형성되는 현대사회에 적용하기에는 무리가 따른다.

베버의 계층 이론은 사회가 다원화함에 따라 설명력이 높아지고 있다. 거대 사회 내부에는 여러 하위 사회들이 있고 그 하위 사회들 내부에도 역시 더 작은 규모의 하위 사회들이 있다. 사회의 규모가 작아질수록 공동체적 조직의 성격이 강해지면서 계급 구조로 부각되는 경제적 처지에 의한 적대 관계들은 줄어들고, 구성원들 사이에 일어나는 갖가지 현상들이 조직 내 권력의 격차에 의한 경쟁 관계로 나타나게 된다. 조직의 규모가 작아질수록 비교적 동질적 속성을 가진 사람들로 구성되기 때문에, 이들은 공존하면서 서로 우열을 겨루는 상황이 늘어나게 된다. 자본가 계급과 노동자 계급의 관계는 자본가 계급 내부에서 나누어지는 거대자본가집단과 중소자본가집단의 관계와는 다른 양상으로 표출된다. 동일한 노동자 계급이라고 할지라도 기술을 보유하고 노동조합에 가입한 노동자집단이 추구하는 목표는 단순노동직 비(非)조합원 노동자집단이 추구하는 목표와 구별된다.

학급에서 교사와 학생의 상호교섭은 경제적 자산의 유무보다는 정치적 권력의 강약으로 더 잘 설명된다. 교사와 학생 사이에 일어나는 의사소통과 상호교섭을 경제적 관계로 간주하여 계급 개념을 적용하면 그 현상을 설명하는 데에는 한계가 있을 수밖에 없다. 우리는 엘리트 사립고등학교와 대도시 빈민 지역에 소재하는 공립고등학교 사이에 벌어지는 학업성취와 학벌의 격차를 주목해야 하지만, 동일 지역에 소재한 학교들 사이에 일어나고 있는 격차는 물론이며 한 학교 안, 심지어 한 학급 안에서 일어나고 있는 사회집단 간 불평등도 놓쳐서는 안 된다.

초기 자본주의 사회의 자본가들에 비해 현대 자본주의 사회에서 자본가들의 사회지배력은 크게 줄어들었다. 경제가 일상생활에 미치는 영향력은 여전히 막강하지만 자본가 계급의 영향력은 초기 자본주의 사회보다 약화되었다. 이러한 경향은 국가의 비중이 급격히 높아졌기 때문이다. 초기 자본주의 사회에서는 자본가들이 경제뿐만 아니라 정치와 문화까지 독점할 수 있었지만, 현대사회에서는 이러한 독점이 더 이상 가능하지 않다.

자본가들 간의 경쟁의 확대와 심화, 노동자들의 의식화와 단체 활동의 증가 및 전략화, 노사 간 극한 계급 투쟁이 초래할 공멸 위험의 증가, 국가의 투자 규모 확대, 새로운 유형의 자본가로서 국가의 역할 증대, 민주주의의 발달에 따른 정치 역량의 확대, 시민운동과 사회운동의 확산 · 정교화 · 연대화 등 일련의 변화들로 인하여 국가의 중재 및 통제 기능이 획기적으로 강화되어 왔다. 국가 기능의 강화는 사회현상이 더 이상 경제의 측면만으로는 설명되지 않음을 의미하며 정치와 일상생활에 작용하는 문화의 측면을 비중 있게 고려해야 함을 강조한다.

베버 패러다임은 사회 계층에 관련된 변인들을 다양화함으로써 마르크스나 뒤르케임의 패러다임보다, 비록 상대적이긴 하지만, 강점을 갖는다. 특히 성별 불평등을 연구할 때 그 차이가 두드러지게 나타난다. 성별 불평등을 연구하다 보면 마르크스주의 양분법적 계급론이 태생적으로 갖고 있는 한계가 분명하게 드러난다. 여성학에서 사용되는 대표적 접근법들 가운데 하나인 마르크스주의 여성학에서는 여성이 남성 노동자의 속성을 가진 존재로서만 분류됨으로써 여성으로서의 존재가 인정되지 않는다. 다시 말해서, 여성은 모두 노동 계급에 속한다고 보았는데, 급진주의 페미니즘은 이 점을 신랄하게 비판한다.

> 마르크스주의 여성학은 엥겔스(Engels, [1884] 1991)의 『가족, 사유재산, 국가의 기원』(*The origin of the family, private property, and the state*)으로부터 기본적 아이디어를 이어받고 있다. 엥겔스는 여성들이 억압에서 해방되려면 사적 가사(家事) 영역에서 벗어나야 하고 그 방법은 공적 노동 시장에 들어가는 것이라고 전제하고 일부일처제 가족제도를 폐지해야 한다고 주장하였다. 그는 이러한 과제들이 공산주의 사회에서 모두 해결될 수 있다고 확신하였다. 이후, 엥겔스의 대안—여성을 공적 생산영역으로 진입시키고 사적 생산영역을 공산화하는 방안—이 공산주의자들의 중심 교의(教義) 가운데 하나가 되었으며 레닌, 클라라 체트킨, 로자 룩

셈부르크, 알렉산드라 콜론타이 등[98]이 이 교의를 적극적으로 지지하였다 (오욱환, 2003a: 397-398).

그러나 여성이 남성에 비해서 불평등한 위치에 있음은 사실이지만, 여성들 간에도 결코 간과할 수 없는 사회적 · 경제적 · 문화적 격차가 명백히 상존하기 때문에 여성이라고 해서 하나의 동질 집단으로 간주하는 것은 부당하다. 이러한 이유로 남녀 간 불평등을 해소하더라도 모든 여성들이 평등해지는 것은 아니다. 실제로 계급의 평등을 주장하고 무계급 사회를 추구한 공산주의 국가들에서도 여성들은 남성들과 동등해지지 않았을 뿐만 아니라 여성들 사이에서도 불평등이 상존하였다.

한편, 자유주의 여성학은 말할 것도 없고 마르크스주의 여성학까지 신랄하게 비판하는 급진주의 여성학자들은 여성의 불평등이 기본적으로 남성들에 의한 사회지배 곧 가부장제(patriarchy)에서 기인한다고 주장한다 (Delphy, 1977; Eisenstein, 1979, 1987; Firestone, 1974; Millet, 1970). 이들의 주장은 자본주의보다 가부장제가 먼저 시작되었고 자본주의보다 더 오래 지속될 가능성이 많으므로 설명력이 있다. 이들은 계급 불평등이 해소되더라도 성별 불평등이 여전히 남아 있을 것이라고 주장한다. 급진주의 여성학의 주장을 받아들인다면, 성별 불평등은 남녀 간 자본의 유무보다는 권력의 우열에 의해서 좌우된다. 다시 말해서, 여성은 사회에서는 물론이며 가정에서도 권력의 열세에 의해 배제된다. 가부장제 또는 남성지배 이데올로기는 규정에 의한 사회적 폐쇄의 전형적 유형에서 벗어나지 않는다. 그러나 이들의 주장—가부장제 또는 남성중심주의가

98 클라라 체트킨(Clara Zetkin, 1857~1933)은 독일의 여성 해방운동가로서 혁명가로도 알려져 있다. 로자 룩셈부르크(Rosa Luxemburg, 1871~1919)는 폴란드 태생의 독일 여성 혁명가였으며, 알렉산드라 콜론타이(Aleksandra Mikhailovna Kollontai, 1871~1951)는 러시아 여성 정치가로서뿐만 아니라 세계 최초의 여성 외교관으로도 널리 알려져 있다.

성차별과 성별 불평등의 원인이라는 주장—에도 한계가 있다. 가부장제가 폐지되더라도 가족 체제가 상존하고 한 가족의 생계가 남성의 소득원에 의해서 좌우된다면, 사회경제적 불평등이 사라질 가능성은 거의 없다.[99]

마르크스나 뒤르케임의 패러다임으로 인종, 민족, 종교, 언어, 문화 등을 준거로 삼는 사회적 폐쇄 현상을 포착하려면, 베버 패러다임을 사용할 때보다, 논리적 비약을 무리하게 해야 한다. 마르크스와 뒤르케임의 패러다임은 이상사회를 염두에 두고 있을 뿐만 아니라 설명에 동원되는 변인이 극도로 제한되어 있기 때문이다. 마르크스와 뒤르케임 패러다임을 사용하는 연구들은 거대 이론을 지향하고 있다. 거대 이론은 사회에서 일어나는 모든 현상들을 통합적으로 설명하려 하기 때문에 중(中)범위(middle range)나 일상적 현상을 파악하려 할 때에는 무리가 따를 수밖에 없다. 거대 이론의 한계는 포스트모던사회의 도래와 함께 더욱 분명해지고 있다. 포스트모던사회에서 개인들은 거대 규모로 집단화되는 데 대해 강한 거부감을 갖고 있다.

개인들이 자율성을 대폭적으로 인정받고 있는 시대와 사회에서 이들의 행위를 이해하고 그 행위의 산물로서 나타나는 사회현상을 간파하려면 사회적 맥락 속에 있는 개인들, 그 개인들로 이루어지는 소규모 집단들, 그 개인들이 이익의 확대를 위해 결성하거나 소속되는 조직들, 그러한 개인과 조직들의 요구를 정책으로 반영하는 국가를 주목해야 한다. 비유컨대, 한 곳만 관찰하고 현실사회의 현상을 파악하라는 과제가 주어진다면 공장보다는 시장에 가 보는 방법이 낫다. 하나의 개념으로 사회현상을 파악하려면 권력보다는 지배가 더 적절하다. 시장과 지배는 어디에나 있고 아주 흔하기(ubiquitous) 때문이다. 이에 대한 인식은 곧바로 베버 패러다임에 주목하게 만든다.

---

99 엥겔스의 아이디어를 많이 반영하고 있는 마르크스주의 여성학은 가족의 해체와 여성의 공적 생산에의 참여를 여성 해방의 필수조건으로 강조한다.

6. 이론의 발전 가능성 제시

교육의 역량을 높이려면, 교육에 대한 전통적 관점—개인적 속성의 변화—에 대한 집착을 버려야 한다. 전통적 개념들로는 새로운 사회에서 다양하게 일어나는 교육현상들을 파악하는 데 어려움이 있으며, 교육을 통한 사회변화를 모색할 때에는 아주 무력해진다. 교육을 적극적으로 재개념화하는 작업은 교육의 대상인 인간이 "사회 구조 속에서 사회로부터 부여된 역할을 수행하는 수동적 존재"에서 탈피되고 개인들이 사회변화의 주체로 부각되는 방향으로 이루어져야 한다. 그 방향이 타당하고 필요하다는 것을 지지해 줄 이론들은 적지 않다. 베버의 지적 전통에서 그리고 그의 패러다임을 수용하는 학자들로부터 그러한 이론들을 기대할 수 있다.

교육을 적극적으로 개념화하려는 학자들은 뒤르케임학파에서는 물론이며 마르크스학파에서도 벗어나야 한다. 전통적 뒤르케임학파의 사회학자들은 사회의 유지와 발전을 위해서 교육의 역할을 선발과 사회화로 국한시켰다(예: Dreeben, 1968; Parsons, 1965). 다시 말해서, 학교는 (1) 사회가 기능적으로 유지되고 발전하기 위해 분업화된 역할들을 각 개인들에게 효율적으로 할당하고, (2) 분업화된 사회에서 야기될 수 있는 결속(結束)의 해이(解弛)[100]를 방지하기 위해 구성원들에게 공유된 가치와 규범을 내면화시키는 사회기관이다. 한편, 마르크스주의 사회과학자들(예: Althusser, 1972; Bowles and Gintis, 1976)은 학교교육이 자본주의 사회의 계급 불평등을 재생산하는 데 철저하게 이용되었음을 비판하는 것에 몰두하고 구조적 혁명에 의해서만 사회경제적 불평등이 해소될 수 있으며 교육적 평등도 실현될 수 있다고 주장한다. 그러나 혁명을 촉구하는

---

100 뒤르케임의 설명에 의하면, 전통적 농경사회는 사회 구성원들이 동질성을 바탕으로 결속되었지만 현대 산업사회에서는 사회 구성원들의 직업과 일상이 매우 상이하여 전통사회처럼 결속될 수 없다. 따라서 현대사회는 구성원들을 동일한 가치와 규범으로 결속시키는 작업이 필요함을 절감하고 이를 수행하기 위해 교육을 확대하였다.

이들의 주장은 매우 급진적이지만 혁명을 실천할 수 있는 주체자들을 등장시키지 못하였다. 당연한 결과로서, 이들의 주장은 개인들의 행위로 이어지지 못하고 구호 수준에만 머물러 있기 때문에 기대한 사회를 실현할 수 있는 가능성은 거의 없다.

교육을 통한 사회변화의 가능성은 (1) 현실사회의 유지와 발전을 절대 명제로 삼는 뒤르케임학파에서는 소망하기 어려우며, (2) 현실을 신랄하게 비판하고 사회의 구조적 변화를 촉구하지만 실현 가능한 방안을 구상하는 데에는 소홀할 뿐만 아니라 변화를 추진할 수 있는 행위자를 구조 속에 매몰시켜 버린 일부 마르크스주의 학자들에게서도 찾기 어렵다. 교육을 통한 사회변화가 가능하려면 가장 먼저 변화를 추진할 인간 주체(human agent)를 찾아야 한다. 우리는 여기서 사회변화를 모색하는 학자들이, 지적 배경을 어디에 두고 있든 하나같이, 사회변화를 추진할 주체로서의 의식을 가진 실존적 존재로 인간에 주목한다는 사실을 명심할 필요가 있다. 의식적 실존적 인간들은 개체로만 존재하는 개인들(individuals)이 아니라 의지적 활동을 추진하는 능력 있는 주체들 곧 '작인적 주체'이다. 구조주의적 접근에서 의지를 가진 실존적 인간들이 존재할 수 없듯이, 개인주의적 접근에서는 결과에 대한 모든 책임이 해당 개인들에게 돌려짐으로써 구속적 실체로서 사회가 사라진다. 한편에서는 개인들의 실존을 무시한 초월적 구조가 이데올로기의 소산이듯, 다른 한편에서는 구조적 맥락으로부터 전혀 구속을 받지 않는 진공 상태의 개인의 존재를 가정하는 것도 또 다른 이데올로기일 수밖에 없다.

분명한 점은 사회적 존재로서 우리는 사회의 영향을 받을 수밖에 없지만 사회의 요구대로 움직이는 꼭두각시는 아니라는 사실이다. 개인의 행위와 사회적 현상은 개인과 사회를 함께 고려함으로써 제대로 이해될 수 있다. '사회 없는 개인'이 생존할 수 없듯이 '개인 없는 사회'도 존속할 수 없다. 이보다는 '개인들의 집합으로서 사회' 그리고 '사회라는 조직 속의 개인들'이 개인과 사회의 관계를 적절하게 묘사한 것이다. 구조와 주체의 역동적 관계, 거시적 접근과 미시적 접근의 통합, 역할과 인성의 함수 등은 개인과 사회의 관계를 적합하게 설정한 결과이다. 사회현상을 이해하는 데 집착한 베버는 개인과 사회를 상호영향을 주고받는 관계로 포착하였다.[101]

사회 구조(social structure)가 사회 체제(social system)로 전환되고 유기체적 속성을 갖게 되면 생존이 절대적 전제가 된다. 이로써 구조는 하위 구조들과 개별 구성원들이 반드시 수행해야 하는 규칙들로만 작용하게 된다. 구조론자들이 주장하는 구조는 개별 구성원들이 지켜야 할, 거역할 수 없는 명령일 뿐이다. 이 논리 아래에서는 개인들의 자유의지가 인정될 여지가 없다. 의지가 없는 인간은 사회 구조로부터 부여받은 역할을 기능적으로 수행하는 기계의 부품과 다를 바 없다. 이러한 유형의 인간에게 제공되는 교육은 맡겨진 업무를 효율적으로 수행하는 데 필요한 도구에 지나지 않는다. 교육이 적극적으로 개념화되려면 인간의 자유의지가 무엇보다도 먼저 인정되어야 한다. 개인들의 자율성이 확보되려면 사회 구조에 대한 패러다임에서부터 변화가 일어나야만 한다.

기능주의 사회학의 영향을 받은 교육학자들은 사회의 요구에 효율적으로 부응하는 인간의 양성에 관심을 가졌으며, 결정론적 마르크스주의 교육학자들은 자본주의 체제에서 지배 계급의 요구대로 행동하는 수동적 인간을 비판하는 데에만 집중하였다. 뒤르케임의 아이디어를 수용한 학자들은 개인들의 집합을 초월한 '절대적 존재로서의 사회'를 불가침의 명제로 채택함으로써 인간의 의지적 행위의 가능성을 봉쇄하였다. 한편, 마르크스의 아이디어에 구조론적으로만 접근한 학자들은 자본주의 구조의 비인본적이며 전략적인 측면을 부각하는 데 심혈을 기울임으로써 "피지배 계급으로 분류된 개인들을 '교묘하게 부여된 복종적, 피(皮)착취적 역할을

---

101 개인과 구조를 모두 고려하는 접근은 오랜 전통을 갖고 있다. 최근에는 부르디외의 '아비투스'(habitus) 개념, 기든스의 구조화(structuration) 이론에서 이러한 전통을 확인할 수 있다.

무력하게 감수하는 존재'로만 묘사"했을 뿐이다. 구조론적 마르크스주의 교육학은 학교교육의 부정적 측면을 비판적으로 다루었을 뿐이지 논리의 전개 방식은 전형적인 기능론에서 크게 벗어나지 않는다.[102] 구조론적 마르크스주의 교육학은 이러한 측면이 부각됨으로써 '부정적(否定的) 기능론'이라고 비판받기도 한다(오욱환, 1990).

부당한 지배를 정당화하고 영속화하는 데 사용되는 전략은 그 지배를 자연스럽게 보이게 하거나[103] 지배집단이나 지배자들을 모호한 개념으로 추상화하여 구체적인 인물을 떠올릴 수 없게 만드는 것이다. 구조기능주의는 사회경제적 불평등을 정당화하기 위해 찰스 다윈(Charles Darwin)의 진화론을 사회현상을 설명하는 데 적용하여 약육강식, 적자생존 등의 개념을 빌려 사회진화론을 주장한다. 구조론적 마르크스주의는 자본주의 체제 아래 지속되는 사회 구조적 불평등의 재생산을 비판하면서도 체제, 구조 등의 개념에 집착함으로써 이러한 불평등을 실제적으로 지속시키는 실체들을 모호하게 만들었다. 더욱이 자본주의 체제가 발달하면서 소유주나 고용자로서의 자본가의 면모가 점차 애매해지고 있으며, 주식(stock)이 자본의 출처가 되면서 자본가와 노동자, 그리고 고용자와 피고용자의 구분이 희미해지고 있다. 다시 말해서, 노동자나 피고용자를 억압하고 착취하는 실체가 구체적 인간들로 드러나지 않을 뿐만 아니라 고용이 비(非)인격체인 조직과 피고용자 사이에 선택이 전제된 계약의 형태로 이루어짐에 따라 억압과 착취의 의미도 초기 자본주의 체제처럼 강렬할 수 없다.

교육을 통해서 사회를 변화시키려면 변화의 주체가 될 수 있는 사람들

---

102 알튀세르에 의해 해석된 마르크스주의는 파슨스의 기능주의와 유사하다. 파슨스의 가치내면화 이론은 알튀세르가 주장하는 이데올로기론과 비슷한 논리로 전개된다(Giddens, 1979: 52).

103 그 전형은 자연법을 사회현상에 적용하는 방법이다. 루소(Rousseau (최현 역), [1775] 1974)는 인간불평등 기원론에서 사회적 불평등이 자연법으로 정당화될 수 없다고 주장하였다. 인간들에게서 나타나는 자산의 무한한 축적은 자연의 세계에서 볼 수 없는 현상이다.

을 인정하고 발굴해야 한다. 인간에 의한 사회변화를 도모하려면 사회 구조의 부품으로만 인식되어 왔던 사람들에게 자율성을 부여하고 의지를 가진 실천적 존재임을, 그들이 현재 지배적 위치에 있든 피지배적 위치에 있든, 드러내야 한다. 왜냐하면 교육이 일차적으로 관심을 가져야 하는 대상은 실존적 존재로서의 개별 인간들이어야 하며, 이들과 이들로 구성된 집단들이 인식, 의식, 의지, 신념, 가치, 태도 등에 기반을 둔 구체적 행위를 통해서 사회변화의 계기와 동력을 마련하기 때문이다. 베버의 아이디어를 수용하면, 개인들은 자율적 주체들이며, 사회 구조는 개인과 집단, 계층들의 계약, 타협, 협상 등에 의해서 형성된다.

베버는 개별 인간들의 존재와 무관하거나 이를 초월하는 사회 구조를 인정하지 않았으며, 사회 구조를 인간들에 의한 구성물로 보았다. 베버의 사회학에서는 개인들이 구체적으로 드러난다. 교육을 통한 사회변화는 개인들을 사회적 주체(social agent)로 인정할 때부터 시작된다. 이러한 점을 주목하면, 우리는 교육을 통해 사회변화를 모색하는 다양한 이론들 속에 베버의 영향이 스며들어 있음을 확인할 수 있다. 교육을 통한 사회 구조의 변화 가능성을 주장하는 마르크스주의자들—구조론적 마르크스주의자들과 구별되는 이데올로기론적 마르크스주의자들, 서구 마르크스주의자들(Western Marxists)—의 글에서 베버의 아이디어를 찾아볼 수 있다. 어떠한 패러다임에 편향되어 있든, 사회의 변화를 주제로 삼고, 더욱이 도모하려면 구조결정론적, 토대결정론적, 경제결정론적 사고에서 벗어나야 한다.

베버는 구조결정론적 지적 풍조 아래에서도 자신들의 행위에 주관적 의미를 부여하는 개인들의 사회적 활동(social action)에 주목하였다(Weber, 1978: 4). 구조결정론과 대비되는 그의 주장은 주의론적(主意論的)·'방법론적 개인주의'로 규정될 수 있다. 이러한 개념을 의미 있게 사용한 점을 통해서, 우리는 베버가 사회 구조 속에서 개인과 집단들이 상대적 자율성을 갖고 있음을 인정했다고 추측할 수 있다. 상대적 자율성은 구조결정론이나 경제결정론에서 벗어나기 위한 최소한의 조건이며 순진한 낭만적 인본주의(romantic humanism)[104]에 빠지지 않기 위해 필요한 개념이다. 최근 구조론과 주체론의 통합 가능성을 제시함으로써 사회과학계에 부각되고 있는 구조화 이론(Giddens, 1979, 1986)도 상대적 자율성 개념을 인정함으로써 성립할 수 있다. 기든스의 구조화 이론은 구조결정론을 극복하고 실천적 의식(practical consciousness)을 부각하며, "모든 사회 행위자(social actor)는 자신이 소속되어 있는 사회의 재생산 조건들에 대해 상당히 많이 알고 있다"라는 정리에서 시작된다(Giddens, 1979: 2, 5).

기든스는 '구조의 이중성'(duality of structure)이라는 용어를 사용하면서 구조를 "사회적 실천과 교류들의 매개이면서 결과"라고 개념화하였다(Giddens, 1979: 5; 1984: 26). 기든스의 구조화 이론에 의하면, 구조를 형성하는 골조와 자재는 개인들의 행위를 통해서만 재생산되며 사회체제를 구성하는 것은 역할들(roles)이 아니라 '재생산되는 실천들'(reproduced practices)이다. 역할의 성과는 효율성으로 측정되며 효율성은 역할에 대한 이해 수준에 크게 달려 있지만, 실천은 주체자의 업무에 대한 인식과 의지에 좌우된다. 따라서 역할의 효율적 수행을 절대 명령처럼 강조하는 사회체제론(social system theory)을 따르는 기능론자들은 교육의 기능을 체제 구성원들의 역할에 대한 이해와 수용에 둔다. "구조화 이론에 의하면, 목적, 이유, 필요 또는 그 무엇이든 그것들을 사회 체제가 갖지 않으며 오직 개별 인간들만이 갖는다"(Giddens, 1979: 7).[105] 한편, 주체자의 실천을 중시하는 구조화 이론을 교육에 적용하려는 학자들은 교육현장에서 학생들의 현실인식, 의미 부여, 전념(commitment) 등

---

104 인본주의를 극단적으로 주장할 경우에는 개별 인간들이 완전한 자율성을 갖는 것으로 결론짓게 된다. 이러한 주장은 현실을 무시하는 순진한 낭만주의에서 출현한다.

105 기든스의 이 문구에 담긴 메시지는 파킨의 글, "집단은 생각할 수 없고 느낄 수 없으며 인식할 수도 없고 오직 개별 인간들만이 생각하고 느끼고 인식할 수 있다"(Parkin, 2002: 18)에도 담겨 있으며, 그 원천은 베버가 "오직 개인만이 의미 있는 사회적 행위를 할 수 있다"라고 말하면서 주장한 '방법론적 개인주의'에서 시작되었다.

에 초점을 맞출 것이다.

베버는 고등교육에도 의미 있는 메시지를 남겼다. 그는 '직업으로서의 학문'(Science as a vocation)과 '교육과 훈련의 합리화'(The 'rationalization' of education and training)에서 교양인과 전문인 간의 긴장이 현대사회의 심각한 교육 문제가 될 것임을 예견하였다(Weber (ed. Gerth and Mills), 1946b: 129-156, 240-244). 1919년 1월 16일에 행한 '직업으로서의 학문'에 대한 연설을 통해, 베버는 당시 독일에서 학자로 생활하려는 젊은이들에게 학계와 대학사회의 냉엄한 현실을 간파하도록 촉구하였다. 학문을 직업으로 삼은 학자들은 고고한 상아탑 안에서 조용하고 편안하게 지내려는 한량(閑良)이어서는 안 될 뿐만 아니라 외부의 수주(受注)를 받아 요구하는 대로 제품을 생산하는 하청업자처럼 처신해서도 안 된다.

베버는 '교육과 훈련의 합리화'(Weber (ed. Gerth and Mills), 1946b: 240-244)에서 관료화, 합리화, 교육과 훈련의 확대, 시험에 의한 선발의 강화 등이 인과적으로 관련되어 교육과 사회에 의미 있는 변화가 일어날 것이라고 확신하였다. 관료화는 생활의 합리화를 증대시킨다. 합리화는 교육과 훈련에 기반을 두는 것으로 이해되어 교육기관들이 크게 확대된다. 유럽에서 교육기관들 곧 대학교, 기술학교(technical academies), 경영대학(business colleges), 대학예비학교(gymnasiums) 그리고 중등학교(middle schools)들이 교육의 필요를 충족시키기 위해서 확대되었다.

이러한 교육기관의 확대는 현대 관료제도에서 불가피하게 요구되는 '훈련받은 전문성'을 인정하기 위한 특별한 시험 체제를 만들어 낸다. 이러한 상황 아래 민주주의는 상극적(相剋的)인 장면에 직면한다. 곧 민주주의는 한편에서는 특별한 시험 체제를 통해 귀속주의에 의한 명사들(notables)의 영향을 배제한 모든 사회 계층들로부터 자격을 갖춘 사람들을 선발하여야 한다. 그러나 다른 한편에서 민주주의는 업적주의 체제와 교육에 의한 자격제가 특권 카스트를 형성하는 통로가 될 수 있음을 우려한다. 따라서 민주주의는 특별 시험 체제에 대해 항상 경계할 수밖에 없다.

관료제는 '지식을 통한 지배'를 지향하므로(Weber (ed. Roth and Wittich), [1968] 1978: 225), 관료화는 지식의 소유 여부를 확인하는 절차를 발달시킨다. 전통사회에서부터 특별 시험을 통과한 사람들에 대해서는 국가에서 보상이 지급되었다. 관료제가 완성된 현대사회에서는 합리적이며, 특별할 뿐만 아니라 전문성을 측정하는 시험을 피할 수 없다. 특별 시험이나 절차를 통과함으로써 획득한, 교육받은 증표(educational certificates)는 사회적 위세(social prestige)의 도구로서 작용하게 되었다. 학위증은 특권 계층을 상징하게 되었을 뿐만 아니라 사회 명사 가족과의 혼인도 가능하게 만들었다. 결과적으로 학위증의 취득은 계층 상승 이동을 보장하는 명예 코드(codes of honor)를 확보하는 격이었다.[106] 이러한 상황은 사람들로 하여금 교육을 받고자 하는 욕구를 부추겼으며, 교육의 확대가 교육받은 사람들의 공급을 제한하게 되자 교육 증표의 독점을 지속하려는 이유에서 시험이 강화되었다. 이처럼 교육은 위세, 명예, 신분 등의 상징으로 작용함으로써 특정 분야의 전공자보다는 교양인(cultivated man)의 양성을 목표로 하게 되었다.

교육이 오랫동안 교양인의 양성으로 기울어져 있었던 만큼 산업사회, 기술사회 등을 거쳐 지식정보사회, 포스트모던사회, 탈산업사회 등으로 급변하는 시대에서 개념화의 수정에 대한 압력을 받고 있지만 그 전통은 쉽사리 사라지지 않고 있다. 현대사회에서 일어나고 있는 학력의 승격과 학벌의 명문화는 합리성에 의한 지배에 힘입은 전문가주의(professionalism)가 강화되면서 더욱 치열해지고 있다. 전문가주의는 전문적인 자격

106 나는 학력과 학벌이 한국사회에서의 강력한 명예 코드로 작용하는 점을 부각하기 위해서 '교육출세론'이라는 개념을 제안하였다(오욱환, 2000). 명예 코드로서의 학력과 학벌의 추구는 한국사회를 단숨에 고학력사회로 만들어 고등학교 졸업자들 가운데 80퍼센트 이상이 대학에 진학하고 있다. 고학력화는 고령화와 함께 한국의 가정과 국가에 감당하기 어려운 부담을 안김으로써 개인적 곤경과 사회적 쟁점이 되고 있다.

을 갖춘 사람들만이 일정한 분야를 독점하도록 허용함으로써 사회적 폐쇄의 효율적인 장치로 이용되고 있다. 전문적 자격의 획득 과정을 학교교육과 연계시킴으로써 전문가의 공급을 학력으로 통제하려 함에 따라 지원자가 늘어나고 학교교육 기회의 확대에 대한 압력이 거세지면서 통제의 목적으로 최소 필수 학력이 상승하고 있다. 그 결과, 학력 인플레이션 사태가 건잡을 수 없을 정도로 급격하게 일어나고 학력과 직업의 불일치, 하향취업, 잠재실업, 교육받은 실업, 교육과 훈련 포기 등 심각한 난제들이 속출하고 있다.

부모가 가진 사회적 · 경제적 · 문화적 이점들이 자녀들에게 얼마나 용이하게, 자연스럽게 그리고 가시적으로 이전되느냐에 따라 사회적 불평등의 구조화 정도를 파악할 수 있다. 기득권의 세대 간 이전이 자연스럽게 이루어지기 위해서는 불리한 처지에 있는 집단들이 무지(無知), 묵인(默認), 감수(甘受) 등에 의해서 이의를 제기하거나 저항하지 않아야 한다. 불리한 집단들은 현재의 처지를 극복할 수 있는 방법이 있다고 생각할 때 구조적 불평등을 묵인하거나 감수하는 경향이 있다. 유리한 집단들은 불리한 집단들이 동의할 수 있는 형태로 경쟁 체제를 마련하고 이를 통해 사회적 배제를 합리화함으로써 불평등 구조를 지속시키지만, 불리한 집단들은 그들의 의도를 간파하기 어려울 뿐만 아니라 진의를 포착하더라도 이 경쟁을 받아들이지 않을 도리가 없다.

현대사회에서 지배집단은, 노예사회나 봉건사회의 지배집단처럼 강제력에 의해 피지배집단의 굴복을 강요할 수 없기 때문에, 자유 경쟁에 의한 결과의 승복을 통해서 자신들의 이점을 유지하고 사회의 불평등 구조를 재생산한다. 이러한 맥락에서 제도화된 교육 곧 학교교육은 자유 경쟁이 이루어지는 장소로 인정되고 있다. 학교교육이 자유 경쟁 체제임을 인정받기 위해서, 지배집단은 국가 장치를 이용하여 교육 기회의 확대와 균등화를 추진해 왔다. 이들은 교육을 통한 경쟁에서 자신들이 불리하지 않음을 확신했기 때문에 교육 기회의 확대와 균등화를 통해 능력주의, 업적주의, 자유주의 등은 물론이며 심지어 평등주의까지 표방할 수 있었다.

자본가들이 전문직업인들보다 자녀들에게 '생애기회'를 쉽게 물려줄 수 있는 이유는 자본이 직업보다 사적 산물로 인정을 더 많이 받기 때문이다. 전문직의 획득은 사회적 또는 국가적 공인 절차를 통과해야만 하므로 개인이 임의로 자녀들에게 넘겨줄 수 없다. 베버가 주창한 개념인 '생애기회'는 각 개인이 자신의 인생의 질적 수준을 결정할 수 있는 기회를 의미한다. 생애기회는 어디까지나 개연성을 나타낼 뿐이며 결정적인 변수는 아니다. 어떤 사람의 생애기회는 그의 사회적 위치와 밀접히 관련되어 있다. 사회 계층이 높은 사람은 낮은 사람보다 생애기회에서 확률적으로 더 유리하지만 반드시 더 나은 사회 계층을 보장받는 것은 아니다. 이 확률을 높이기 위한 전략이 사회적 폐쇄이며, 부모들의 자녀교육에의 개입은 '확률 높이기'의 대표적 전략에 해당한다.

현대사회에서 학교교육이 사회경제적 지위에 결정적인 변수로 작용하는 이유는 이전 사회보다 객관적, 가시적, 표준적 기준에 의한 공인이 요구되는 직업이 늘어났기 때문이다. 교육이 제도화되면서 학업성적, 학력, 학벌, 학위, 자격증 등 가시적, 객관적으로 측정된 능력과 업적들이 사회경제적 지위를 결정하는 데 중요한 변인으로 작용한다. 교육의 제도화는 권력의 정당화 및 사회적 폐쇄와 밀접하게 관련되어 발달해 왔다. 고대 중국의 과거제도는 시험 절차를 통한 사회적 폐쇄처럼 보였지만 응시(應試) 이전의 학교교육 여부에 의해 일차적 자격이 부여되었다. 현대사회에서도 법관, 의사, 약사, 교사 등 전문직들에게 자격시험이 부여되고 있지만 이 시험에 응시하기 위해서는 일정한 기간 동안 정해진 교육기관에서 수학해야만 한다. 이처럼 응시자격을 제한하는 경우도 있지만, 대부분의 시험은 누구에게나 기회가 개방되어 있는 듯이 공시되면서도 실제로는 일정 수준의 학교교육을 필요로 하는 경우가 대부분이다.

베버는 현상에 먼저 착목하고 이를 이해한 다음에 이론을 구성하였다. 그의 이론은 구체적인 현상들을 이해하고 해석한 것이기 때문에 거대 이론

(grand theory) 틀의 특징인 모든 현상의 설명에 하나의 준거가 제시되는 일반 이론(general theory)의 형태로 나타날 수 없다. 그는 몇 가지 전형들—예를 들면, 카리스마적 지배, 전통적 지배, 관료적 지배—을 제시하고 그것들을 비교하는 형태로 이론을 구성하였다. 이론화는 다양한 현상들에 적용될 수 있는 설명 모형을 설정하는 것이기 때문에 관련된 모든 현상들의 수만큼 무한히 제시할 수는 없다. 베버는 전형적인 몇 가지 모형을 제시함으로써 현상에 대한 정확한 이해에 최대한 접근하려 하면서도 모형에서 벗어나는 다양한 변형에 대해 유의하도록 촉구하였다. 해석이 필요한 이유도 모형에서 벗어난 현상에 대한 설명이 필요하기 때문이었을 것이다.

현상에 대한 설명력을 높이는 데 주력한 베버는 일반 이론을 제시하지 않았다. 따라서 그의 이론들은 다양하기 마련이며, 이 때문에 복잡한 것처럼 받아들여지기 쉽다. 베버가 생소한 현상에 직면해서 당황해 하는 사람들로 하여금 그 상황을 이해하고 해석하도록 돕는다면, 뒤르케임과 마르크스는 자신들이 이미 만들어둔 철칙(鐵則) 곧 일반 이론에서 추출한 이론을 가지고 설명하고 설득시킨다. 뒤르케임과 마르크스는 각각 기능적 분업사회와 참여적 평등사회[107]를 지향하며 이러한 이상사회의 구현을 절대 명제로 설정하고 이를 준거로 하여 현실사회의 모든 현상들을 설명하고 평가한다. 따라서 뒤르케임과 마르크스의 이론들은 전체적으로 체계화되어 있다.

뒤르케임학파 학자들의 글에서는 순(順)기능과 역(逆)기능이 가름되고 역기능에 대한 부정적 가치평가가 내려지며, 마르크스주의자들의 글에서는 혁명과 반(反)혁명이 강조되고 보수적, 반혁명적 조직이나 활동에 대해서 신랄한 비판이 가해진다. 그렇지만 베버는 사회현상들에 개별적으로 접근하여 가치개입을 절제하면서 사회과학적으로 이해하려고 시도하기

107 마르크스는 자본주의 사회를 비판하면서 경제적 불평등과 인간의 소외를 가장 심각한 문제로 부각하였다. 그는 경제적 평등과 인간의 참여가 구현되는 사회로서 공산사회를 지향하였다.

때문에 다원적인 개념들을 사용하고[108] 이론의 구조도 상대적으로 복잡하다. 베버 패러다임의 논문들을 읽을 때 '번거로움'을 느끼게 되는 이유도 현상 그 자체에 충실하기 위해서 다원적 접근이 시도되었기 때문이다. 번거로움을 기피하면 현상을 제대로 파악할 수 없으며, 흑백론으로 현상을 단호하게 평가하면 이데올로기에 의한 현실 왜곡은 불가피하다. 여러 가지 자연색으로 이루어진 현상을 번거롭다고 흑백으로 처리하면, 그 현상은 명암으로만 표현된다. 기술하는 사람의 가치가 개입될수록 사실 전달보다는 인상(印象)의 표현이 중시됨으로써, 현상은 각색되어 사실로부터 멀어진다.

우리는 베버의 패러다임을 이어 온 학자들에게 주목함으로써 훨씬 다양한 관점, 이론, 접근법을 접할 수 있다. 이 학자들은 기존의 이분법적이거나 배타적인 지적 풍토에 거부감을 느끼고 이념적 주장보다 사회과학적 논증에 더 많은 의미를 부여하면서 베버에 다가갔기 때문에 새로운 관점, 주제, 방법을 동원하는 데 적극적이었다. 베버 패러다임의 학자들은 거시적 접근과 미시적 접근의 통합을 시도했으며, 이 맥락에서 "학교나 학급에서 이루어지는 사태들은 '더 넓은 사회적 과정'(wider social process)과 관련지어 파악되어야 한다"라는 주장도 제기되었다(Blackledge and Hunt, 1985: 3). 우리는 학문적 성향이 개방적이었던 베버의 패러다임에 힘입어 탐구의 범위에서 제한을 받지 않을 수 있고, 비(非)전형적이거나 새로운 현상에도 주목할 수 있으며, 방법론적 선입관에 구속되지 않음으로써 다양한 현상들을 외면하지 않을 수 있을 뿐만 아니라 학문 간의 경계 때문에 주제를 제한할 필요도 없다. 베버의 패러다임이 이러한 조건들을 갖추어 줌에 따라, 우리는 베버로부터 지적 자유와 열정을 배울 수 있다.

---

108 대표적인 사례가 사회집단을 위계적으로 구분할 때 뒤르케임학파와 마르크스학파에서는 각각 직업적 지위와 계급을 사용하는데 비해서 베버 학풍에서는 경제적 자산, 사회문화적 위세, 정치적 권력 등 세 가지 측면을 고려한 계층을 사용한다.

Ⅳ

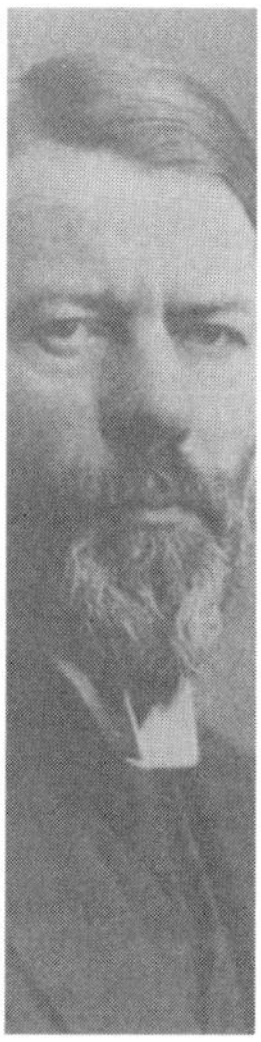

베버 패러다임 교육사회학의 실현성

교육사회학은 미국의 경우에는 20세기를 기점으로 교육학적 배경을 가진 학자들에 의해 의미 있게 출범했지만, 이들의 논의가 당위론적 수준을 넘지 못함에 따라 1960년대에 이르러 주도권을 사회학자들에게 넘겨주었다(오욱환, 1999a). 사회학 내 좁은 틈새에 착근하기 시작한 교육사회학은 이제는 사회학계의 주류로 진입하였다. 미국 주요 대학들의 사회학과는 교육사회학을 중요한 하위 전공 영역으로 포함하고 있다. 그러나 한국에서는 사회학의 학문적 매력이 제대로 알려지지 않아서인지 사회학 자체가 사회과학계에서 핵심적 위치에 있지 않으며 사회학자도 부족하여 사회학의 하위 영역들이 제대로 다루어지지 못하고 있다. 이러한 맥락에서 교육사회학에 대해 관심을 기울이고 있는 사회학자들은 거의 없으며, 당연한 결과이겠지만 한국 사회학계는 교육사회학에 대해 매우 소홀하다. 이는 사회학과 교과과정에 교육사회학이 개설되지 않고 있으며[1] 한국교육사회학회에 가입한 사회학 전공자들이 거의 없다는 사실로도 확인된다.

한편, 한국 교육학계에서 교육사회학은 교육학의 기초를 제공하는 영역으로 일찍부터 자리 잡았다. 교육사회학 전공 학자들은 이론보다는 실제에 치중하는 교육학계의 풍토에서도 교육사회학의 필요성과 중요성을 부각하기 위해서 노력해 왔다. 그러나 교육학에서 차지하는 교육사회학의

---

1 한국에서는, 사회학과와 교육학과가 모두 있는 종합대학교의 경우에도 이 두 학과 사이에 교류가 거의 이루어지지 않는다. 사회학과 학부 학생들은 물론 대학원 학생들도 교육학과에 개설되는 교육사회학 교과목들을 수강하는 경우는 많지 않다. 교육사회학을 전공하는 교육학과 대학원생들도 사회학과에서 개설하는 대학원 교과목의 수강을 꺼리고 있다.

중요성에 비해서 교육학자들이 교육사회학에 기울이는 관심은 상당히 적다. 이 사실은 교실에서 이루어지는 수업에서부터 국가 수준의 교육 정책에 이르기까지 모든 교육 관련 행위에 선택 과정이 필연적으로 개입함으로써 사회 · 경제 · 문화 등에 의한 변수가 깊숙이 작용하고 있는 현실과 맞지 않는다. 국가 수준에서 구상되고 실행되는 교육 정책은 물론이며 교과과정과 교사의 수업계획도 계급, 계층, 인종, 종족, 문화, 언어, 성, 종교, 지역, 연령, 학력, 학벌, 성적, 능력 등 생득적 · 귀속적 그리고 생후적 · 취득적 특성들이 상이한 집단이나 개인들 사이에 일어나는 사회적 현상에 대한 이해에 기초해서 구상되며 집행된다. 정책과 프로그램은 규모에서 차이가 있지만 하나같이 사회적 문제 또는 쟁점을 해결하기 위한 방안일 뿐이다. 극단적인 경우이긴 하지만, 한국의 교육학계에는 사회학의 비판적 속성을 오해하여 사회학을 사회주의로 오해하는 인사들도 있다.

국가 수준에서 이루어지는 교육 정책은 물론 학급 수준에서의 교육프로그램도 수월성과 형평성, 자유주의와 평등주의, 업적주의와 기회균등 등 대립되는 가치들 가운데 어느 쪽에 더 비중을 두어야 할지 결정을 내려야 하는 과정을 피할 수 없다. 모든 결정의 기본적 과제는 결정의 정당성을 확보하는 것이다. 대립된 가치나 이념들 가운데에서 선택하는 작업은 그 어떤 학문 분야들보다 사회학의 지원을 절실히 필요로 한다. 한국 교육학계는 교육을 사회적 맥락과 무관하게 다루는 경향이 있다. 한국에서는 교육 정책이 사회적 맥락으로부터 이탈되어 구상되고 수립된다. 그리고 교육 정책을 결정하는 데 효과와 능률은 중요하게 취급되지만 형평성, 정당성, 정통성 등은 가볍게 다루고 있다. 심지어 국가적 교육 정책이 심각한 논의 과정을 거치지 않거나 쟁점화를 기피하여 결정되기도 한다. 그 결과, 한국에서 시행된 교육 정책들이 대부분 성공적으로 평가되지 못하고 있다(오욱환, 2009b).

모든 정책이 그러하듯, 교육 정책도 시간적 그리고 공간적 맥락에서 결정되어야 한다. 정책이 성공하려면 정책이 시행되고 영향을 미칠 시대와 사회에 대한 깊은 이해가 반드시 선행되어야 한다. 어떤 시대나 어느 사회에서도 적합하며 보편타당한 정책은 있을 수 없다. 시대와 사회에 대한 이해는 치료에 앞선 진단에 비유할 수 있다. 치료에 해당하는 정책이 성공하려면 진단에 해당하는 사회현실에 대한 이해가 반드시 앞서야 하며 정확해야 한다. 베버 패러다임의 교육사회학을 시도한 이유는 현실사회에서 일어나는 교육현상을 이해함으로써 인본주의 사회를 구현하는 데 필요한 이론을 구축하기 위해서이다. 그러나 베버를 추종한다고 해서 인본주의 사회를 구현할 수 있는 아이디어를 얻을 수는 없다. 베버의 패러다임은, 다양한 이념들에 의해 왜곡되거나 은폐되어 있는 교육현실을 간파하는 데에는 결정적인 도움을 주지만, 인본주의 사회를 추구하기 위한 교육 전략을 마련하는 데에는 한계가 있다. 다시 말해서, 인본주의 사회를 추구하기 위해서는 베버의 패러다임을 넘어서야 한다.

1. 인본주의 사회를 위한 교육사회학

사회학 사전들은 사회학을 어원으로 풀이해서 "구성원들(socius)을 연구(logos)하는 분야" 정도로 정의할 뿐 명쾌하게 정의를 내리지 못하고 있거나(Abercrombie, Hill, and Turner, 2006; Jary and Jary, 1991; Johnson, 2000; Marshall, 1998; Turner, 2006) 아예 풀이 대상으로 삼지 않기도 한다(Bruce and Yearley, 2006). 기술적 측면에서, 사회학은 "사회적 상호작용에 의해서 구성되는 사회관계 구조를 분석하는 학문"으로 정의될 수 있지만, 어떤 정의도 다양한 관점들을 만족스럽게 아우를 수는 없다(Abercrombie, Hill, and Turner, 2006: 367-368). 이러한 어려움은 앞으로도 계속될 것이며 아마 더 어려워질 가능성도 많다.

베버는 콩트, 뒤르케임 등으로 대표되는 실증주의(positivism) 사회학을 수용하지 않았으며, 뉴턴 물리학이나 다윈 생물학에서 일반 법칙들이 개발되듯이 사회학에서도 그러한 작업이 가능하다고 생각하지 않았다. 그래서 사회학계는 베버의 사회학을 독특한 패러다임으로 인정하고 있다. 베버는 '사회 행위의 본질'(The nature of social action)이라는 제목의 글에서 자신이 추구하는 사회학에 대하여 다음과 같이 천명하였다.

> [사회학은]…… 사회적 행위(social action)의 의미를 해석하는 것을 목적으로 하는 학문이며 행위의 과정과 그 결과에 대해 인과적 설명을 제공한다. 이 정의에 있어서, 행위는 주체(agent) 또는 주체들(agents)이 주관적으로 의미를 부여할 때와 부여하는 정도에 따라서 나타나는 인간 행위를 뜻한다. 여기서 의미란 (1) 특정한 역사적 사태를 직면한 개별 주체자에 의해서 또는 어떤 주어진 사태들에 대한 일련의 평균적 주체자들에 의해서 실제적으로 의도된 의미이거나, (2) 추상적인 수준에서 구성된 순수한 유형의 사태에 대해 주체나 주체자들이 부여하는 의미로 국한된다. 두 가지 유형의 의미들 가운데 어떤 것도 객관성이나 형이상학적 기준에 의해 정확하다거나 진실한 것으로 판정되지 않는다. 사회학과 역사학처럼 행위의 이해에 관심을 갖는 경험과학(empirical sciences of action)은 옳거나 타당한 의미를 끌어내는 데 목적을 두는 법률학, 논리학, 윤리학 또는 미학과는 구별된다(Weber (ed. Runciman), 1978: 7).

베버는 행위(action)의 의미를 해석하는 작업으로 사회학을 규정하였다. 이때 그 행위는 생물학적 존재로서 개인의 무의식적이거나 조건에 의한 반응으로서의 행동이 아니라 사회적 실존으로서 의식하는 주체가 사회적 맥락에서 주관적 판단 아래 내린 목적 지향 활동이다. 따라서 이 행위는 객관적이거나 형이상학적 기준에 의해 가치판단이 내려질 대상이 아니다. 베버는 사회에서의 인간 행위에 대한 이해에 관심을 집중했으며 그 행위의 옳고 그름에 대해서는 지적 호기심을 갖지 않았다. 예컨대, 베버는 신교도들의 기독교 윤리가 자본주의 경제 체제에 미친 영향에만 주목했으며 "신교도들의 행위가 윤리적으로 바람직하였다"라거나 "자본주의 체제의 출현이 인간 소외의 서곡이었다"라는 유형의 가치판단을 하지 않았다. 그러나 베버는 『프로테스탄트 윤리와 자본주의 정신』에서 윤리적 판단을 개입시키지 않았지만 이 대표작에서도 주체론의 실마리를 제공하였다. 그의 설명에 따르면, 신교도들은 교회, 사제, 의식에 종속되지 않으며 자율적이고 독립적인 존재로서 자신들의 구원을 제도적 장치가 아닌 자신들의 개별적 행위—소명으로서 직업의식, 자제력, 노력, 봉사 등—를 통해서 추구한다. 다시 말해서, 구원을 소망하는 신교도들은 하느님 앞에서 자신들의 행위에 대해 심판을 받으려는 주체적 개인들이었다.

베버에게 있어 행위는 사회적 맥락과 관련됨으로써 유발된다. 인간들의 행위는 각자가 처한 상황의 차이에 따라서는 물론이며 상황에 대한 주관적 인식의 차이에 의해서도 독특하게 나타난다. 각기 다른 상황에 직면한 개인들이 다르게 행동하는 것은 당연하지만, 동일한 상황을 맞고 있으면서도 다르게 행위할 수 있는 이유는 그 상황에 대한 주관적 인식의 차이 때문이다. 우리는 여기서 한 개인이 처한 현실 또는 실재는 그의 인식 바깥에 있는 현실 또는 실재가 아니라 그가 인식한 현실 또는 실재임을 되새길 필요가 있다. 우리는 주체자가 행위에 앞서 인식에서도 주도적임을 확인할 수 있다.

베버는 '주관적으로 행위하는 주체로서의 인간'을 주창함으로써 인간 이해에 바탕을 두어야 하는 교육의 범위를 무한히 넓혔으며 교육을 통한 사회변화의 가능성을 제시하였다. 그의 인간관은 (1) 초월적 사회에서 '주어진 역할을 수행해야 하는 기능적 인간관'과 구별될 뿐만 아니라 (2) 대립적 계급 구조 속에서 어느 한 계급에 속함으로써 자동적으로 '소속된 계급의 의식을 공유해야 하는 구조적 인간관'과도 구별된다. 베버의 인간관은 교육사회학에서 오랫동안 갈망해 온 자율성에 대한 확신에 힘을 실어준다. 교육사회학에서는 교육의 자율성을 확보하기 위해서 (1) 구조기능주의의 사회유기체론과 개인의 구조에 대한 기능적 종속화와 도구화를 비판했으며, (2) 마르크스주의를 구조론과 이데올로기론으로 애써 구분하고 구조결정론의 한계를 지적하면서 이데올로기의 상대적 자율성을 의미 있게 부각시켰고, (3) 지배집단 이데올로기의 일방적 독주와 독점을 인정하지 않고 피지배집단의 대항 이데올로기와의 대립을 헤게모니(hegemony)[2] 개념을 사용하여 강조하였다.

개인의 주체성, 교육의 자율성, 헤게모니 등의 개념이 교육사회학에서 회자되기 시작했을 때, 영국 노동 계급 학생들의 저항에 대한 윌리스(Willis, 1977)의 연구는 매우 의미 있는 시사점을 제공하였다. 그의 연구는 학생들을 역할수행자보다는 의지의 실천자로서 부각하였다. 다시 말하면, 그의 연구에서 학생들은 주체적으로 선택하는 행위자로 기술되었다. 이 연구를 계기로 하여, 학교문화에 저항하고 고유의 계급문화를 대항문화로서 고수하는 학생들의 자율적 행위가 주목되는 한편, 경제와 사회에 대한 교육의 자율성에 대한 기대도 함께 상승하였다(Anyon, 1983a; Apple, 1982; Fernandes, 1988; Giroux, 1983; McLaren, 1989; Sultana, 1989; 이에 대한 반론은 Hargreaves, 1982 참조). 개념으로서의 '저항'(resistance)과 이론으로서의 '저항 이론'은 구조결정론을 극복하려는 노력의 산물이다(오욱환, 1998). 그러나 저항의 개념과 이론은 사회의 구조적 불평등을 극복하는 데 있어 의식화에 과도하게 의존하기 때문에 실현성이 낮은 순진한 낭만적 대안을 제시하게 될 유혹에 빠지기 쉽다.

2 헤게모니는 물리적 폭력에 의한 지배와 대비되는 개념으로 '이데올로기에 의한 지배'로 요약될 수 있다. 헤게모니론을 주창하는 학자들에 의하면, 지배집단 또는 지배 계급도 정도에서 차이는 있을 수 있지만 상대 집단 또는 계급의 이데올로기 도전을 받고 있다. 다시 말해서, 이데올로기의 독점 또는 일방적 지배는 현실성이 없으며, 현실사회는 대립되는 이데올로기들이 주도권을 쟁취하기 위해 투쟁하는 현장이다. 그람시의 주장에 의하면, 자본주의 사회에서 노동자들은 자본가들에 의해 침투된 '지배 이데올로기'와 노동자들 스스로 노동현장에서 체득한 '혁명적 이데올로기'가 뒤섞인 '이중의식'(dual consciousness)을 갖고 있으므로, 무엇보다 먼저 지배 이데올로기에 대한 혁명 이데올로기의 우월성을 확신해야만 자본주의 체제를 타도할 수 있다(Gramsci, 1971; Boggs, 1976; Borg, Buttigieg, and Mayo, 2002)

자신의 처지를 구조적 맥락에서 간파한다고 해서 직업과 업무수행에 필요한 능력이 저절로 키워지는 것은 아니다.

기능론을 주도한 파슨스의 사회체제론과 마르크스주의를 구조론적으로 해석한 알튀세르에 의하면, 대중이나 피지배집단에 소속된 개인들은 각각 사회와 계급의 구성원들로서 사회화되거나 허위의식화에 의해 조종을 당한다(Giddens, 1979: 72). 이들은, 자신들과 사회적 맥락에 대한 이해가 부족하기 때문에, 엘리트집단이나 지배 계급이 가진 지배 이데올로기에 의해 조종될 수 있다. 피지배집단이 지배집단의 이데올로기에 의해 자신들의 일상을 반복한다면, 이는 일상과 의식이 유리됨으로써 또 다른 유형의 소외일 수밖에 없다. 이러한 흐름은 대중이나 피지배 계급이 자신들의 처지를 사회 구조적 맥락에서 간파하고 고유의 이데올로기와 문화로 대항하면서 약화되고 있다.

윌리스(Willis, 1977)의 노동 계급 학생들의 저항에 대한 연구는 현실적으로 불리한 처지에 있는 노동 계급의 학생들도 자율성을 갖고 있으며 자신들의 인생을 주체적으로 구상하고 실행한다는 사실을 부각하였다. 이 연구는 상대적 자율성과 저항이라는 의미 있는 개념들을 주창했음에도 불구하고 대상이 된 학생들의 저항이 결과적으로는 아버지의 직업 곧 노동 계급의 직업을 답습함으로써 불평등의 재생산으로 귀착된다는 우울한 결론에 도달하였다. 우리는 이 연구를 통해서 불평등의 재생산을 막기 위해서는 지배집단의 문화나 이데올로기에 대한 단순한 거부나 저항만으로는 불가능하다는 사실을 재차 확인할 수 있었다.

교육의 자율성을 갈망하는 이유는 교육이 경제 구조에서 요구한 노동력을 공급하고 사회에서 할당한 자리에 걸맞게 역할을 수행하는 부품과 같은 구성원을 배출하는 종속적 기능에서 벗어나야 하기 때문이다. 교육의 자율성이 확보되지 않으면, 교육은 경제, 사회, 정치 등 교육 외부로부터 주문을 받아 제품—길들여진 노동인력, 사회화된 역할담당자 등—을 공급하는 하청업체의 처지에서 벗어날 수 없다. '주관적으로 행위하는 주체자'인 교사가 '주관적으로 행위하는 주체자들'인 학생들과 교섭하는 교수-학습 과정은 성숙한 성인이 사회로부터 역할을 부여받아 미성숙한 아동에게 이미 만들어져 있는 지식과 기술을 가르치고 통용되어 온 가치와 규범을 내면화시키는 과정, 곧 교화(indoctrination)와 구별되어야 한다. 수업장면에서 학생들은 교사에 비해 비록 지식과 경험이 적고 위계적 관계에서 아래에 있지만 교사의 가르침을 그대로 복사하지 않으며 자신들의 주관에 따라 수용하거나 거부한다. 학생들을 자신들의 삶의 주체로 인정하지 않고 지식 및 기술의 습득과 가치와 태도의 내면화만을 강요한다면, 그 과정은 교육이 아니라 교화일 수밖에 없다.

베버는 '주관적으로 인식하고 의지에 의해 행위하는 주체자로서의 인간'을 주창한 것만으로도 교육사회학의 발전 방향을 충분히 제시하였다. 그럼에도 불구하고 그에게 아쉬운 점은 '목표로 설정되어야 할 사회'에 대해 관심을 기울이지 않았다는 사실이다. 이러한 아쉬움은 그와 대비되는 뒤르케임과 마르크스가 사회가 지향해야 할 방향을 명료하게 제시했기 때문에 더 두드러진다. 그러나 뒤르케임과 마르크스가 추구해야 할 이상사회를 제시함으로써 교육의 역할을 각각 사회화와 의식화로 제한했다는 사실을 고려하면, 과정에서의 자율은 결과에서의 확정과 공존할 수 없음을 알 수 있다. 선택의 자유를 부여해 놓고 어디로 가라고 하는 것이 모순이듯, 어디로 가라고 지시해 놓고 자유롭게 결정하라고 하는 것도 당착이다.

교육사회학에서 베버 패러다임을 적용하려면 탈(脫)이념형 패러다임의 한계를 정확하게 인식하고 이를 극복하기 위한 시도가 반드시 결행되어야 한다. 우리는 지금까지 사회현상과 교육현상에 대한 베버 패러다임의 강점을 빈번하게 되새겼다. 그러나 베버 패러다임을 교육사회학에 적용하는 일은 한계에 부닥칠 수밖에 없다. 교육은 가치 지향적인 작업이므로, 가치 추구를 배제하면 굳이 교육으로 지칭될 필요가 없다. 교육은 의료나 투약이 치료를 지향하듯이 바람직한 변화를 추구한다. 교육이 가치 지향적이기 때문에 목표의 설정이 중요한 과제가 된다. 더욱이 교육을 통해 개인의 속성을 변화시키는 수준을 넘어서려면 이상적으로 설정된 사회 모형이 필요하다. 선도하려면 목적지를 알려 주어야 하기 때문이다. 목적을 알려주지 않고 자신을 따르라고 요구하는 행위가 폭력이듯, 동의할 수 없는 목표를 제시하고 선도하는 행위 또한 폭력이다. 여기에 베버 패러다임의 한계가 있다. 베버는 인간을 사회적 행위의 주체로 부각시켰지만 추구해야 할 사회의 모형은 제시하지 않았다. 그런데 교육사회학은 주체적 인간을 통해서 이상사회를 추구하는 작업까지 시도하려고 한다. 베버 패러다임의 교육사회학은 베버의 패러다임을 추종하지 않고 활용함으로써 가능하며 그에 구속되지 않고 초월함으로써 실현될 수 있다.

2. 탈이념형 교육사회학의 한계

교육사회학은 어떻게 규정되느냐에 따라 추구하는 목표가 확연하게 구별된다. 교육사회학이 사회학 쪽으로 편향되면 현상의 기술과 설명을 넘지 않는 수준으로 규정될 수도 있지만, 교육학 쪽으로 기울어질 경우에는 가치가 개입된 방향 제시와 합목적적 변화까지 추구하게 된다. 교육사회학은, 의도한 변화를 추구할 경우, 반드시 “교육을 통한 사회변화를 지향”해야 한다. 교육사회학은 주체적인 사람들에 의한 사회변화를 지향하므로 구조론에서 머물러 있을 수 없으며 결정론을 극복해야 한다. 구조결정론에서 벗어나려면, 뒤르케임과 마르크스의 패러다임에서 벗어나야 하고 베버의 패러다임에서 방법을 강구해야 한다. 뒤르케임과 마르크스의 패러다임에서는 구조의 중요함과 결정력이 두드러지면서 개인들이 사회나 계급의 구성원으로서 각각 부여받은 역할의 수행자이거나 소속된 계급이 지향하는 이념의 추종자로서만 행동할 수밖에 없기 때문이다. 이러한 패러다임에서는 의식과 의지를 가진 자발적 인간의 존재를 찾을 수 없다. 베버는 뒤르케임과 마르크스가 각각 전제한 개인들의 집합을 넘어서는 초월적 존재로서 '사회'나 '계급'을 거부하였다. 베버의 패러다임에서 개인은 "주관적 판단에 의해 사고하고 의지에 따라 행위하는 주체"로서의 인간이 된다.

교육사회학에서 뒤르케임과 마르크스는 대표적인 이론 모형으로 각각 합의론(기능론, 구조기능론, 조화론 등)과 갈등론으로 극명하게 대비되고 있지만, 구조결정론적인 거대 이론의 정형(定型)을 전제로 하기 때문에 사회 또는 계급에 속한 개인이나 구성원들의 자발성 및 주도 가능성을 인정하지 않는다. 이러한 특징 때문에 뒤르케임과 마르크스에 기초한 교육사회학 이론들에서 교육은 도구적 역할로 규정될 뿐이며 사회변화를 주도할 수 있는 동인을 찾을 수 없다. 뒤르케임 패러다임의 교육사회학에서 교육은 현존하는 사회의 규범과 가치를 구성원들에게 사회화시키는 장치이며, 마르크스 패러다임의 교육사회학에서 교육은 자본주의의 허위의식을 교화시킴으로써 불평등한 사회 구조를 재생산하는 장치로 이용된다. 따라서 뒤르케임 패러다임의 교육사회학은 개인주의적 행위를 역기능으로 비판하고 사회화 기능을 강조하며, 마르크스 패러다임의 교육사회학은 자본주의 사회에서 교육의 재생산 기능을 비판하고 이를 저지하기 위해 의식화(consciousness-raising)를 처방책으로 제시한다.

교육사회학은 교육학과 사회학의 속성을 모두 갖고 있다. 교육학이 바람직한 방향으로의 변화를 추진하는 데 집착한다면, 사회학은 현상의 파악에 더 몰입한다. 베버 패러다임의 교육사회학은 사회학의 특성인 현상 파악에의 몰입에 더하여 베버 특유의 탈(脫)이념성 때문에 사회변화에의 지향이나 의지가 뒤르케임학파와 마르크스학파에 비해 취약하다. 베버 패러다임에서 사용되는 핵심 개념인 사회적 폐쇄도 사회현상을 이해하는 데에는 적합하지만, 이 개념을 통해 사회변화의 동인을 끌어내기는 쉽지 않다. 사회적 폐쇄를 위해, 기득집단은 사회적 배제를 전략으로 구사하고 미득집단은 권리침해를 추구한다. 이 두 개념(배제와 권리침해)은 사회현상의 부정적 측면을 부각하거나 고발하는 데에는 적합하지만 사회변화를 도모하는 데에는 미흡하다.

사회변화를 위한 동인을 확보하려면 사회에서 일어나고 있는 모순이나 부당함이 확연히 드러나고 이를 극복하기 위한 방안도 구체적이어야 한다. 변화의 대상도 대규모일 때 효과적이다. 파킨이 제안한 사회적 배제와 권리침해는 각각 기득집단과 미득집단의 전략이지만 규모면에서 제한적이며 집단의 정체성도 포괄적이어서 모호할 수밖에 없다. 이 두 개념을 마르크스학파의 개념과 논리로 전환하면, 기득집단의 배제와 미득집단의 권리침해는 지배 계급의 착취·재생산과 피지배집단의 혁명으로 바뀐다. 베버 패러다임 교육사회학이 교육장면에서의 사회적 배제를 설명할 때 '신용·자격증명주의'를 동원한다면, 마르크스학파 교육사회학은 '상응원칙'(correspondence principle)을 적용한다. 콜린스(Collins, 1979)가 "학력과 학벌이 신용·자격증명주의의 도구로 이용되어 기득집단이 미득집단의 계층 상승 이동 의지를 저지한다"라고 설명할 때, 보울즈와 긴티스(Bowles and Gintis, 1976)는 생산장면에서의 자본가와 노동자의 지배-복종관계가 상응한 유형으로 학교의 교수-학습 과정을 통해 미리 체득됨으로써 자본주의의 불평등 구조가 세대를 이어 재생산된다고 주장한다.

베버 패러다임의 연구들이 일상사의 부정적 측면을 간파하는 데 탁월하다면, 마르크스학파의 연구들은 사회변화에의 필요성과 의지를 고취시킨다. 사회현상의 설명에는 몰(沒)가치적 탐구 자세가 절실히 요구되지만, 사회변화를 추진하는 데에는 가치가 개입된 이상(理想)이 눈앞에 제시되어야 한다. 이는 이해를 위해서는 냉철해야 하지만 행위하기 위해서는 전망과 이상이 뚜렷해야 하고 손에 잡힐 듯 느껴져야 하는 것과 마찬가지이다. 프랑크푸르트학파의 학자들은 마르크스주의의 발전을 도모하는 데 베버의 아이디어를 적극적으로 원용하면서도 베버에게는 사회변화를 위한 능동성이 결여되어 있다고 비판한다. 이들은 실천적 비(非)이성주의, 객관적 합리주의 전통에 대한 굴복, 인간사회의 목적을 규정할 수 있는 합리적 과학 또는 철학의 가능성에 대한 포기 등으로 베버를 비판한다

(Löwy, 1996: 437).

교육현상을 냉철하게 파악하는 데 집착하는 베버 패러다임의 교육사회학은 이상적인 모형을 설정하는 데 취약하다. 베버 패러다임의 교육사회학은 교육장면에서 일어나는 불평등과 부당함을 드러냄으로써 변화의 필요성과 방향을 암시하는 수준을 넘지 않는다. 이러한 구도는 목표를 뚜렷이 제시하고 구체적인 전략을 제시하는 방법보다는 덜 적극적이다. 베버 패러다임의 교육사회학 연구논문들을 읽으면서 갖게 되는 아쉬움은 교육현상에 대한 탁월한 이해와 해석을 제공함으로써 문제나 쟁점을 분명하게 부각한 후에 그에 대한 처방이 제시되지 않는다는 점이다. 곧바로 시행될 수준의 처방은 기대할 수 없지만, 비전(vision) 정도도 제시되거나 암시되지 않는 경우가 많다.

질병을 치료하려면 정확한 진단이 필수이지만, 진단이 정확하다고 곧바로 질병이 치유되거나 건강해지지는 않는다. 설명력 있는 이론을 제시하려는 노력과 이상적 대안(代案) 사회를 건설하려는 목표가 조응하지 않을 수 있다. 설명력이 높은 이론은 상대적으로 더 많은 측면과 변인을 고려하기 마련이며, 이 때문에 사회건설의 모형을 설정하는 데에도 많은 측면과 변인이 동원되므로 모형의 구상 자체가 불가능하거나 설혹 가능하더라도 그 수많은 변수들 때문에 실행에서 난관에 부닥치게 된다. 베버는 사회현상을 설명하는 데 더없이 소중한 패러다임과 개념 및 이론들을 풍부하게 제공했지만, 바로 그러한 풍부함이 방향을 설정하고 전략을 구상할 때에는 과제를 복잡하게 만들고 혼돈을 초래한다.

유토피아 유형의 미래사회는 경제적 효율성, 사회적 정의, 인간적 존엄성이 모두 충족되는 사회이다. 그러나 현실적으로 그러한 사회가 불가능하기 때문에, 미래사회는 경제적 효율성, 사회적 정의, 인간적 존엄성 등 세 가지 요소에 대한 비중에 따라 다르게 유형화될 것이다. 다시 말해서, 세 가지 요소들을 모두 충족시키기 어렵기 때문에 어떤 요소가 다른 요소들보다 중요하게 고려될 것이다. 우리는 사회의 유형을 뒤르케임, 마르크스, 베버의 패러다임을 통해 가늠해 볼 수 있다. 뒤르케임은 경제적 효율성에 무게를 둠으로써 조화로운 기능사회를 지향하였고, 마르크스는 정의로운 사회에 대한 열망에서 계급이 없는 평등사회를 촉구했으며, 베버는 개인의 자율성에 대한 집착에서 인본주의 사회를 묵시적으로 제시하였다. 그러나 이들이 이상적으로 제시하거나 암시한 사회들—각각 자본주의, 사회주의, 인본주의 이데올로기를 표방하는 사회—은 한쪽으로 편향됨으로써 불평등이 심화되고, 생산성이 저하되며, 미래사회에의 전망이 모호하고 암울해진다.

미래사회의 문제와 쟁점들은 '변화'로 집약된다. 미래에 초래될 변화들은 규모, 속도, 방향 등에서 이전 시대와 비교할 수 없을 정도로 크고, 빠르고, 불안정할 것이다. 이러한 상황에서 이상사회를 확고하게 제시하는 이념형 패러다임이 효율적 대처방법처럼 인식될 수 있다. 그러나 기능적으로 조화된 합의사회(consensus society)나 계급 없는 평등사회(equal society)는 현실을 도외시한 유토피아로서 이를 구현하기 위해 불가침의 이데올로기를 강요함으로써 개인들의 자율성을 극도로 제한한다. 각 개인들에게 자신들의 동의나 묵인이 없이 설정되는 이상사회는, 그 사회가 어떠한 유형이든 상관없이, 그들에게는 비인간적인 사회일 수밖에 없다. 더욱이 제시된 사회를 효율적으로 구현하기 위한 조치들은 개인들에게 강제적으로 집행되면서도 정당화된다.

따라서 전통사회는 물론이고 현대사회의 한계를 극복하려는 논의들은 하나같이 개인의 자율성 또는 인본주의를 부각한다. 이 논의들은 "비현실적인 목적을 위해 비인간적인 수단이나 절차가 정당화될 수 없다"라고 강변한다. 미래사회는 '미리 정해져 있는 유토피아'가 아니며 개인들의 동의와 합의를 통해서 일상적으로 구성되는 사회일 뿐이다. 개인들이 자신들의 인생을 주도적으로 구상하고 실행할 수 있는 사회라면 미래사회의 모형으로 충분할 것이다. 그러므로 개인들이 주체로 살아갈 수 있는 인본주의 사회가 미래에 구현되어야 할 사회의 모형으로서 오히려 적합할 수 있다. 개인은 주체자로 행위함으로써 뒤르케임, 마르크스 그리고 베버가 각각 우려한 아노미(anomie), 소외(alienation), 그리고 비인격적 합리성(impersonal rationality)의 굴레를 극복하고 인본주의 사회를 구현할 수 있다. 사회적 폐쇄가 없고 개인들이 주체인 사회, 곧 인본주의 사회를 추구한다면, 베버 패러다임의 교육사회학은 미래사회를 위한 과제를 상당히 구체적으로 제시할 수 있다.

베버 패러다임의 교육사회학은 성적, 학력, 학벌을 두고 벌어지는 경쟁이 사회적 폐쇄를 위한 전략에 의해 왜곡되는 현실을 부각한다. 사회적 폐쇄는 상대편을 인정하지 않는 데서 시작된다. 유리한 위치에 있는 집단들은 상대편을 인정하지 않는 자신들의 행위가 부당하지 않다는 것을 증명하기 위하여 객관적이며 가시적 기준들을 제시하고 배제를 효율성을 높이기 위한 정당하며 합리적인 절차처럼 수식한다. 교육현장에서는 교육적 효율성을 표방하며 여러 가지 유형의 폐쇄가 시행되어 왔다. 사회적 폐쇄가 배제로 구체화되므로 이를 극복하는 방법은 포함(inclusion)의 추구이다. 포함을 위한 교육적 방안들, 곧 공립학교(common school),[3] 인종통합학교(desegregation school), 탈계열화(detracking), 주류화(mainstreaming),[4] 이중언어교육(bilingual education), 다문화교육(multicultural education), 지능검사 폐지와 지능주의(IQism) 거부, 종합학교(comprehensive school),[5] 남녀공학(coeducation) 등은, 비록 현실적

3 '공립학교'(common school)라는 용어는 매사추세츠 주 교육감이었던 호러스 만(Horrace Mann: 1796~1859)에 의해 주창되었으며 공립초등학교를 의미한다. 그는 사회 계급과 종교의 차이에도 불구하고 모든 아동에게 교육의 기회를 제공해야 한다고 주장하였다. 공립학교운동은 공교육(public education)과 교육 보편화의 기반이 되었다.

4 교육의 맥락에서 주류화(mainstreaming)는 특별한 배려가 필요한 학생들을 정규 학급에 편성하는 것을 말한다. 주류화를 주장하는 학자들은 특수교육의 대상이 되는 학생들을 위하여 별도의 학급을 구성하면, 학습의 효율성은 높아질는지 모르지만, 일반 학생들과 어울릴 수 있는 기회와 능력을 영원히 상실할 수 있음을 경고한다.

5 종합학교는 일반 계열과 직업 계열을 함께 운영하는 학교를 말한다. 이러한 체제의 학교를 구상한 이유는 학문을 계속할 학생들과 직업을 택할 학생들을 조기에 분류하는 시

으로는 한계가 있지만, 기본적으로 '관용과 공감에 의한 포함'(inclusion by tolerance and empathy)을 추구한 정책이다.

민주주의는 단순히 정치의 형태만이 아니라 공동생활의 형식이며 나아가 경험을 전달하고 공유하는 방식이다. 민주주의는 구성원들이 관용과 공감의 폭을 넓힘으로써 구현될 수 있다. 따라서 민주주의 사회를 위한 교육은 관용과 공감을 교과과정과 교수-학습 장면에서 핵심적으로 다룬다 (Dewey (이홍우 역), [1916] 1988: 128-155). 오늘날에는 개인과 집단, 국가들이 경쟁에 몰두함으로써 관용과 공감은 사라지고 폐쇄가 확산되고 심화된다. 효율성에 의해 경쟁에서의 승패가 좌우되므로, 효율성을 높이기 위해 관리와 통제가 확대된다. 관리와 통제는 합리성을 기반으로 할 때 정당화될 수 있기 때문에, 모든 조직이 측정과 평가를 일상화하고 강화하면서 관료화가 촉진된다. 그 결과, 자유를 구가해야 할 개인들이 마치 수인(prisoner)처럼 옥죄이게 된다.

현대사회에서는 개인, 집단, 국가 단위에서 경쟁이 치열해지고 수치화된 자료들에 의해 서열이 매겨지고 승자와 패자가 가려진다. 조직으로서의 학교도 효율성과 합리성을 표방하면서 사회적 폐쇄 장치로 변모해 왔다. 그러나 교육학에서는 오래 전부터 인본주의(humanism)를 가장 중요한 가치로 받아들였으며 민주주의 사회를 궁극적 목표로 지향해 왔다. 하지만 인본주의를 공허한 이념으로 간주하여 이에 대한 관심을 철회하면서 인문학이 퇴조하였고, 인문학이 약화되면서 인본주의가 더욱 공허해지고 있다.[6] 현대인들은 학교, 직장, 사회, 국가에서는 물론이며 심지어 가정에서조차도 경쟁에 내몰리면서 '군중 속의 고독', '풍요 속의 빈곤'과 같은

점을 늦추기 위해서였다. 이 제도를 통해서 학생들은 자신들의 미래를 설계할 기회를 더 많이 가질 수 있다.

6 교육철학은 교육학의 다양한 하위 영역들 가운데 인문학적 속성이 가장 강한 영역이다. 인문학의 퇴조가 교육학 내에서도 일어나고 있어, 교육철학이 명성과 함께 중요성도 잃어가고 있다. 교육철학이 약화되면서 교육의 본질이 모호해지고 있다(오욱환, 2003a: 29-36).

역설적 상황에 대책 없이 휘말리고 있다.

3. 베버 패러다임 교육사회학의 과제

베버는 미래사회가 관료제와 도구주의로의 변화를 피할 수 없다고 비관적으로 전망했지만, 예정되고 보편적인 단계들을 따라서 사회가 변화한다고 주장하는 모든 사회진화론을 거부하였다. 그리고 방법론적 개인주의를 통해서 개인들의 의지적 활동 가능성도 제시하였다. 베버가 제시한 이론들을 종합해 보면, 미래는 관료제화와 도구주의에 의해 인본주의가 심각하게 제한되겠지만 인간들은 주체적 활동이 가능하므로 그러한 흐름을 바꿀 수 있는 가능성이 있다. 비관적인 미래사회의 전환적 변화를 위해서는 적극적이며 주체적인 개인들이 양성되어야 한다. 이러한 맥락에서 베버 학풍은 미래사회의 교육적 과제를 이미 암시하였다. 다시 말해서, 베버는 미래사회의 암울함을 예견했지만 우리로 하여금 의지를 가진 주체적 인간이 되도록 고무함으로써 암울한 미래를 개혁할 수 있는 가능성을 제시하고 있다. 재앙은 닥치겠지만 그 재앙을 이겨 낼 수 있는 역량이 인간에게 주어졌다.[7]

베버는 한편에서는 관료화에 따른 개인의 자율성 상실을 예고했으며, 다른 한편에서는 방법론적 개인주의를 통해 개인의 자율성을 강조하였다. 개인의 자율성과 관련하여 베버 패러다임은 긍정과 부정 두 가지 측면에서 해석될 수 있다. 교육사회학은, 교육을 통한 사회발전을 도모하므로, 부정적 측면에서 현실을 파악하고 긍정적 측면에서 전략을 수립할 필요가 있다. 사회 구조에 대한 개인들의 무력감은 본질적이기보다는 관습적인

7 재앙을 다룬 드라마에서는 평범한 개인들이 초월적인 의지를 갖게 된다. 이는 극적 효과를 위한 설정만은 아니다. 사실, 재앙을 극복할 수 있는 최소 조건은 개별 인간들이 주체로서 관습적이었던 이전과는 달리 의지를 갖고 구상하며 실천하는 것이다.

현실인식에 의해서 학습된 것일 가능성이 많다. 우리가 일상생활과 관련된 정책들—대중교통의 노선 · 운행 편수 · 정거장 위치, 직장 업무의 분량 · 분담, 자녀의 학군 · 학교 등에 관한 문제와 쟁점—에서부터 실질적으로 결정할 수 있는 권력을 갖는다면 집단적 자율행정(self-administration)에 관심을 갖게 될 것이다(Mandel, 1992: 204). 다시 말해서, 우리가 사소한 정책들에서부터라도 결정력을 갖게 된다면 점차 더 적극적인 작인적 주체로 행위할 것이다.

자율행정에 관한 만델의 메시지는 그의 의도를 풀어 쓴 앨런의 글(Allen (박인용 역), [2004] 2010: 274)에 의해 더 설득력 있게 전달된다.

> 만약 3개월마다 주민들이 회합하여 자기 동네의 적절한 난방 대책을 세우게 된다면 관련된 가정이 정말 참석하지 않으려 할까? 일정한 지역을 운행하는 버스의 운행 편수, 버스 정거장의 위치 등은 그들의 관심사가 아닐까? 직장에서의 작업량과 작업 리듬에 대해서 전혀 관심이 없을까? 자기 사무실이나 공장, 또는 자기 자녀들이 다니는 학교 구내식당의 음식을 선정하는 데도 무관심할까? 자기 고장의 오염이나 자신들의 금전 소득과 주거비, 식비, 휴일이나 공공 운임(이것들이 무료가 아닌 경우) 등의 관계 같은 일반적인 문제에 수동적일까? 그리고 완전 고용 보장의 옹호를 위해 행동해야겠다고 느끼지 않을까?(Allen (박인용 역), [2004] 2010: 274).

교육학은 작인적 주체로 행위하기 위한 인식의 변화를 주제로 삼아야 마땅하다. 현실에 대한 적극적 인식과 의사결정에의 주체적 참여는 존 듀이(John Dewey) 교육철학의 핵심이다. 듀이(Dewey (이홍우 역), [1897] 1988)는 학생들이 '학교라는 곳', 곧 작은 사회에서 의식적 실천과 자율적 결정을 익히도록 촉구하였다.

> 학교는 다른 무엇이기 이전에 하나의 사회적 기관이다. (……) 교육은

삶의 과정 그 자체이며, 장차의 삶을 위한 준비가 아니다. (……) 학교는 삶의 전형적인 모습을 나타내어야 한다. 이 삶은 아동이 가정에서, 이웃에서, 놀이터에서 살고 있는 삶, 그것과 다름없이 실감과 생기를 가진 것이어야 한다. (……) 사회기관으로서의 학교는 현존의 사회생활을 단순화하여야 한다(Dewey (이홍우 역), [1897] 1988: 542-543).[8]

베버는 효율성을 높이기 위해 등장한 관료제가 급속히 진행됨으로써 제도화·보편화가 불가피하고 그 결과로서 비인간화가 가속될 수밖에 없다고 예견하였다. 한편, 그는 비관적인 미래사회의 희미한 희망으로서 카리스마를 가진 엘리트의 등장을 기대하였다. 미래사회에 대한 베버의 예측과 소망은 각각 관료제화와 메시아적인 엘리트주의로 축약될 수 있다. 우리는 관료제화와 엘리트주의가 모두 개인들의 자율성과 상치되는 개념임을 분명히 인식해야 한다. 개인들의 자율성 확보가 인본주의 사회의 최소 필요조건이므로, 교육을 통한 사회변화를 주제로 삼으려는 교육사회학은 베버의 패러다임을 넘어서야만 학문으로서 가치를 갖는다.

베버는 가치중립을 주장하지만 그의 종교사회학과 비교사회학은 서구 자본주의를 상당히 옹호할 뿐만 아니라 지지하고 있다. 그러나 그가 합리적인 생산 체제로 공인하듯 설명한 자본주의 체제는 마르크스의 개념을 빌리면 '소외'를, 자신의 개념에 의하면 '폐쇄'를 체계적으로 야기하고 있으며 구조적 불평등을 심화시킬 뿐만 아니라 재생산하고 있다. 교육사회학은 소외, 배제 등의 현실을 파악하고 극복하는 데 관심을 갖고 있기 때문에 이해와 해석의 수준에 머물 수 없다.

베버의 관료제화와 도구주의에 대한 비판은 일리치(Illich, 1970)의 탈학교론에서 반복된다. 일리치가 베버의 지적 업적을 얼마나 그리고 어떻

---

8 인용된 이 글은 듀이의 『나의 교육신조』(*My pedagogic creed*)에서 발췌한 것이다. 『나의 교육신조』는 이홍우가 번역한 『민주주의와 교육』(*Democracy and education*)의 부록에 실려 있다.

게 받아들였는지는 알 수 없지만 그의 글에서는 베버의 흔적을 분명히 찾을 수 있다. 베버가 아주 의미 있게 사용한 개념들—관료조직, 법인조직, 전문가, 비인간화—이 일리치의 학교교육 비판에서도 핵심 개념으로 사용되었다.

> [일리치의] 설명에 따르면, (1) 학교는 관료조직처럼 되어 있으며 인간적인 만남이 이루어질 수 없는 장소로서 오직 규약으로만 운영되는 법인조직(corporate organization)일 뿐이다; (2) 학교는 학생들로 하여금 현대사회가 법인조직 사회임을 인식시키며 경제성장의 가치, 물질적 재화의 중요성, 기술적 요령 등을 가르친다; (3) 학교는 학생들에게 가치 있는 지식을 배우려면 교사나 전문가에게 더욱 '의존해야 한다'고 주지시킨다. 결과적으로 학생들이 학교에서 배우는 것은 '경제 및 물질 우위의 가치 체계', '단편적인 조작기술', '상급자나 전문가에 대한 의존' 등이다(오욱환(2003a: 142)에 소개된 Illich, 1970).

교육사회학은 한편에서는 교육장면에서 확산·심화되고 있는 관료제화와 도구주의 현상을 간파해야 하며, 다른 한편에서는 미래사회를 인본주의 방향으로 변화시키는 데 주역을 담당할 수 있도록 개인들을 가르치는 전략을 마련해야 한다. 베버는 이상사회를 제시하지 않았으며 오히려 미래에 도래할 사회를 암울하게 예언하였다. 그는 합리화가 자본주의 국가에서는 물론이며 사회주의 국가에서도 강력하게 추진됨으로써 정치적 이념이나 경제적 체제를 불문하고 미래사회는 합리성의 이름 아래 조직된 관료제에 의해 개인들을 철창 속의 죄수처럼 철저하게 감시하고 통제하게 될 것으로 예언하였다. 체제가 효율적 기능을 위해 합리적으로 통제됨에 따라 개인들의 자율성은 극도로 제한된다. 합리적 지배를 위해 구성된 관료제는 냉혹한 기계처럼 작동하여 개인들을 부속품처럼 다룰 뿐 인간의 기본 권리나 개인 간의 차이를 인정하지 않는다.

베버는 미래사회가 자신의 예언에서 벗어날 가능성이 거의 없음을 강조하는 데 치중했을 뿐 이에 대한 어떤 대처방법도 제시하지 않았다. 이 점은 베버 사회학의 한계로 지적될 수 있다. 그리고 베버는 학자로서 무책임하다는 비판을 받을 수도 있다. 그러나 베버는 비록 단편적이기는 하지만 노동자들이 독자적인 문화적 정체성을 가지고, 노동조합으로 단결하며, 집단의식을 가지도록 촉구하였다(전성우, 1996: 102-103). 그는 "민주주의와 자유는 한 민족이 양떼 같이 지배당하지 않겠다는 확고히 정립된 의지를 가지고 있는 곳에서만 가능하다" (전성우, 1996: 103에서 재인용)[9]라고 강변하였다. 베버는 현실의 이해와 분석에 주력함으로써 사회변화를 위한 의지와 동력을 제공하는 데에는 다소 미흡하였다. 그러나 우리는 사회현실에 대한 그의 설명과 통찰에 힘입어 타개해야 할 표적(標的)을 간파할 수 있고 추구해야 할 사회 유형을 구체화할 수 있다.

베버는 합리성의 철칙 아래 관료화된 조직 속에서 파편화된 사적(私的) 개인들의 비인간적인 인생을 암울하게 예언하고, 이들로 하여금 사적 이익에만 집착하지 않으며 사회의식을 가진 공적(公的) 개인들로 거듭나기를 촉구하였다.

> 베버는 오히려 근대가 낳은 자율이라는 가치를 다른 객관적인 구조와 제도의 공격으로부터 보호해야 한다는 절박감 속에 있었다. (……) 베버의 이런 자세는 오히려 하나의 비관적 열정, 역사의 막강한 흐름, 객관적인 강압 구조들에 대한 하나의 개인적인 저항 및 경고의 색채를 띠고 있다. 즉, 우리가 분명한 의식과 의지를 가지고 행동하지 않으면, 이 자유의 가치는 다시 함몰될 것이라는 경고, 이 경고의 대상은 필자가 보기에 시장에 의해 파편화되고 관료조직에 의해 무기력해진 '사적 개인'들이다. (……) 이들은 '정치'는 요구하지도 않으며 능률적 '행정'만으로 만족한다. 이에 대비

---

9 M. Weber (1921). *Gesammelte Politischre Schriften*, p. 61에서 따옴.

> 하여 베버는 다른 하나의 '현대인' 상을 제시하는 바, 필자는 이것을 '공적 개인'이라고 부르고자 한다. (……) 베버가 공적 개인의 이념으로 의도하는 바는, 객관적인 구조의 중압에 밀려 사적인 영역으로 후퇴하고 안주하려는 현대인을 사적인 가치선택 및 가치실현의 자유의 포기 없이 다시 공적인 인간으로, 즉 공적 정치적인 '책임' 영역으로 끌어들이려는 것이다. (……) 인간의 자율에 대한 열정과 이의 실현을 위한 광의에서의 정치적 행위를 우리 개개인이 하지 않는다면, 우리는 현대 문명의 끝에 가서 '정신이 부재한 전문가들', '감흥이 없는 향락가들'의 무리가 될 것이다(전성우, 1996: 196-109).

처방보다 진단이 앞서야 함은 틀림이 없지만 진단에만 치중한다면 질병을 악화시켜 추후의 처방이 무의미해질 수 있다. 그러나 진단과 처방이 한꺼번에 완벽하게 이루어지기는 어렵다. 베버는 사회 진단에 혼신을 다한 '한 시대와 사회의 학자'였다(Löwith, [1960] 1992: 20). 우리는 베버의 지적 열정, 통찰력, 업적 등을 인정하는 데 진솔해야 하며 '완벽한 학자상'을 임의로 만든 후 그 이미지에 비추어 그의 한계를 비판해서는 안 된다. 베버는 이념형 학문을 거부하고 이해형 학문을 추구함으로써 사회에서 일어나고 있는 갖가지 현상들의 진면목과 그 이면까지 파악하였다.

그러나 우리의 관심이 사회현상의 정확한 파악이나 그 이면에 있는 권력을 포착하는 수준에 국한된다면, 베버의 지적 업적을 부각하고 그에 걸맞게 평가하고 치하하는 작업으로 끝낼 수 있지만, 우리는 닥쳐올 미래에 대비해야 하고 미래를 건설할 인력을 양성해야 한다. 더욱이 교육을 적극적으로 다시 개념화하여 교육을 통한 이상적 미래사회를 건설하려는 시도를 해야만 한다. 이를 위해 우리는 무엇보다 먼저 미래사회를 전망해 보아야 한다. 베버는 우리가 합리성에 짓눌린 억압적 관료사회를 피하기 어렵다고 전망하였다. 교육의 확대, 전문직의 양산과 전문가의 지배력 강화, 효율성 숭배 등은 합리성이 절대적 기준으로 작용하고 있다는 사실을 통해서 합리성이 지배하는 사회가 도래하고 있음을 확인할 수 있다.

베버의 학문적 업적을 사회학의 측면에서만 고려한다면 이해 단계에 머물러도 괜찮을 수 있겠지만, 교육사회학에서는 이 수준에서 멈출 수 없다. 교육사회학은 교육을 통한 사회변화를 추진해야 하기 때문이다. 베버 학풍을 교육사회학에 적용하고 밝은 미래사회를 기대하려면 베버가 예언한 비인간적인 미래사회의 도래를 직시하고 이에 대처해야 한다. 베버는 대처방법에 대해 적절한 아이디어를 제공하였는데, 그것은 바로 방법론적 개인주의를 통해 개인들의 자율성을 인정하였다는 사실이다. 우리에게 자율성이 있으므로 우리는 미래사회를, 비록 비인간적이고 "파괴하기가 아주 어려운" (the hardest to destroy)(Weber (ed. Roth and Wittich), [1968] 1978: 987) 관료 체제일지언정, 아무런 대책 없이 운명적으로 맞지 않을 수 있다. 우리는 사회 구조에 의해 조형되는 피조물이 아니라 의지를 가진 자율적 주체이기 때문이다.

베버가 미래를 암울하게 전망한 이유는 개인들이 사적 이익에 몰입할 가능성이 공적 가치를 위해 양보하고 절제할 가능성보다 더 많다고 판단했기 때문이다. 사회현상을 이해하는 데 치중한 베버로서는 당연히 도달할 수 있는 결론이다. 우리가 베버로부터 받아야 할 도움은 현상에 대한 정확한 통찰이지만, 우리가 극복해야 할 베버의 한계는 우울하게 예견된 미래사회를 벗어나고 밝은 사회를 맞이하는 것이다. 이 과제는 고스란히 우리의 책임 아래 수행되어야 한다. 우리는 '지적 거인'으로부터 많은 것을 배워야 하기는 하지만 그가 현대사회에서 발생하는 사회 문제들을 해결해 주기를 기대해서는 안 된다. 베버의 통찰력은 지금도 살아 있지만, 1920년에 타계한 그가 오늘날 우리들이 직면하는 난제들을 해결해 줄 수는 없다. 그의 도움을 소중히 받아들이고 미래사회를 개척할 임무는 오직 우리의 몫이다. 그는 우리들이 관료적 통제 국가—오웰의 '오세아니아'와 같은 사회—로부터 벗어날 수 있도록 의지와 자율성을 제시해 주었다.

개인이 주체자로 규정될 경우에는 인간의 자유의지에 의해 사회의 유형을 결정할 수 있는 가능성이 열린다. 현대사회에서는 제도적 학교교육의 기회가 크게 확대되고 균등화되었을 뿐만 아니라 제도 밖에서도 가르치고 배우는 과정이 충분히 가능해졌다. 우리는 교육 기회의 양적 확대에 더하여 교육의 질적 변화를 모색할 필요가 있다. 사회에 필요한 인력의 배출이라는 전통적 교육 개념에서 벗어나 사회변화를 주도하는 교육으로 재개념화(reconceptualization)할 시점이 되었다. 사회변화를 미리 예측하고 그에 필요한 지식, 기술, 태도, 가치관 등을 길러 내는 유형의 교육은 미래 사회에서는 더 이상 적합하지 않을 것이다.

우리는 불확정 사회에 살고 있으며 미래에 대한 예측은 더욱 어려워졌다. 그러나 합리성, 효율성, 생산성, 경쟁, 통제 등이 불가피한 조건으로 작용함에 따라 공적 및 사적 조직도 관료제의 형태로 개인들을 심리적으로 옥죄는 사회가 도래할 가능성이 충분히 예견된다. 미래사회에서 인간은 심리적 철창 속에서 자유를 구속당하며 인간성을 상실하게 될 여지가 많다. 모든 인간에게 닥치는 이러한 위험 상황에서는 각자가 자구책을 마련해야 한다. 베버는 모든 개인을 주체적 존재로 부각함으로써 그 가능성을 제시하였다. 다시 말해서, 우리 모두는 자율적 지식인이어야 하며 교육은 그 가능성을 높이는 데 공헌해야 한다.

전통사회에서도 교육은 변화주도형 인간을 양성해 왔다. 그렇지만 사회경제적 배경, 학력과 학벌, 재능 등이 월등한 극소수의 사람들만 창의성과 지도력을 발휘할 수 있도록 가르쳤다. 그러나 현대사회에서는 엘리트와 대중을 확연히 가르는 역할 분담이 더 이상 통용되지 않는다. 미래사회에서는 더 이상 이러한 구도의 인간관계가 용이하지 않을 것이다. 현대사회에서는 어느 누구도 종속적 위치를 숙명으로 감수하지 않으며, 지위와 역할을 부여받기보다는 선택할 것이다. 지식정보사회에서 컴퓨터와 인터넷으로 효율화된 사회연결망을 갖고 있는 현대인들은 필요한 정보를 쉽게 수집할 수 있으며 연결망을 통해서 다른 사람들과 교류함으로써 자신의 능력을 넘어서는 판단을 할 수 있다. 현대인들에게 무엇보다 필요한 것은 사적 이익에의 집착에서 벗어나 공적 가치를 추구하는 주체가 되려는 의지이다.

교육을 통한 사회변화의 가능성을 탐색하는 작업은 사회를 상위 및 선행 개념으로 설정하고 교육을 그에 종속시켜 도구적, 기능적 역할로 규정하는 논리를 거부하는 데서 시작되어야 한다. 그리고 엘리트, 창조적 소수 등의 표현을 사용하면서 지배집단 구성원만이 사회변동을 추진할 수 있는 것처럼 전개하는 이론도 거부되어야 한다. 베버는 사회의 부품처럼 간주된 개인들과 소속된 계급의 이데올로기를 철저히 수용하는 분자(分子) 같은 개인들에게 자기결정력을 불러일으켰으며 그들을 주체자로 격상시켰다. 각 개인들은 사회 구조의 부품이나 계급의 분자로서 주어진 역할을 수행하는 종속적 인생을 거부하고, 자신의 존재를 인식하고 일상과 밀착된 사회에 대해 비전을 갖고 변화의 주체로서 활동한다면 거침없이 다가오는 비인간적 사회—인간을 굴레 속에 가두는 사회—의 구조를 바꿀 수 있다. 급격히 확대된 교육 기회가 최대한 활용되어 계급, 계층, 성, 인종, 민족, 종교, 문화, 언어, 지역 등은 물론 학력과 학벌에도 구애됨이 없이 모든 사람이 주체적 지식인이 된다면, 베버가 우려한 암울한 사회의 도래를 저지하고 인본주의적 사회를 건설할 수 있다.

우리는 자율적인 개인들을 발전적 변화를 주도할 작인적 주체들로 교육할 필요가 있다. 베버 패러다임 교육사회학의 과제는 베버의 방법론적 개인주의를 통해 주관적 개인, 자율적 실존, 그리고 작인적 주체들을 등장시켜 사회변화를 도모하는 것이다. 미래사회가 비인간적 관료사회로 도래한다면, 교육은 사회변화를 위해 적극적 그리고 주도적으로 재개념화될 필요가 있다(오욱환, 2005a, 2006). 베버는 우리에게 절망적인 미래사회를 예언함으로써, 역설적으로 그러한 사회를 극복해야 하는 과제를 암시하였다. 그 과제를 수행하는 데 있어 교육이 담당할 부분은 개인들로 하여금 자율성을 인식하게 하여 사회변화의 주체로 활동하게 하는 것이다. 베버는 우리에게 변화를 주도할 수 있는 의지를 가진 주체적 인간을 제시하였다.

베버의 방법론적 개인주의를 실존주의 현상학에 접목하면, 변화 가능성이 주제가 되고, 개인이 변화의 주체로 부각되며, 교육은 혼돈과 부조리로부터 개인들을 자유롭게 하는 활동이 된다. 우리는 마르크스주의자 그람시(Gramsci, 1971)의 유기적 지식인(organic intellectuals)에서도 방법론적 개인주의를 읽을 수 있다. 그람시는 사회변동의 주체로 대중을 지목하였다. 그는 교육을 통해 비판적 의식을 가진 노동 계급의 자생적이며 토착적인 지식인들 곧 유기적 지식인들이 주도하여 새로운 사회를 건설해야 한다고 주장하였다. 그리고 정치적 혁명이 성공하기 위해서는 건실한 대항 문화가 필요하다고 보았기 때문에, 노동자들이 전통적 의미에서 좁게 규정되는 교육보다 훨씬 '넓은 의미의 교육'을 제공받아야 한다고 주장하였다.

그러나 베버의 방법론적 개인주의를 사회변화를 위한 주체의 출현 가능성으로 해석하는 데에는 논리적 안일함이 개입되어 있다. 방법론적 개인주의가 사회의 발전적 변화를 위한 패러다임을 제공하기는커녕 전혀 상반된 결론 곧 불평등의 악화를 촉진할 수도 있기 때문이다. '현대의 합리적 선택 이론가들'(contemporary rational choice theorists)은 개인의 행위가 이기적 이익의 극대화를 지향하고 있음을 전제로 한다. 1990년대부터 합리적 선택이 사회학적 주제로 부각되기 시작했다. 이를 지지하는 학자들(Boudon, 2003; Kiser and Hechter, 1998; Norkus, 2000)은 방법론적 개인주의와 합리성에 관한 베버의 아이디어를 의미 있는 준거로 수용한다.

방법론적 개인주의는 개인의 주관적 행위를 주장하지만, 그 행위의 방향은 합리적 선택과 의지적 선택으로 구분되어 나타나며 그 지향은 각각 이기적 이익의 극대화와 정의·평등의 구현이 된다. 결과적으로 귀결될 수 있는 사회적 변화는 각각 (1) 사회적 효율성의 신장에 따른 위계 구조의 심화와 (2) 사회 구조의 평등화로 나타날 수 있다(표 5).

〈표 5〉 방법론적 개인주의를 합리적 선택론과 의지적 주체론으로 분류

	선택의 유형	지향성	사회적 변화
방법론적 개인주의	합리적 선택	이기적 이익의 극대화	사회적 효율성의 신장에 따른 위계 구조의 심화
	의지적 선택	정의와 평등의 실현	사회 구조의 평등화

방법론적 개인주의를 합리적 선택, 이기적 이익의 극대화, 사회적 효율성의 신장과 위계 구조의 심화의 수순을 밟게 하려면, 교육적 처치가 필요 없다. 그 이유는 이러한 흐름이 자유주의자와 신자유주의자들이 하나같이 강조해 온 인간의 본성적 특성의 발현이기 때문이며 이들은 항상 자유방임이 최적의 결과를 가져온다고 확신해 왔기 때문이다. 그러나 베버의 방법론적 개인주의를 사회 구조의 평등화로 귀결시키려면 교육적 처치가 필수적이다. 그 이유는 개인들로 하여금 (1) 사적 이익보다 공적 발전을 위해 사회의식을 갖게 해야 하고, (2) 사회의 발전이 사적 이익의 극대화로 나타나는 적자생존, 밀림의 논리, 약육강식의 비인간적인 경쟁과 갈등을 해소하고 인본주의 사회로 이끌 수 있음을 인식시켜야 하며, (3) 의지를 갖게 하고 의식화된 선택을 하게 함으로써 새로운 사회를 구상 · 실행케 해야 하기 때문이다.

우리는 베버가 네 가지로 구분한 사회적 행위들—도구-합리적, 가치-합리적, 감정적, 그리고 전통적 행위들—가운데 가치-합리적 행위와 감정적 행위를 통해서 개인들이 사회변화의 의미 있는 주체자로 거듭날 수 있는 가능성을 모색할 수 있다. 첫째, 가치-합리적 행위는 출세나 개인적 이익의 확보와는 무관하며 윤리적, 심미적, 종교적, 사회적 가치판단에 의거한 의식적 신념(conscious belief)에 의해 결정된다(Weber (ed. Roth and Wittich), [1968] 1978: 24-25). 베버는 가치-합리적 행위를 도구-합리적 행위와 반대되는 개념으로 제시함으로써[10] 개인들이 세속적 이익과 무관하게, 때로는 그에 거스르더라도 자신들의 의지에 의해 그리고 계획을 세

워 행위할 수 있음을 주장하였다. 우리는 이러한 맥락에서 교육의 재개념화를 추구해 온 학자들(Freire, 1970; Giroux, 1983; Greene, 1978 등)을 열거할 수 있다.

둘째, 감정적 행위는 개인들이 공감, 연민, 배려 등의 감정에 의해 개인적 이익의 극대화를 위한 경쟁과 배제보다 공동체를 통한 공생(共生)의 행복과 만족을 추구할 수 있음을 기대하게 한다. 그 가능성은 '사회정의' 조차도 전혀 다르게 해석될 수 있다고 주장한 길리건(Gilligan, 1982)을 통해서 시사받을 수 있다. 우리는 감정적 행위를 비논리적 행위, 변덕스러운 행위, 조건반사적 행위 등을 의미하는 비합리적(irrational) 행위와 구분해야 한다. 베버가 말한 '사회적 행위'에는 비논리적 행위, 변덕스러운 행위, 즉흥적 반응과 같은 행위 등이 포함되지 않는다.

혈통이나 신분에 따라 생애기회가 결정되다시피 하는 전통사회나 적대적 관계로 양분된 사회 계급 가운데 한 가지 신분 또는 계급에 소속됨으로써 생애기회가 결정되는 사회에서는 개인들이 의지로 선택해야 할 일들이 별로 없다. 이러한 유형의 사회에서는 사회적 폐쇄가 체계화되어 있기 때문이다. 사회적 배제는 철저하게 갖추어져 있지만 이에 대한 도전 곧 권리 침해는 허용되지 않거나 강압적으로 규제되어 있다. 그러나 현대사회에서 프롤레타리아 계급 이미지는 널리 확산되어 있지만 이 이미지가 직업의 다양화, 위계 구조의 다층화, 노동자들의 중산계급화, 피고용자들의 실용성 추구 등으로 인하여 공존을 불허하는 수준의 급진적 계급의식(radical

---

10 베버는 도구적 합리성과 가치적 합리성을 대립적 개념으로 사용하였다. 이러한 구도는 프랑크푸르트학파에서도 볼 수 있다. 이들은 도구적 합리성(instrumental rationality)을 실제적 합리성(substantive rationality)과 대비시켰다. 도구적 합리성은 그 실제가 무엇이든 개의치 않고 주어진 목적의 편리한 달성에만 주력하지만, 실제적 합리성은 최고의 선(the highest good)이나 궁극성(the ultimate finalities)의 추구를 중시한다. 현대사회에서 도구적 합리화는 능률성, 계산 가능성, 예측성, 통제성을 지상의 목표로 하여 추구되며 경영 영역에 국한되지 않고 사회생활의 표준화와 대중의 순응으로 확대되고 있다. 이러한 현상은 '사회의 맥도날드화'(McDonaldization of society)라는 은유적 개념으로 설명되기도 한다(Ritzer, [1993] 2008).

class consciousness)으로 발전되지는 않는다.

현대사회에서 노동 계급은 운명공동체적 연대를 지향해 온 전통적 계급 이미지를 상당히 상실하고 현실 지향적이며 도구적인 집단주의(instrumental collectivism) 성향으로 편향하고 있다. 현대 다양한 유형의 산업사회들은 계급 사회로서보다는 계층 사회로서의 특성을 더 많이 갖고 있으며, 한편에서는 정치적 쟁점에 관심을 적극적으로 표명하며 자발적 참여가 두드러지는 '시민사회'(civil society)의 특성을 보이면서도 다른 한편에서는 정치적 무관심과 현실안주 또는 현실도피의 성향이 드러나는 '대중사회'(mass society)로 급속히 변화하고 있다. 현대사회는 이처럼 양면성을 갖고 있지만, 그 어느 방향도 체제의 전복이나 구조적 혁명으로 전개될 가능성은 거의 없다.

1980년대 후반, "영국인들은 명료하게 구분되는 계급 이미지를 갖고 있지 않다"라는 조사 결과가 발표되었으며(Heath and Topf, 1987; Heath and Evans, 1988; Marshall, Rose, Newby, and Vogler, 1988), 2000년도에는 "미국을 더 이상 계급 사회로 규정할 수 없다"라는 주장이 제기되었다(Kingston, 2000). 현대사회에서 사회 구조적 불평등이 재생산되는 모순은 상존(尙存)하고 있지만 이 모순을 타파하는 데 필요한 실제적 갈등은 오히려 덜 노출되고 있다. 현대사회에서는 혁명에 필요한 절대적 빈곤 상태가 국가의 개입에 의해 완화되고 있다. 그러나 도시화(urbanization), 대중전달(mass communication)의 확산, 상품화(commodification, commoditization) 등으로 비교 우열이 가려지는 조건과 상황이 늘어남에 따라, 개인들 또는 집단들은 상대적 박탈감을 쉽게, 자주, 그리고 강렬하게 느끼게 되어 경쟁에 몰입하게 된다.

신분이나 계급의 결정력이 사라짐에 따라 생애기회가 확대되고 삶의 질이 균등해지며 계층 이동이 활성화된 현대사회에서는 산업의 발달, 직업의 세분화, 가족 구성의 다양화, 집단 구성의 복합화 등이 더해져 출생 이후의 인생이 매우 복잡하게 전개된다. 현대인은 기회가 확대되고 균등해짐에 따라 지속적인 경쟁에서 벗어날 수 없을 뿐만 아니라 결정해야 할 심각한 사태를 수없이 만나게 된다. 현대사회에서는 어느 누구도 세습이나 상속에 의해 기득권을 영원히 보장받을 수 없는 한편, 어느 누구도 출생과 더불어 숙명적으로 결정지어진 인생을 살아가지도 않는다.

기회가 확대되고 균등화되더라도 사회경제적 보상은 제한될 수밖에 없다. 사회경제적 보상의 규모는 비록 일시적으로는 변화할 수 있지만 영원히 늘어나지 않고 또한, 모든 사람의 기대를 충족시킬 수 있을 만큼 늘어날 수는 없기 때문에, 요구는 확대되고 보상은 제한됨으로써 사회적 배제는 불가피하게 작용한다. 기회가 확대되고 균등화될수록 요구가 늘어나므로 선발이 불가피해지고 그에 따라 사회적 폐쇄는 더 빈번해지고 확산될 수밖에 없다. 역설적으로 사회적 폐쇄가 빈번해지고 확산될수록 기회의 확대와 균등에 대한 요구 역시 자주 제기되고 강력해진다. 당연한 결과로서, 기득집단은 사회적 배제를 위해 그리고 미득집단은 권리침해를 위해 온갖 전략을 구사하게 된다. 그리고 현실적 상황을 자신들에게 유리하게 전환시키기 위해 개인들의 뭉치고 흩어짐이 여러 가지 유형으로, 그리고 자주 일어난다. 한 개인이 때로는 사회적 배제를 위해 기존의 인정된 조직에 애써 가입하며 때로는 권리침해를 위해 압력단체를 결성하기도 한다.

교육은 사회경제적 보상을 획득하기 위한 결정적인 절차이기 때문에, 공인제도로 인정되는 학교교육에서 사회적 폐쇄가 가장 자주 그리고 체계적으로 일어난다. 그러나 학교에서의 폐쇄는 재능과 노력의 결과로 인식되거나, 만회할 수 있는 기회가 계속해서 주어질 것으로 착각되고 있을 뿐만 아니라, 고무하고 독려하기 위한 경로처럼 표현됨으로써 그 심각성이 잘 드러나지 않는다. 교육과 관련된 표현들은 우아하지만, 성적, 학력, 학벌 등을 둘러싸고 일어나는 경쟁은 치열하게 전개되고 있으며 그 결과는 후속되는 기회–우열반 편성, 상위 학교 진학, 직업, 소득, 승진, 배우자, 동료 등을 아우르는 출세–에 심각하게 작용한다. 학교교육의 단계에 따라 시행되는 선발 과정은 물론이며 학교 내, 심지어 학급 내에서의 집단화

(grouping)까지도 승자 진출전(tournament)처럼 제공되는 기회에서 격차를 유발한다. 집단이나 계열 사이의 이동은, 원활한 것처럼 알려져 있지만, 실제로는 상당히 제한되어 있으며 거의 차단되어 있다.

교육은 순수할지 몰라도, 학업성적, 석차, 합격-불합격, 학력, 학벌 등을 두고 벌어지는 경쟁은 생애기회와 사회경제적 보상과 직결되어 있으므로 격렬할 수밖에 없다. 교육이 순수할 때에는 가르침과 배움만 있고 선발과 탈락이 없을 때이다. 경쟁의 치열함에서 일정 기준에의 도달에 치중하는 절대평가는 영합게임(zero-sum game)을 연상시키는 상대평가의 비교상대가 되지 못한다. 문맹의 할머니와 할아버지들에게 한글을 읽고 쓰도록 가르치는 교육이 순수한 이유는 여기에는 개명(開明)과 환희(歡喜)가 가득하고 선발이나 그에 따른 출세와 낙오가 없기 때문이다. 그러나 교육기회가 확대되면서 더욱 치열해진 성적, 학력, 학벌 경쟁은 학교교육을 순수하게 또는 본질에 충실하도록 내버려 두지 않는다.

한국사회에서 쟁점이 되고 있는 교육 정책들—입시제도, 입학사정관제, 자율형 사립고, 교원평가, 대학평가, 기여금입학제 등—은 하나같이 선발과 관련되어 있으며 추후 보상과 직결되어 있다. 사람들은 평등을 즐겨 그리고 지지하듯이 말하지만, 평등은 모든 사람이 실제로 추구하는 이념이 아니다. 불평등하다고 느끼는 사람들만이 그리고 불평등할 때에만 평등을 요구한다. 평등하다고 느끼는 사람은 오히려 능력, 업적, 성취 등에 의해 보상에서의 차별화가 명쾌하게 이루어지기를 기대한다. 그리고 어느 누구도 언제나 불평등한 위치에 있는 것은 아니기 때문에, 평등은 실질적으로는 세간(世間)에서 언급되는 것만큼 널리 신봉되고 있는 이념이 아니다. 모든 사람은 자신들이 유리할 때 사회적 배제를 추구하지만, 불리할 때에는 권리침해를 도모한다. 학교교육에서는 수시로 선발이나 우열이 가려지기 때문에, 학교교육과 관련된 모든 사람은 평등주의자이면서 업적주의자이기 마련이다. 자유주의는 철학적 의미로는 인격의 존엄성과 개성의 자발적 발전을 지향하지만, 경쟁장면에서는 업적주의로 대체되며 밀림의 논리로 급변하여 적자생존, 약육강식 등의 자연도태 법칙이 작용하는 사회진화론으로 전환된다.

현대사회에서는 평등주의와 자유주의라는, 동시에 충족될 수 없는 모순적 이념들이 일상생활에 깊숙이 스며들어 있기 때문에, 사회현상을 파악하려면 다양한 변인들이 실제로 어떻게 작용하는지를 세심하게 파고들어야 한다(예: Myrdal, [1944] 1996). 색안경을 끼고서는 현상을 제대로 볼 수 없듯이, 지향하고자 하는 사회의 유형을 먼저 정해 놓으면 사회현상을 제대로 이해하거나 간파할 수 없다. 한국사회에서 일어나고 있는 교육현상들은 베버 패러다임으로 상당히 정확하게 설명될 수 있다. 예컨대, 사회적 폐쇄 이론을 가지고도 고학력화 현상, 과잉교육과 하향취업, 기여금입학제, 입학사정관제, 자율형 사립고, 사교육 비대화, 조기유학, 유치원 공교육화, 교원평가제, 전국교원노동조합 등과 관련된 문제와 쟁점들을 설명할 수 있다.

학교교육이 확대되면 될수록 교육의 신용·자격증명 기능은 강화되지만 취업에 미치는 신용·자격증명서의 위력은 약화된다. 교육의 신용·자격증명 효과가 약화되면 역설적으로 더 높은 학력과 더 좋은 학벌을 추구하게 되어 교육의 신용·자격증명주의는 더 심화되는 악순환이 일어난다. 그 결과, 과잉교육, 교육과 직업의 부조화, 하향취업 등이 필연적으로 나타나며 교육은 도구적 기능만 강화되고 본질적 목표를 잃게 된다. 교수와 학습뿐만 아니라 시험, 우열, 당락 등이 실제로 일어나고 있는 교실 및 학교 장면을 생생하게 연상해 보면, 우리는 교육의 본질이 얼마나 애매모호한 개념인지 감지할 수 있고 교육 기회라는 개념의 한계를 파악할 수 있다. 교육 기회는 학교에의 등교(登校) 기회를 의미할 뿐 학습(學習)의 기회를 포함하는 수준까지 고려하지 않는다. 예컨대, 미국의 인종통합학교는 흑인 학생에게 인종별로 분리되어 있지 않은 학교에 등교할 수 있는 기회를 제공한다는 수준을 넘어 학급에서 이루어지는 차별도 극복하는 적극성까지 언급하지 않는다.

영국 신교육사회학자들은 교육 기회균등에만 초점을 맞춘 전통적 정책들을 신랄하게 비판하면서 학습 기회의 의미를 부각하였다. 미국의 교과과정사회학자들(sociologists of curriculum)이 교과과정과 교수-학습과정에 대한 전통적 개념틀을 거부하고 재개념화를 시도한 데에도 학습기회의 평등이 작용하고 있다. 교육목표의 설정에서부터 교육평가에 이르는 모든 과정이 학생들의 학업성취 결과에 의하여 성공과 실패로 판정될 정도이므로, 우리들은 학생들의 학습에 주목해야 한다. 교실에서 교사가 잘 가르쳤다고 하더라도 학생들이 배우지 못했다면 어떤 수업도 실패일 수밖에 없다.[11] 학생들이 학습하지 못했다면, 어떤 내용을 담은 교재든, 어떤 방법을 사용한 교수법이든, 그리고 어떤 교사이든 모두 실패로 판정되어야 마땅하다. 이러한 이유 때문에, 우리는 '학습 기회'를 중요한 개념으로 발전시킬 필요가 있다.

사회적 폐쇄는 교육 수준뿐만 아니라 학습 수준에서도 일어나고 있다. 학습 수준에서의 사회적 배제는 수업장면에서 일어나기 때문에 사회의 주목거리가 되지 못하고 있다. 그러나 실제적인 배제는 학급에서 교수-학습과정에서 일어난 후 학업성적 격차, 학력 격차, 학벌 격차 등에 의한 공식적 또는 공인적(公認的) 선발 절차를 거쳐 사회경제적 불평등으로 확대재생산된다. 교수-학습 장면에서의 기회가 균등하지 않다면 그 외에 언급되는 교육과 관련된 기회균등은 모두 허구이다. 규모가 큰 교육 정책일수록 이러한 허구에서 벗어나기 어렵다.

한국 교육사회학계는 급속도로 발전해 왔지만, 이제는 적당주의와 안일함을 경계해야 할 시점에 놓여 있다. 이러한 우려는 상당히 편협한 관점과

---

11 상인이 가게를 개업한 후 정성을 다해서 고객을 유치했지만 손님이 찾아주지 않았다면 그 상인은 사업에 실패한 것이다. 정성을 다했다고 성공과 실패로부터 자유로울 수 없다. 나는 교사전문성을 논의하면서 "고객이 상점에 들러 상품을 사지 않았다면 상인이 장사에서 실패한 것이듯, 학생이 교실에서 배우지 못했다면 교사는 교수(teaching)에서 실패한 것이다"라고 비유하였다. 교사의 전문성은 최선을 다함으로써 이루어지는 것이 아니며 학생들이 배웠을 때라야 인정될 수 있다(오욱환, 2005b).

제한된 범위의 이론과 접근법에 의해서 지적 작업이 이루어지고 있다는 판단에 근거하고 있다. 우리가 베버에 주목해야 하는 이유는 그의 학문적 업적으로 새로운 관점, 이론, 방법, 영역 등이 제공되었기 때문이다. 우리는 베버를 통해서 기능론과 갈등론으로 제한되어 있는 교육사회학의 패러다임 범위를 넓힐 수 있고, 새로운 이론들을 접할 수 있으며, 다양한 현상들을 파악하는 데 걸맞은 방법을 시도해 볼 수 있다. 아울러 교육학 내 하위 영역 간에 가로 놓인 벽을 허물 수 있고 지적 호기심과 탐구의 대상을 교육학을 넘어 사회과학으로도 확대할 수 있다. 그리고 수많은 직업들 가운데 학문을 직업으로 선택한 사람으로서 갖추어야 할 탐구심과 학자로서 부끄럽지 않게 처신하는 데 필요한 직업윤리와 지식인의 양심에 대해서도 소중한 조언을 얻을 수 있다(Weber (김진욱 · 김승일 역), [1919] 1997).

한국사회에서는 직업으로서 학문을 고수(固守)하기가 참으로 어렵다. 학문 외적 유혹이 대학 외부로부터는 물론이며 심지어 대학 내부로부터도 너무 거세게 밀어닥치기 때문에 순수하게, 그리고 자발적 지적 호기심에 이끌려 탐구에 몰입하는 학자들을 쉽게 찾을 수 없는 지경에 이르렀다. 직업으로서의 학문을 고수한, 그리고 삶의 의미를 지적 탐구를 통해서 추구했던 베버를 닮으려는 학자들이 한국의 학계와 대학사회를 이끌어 나가는 시대가 시작되기를 갈망한다. 지난 한 세기 동안 한국사회는 경제성장과 사회발전을 거듭함으로써 직업으로서 학문을 선택한 학자들이 자존심을 갖고 지적 탐구에 몰입할 수 있는 조건을 어느 정도 마련해 주었다. 감성적으로 표현하면, 학문을 직업으로 삼아도 생존할 수 있을 뿐만 아니라, 소시민적 행복을 누릴 수 있으며, 무엇보다도 자존심을 지킬 수 있게 되었다.

학자들은 지적 선구자들과 지적 거인들의 업적을 언제나 참고할 수 있도록 연구실과 서재에 마련해 둘 필요가 있다. 그리고 자신들의 지적 근원에 대해 알고 있어야 하며 선학들의 업적을 인정하고 감사해야 한다. 그 구체적인 방법은 그들의 업적을 진솔하게 인용하고 최대한 활용하는 것이다. 직감과 즉흥적 아이디어를 독창성이나 창의성으로 착각한 후 이론적 배경을 무시하고 작성한 논문과 보고서들이 너무 쉽게 그리고 많이 출판되고 있다. 독창성에 대한 확신은 태만의 소산일 가능성이 많으며 아집을 초래할 개연성도 높다. 우리는, 지적 작업을 할 때마다, 앞선 학자들의 지적 유산에 대해 감사할 줄 알아야 한다. 베버는 우리들이 정중히 경의를 표해야 할 지적 거인(intellectual giant)이다.

베버는 우리에게 신의 구원을 갈구했던 신교도처럼 학문에 몰입하도록 권고하고 자신을 실천 모형으로 제시하였다. 학생들은 교육을 출세의 도구로 인식하고 학자들은 학문을 사회경제적 보상의 수단으로 삼고 있는 현실이어서, 구도자(求道者)처럼 학습과 탐구에 몰입하는 학생과 학자들이 절실해지고 있다. 개인들이 행위의 주체임을 주장한 베버에 의하면, 우리는 지적 직업을 소명처럼 생각하는 학문의 길을 홀로 선택할 수 있다. 한국 학계에 그의 지적 행보를 따르려는 학자들이 늘어나기를 희망한다.

| 참고 문헌 |

국문 문헌

김경동 ([1978] 1985). 『현대의 사회학: 사회학적 관심』. 전정판(全訂版). 서울: 박영사.

김덕영 (2008). 『막스 베버, 이 사람을 보라』. 서울: 인물과 사상사.

김신일 (1988). 『교육이론연구: Durkheim』. 서울: 교육과학사.

백승학 (2000). 『질서와 변동: 에밀 뒤르케임의 교육사회학 연구』. 서울: 원미사.

오욱환 ([1983] 1996). 학교교육과 개인소득의 관계를 설명하는 종합적 이론 모델의 구성. 『학교교육과 불평등: 교육사회학 논문묶음 I』, 오욱환 (편저) (1996). 서울: 교육과학사.

오욱환 ([1986] 1996). 한국 대학교육 확대의 사회학적 해석. 『학교교육과 불평등: 교육사회학 논문묶음 I』, 오욱환 (편저) (1996). 서울: 교육과학사.

오욱환([1987] 1996). 문화실조이론의 교육사회학적 반성. 『학교교육과 불평등: 교육사회학 논문묶음 I』, 오욱환 (편저) (1996). 서울: 교육과학사.

오욱환 (1990). 구조론적 마르크스주의 교육사회학의 딜레마. 『교육학연구』, 28(3), 123-135. 또는 『교육과 사회변동: 교육사회학 논문묶음 II』, 오욱환 (편저) (1996). 서울: 교육과학사.

오욱환 (1991). 교육과 사회변화의 관계에 대한 이론의 비교와 분류. 『교육학연구』, 29(1), 167-185. 또는 『교육과 사회변동: 교육사회학 논문묶음 II』, 오욱환 (편저) (1996). 서울: 교육과학사.
오욱환 (1992). 사회주의 국가에서 교육 불평등과 사회경제적 불평등의 정치경제학적 관계: 고르바쵸프 시대 이전의 소련을 중심으로. 『교육사회학연구』, 2(1), 5-21. 또는 『교육과 사회변동: 교육사회학 논문묶음 II』, 오욱환 (편저) (1996). 서울: 교육과학사.
오욱환 (1998). 저항이론. 『교육학 대백과사전』, 3. 서울대학교 교육연구소 (편), 서울 · 춘천: 하우동설, pp. 2271-2277.
오욱환 (1999a). 미국 교육사회학의 정체성 확립과정 탐색. 『교육사회학연구』, 9(2), 143-171. 또는 『사회변화를 위한 교육: 교육사회학 논문묶음 III』, 오욱환 (편저) (2005). 서울: 교육과학사.
오욱환 (1999b). 사회변동과 교육의 관계에 대한 이론의 구성. 『한국교육』, 26(2), 75-113. 또는 『사회변화를 위한 교육: 교육사회학 논문묶음 III』, 오욱환 (편저) (2005). 서울: 교육과학사.
오욱환 (2000). 『한국사회의 교육열: 기원과 심화』. 서울: 교육과학사.
오욱환 (2001). 1970년대 영국 교육사회학의 논쟁적 흐름의 시사. 『교육학연구』, 39(4), 45-72.
오욱환 (2003a). 『교육사회학의 이해와 탐구』. 서울: 교육과학사.
오욱환 (2003b). 교육사회학의 의미와 범위. 『교육사회학연구』, 13(1), 161-189.
오욱환 (2003c). 지능에 대한 교육사회학적 이해와 비판적 논의. 『교육학연구』, 41(2), 1-30.
오욱환 (2004). 현대 자본주의 사회의 업무 탈기술화와 과잉교육의 역설적 관계에 대한 탐구. 『교육사회학연구』, 14(3), 157-182.
오욱환 (2005a). 사회변화를 위한 교육: 교육의 적극적 주도적 개념화. 『사회변화를 위한 교육: 교육사회학 논문묶음 III』, 오욱환 (편저) (2005). 서울: 교육과학사.
오욱환 (2005b). 『교사전문성: 교육전문가로서의 교사에 대한 논의』. 서울: 교육과학사.
오욱환 (2006). 교육사회학 이론의 반성적 검토: 사회변혁을 위한 이론을 지향하며. 『교육사회학연구』, 16(4), 159-183.
오욱환 (2007). 보상 패러다임의 성인교육: 한계와 극복. 『교육사회학연구』,

17(2), 67-87.
오욱환 (2008a). 교육격차의 원인에 대한 직시: 학교를 넘어서 가족과 사회로. 『교육사회학연구』, 18(3), 111-133.
오욱환 (2008b). 『조기유학, 유토피아를 향한 출국』. 파주: 교육과학사.
오욱환 (2009a). 학문을 직업으로 삼으려는 젊은 학자들을 위하여. 한국교육학회, 『뉴스레터』, 45(3), 5-9, 통권260호/2009. 09
오욱환 (2009b). 한국 교육정책의 실패 원인의 간파를 위한 상상력. 『교육학연구』, 47(4), 97-117.
유석춘 (편) (1992). 『막스 베버와 동양사회』. 서울: 나남.
이건만 (1994). 『마르크스주의 교육사회학』. 서울: 교육과학사.
이건만 (2009). 『마르크스주의 교육사회학의 이론과 쟁점』. 파주: 집문당.
이청준 (1976). 『당신들의 천국』. 서울: 문학과 지성사.
전성우 (1996). 『막스베버 역사사회학 연구: 서양의 도시시민계층 발전사를 중심으로』. 서울: 사회비평사.
현정택 (2010.3.5). "20명 약대(藥大), 지독한 진입규제." 조선일보, A38면.

번역 문헌

소련교육과학원 (편) (1988, 1989, 1989). 『맑스, 엥겔스 교육론, 1, 2, 3』. 김태성 (역). 서울: 한울림. (중국 화동사범대학교 『맑스 · 엥겔스교육론』 편집번역조 [역], 『馬克思恩格斯論教育』, 蘇聯教育科學院 (編), 人民教育出版社, 1986年版을 사용하였음).
수호돌스키, 보그단 (1989). 『마르크스주의 교육이론 1』(*Einführung in die marxistische Erziehungstheorie*). 오세종 (역). 광주: 들불.
수호돌스키, 보그단 (1990). 『마르크스주의 교육철학 2』(*Einführung in die marxistische Erziehungstheorie*). 오세종 (역). 광주: 들불.
스바트코프스키, I. F. (1989). 『마르크스 · 레닌주의 교육학 방법론』. 이장원 (역). 서울: 거름.
오오쯔까 히사오(大塚久雄) ([1975] 1990). 『베버와 마르크스』(社會科學の 方

法). 임반석 (역). 서울: 신서원.
차성환 (편역) (1990). 『막스 베버의 사회과학 방법론』. 서울: 문학과지성사.

Allen, K. ([2004] 2010). 『막스 베버의 오만과 편견』(*Max Weber: A critical introduction*). 박인용 (역). 서울: 삼인.

Boyd, W. ([1964] 1994). 『서양교육사』(*The history of western education*). 이홍우 · 박재문 · 유한구 (역). 서울: 교육과학사. (원전은 1921년에 출판됨).

Chaffee, J. W. ([1985] 2001). 『송대 중국인의 과거생활: 배움의 가시밭길』(*The thorny gates of learning in Sung China: A social history of examinations*). 양종국 (역). 서울: 신서원.

Davies, N. ([2000] 2007). 『위기의 학교』(*The school report: The hidden truth about Britain's classrooms*). 이병곤 (역). 서울: 우리교육. (원전은 2000년에 출판됨).

Dewey, J. ([1916] 1988). 『민주주의와 교육』(*Democracy and education: An introduction to the philosophy of education*). 이홍우 (역). 서울: 교육과학사. (원전은 1916년에 출판됨).

Durkheim, E. ([1924] 1978). 『교육과 사회학』(*Education et sociologie*). 이종각 (역). 서울: 배영사. (불어 원전은 1924년에 출판되었으며 영어 번역본은 1956년에 출판됨).

Engels, F. ([1884] 1991). 『가족, 사유재산, 국가의 기원』(*The origin of the family, private property, and the state, in the light of the researches of Lewis H. Morgan*). 김대웅 (역). 전주: 아침. (독일어판은 1884년에 출판됨).

Friedman, M. and R. Friedman ([1979] 2005). 『선택할 자유』(*Free to choose*). 민병균 · 서재명 · 한홍순 (역). 서울: 자유기업원.

Fromm, E. ([1941] 2006). 『자유로부터의 도피』(*Escape from freedom*). 원창화 (역). 서울: 홍신문화사.

Fügen, H. N. ([1985] 1994). 『막스 베버: 사회학적 사유의 길』(*Max Weber*). 박미애 (역). 서울: 서광사.

Giddens, A. ([1971] 2008). 『자본주의와 현대사회이론: 마르크스, 뒤르켐 그리고 막스 베버의 저작분석』(*Capitalism and modern social theory: An analysis of the writings of Marx, Durkheim and Max Weber*). 박노영 · 임영일 (역). 파주: 한길사.

Hughes, J. A., P. J. Martin, and W. W. Sharrock ([1995] 1998). 『고전 사회학의 이해: 맑스, 베버, 뒤르켕』(*Understanding classical sociology: Marx, Weber, Durkheim*). 박형신 · 김용규 (역). 서울: 일신사.

Johnson, P. ([1988] 2004). 『지식인의 두 얼굴』(*Intellectuals*). 윤철희 (역). 서울: 을유문화사.

Löwith, K. ([1960] 1992). 『베버와 마르크스』(*Max Weber und Karl Marx*). 이상률 (역). 서울: 문예출판사. 2003.

Marcuse, H. ([1964, 1991] 2009). 『일차원적 인간: 선진산업사회의 이데올로기 연구』(*One-dimensional man*). 박병진 (역). 서울: 한마음사.

Marx, K. and F. Engels ([1848] 2002). 『공산당선언』(*Manifesto of the Communist Party*). 이진우 (역). 서울: 책세상.

Mills, C. W. ([1959] 2004). 『사회학적 상상력』(*The sociological imagination*). 강희경 · 이해찬 (역). 파주: 돌배개.

Orwell, G. ([1949] 2003). 『1984』(*Nineteen eighty-four*). 정회성 (역). 서울: 민음사.

Parkin, F. ([1982] 1985). 『막스 베버』(*Max Weber*). 양승태 (역). 서울: 학문과 사상사.

Petrovich, J. and A. Wells (eds.) ([2005] 2008). 『교육의 수월성과 형평성: 미국 교육개혁의 교훈』(*Bringing equity back: Research for a new era in American educational policy*). 김안나 · 정희욱 (역). 파주: 교육과학사.

Ritzer, G. ([2003] 2006). 『사회학이론』(*Sociological theory*, 5th edition). 김왕배 외 14인 (역). 서울: 한올출판사.

Rousseau, J. J. ([1762] 2006). 『에밀』(*Emile*). 개정판. 정봉구 (역). 파주: 범우.

Rousseau, J. J. ([1775] 1974). 『인간불평등기원론』, 최현 (역). 서울: 집문당.

Sarup, M. ([1978] 1987). 『마르크스주의와 교육이론』(*Marxism and education*). 이혜영 · 조영태 · 조난심 · 정재걸 · 강영혜 (역). 서울: 한길사.

Sennett, R. ([1998] 2001). 『신자유주의와 인간성의 파괴』(*The corrosion of character: The personal consequences of work in the new capitalism*).

조용 (역). 서울: 문예출판사.

Sennett, R. ([2006] 2009). 『뉴캐피털리즘』(*The culture of the new capitalism*). 유병선 (역). 서울: 위즈덤하우스.

Tenbruck, R. H. (1990). 막스 베버 방법론의 기원. 『막스 베버의 사회과학 방법론』. 차성환 (편역). 서울: 문학과지성사.

The Freedom Writers with Erin Gruwell ([1999] 2007). 『프리덤 라이터스 다이어리』(*The freedom writers diary: How a teacher and 150 teens used writing to change themselves and the world around them*). 김태훈 (역). 서울: 랜덤하우스코리아.

Weber, Marianne ([1926] 1975). 『막스 베버의 생애』, 조기준 (역). 서울: 삼성문화재단.

Weber, M. (1960). 『사회과학적 방법론』. 김석현 (역). 서울: 법문사.

Weber, M. ([1919] 1976). 『직업으로서의 학문(외)』. 금종우 (역). 서울: 서문당. (1983년에 발행된 3쇄본을 참고함)

Weber, M. ([1919] 1997). 『직업으로서의 학문 · 정치』. 김진욱 · 김승일 (역). 파주: 범우사. (2004년에 발행된 3쇄본을 참고함).

Weber, M. (2008). 『(막스 베버) 종교사회학 선집』. 전성우 (역). 파주: 나남.

Wright, E. O. ([1985] 2005). 『계급론』(*Classes*). 이한 (역). 파주: 한울.

외국 문헌

Abbot, A. (1988). *The system of professions: An essay on the division of expert labor*. Chicago: University of Chicago Press.

Abercrombie, N., S. Hill, and B. S. Turner (1988). *The penguin dictionary of sociology*. 2nd edition. London: Penguin Books.

Abercrombie, N., S. Hill, and B. S. Turner (2006). *The penguin dictionary of sociology*. 5th edition. London: Penguin Books.

Abrams, M., R. Rose, and M. Hinden (1960). *Must labour lose?* Harmondsworth, [UK]: Penguin.

Agassi, J. (1960). Methodological individualism. *The British Journal of Sociology, 11*(3), 244-270.

Alexander, J. (1987). The centrality of the classics. In *Social theory today*, edited by A. Giddens and J. H. Turner. Stanford, CA: Stanford University Press.

Alexander, J., B. Giesen, R. Münch, and N. J. Smelser (eds.) (1987). *The micro-macro link*. Berkeley, CA: University of California Press.

Alexander, K. L. and E. L. McDill (1976). Selection and allocation within schools: Some causes and consequences of curriculum placement. *American Sociological Review, 41*(6), 963-980.

Althusser, L. (1972). Ideology and ideological state apparatuses. In *Education: Structure and Society*, edited by B. R. Cosin. Harmondsworth, [UK]: Peguin.

Antonio, R. J. and R. M. Glassman (eds.) (1985) *The Weber-Marx dialogue*. Lawrence, KS: University Press of Kansas.

Anyon, J. (1983a). Intersections of gender and class: Accommodation and resistance by working class and affluent females to contradictory sex-role ideologies. *Journal of Education, 166*(1), 25-48.

Anyon, J. (1983b). Social class and the hidden curriculum of work. In *The hidden curriculum and moral education*, edited by H. Giroux and D. Purpel. Berkeley, CA: McCutchen.

Anyon, J. (2005). *Radical possibilities: Public policy, urban education, and a new social movement*. New York: Routledge.

Apple, M. (ed.) (1982). *Education and power*. London: Routledge and Kegan Paul.

Ashley, D. and D. M. Orenstein (2001). *Sociological theory: Classical statements*. 5th edition. Boston: Allyn and Bacon.

Ball, S. J. (ed.) (2000). *Sociology of education: Major themes*. vol. 1, 2, 3, 4. London and New York: RoutledgeFalmer.

Ballantine, J. H. (1983, 1989, 1993, 1997). *The sociology of education: A systematic analysis*. (1st, 2nd, 3rd, 4th edition). Upper Saddle River, NJ: Prentice Hall.

Ballantine, J. H. (ed.) (1985). *Schools and society: A reader in education and sociology*. Palo Alto, CA: Mayfield.

Ballantine, J. H. and J. Z. Spade (eds.) (2001). *Schools and society: A sociological approach to education*. Belmont, CA: Wadsworth.

Battu, H. and P. J. Sloane (2000). Overeducation and crowding out in Britain. In *The overeducated worker?: The economics of skill utilization*, edited by L. Borghans and A. de Grip. Cheltenham, [UK]: Edward Elgar.

Bauman, Z. (1989). *Modernity and the holocaust*. Ithaca, NY: Cornell University Press.

Beck, U. and E. Beck-Gernsheim ([2002] 2006). Beyond status and class? In *Education, globalization, and social change*, edited by H. Lauder, P. Brown, J-A. Dillabough, and A. H. Halsey. Oxford, [UK]: Oxford University Press.

Becker, G. S. (1964). *Human capital*. New York: National Bureau of Economic Research.

Becker, H. S. (1963). *Outsiders*. New York: The Free Press.

Becker, H. S. (1972). What do they really learn at college? In *College and student: Selected readings in the social psychology of higher education*, edited by K. A. Feldman. New York: Pergamon Press.

Bell, D. (1960). *The end of ideology: On the exhaustion of political ideas in the fifties*. Glencoe, IL: Free Press.

Bendix, R. (1960). *Max Weber: An intellectual portrait*. Garden City, NY: Anchor Books.

Berg, I. (1971). *Education and jobs: The great training robbery*. Boston: Beacon.

Berger, B. M. (1960). *Working-class suburb; A study of auto workers in suburbia*. Berkeley, CA: University of California Press.

Berlant, J. L. (1975). *Profession and monopoly: A study of medicine in the United States and Great Britain*. Berkeley, CA: University of California Press.

Bernstein, B. (1973, 1974, 1976). *Class, codes, and control*, vol. 1, 2, 3. London: Routledge and Kegan Paul.

Beshers, J. M. (1962). *Urban social structure*. New York: Free Press.

Bills, D. B. (2003). Credentials, signals, and screens: Explaining the relationship between schooling and job assignment. *Review of Educational Research, 73*(4), 441-469.

Blackledge, D. and B. Hunt (1985). *Sociological Interpretation of Education*. London: Croom Helm.

Blau, P. and O. D. Duncan (1967). *The American occupational structure*. New York: Wiley.

Boggs, C. (1976). *Gramsci's Marxism*. London: Pluto Press.

Borg, C., J. Buttigieg, and P. Mayo (eds.) (2002). *Gramsci and education*. Lanham, MD: Rowman and Littlefield.

Boudon, R. (2003). Beyond rational choice theory. *Annual Review of Sociology, 29*: 1-21.

Boudon, R. and F. Bourricaud (1989). *A critical dictionary of sociology*, translated by P. Hamilton. Chicago: University of Chicago Press.

Bourdieu, P. (1973). Cultural reproduction and social reproduction. In *Knowledge, education, and cultural change*, edited by R. Brown. London: Tavistock.

Bourdieu, P. (1974). The school as a conservative force: Scholastic and cultural inequalities. In *Contemporary research in the sociology of education*, edited by J. Eggleston. London: Methuen.

Bourdieu, P. (1975). The specificity of the scientific field and the social conditions of the progress of reason. *Social science information, 14*(6): 19-47.

Bourdieu, P. (1977). *Outline of a theory of practice*. New York: Cambridge

University Press.

Bourdieu, P. (1984). *Distinction: A social critique of the judgement of taste*. Cambridge, MA: Harvard University Press.

Bourdieu, P. (1986). The forms of capital. In *Handbook of theory and research for the sociology of education*, edited by J. G. Richardson. New York: Greenwood Press. (불어판은 1983년에 출판됨).

Bourdieu, P. (1987). What makes a social class? *Berkeley Journal of Sociology, 32*(1): 1-17.

Bourdieu, P. (1988). *Homo academicus*. Stanford, CA: Stanford University Press.

Bourdieu, P. and J-C. Passeron ([1964] 1977). *Reproduction in education, society, and culture*, translated by R. Nice. London and Beverley Hills, CA: SAGE Publications. (불어판은 1964년에 출판됨).

Bowles, S. and H. Gintis (1976). *Schooling in capitalist America: Educational reform and the contradictions of economic life*. New York: Basic Books.

Braverman, H. ([1974] 1998). *Labor and monopoly capital: The degradation of work in the twentieth century*. 25th anniversary edition. New York: Monthly Review Press. (초판은 1974년에 출판됨).

Brint, S. and J. Karabel (1989). *The diverted dream: Community colleges and the promise of educational opportunity in America, 1900-1985*. New York: Oxford University Press.

Brim, O. G. Jr. (1958). *Sociology and the field of education*. New York: Russell Sage Foundation.

Brown, D. K. (1995). *Degrees of control: A sociology of educational expansion and occupational credentialism*. New York: Teachers College Press.

Brown, P. (1990). The 'Third Wave' : Education and the ideology of parentocracy. *British Journal of Sociology of Education, 11*(1), 65-88.

Brown, P. (2003). The opportunity trap: Education and employment in a global economy. *European Educational Research Journal, 2*(1), 141-179. Also In *Education, globalization, and social change*, edited by H. Lauder, P. Brown, J-A. Dillabough, and A. H. Halsey. Oxford, [UK]: Oxford University Press.

Brown, R. (ed.) (1973). *Knowledge, education, and cultural change: Papers in the sociology of education*. London: Tavistock.

Bruce, S. and S. Yearley (2006). *The Sage dictionary of sociology*. Los Angeles: SAGE.

Brunner, E. and S. Wayland (1958). Occupation, labor force status and education. *Journal of Educational Sociology, 32*(1). 8-20.

Bryant, C. G. A. and D. Jary (eds.) (1991). *Giddens' theory of structuration: A critical appreciation*. London: Routledge.

Burris, B. H. (1983). The human effects of underemployment. *Social Problems, 31*(1), 96-110.

Burris, V. (1987). The neo-Marxist synthesis of Marx and Weber on class. In *The Marx-Weber debate*, edited by N. Wiley. Newbury Park, CA: Sage Publications.

Callahan, R. E. (1962). *Education and the cult of efficiency: A study of the social forces that have shaped the administration of the public schools*. Chicago: University of Chicago Press.

Carnoy, M. and H. Levin (1985). *Schooling and work in the democratic state*. Stanford, CA: Stanford University Press.

Carnoy, M. and O. J. McEwan (2005). Do school voucher lead to greater social equality? In *Bringing equity back: Research for a new era in American educational policy*, edited by J. Petrovich and A. S. Wells. New York: Teacher College Press.

Carter, F. ([1976] 2001). *The education of Little Tree*. 25th anniversary edition. Albuquerque, NM: University of New Mexico Press.

Chubb, J. E. and T. M. Moe (1990). *Politics, markets, and America's schools*. Washington, DC: The Brookings Institution.

Cicourel, A. V. and J. I. Kitsuse (1963). *The educational decision-makers.* Indianapolis: Bobbs-Merrill.

Clark, B. (1960a). The 'cooling-out' function in higher education. *American Journal of Sociology, 65*(6), 569-576.

Clark, B. (1960b). *The open door college: A case study.* New York: McGraw-Hill

Clark, B. (1962). *Educating the expert society.* San Francisco: Chandler.

Clark, B. (1980). The cooling out function revisited. *New Directions for Community Colleges, 32*(1), 15-31.

Cole, M. (ed.) (1988). *Bowles and Gintis Revisited: Correspondence and contradiction in educational theory.* Lewes: The Falmer Press.

Coleman, J. S., E. Q. Campbell, C. J. Hobson, J. McPartland, A. M. Mood, F. D Weinfeld, and R. L. York (1966). *Equality of educational opportunity.* Washington, DC: U.S. Government Printing Office. (*The Coleman Report*로 더 널리 알려져 있음).

Coleman, J. S. (1988). Social capital in the creation of human capital. *American Journal of Sociology, 94*(Supplement), S95-S120.

Coleman, J. S. and T. B. Hoffer (1987). *Public and private high schools: The impact of communities.* New York: Basic Books.

Collins, R. (1968). A comparative approach to political sociology. In *State and society: A reader in comparative political sociology*, edited by R. Bendix. Boston: Little, Brown, and Co.

Collins, R. (1971). Functional and conflict theories of educational stratification. *American Sociological Review, 36*(6), 1002-1019. Also In *Power and Ideology in Education*, edited by J. Karabel and A. H. Halsey. New York: Oxford University Press, 1977. Also In *Sociology of education: A critical reader*, edited by A. Sadovnik. New York: Routledge.

Collins, R. (1974). Where are educational requirements for employment highest? *Sociology of Education, 47*(4), 419-442.

Collins, R. (1975). *Conflict sociology: Toward an explanatory science*. New York: Academic Press.

Collins, R. (1976). Review of 'Schooling in capitalist America' by Samuel Bowles and Herbert Gintis. *Harvard Educational Review, 46*(2), 246-251.

Collins, R. (1979). *The credential society: An historical sociology of education and stratification*. New York: Academic Press.

Collins, R. (1980). Weber's last theory of capitalism: A systematization. *American Sociological Review, 45*(6), 925-942. In *The sociology of economic life*. 2nd edition. Edited by M. Granovetter and R. Swedberg. Boulder, CO: Westview Press. 2001.

Collins, R. (1981). *Sociology since midcentury: Essays in theory cumulation*. New York: Academic Press.

Collins, R. (1985). *Three sociological traditions*. New York: Oxford University Press.

Collins, R. (1986). *Weberian sociological theory*. Cambridge, [UK] and New York: Cambridge University Press.

Collins, R. (1994). *Four sociological traditions*. New York: Oxford University Press.

Collins, R. (2000). Comparative and historical patterns of education. In *Handbook of the sociology of education*, edited by M. Hallinan. New York: Kluwer Academic/Plenum Publishers.

Collins, R. (2002). Credential inflation and the future of universities. In *The future of the city of intellect: The changing American university*, edited by S. Brint. Stanford, CA: Stanford University Press.

Cooper, H. M. and T. L. Good (1983). *Pygmalion grows up: Studies in the expectation communication process*. New York and London: Longman.

Cosin, B. R. (ed.) (1972). *Education: Structure and society*. Harmondsworth, [UK]: Penguin Books.

Crewe, I. (1987). Why Mrs Thatcher was returned with a landslide. *Social Studies Review, 3*(1), 2-9.

Crompton, R. (1987). Gender, status and professionalism. *Sociology, 21*(3), 413-428.

Crompton, R. and G. S. Jones (1984). *White-collar proletariat: Deskilling and gender in clerical work*. London: Macmillan.

Crompton, R. (1998). *Class and stratification: An introduction to current debates*. 2nd edition. Cambridge, [UK]: Polity Press.

Dahms, H. F. (1997). Theory in Weberian Marxism: Patterns of critical social theory in Lukács and Harbermas. *Sociological Theory, 15*(3), 181-214.

Dahrendorf, R. (1959). *Class and class conflict in industrial society*. Stanford, CA: Stanford University Press.

Dahrenforf, R. (1967). *Conflict after class: New perspectives on the theory of social and political conflict*. The third Noel Buxton lecture of the University of Essex, 2 March 1967. London: Longmans, for the University of Essex.

Davis, K. (1959). The myth of functional analysis as a special method in sociology and anthropology. *American Sociological Review, 24*(6), 757-772.

Davis, K. and W. E. Moore (1945). Some principles of stratification. *American Sociological Review, 10*(2), 242-247.

DelFattore, J. (1992). *What Johnny shouldn't read: Textbook censorship in America*. New Haven and London: Yale University Press. 이 책의 1장(Romeo and Juliet were just good friends)은 다음 논문선집에도 게재되어 있음. J. H. Ballantine and J. Z. Spade (eds.) (2000). *Schools and society: A sociological approach to education*. Belmont, CA: Wadsworth.

Delphy, C. (1977). *The main enemy: A materialist analysis of women's oppression*. London: Women's Research and Resources Center

Publications.

Devine, F. (1992). *Affluent workers revisited: Privatism and the working class*. Edinburgh, [UK]: Edinburgh University Press.

Djilas, M. ([1965] 1969). The new class. In *Structured social inequality*, edited by C. S. Heller. New York: Macmillan.

Djilas, M. ([1965] 1969). *The unperfect society: Beyond the new class*. New York: Harcourt, Brace and World.

Douglas, J. (ed.) (1972). *Deviance and respectability*. New York: Basic Books.

Dreeben, R. (1968). *On what is learned in school*. Reading, MA: Addison-Wesley.

Dobson, R. B. (1977). Social status and inequality of access to higher education in the USSR. In *Power and ideology in education*, edited by J. Karabel and A. H. Halsey. New York: Oxford University Press.

Doeringer, P. B. and M. J. Piore (1971). *Internal labor markets and manpower analysis*. Lexington, MA: Heath.

Dore, R. (1976). *The diploma disease: Education, qualification and development*. London: George Allen and Unwin.

Duke, J. (1976). *Conflict and power in social life*. Provo, UT: Brigham Young University Press.

Dunleavy, P. and C. T. Husbands (1985). *British democracy at the crossroads: Voting and party competition in the 1980s*. London: Geroge Allan and Unwin.

Durkheim, E. ([1895] 1964). *The rules of sociological method*. 8th edition. Edited by G. E. G. Catlin. Chicago: The University of Chicago Press.

Edwards, R. (1975). The social relations of production in the firm and labor market structure. In *Labor market segmentation*, edited by R. Edwards, M. Reich, and D. M. Gordon. Lexington, MA: D. C. Heath and Company.

Edwards, R. (1979). *Contested terrain: The transformation of the work-*

place in the twentieth century. New York: Basic Books.

Eggleston, J. (ed.) (1974). *Contemporary research in the sociology of education*. London: Methuen.

Eisenstein, Z. R. (1979). Developing a theory of capitalist patriarchy and socialist feminism. In *Capitalist patriarchy and the case for socialist feminism*, edited by Z. R. Eisenstein. New York and London: Monthly Review Press.

Eisenstein, Z. R. (1987). Patriarchy and the universal oppression of women: Feminist debates. In *Gender and the politics of schooling*, edited by M. Arnot and G. Weiner. London: Unwin Hyman.

Eisner, E. W. (1985). *The educational imagination: On the design and evaluation of school programs*. 2nd edition. New York: Macmillan.

Engels, F. ([1884] 1985). *The origin of the family, private property, and the State*. London: Penguin Books.

Erickson, F. (1975). Gatekeeping and the melting pot: Interaction in counseling encounters. *Harvard Educational Review, 45*(1), 44-70.

Farganis, J. (ed.) (2000). *Readings in social theory: The classic tradition to post-modernism*. 3rd edition. Boston: McGraw-Hill.

Fernandes, J. V. (1988). From the theories of social and cultural reproduction to the theory of resistance. *British Journal of Sociology of Education, 9*(2), 169-180.

Firestone, S. (1974). *The dialectic of sex: The case for feminist revolution*. New York: Morrow.

Flinders, D. J., N. Noddings, and S. J. Thornton (1986). The null curriculum: Its theoretical basis and practical implications. *Curriculum Inquiry, 16*(1), 33-42.

Flude, M. and Ahier, J. (eds.) (1974). *Educability, schools and ideology*. London: Croom Helm.

Formisano, R. P. ([1991] 2004). *Boston against busing: Race, class, and ethnicity in the 1960s and 1970s*. 2nd edition. Chapel Hill, NC:

University of North Carolina Press.

Freeman, R. B. (1976). *The overeducated American*. New York: Academic Press.

Freidson, E. (1970). *Profession of medicine: A study of the sociology of applied knowledge*. New York: Harper and Row.

Freidson, E. (1986). *Professional powers: A study of the institutionalization of formal knowledge*. Chicago: University of Chicago Press.

Freire, P. (1970). *Pedagogy of the oppressed*. New York: Herder and Herder.

Friedman, M. (1955). The role of government in education. In *Economics and the public interest*, edited by R. A. Solo. New Brunswick, NJ: Rutgers University Press.

Friedman, M. (1962). *Capitalism and freedom*. Chicago: University of Chicago Press.

Furlong, A. (1986). Schools and the structure of female occupational aspirations. *British Journal of Sociology of Education, 7*(4), 367-377.

Gamoran, A. and R. D. Mare (1989). Secondary school tracking and educational inequality: Compensation, reinforcement, or neutrality? *American Journal of Sociology, 94*(5), 1146-1183.

Gane, N. (2005). *Max Weber and postmodern theory: Rationalization versus re-enchantment*. New York: Palgrave Macmillan.

Gerth, H. H. and C. W. Mills (1946). Introduction: The man and his work. In *From Max Weber: Essays in sociology*, edited, translated, and with an introduction by H. H. Gerth and C. W. Mills. New York: Oxford University Press.

Giddens, A. (1971). *Capitalism and modern social theory: An analysis of the writings of Marx, Durkheim and Max Weber*. Cambridge, [UK]: Cambridge University Press.

Giddens, A. (1973). *The class structure of the advanced societies*. London: Hutchinson.

Giddens, A. (1979). *Central problems in social theory: Action, structure, and contradiction in social analysis.* London: Macmillan.

Giddens, A. (1981). *A contemporary critique of historical materialism.* London: Macmillan.

Giddens, A. (1986) *The constitution of society: Outline of the theory of structuration.* New edition. Cambridge, [UK]: Polity.

Gilligan, C. (1979). Women's place in man's life cycle. *Harvard Educational Review, 49*(4) 431-446. also In *The hidden curriculum and moral education: Deception of discovery*, edited by H. Giroux and D. Purpel. Berkeley, CA: McCutchan. 1983. Also In *In a different voice: Psychological theory and women's development*, written by C. Gilligan. Cambridge, MA: Harvard University Press. 1982.

Gilligan, C. (1982). *In a different voice: Psychological theory and women's development.* Cambridge, MA: Harvard University Press.

Gilligan, C., N. P. Lyons, and T. J. Hanmer (1990). *Making connections: The relational worlds of adolescent girls at Emma Willard School.* Cambridge, MA: Harvard University Press.

Giroux, H. (1983). *Theory and resistance in education: A pedagogy for the opposition.* London: Heinemann Educational Books.

Giroux, H. (1999). Rethinking cultural politics and radical pedagogy in the work of Antonio Gramsci. *Educational Theory, 49*(1), 1-19.

Gittell, M. (2008). The politics of equality in urban school reform. In *Bringing equity back: Research for a new era in American educational policy*, edited by J. Petrovich and A. S. Wells. New York: Teachers College Press.

Goldthorpe, J. H. (ed.) (1984). *Order and conflict in contemporary capitalism.* Oxford: Clarendon Press.

Goldthorpe, J. H. ([1996] 1997). Problems of 'meritocracy'. In *Education: Culture, economy, and society*, edited by A. H. Halsey, H. Lauder, P. Brown, and A. S. Wells. Oxford and New York: Oxford University

Press. Also In *Can education be equalized?: The Swedish case in comparative perspectives*, written by R. Erikson and J. O. Jonsson. Boulder, CO: Westview Press. 1996.

Goldthorpe, J. H., D. Lockwood, F. Bechhofer, and J. Platt (1968a). *The affluent worker: Industrial attitudes and behavior*. London: Cambridge University Press.

Goldthorpe, J. H., D. Lockwood, F. Bechhofer, and J. Platt (1968b). *The affluent worker: Political attitudes and behavior*. London: Cambridge University Press.

Goldthorpe, J. H., D. Lockwood, F. Bechhofer, and J. Platt (1969). *The affluent worker in the class structure*. London: Cambridge University Press.

Good, T. L. and J. E. Brophy (1997). *Looking in classrooms*. 7th edition. New York: Longman. (초판은 1973년에 발간되었음).

Gouldner, A. (1979). *The future of intellectuals and the rise of the new class*. London: Macmillan.

Grabb, E. G. (1990). *Theories of social inequality: Classical and contemporary perspectives*. 2nd edition. Toronto: Harcourt Brace and Company Canada.

Gramsci, A. (1971). *Selections from the prison notebooks of Antonio Gramsci*, edited and translated by Q. Hoare and G. N. Smith. New York: International Publishers. (1929년부터 1935년까지 그람시가 옥중에서 쓴 글을 편집 · 번역한 것임).

Greene, J. P. (2005). *Education myths: What special interest groups want you to believe about our schools—and why it isn't so*. Lanham, MD: Rowman and Littlefield.

Greene, M. (1978). *Landscapes of learning*. New York: Teacher College Press.

Gusfield, J. R. (1963). *Symbolic crusade: Status politics and the American temperance movement*. Urbana, IL: University of Illinois Press.

Halaby, C. N. (1994). Overeducation and skill mismatch. *Sociology of Education, 67*(1), 47-59.

Haller, A. O. and A. Portes (1973). Status attainment process. *Sociology of Education, 46*(4), 51-91.

Halsey, A. H., H. Lauder, P. Brown and A. S. Wells (eds.) (1997). *Education: Culture, economy, and society.* Oxford and New York: Oxford University Press.

Halsey, A. H., J. Floud, and C. A. Anderson (eds.) (1961). *Education, economy, and society: A reader in the sociology of education.* New York: The Free Press.

Hamilton, P. (ed.) (1991). *Max Weber: Critical assessments* (1). vols. I, II, III, IV. London and New York: Routledge.

Hamilton, R. F. (1967). *Affluence and the French worker in the Fourth Republic.* Princeton, NJ: Princeton University Press.

Hargreaves, A. (1982). Resistance and relative autonomy theories: Problems of distortion and incoherence in recent marxist analyses of education. *British Journal of Sociology of Education, 3*(2), 107-126.

Havighurst, R. J. and B. L. Neugarten (1957). *Society and education.* Boston: Allyn and Bacon.

Heath, A. and G. Evans (1988). Working-class conservatives and middle-class socialists. In *British social attitude: The 5th report*, edited by R. Jowell, S. Witherspoon, and L. Brook. Adlershot, [UK]: Gower. Ashgate

Heath, A. and R. Topf (1987). Political culture. In *British social attitude: The 1987 report*, edited by R. Jowell, S. Witherspoon, and L. Brook. Adlershot, [UK]: Gower.

Hilbert, R. A. (1992). *The classical roots of ethnomethodology: Durkheim, Weber, and Garfinkel.* Chapel Hill, NC: The University of North Carolina Press.

Hill, S. (1981). *Competition and control at work: The new industrial sociology.* London: Heinemann Educational Books.

Hochschild, J. (1985). *Thirty years after Brown*. Washington, DC: Joint Center for Political Studies.

Hofstadter, R. (1945). *Social Darwinism in American thought, 1860-1915*. Philadelphia: University of Pennsylvania Press.

Homans, G. C. (1964). Bringing men back in. *American Sociological Review, 29*(5), 809-818.

Hopper, E. (1968). A typology for the classification of educational systems. *Sociology, 2*(1), 29-44.

Horvat, E. M., E. B. Weininger, and A. Lareau (2003). From social ties to social capital: Class differences in the relations between schools and parent network. *American Educational Research Journal, 40*(2), 319-351.

Hughes, J. A., P. J. Martin, and W. W. Sharrock (1995). *Understanding classical sociology: Marx, Weber, Durkheim*. London and Thousand Oaks, CA: Sage.

Hurn, C. J. (1978, 1985, 1993). *The limits and possibilities of schooling: An introduction to the sociology of education*. (1st, 2nd, 3rd edition). Boston: Allyn and Bacon.

Illich, I. (1970). *Deschooling society*. New York: Harper and Row.

Jary, D. and J. Jary (1991). *The HarperCollins dictionary of sociology*. New York: HarperCollins.

Jencks, C., M. Smith, H. Acland, M. J. Bane, D. Cohen, H. Gintis, B. Heyns, and S. Michaelson (1972). *Inequality: A reassessment of the effect of family and schooling in America*. New York: Harper Colophon Books.

Johnson, A. G. (2000). *The Blackwell dictionary of sociology: A user's guide to sociological language*. 2nd edition. Malden, MA: Blackwell.

Karabel, J. (1972). Community college and social stratification: Submerged class conflict in American higher education. *Harvard Educational Review, 42*(4), 521-562. Also In *Power and ideology in education*, edited by J. Karabel and A. H. Halsey. New York: Oxford University Press. 1977.

Karabel, J. (1984). Status-group struggle, organizational interests, and the limits of institutional autonomy. *Theory and Society, 13*(1), 1-40.

Karabel, J. (2005). *The chosen: The hidden history of admission and exclusion at Harvard, Yale, and Princeton*. Boston: Houghton Mifflin.

Karabel, J. and A. H. Halsey (1977). Educational research: A review and an interpretation. In *Power and ideology in education*, edited by J. Karabel and A. H. Halsey. New York: Oxford University Press.

Karabel, J. and A. H. Halsey (eds.) (1977). *Power and ideology in education*, New York: Oxford University Press.

Karier, C. (1973). Testing for order and control in the corporate liberal state. In *Roots of Crisis: American education in the twentieth century*, edited by C. Karier, P. Violas and J. Spring. Chicago: Rand McNally.

Katz, M. B. ([1968] 2001). *The irony of early school reform: Educational innovation in mid-nineteenth century Massachusetts*. 2nd edition. New York: Teacher College Press.

Keddie, N. (1971). Classroom knowledge. In *Knowledge and control: New directions for the sociology of education*, edited by M. F. D. Young. London: Collier Macmillan.

Kelly, A. (1985). The construction of masculine science. *British Journal of Sociology of Education, 6*(2), 133-154.

King, R. (1980). Weberian perspectives and the study of education. *British Journal of Sociology of Education, 1*(1), 7-23.

Kingston, P. W. (2000). *The classless society*. Stanford, CA: Stanford University Press.

Kiser, E. and M. Hechter (1998). The debate on historical sociology: Rational choice theory and its critics. *American Journal of Sociology, 104*(3): 785-816.

Labaree, D. F. (1997). *How to succeed in school without really learning:*

The credentials race in American education. New Haven: Yale University Press.

Labov, W. (1969). The logic of non-standard English. *Georgetown Monographs on Language and Linguistics, 22*(1), 1-31. 또는 Labov, W. ([1969] 1973). The logic of non-standard English. In *The myth of cultural deprivation*, edited by N. Keddie. Harmondworth, [UK]: Penguin. (Keddie가 편집한 책은 1973년에 출판되었음).

Labov, W. (1972). Rules for ritual insults. In *Rappin' and stylin' out: Communication in urban Black America*, edited by T. Kochman. Urbana, IL: University of Illinois Press.

Lamont, M. and A. Lareau (1988). Cultural capital: Allusions, gaps and glissandos in recent theoretical development. *Sociological Theory, 6*(2) 153-168.

Lane, D. (1982). *The end of social inequality?: Class, status and power under state socialism*. London: Allen and Unwin.

Lapidus, G. W. (1982). Sexual equality through educational reform: The case of the USSR. In *Comparative education*, edited by P. G. Altbach, R. F. Arnove, and G. P. Kelly. New York: Macmillan.

Lareau, A. (1987). Social class differences in family-school relationship: The importance of cultural capital. *Sociology of Education, 60*(2), 73-85.

Lareau, A. (1989). *Home advantage: Social class and parental intervention in elementary education*. London and New York: The Falmer Press.

Lareau, A. and E. B. Weininger (2003). Cultural capital in educational research: A critical assessment. *Theory and Society, 32*(5), 567-606.

Larson, M. S. (1977). *The rise of professionalism: A sociological analysis*. Berkeley, CA: University of California Press.

Lauder, H., P. Brown, J-A. Dillabough, and A. H. Halsey (eds.) (2006). *Education, globalization, and social change*. Oxford, [UK]: Oxford University Press.

Lemert, E. M. (1951). *Social pathology: A systematic approach to the study of sociopathic behavior*. New York: McGraw-Hill.

Lemert, E. M. (1972). *Human deviance, social problems and social control*. Englewood Cliffs, NJ: Prentice-Hall.

Levine, D. U. and R. J. Havighurst (1984). *Society and education*. 6th edition. Boston: Allyn and Bacon.

Levine, D. U. and R. F. Levin (1995). *Society and education*. 9th edition. Boston: Allyn and Bacon.

Levin, H. M. and C. R. Belfield (2003). The marketplace in education. *Review of Research in Education, 27*, 183-219.

Lew, J. (2006). *Asian Americans in class: Charting the achievement gap among Korean American youth*. New York: Teachers College Press.

Loewenstein, K. ([1965] 1966). *Max Weber's political ideas in the perspective of our time*. Amherst, MA: University of Massachusetts Press.

Löwy, M. (1996). Figures of Weberian Marxism. *Theory and Society, 25*(3), 431-446.

Macdonald, K. M. (1985). Social closure and occupational registration, *Sociology, 19*(4), 541-556.

Macdonald, K. M. (1995). *The sociology of the professions*. Thousand Oaks, CA: SAGE.

Mandel, E. (1992). *Power and money: A Marxist theory of bureaucracy*. London and New York: Verso.

Manza, J. (1992). Classes, status groups, and social closure: A critique of neo-Weberian social theory. *Current Perspectives in Social Theory, 12*, 275-302.

Marshall. G. (ed.) (1998). *A dictionary of sociology*. Oxford: Oxford University Press.

Marshall, G., D. Rose, H. Newby, and C. Vogler (1988). *Social class in modern Britain*. London: Hutchinson.

Marx, K. and F. Engels ([1848] 1955). *The communist manifesto*, edited by

S. H. Beer. Northbrook, IL: AHM.

Mathew, J. (1988). *Escalante: The best teacher in America*. New York: Henry Holt.

Mayo, P.(1999). *Gramsci, Freire and adult education: Possibilities for transformative action*. London and New York: Zed Books.

McDermott, R. (1977). Social relations as contexts for learning in school. *Harvard Educational Review, 47*(2), 198-213.

McLaren. P. (1989). On ideology and education: Critical pedagogy and the cultural politics of resistance. In *Critical pedagogy, the State, and cultural struggle*, edited by H. A. Giroux and P. McLaren. Albany: State University of New York Press.

McLemore, L. (1984). Max Weber's defense of historical inquiry. *History and Theory, 23*(3), 277-295.

Meek, A. (1989). On creating ganas: A conversation with Jaime Escalante. *Educational Leadership, 46*(5). 46-47.

Mehan, H., I. Villanueva, L. Hubbard, and A. Lintz (1996). *Constructing school success: The consequences of untracking low-achieving students*. Cambridge, UK and New York: Cambridge University Press.

Merton, R. K. (1968). Manifest and latent functions: Toward the codification of functional analysis in sociology. In *Social theory and social structure*. 1968 enlarged edition. New York: The Free Press.

Millett, K. (1970). *Sexual politics*. Garden City, NY: Doubleday.

Mills, C. W. ([1959] 1975). *The sociological imagination*. Harmondsworth, [UK]: Penguin Books.

Mincer, J. (1958). Investment in human capital and personal income distribution. *Journal of Political Economy, 66*(4), 281-302.

Morrow, R. A. and C. A. Torres (1998). Social closure, professional domination, and the new middle strata: Rethinking credentialist theories of education. In *Sociology of education: Emerging perspectives*, edited by C. A. Torres and T. R. Mitchell. Albany: State University of New

York.

Murphy, R. (1984). The structure of closure: A critique and development of the theories of Weber, Collins, and Parkin. *The British Journal of Sociology, 34*(4), 547-567.

Murphy, R. (1988). *Social closure: The theory of monopolization and exclusion*. Oxford: Clarendon Press.

Myrdal, G. ([1944] 1996). *An American dilemma: The Negro problem and modern democracy*. New Brunswick, NJ : Transaction Publishers.

Neuwirth, G. (1969). A Weberian outline of a theory of community: Its application to the 'Dark Ghetto'. *The British Journal of Sociology, 20*(2), 148-163.

Newman, K. S. (1989). *Falling from grace: The experience of downward mobility in the American middle class*. New York: The Free Press.

Norkus, Z. (2000). Max Weber's interpretative sociology and rational choice approach. *Rationality and Society, 12*(3): 259-282.

Oakes, J. (1985). *Keeping track: How schools structure inequality*. New Haven: Yale University Press.

Ogbu, J. U. (1982). Equalization of educational opportunity and racial/ethnic inequality. In *Comparative education*, edited by P. G. Altbach, R. F. Arnove, and G. P. Kelly. New York: Macmillan.

Ogbu, J. U. (1986). The consequences of the American caste system, In *The school achievement of minority children: New perspectives*, edited by U. Neisser. Hillsdale, NJ: Lawrence Erlbaum.

Ogbu, J. U. (1994). Racial stratification and education in the United States: Why inequality persists. *Teachers College Record, 96*(2), 264-298. Also In *Education: Culture, economy, and society*, edited by A. H. Halsey, H. Lauder, P. Brown, and A. S. Wells. Oxford and New York: Oxford University Press.

Ogbu, J. U. (1999). Beyond language: Ebonics, proper English, and identity in a Black-American speech community. *American Educational*

Research Journal, 36(2), 147-184.

Ogbu, J. U. (2004). Collective identity and the burden of acting white in black history, community and education. *Urban Review, 36*(1), 1-35.

Ossowski, S. ([1956] 1969). Old notions and new problems: Interpretations of social structure in modern society. In *Social inequality*, ed. by A. Beteille. Harmondsworth, [UK]: Penguin.

Pakulski, J. and M. Waters (1996). *The death of class.* Thousand Oaks, CA: Sage

Parkin, F. (1971). *Class inequality and political order: Social stratification in capitalist and communist societies.* New York: Holt, Rinehart and Winston.

Parkin, F. (1974). Strategies of social closure in class formation. In *The social analysis of class structure*, edited by F. Parkin. London: Tavistock.

Parkin, F. (1979). *Marxism and class theory: A bourgeois critique.* London: Tavistock Publications.

Parkin, F. (2002). *Max Weber.* revised edition. London: Routledge.

Parry, N. and J. Parry (1976). *The rise of the medical profession: A study of collective mobility.* London: Croom Helm.

Parsons, T. (1937). *The structure of social action: A study in social theory with special reference to a group of recent European writers.* New York: McGraw-Hill.

Parsons, T. (1965). The school class as a social system: Some of its functions in American society. In *Education, economy, and society: A reader in the sociology of education*, edited by A. H. Halsey, J. Floud, and C. A. Anderson. New York: Free Press.

Parsons, T. (1977). *Social systems and the evolution of action theory.* New York: Free Press.

Petrovich, J. and A. S. Wells (eds.) (2005). *Bringing equity back : Research for a new era in American educational policy.* New York : Teachers

College Press.

Persell, C. H. (1977). *Education and inequality*. New York: Free Press.

Persell, C. H. and P. W. Cookson, Jr. (1985). Chartering and bartering: Elite education and social reproduction. *Social Problems, 33*(2), 114-129.

Pinar, W. (ed.) (1975). *Curriculum theorizing: The reconceptualists*. Berkeley. CA: McCutchan.

Pincus, F. L. (1994). How critics view the community college's role in the twenty-first century. In *A handbook on the community college in America: Its history, mission, and management*, edited by G. A. Baker III. Westport, CT: Greenwood Press.

Portes, A. and P. Landolt (1996). The downside of social capital. [Unsolved Mysteries: The Tocqueville Files II]. *The American Prospect, 7*(26), 18-21.

Poulantzas, N. (1975). *Classes in contemporary capitalism*. London: Verso.

Reich, M., D. M. Gordon, and R. C. Edwards (1973). A Theory of Labor Market Segmentation. *The American Economic Review, 63*(2), 359-365.

Rist, R. C. (1977). On understanding the processes of schooling: The contributions of labeling theory. In *Power and ideology in education*, edited by J. Karabel and A. H. Halsey. New York: Oxford University Press.

Ritzer, G. (1988). *Sociological theory*. 2nd edition. New York: Alfred A. Knopf.

Ritzer, G. ([1993] 2008). *The McDonaldization of society 5*. Thousand Oaks, CA: Pine Forge Press.

Roberts, J. T. and A. Hite (eds.) (2000). *From modernization to globalization: Perspectives on development and social change*. Malden, MA: Blackwell.

Rosenbaum, J. E. (1980). Social implications of educational grouping. In

Review of Research in Education, 8, edited by D. C. Berliner. Washington, DC: American Educational Research Association.

Rosenbaum, J. E. (1997). College for all: Do students understand what college demands? *Social Psychology of Education, 2*(1), 55-80.

Rosenbaum, J. E., S. R. Miller, and M. S. Krei (1996). Gatekeeping in an era of more open gates: High school counselors' views of their influence on students' college plans. *American Journal of Education, 104*(4), 257-279.

Rosenthal, R. and L. Jacobson (1968). *Pygmalion in the classroom*. New York: Holt, Rinehart and Winston.

Rubington, E. and M. S. Weinberg (1973). *Deviance: The interactionist perspective*. New York: Macmillan.

Rumberger, R. W. (1981). *Overeducation in the U.S. labor market*. New York: Praeger.

Sadovnik, A. R. (ed.) (2007). *Sociology of education: A critical reader*. New York: Routledge.

Sadovnik, A. R., P. W. Cookson, Jr., and S. Semel (2006). *Exploring education: An introduction to the foundations of education*. 3rd edition. Boston: Allyn and Bacon.

Salomon, A. (1945). German sociology. In *Twentieth century sociology*, edited by G. Gurvitch and W. Moore. New York: Philosophical Library.

Sandefur, G. D. and H. Park (2007). Educational expansion and changes in occupational returns to education in Korea. *Research in Social Stratification and Mobility, 25*(4), 306-322.

Sarup, M. (1978). *Marxism and education*. London: Routledge and Kegan Paul.

Sarup, M. (1982). *Education, state and crisis: A Marxist Perspective*. London: Routledge and Kegan Paul.

Sarup, M. (1983). *Marxism/structuralism/education*. London: The Falmer

Press.

Saunders, P. (1990). *Social class and stratification*. London: Routledge.

Schumpeter, J, A. (1934). *The theory of economic development: An inquiry into profits, capital, credit, interest, and the business cycle*. (translated from the German by Redvers Opie). Cambridge, MA: Harvard University Press.

Schultz, T. (1961). Investment in human capital. *American Economic Review, 51*(1), 1-17.

Schutz, A. ([1932] 1967). *The phenomenology of the social world*. Evanstone, IL: Northwestern University Press.

Schwartz, H. and J. Jacobs (1979). *Qualitative sociology: A method to the madness*. New York: The Free Press.

Scott, J. (1996). *Stratification and power: Structures of class, status and command*. Cambridge, [UK]: Polity Press.

Secher, H. P. (1962). Introduction In *Basic concepts in sociology*. Secaucus, NJ: The Citadel Press.

Sewell, W. H. and R. M. Hauser (1975). *Education, occupation, and earnings: Achievement in the Early Career*. New York: Academic Press.

Sewell, W. H., O. Haller and A. Portes (1969). The educational and early occupational status attainment process. *American Sociological Review, 34*(1), 82-92.

Sewell, W. H., O. Haller and G. Ohlendorf (1970). The educational and early occupational status attainment process: Replication and revision. *American Sociological Review, 35*(6), 1014-1027.

Shapiro, T. and H. B. Johnson (2005). Race, asset, and choosing schools: Current school choices and the future of vouchers. In *Bringing equity back: Research for a new era in American educational policy*, edited by J. Petrovich and A. S. Wells. New York: Teacher College Press.

Shilling, C. (1992). Reconceptualising structure and agency in the sociology of education: Structuration theory and schooling. *British Journal of Sociology of Education, 13*(1), 69-87.

Smith, H. L. (1986). Overeducation and underemployment: An agnostic review. *Sociology of Education, 59*(2), 85-99.

Stammer, O. (ed.) (1971). *Max Weber and sociology today*. New York: Harper and Row.

Stampnitzky, L. (2006). How does "culture" become "capital"?: Cultural and institutional struggles over "character and personality" at Harvard. *Social Perspectives, 49*(4), 461-481.

Steele, C. M. (1992). Race and the schooling of Black Americans. *The Atlantic Monthly, 269*(4), 68-75.

Stubbs, M. (1983). *Language, schools and classroom*. 2nd edition. London: Methuen.

Sultana, R. (1989). Transition education, student contestation and the production of meaning: Possibilities and limitations of resistance theories. *British Journal of Sociology of Education, 10*(3), 287-309.

Swedberg, R. ([1998] 2001). Max Weber's vision of economic sociology. In *The sociology of economic life*. 2nd edition. Edited by M. Granovetter and R. Swedberg. Bourder, CO: Westview Press. 원전은 *Journal of Socio-Economics, 27*(4), 535-555. 1998.

Swedberg, R. (2005). *The Max Weber dictionary: Key words and central concepts*. Stanford, CA: Stanford University Press.

Synnott, M. G. (1979). *The half-opened door: Discrimination and admissions at Harvard, Yale, and Princeton, 1900-1970*. Westport, CT: Greenwood Press.

Sztompka, P. (ed.) (1994). *Agency and structure: Reorienting social theory*. Langhorne, PA: Gordon and Breach.

Taylor, L., P. Walton, and J. Young (1973). *The new criminology: For a social theory of deviance*. London: Routledge and Kegan Paul.

Terman, L. M., V. E. Dickson, A. H. Sutherland, R. H. Frazen, C. R.

Tupper, and G. Fernald (1922). *Intelligence tests and school reorganization*. Yonkers-on-Hudson, NY: World Book.

The Freedom Writers with Erin Gruwell (1999). *The freedom writers diary: How a teacher and 150 teens used writing to change themselves and the world around them*. New York: Broadway Books.

Thurow, L. C. (1972). Education and economic equality. *The Public Interest, 28*(summer), 66-81.

Trow, M. (1961). The second transformation of American secondary education. *International Journal of Comparative Sociology, 2*(1), 144-165.

Tsang, M. C. (1987). The impact of underutilization of education on productivity: A case study of the U.S. Bell companies. *Economics of Education Review, 6*(3), 239-254.

Turner, B. S. (1988). *Status*. Minneapolis: University of Minnesota Press.

Turner, B. S. (ed.) (2006). *The Cambridge dictionary of sociology*. Cambridge, [UK]: Cambridge University Press.

Turner, C. (2001). Weberian social thought, History of. In *International encyclopedia of social and behavioral Sciences* (vol. 24, pp. 16407-16412), edited by N. Smelser and P. Baltes. Amsterdam and New York: Elsevier.

Turner, J. H. and A. Maryanski (1979). *Functionalism*. Menlo Park, CA: The Benjamin/Cummings.

Turner, R. H. (1960). Sponsored and contest mobility and the school system. *American Sociological Review, 25*(5), 855-867.

Turner, S. (2000). Introduction. In *The Cambridge companion to Weber*, edited by S. Turner. Cambridge, [UK]: Cambridge University Press.

Veblen, T. ([1899] 2007). *The theory of the leisure class*. New York: Oxford University Press.

Velez, W. (1985). Finishing college: The effects of college type. *Sociology of Education, 58*(3), 191-200.

Waddington, I. (1984). *The medical profession in the Industrial Revolution*. Atlantic Highland, NJ: Humanities Press.

Wallace, R. A. and A. Wolf (1995). *Contemporary sociological theory: Continuing the classical tradition*. 4th edition. Englewood Cliffs, NJ: Prentice Hall.

Waller, W. (1932). *The sociology of teaching*. New York: Wiley.

Waters, M. (1994). *Modern sociological theory*. London: Sage.

Weber, M. ([1905] 1958). *The protestant ethic and the spirit of capitalism*, translated by T. Parsons. New York: Charles Scribner's Sons. (독어판은 1904-1905년, 첫 영어판은 1920년에 출판됨).

Weber, M. (1946a). The Chinese literati. In *From Max Weber: Essays in sociology*. edited by H. H. Gerth and C. W. Mills. New York: Oxford University Press.

Weber, M. (1946b). *From Max Weber: Essays in sociology*, edited and translated, and with an introduction by H. H. Gerth and C. W. Mills. New York: Oxford University Press.

Weber. M. (1947). *Max Weber: The theory of social and economic organization*, edited by T. Parsons. New York: The Free Press.

Weber, M. (1949). *The methodology of the social sciences*, edited and translated by E. A. Shils and H. A. Finch. Glencoe, IL: Free Press.

Weber, M. (1951). *The religion of China: Confucianism and Taoism*, edited and translated by H. H. Gerth. New York: Free Press.

Weber, M. (1961). *Basic concepts in sociology*, translated and introduced by H. P. Secher. Secaucus, NJ: The Citadel Press.

Weber, M. ([1968] 1978). *Economy and society: An outline of interpretive sociology*. vols. 1 and 2. edited by G. Roth and W. Wittich. Berkeley, CA: University of California Press.

Weber, M. (1978). *Max Weber: Selections in translation*, edited by W. G. Runciman. New York : Cambridge University Press.

Weber, M. (1994). *Weber: Political writings*. edited by P. Lassman and R.

Speirs. Cambridge, [UK]: Cambridge University Press.

Weeden, K. A. (2002). Why do some occupations pay more than others?: Social closure and earnings inequality in the United States. *American Journal of Sociology, 108*(1), 55-101.

Weiner, R. R. (1981). *Cultural Marxism and political sociology.* Beverly Hill, CA: Sage.

Weis, L. (1985). *Between two worlds: Black students in an urban community college.* Boston: Routledge and Kegan Paul.

Wells, A. S. and I. Serna (1996). The politics of culture: Understanding local political resistance to detracking in racially mixed schools. *Harvard Educational Review, 66*(1), 93-118.

Wesolowski, W. ([1966] 1969). Strata and strata interest in socialist society: Toward a new theoretical approach. In *Structured social inequality*, edited by C. S. Heller. New York: Macmillan.

Wesolowski, W. ([1967] 1969). The notions of strata and class in socialist society. In *Social Inequality*, edited by A. Beteille. Harmondsworth, [UK]: Penguin.

Westoby, A. (1981). Education, inequality and the question of a communist 'new class'. In *Education and the state* (vol. 1): *Schooling and the national interest*, edited by R. Dale, et al. Lewes, [UK]: The Falmer Press.

Wheelock, A. (1992). *Crossing the tracks: How "untracking" can save America's schools.* New York: The New Press.

Whyte, W. H. (1956). *The organization man.* New York: Simon and Schuster.

Wiley, N. (ed.), (1987). *The Marx-Weber debate.* Newburry Park, CA: Sage.

Willis, P. (1977). *Learning to labour: How working class kids get working class jobs.* New York: Columbia University Press.

Witz, A. (1992). *Professions and patriarchy.* New York: Routledge.

Wright, E. O. (1985). *Classes*. London: Verso.

Wright, E. O. and L. Perrone (1977). Marxist class categories and income inequality. *American Sociological Review, 42*(1), 32-55.

Wrong, D. (ed.) (1970). *Max Weber*. Englewood Cliffs, NJ: Prentice-Hall.

Young, M. F. D. (1971a). An approach to the study of curricula as socially organized knowledge. In *Knowledge and control: New directions for the sociology of education*, edited by M. F. D. Young. London: Collier Macmillan.

Young, M. F. D. (ed.) (1971b). *Knowledge and control: New directions for the sociology of education*. London: Collier Macmillan.

Young, M. F. D and G. Whitty (eds.) (1977). *Society, state and schooling: Readings on the possibilities for radical education*. London: The Falmer Press.

Zeitlin, I. (1968). *Ideology and the development of sociological theory*. Englewood Cliff, NJ: Prentice-Hall.

Zweig, F. (1961). *The worker in an affluent society: Family life and industry*. London: Heinemann.

| 찾아보기 |

인명

주제

| 저자 소개 |

오욱환은 1971년 서울대학교 교육학과를 졸업하고 학군사관(ROTC)으로 군 복무를 마친 후 1976년 서울대학교 대학원에서 교육행정으로 석사학위를 받았다. 1979년 가을학기부터 미국 일리노이대학교(University of Illinois at Urbana-Champaign) 대학원 교육정책학과(Department of Educational Policy Studies)에서 교육사회학을 전공하고 1983년에 박사학위를 취득하였다. 1984년부터 이화여자대학교 교육학과 교수로 재직 중이다. 1992년부터 1994년까지 한국교육사회학회 회장을 역임했으며, 2009년부터 한국교육학회 학술상심사위원장을 맡고 있다.

그는 교육학을 종합학문이자 실천학문으로 규정하고 교육학의 통합을 주장하면서, "교육학이 종합적 속성을 되찾으려면 하위 영역 사이에 인위적으로 만들어진 경계를 허물어야 하며, 실천적 속성을 잃지 않으려면 교육현장에 더 많은 관심을 기울여야 한다"라고 역설하고 있다. 이러한 주장과 확신에 스스로 충실하기 위해 교육학 하위 영역들의 접목과 교육현상에 대한 통합적 접근을 시도해 왔다. 교육사회학, 비교교육학, 교과과정사회학, 여성교육학, 사회교육학, 교육정책학, 고등교육, 교육사회심리학, 교육역사사회학 등에 관한 연구와 강의를 계속하고 있다.

2004년에 이화여자대학교에서 강의우수교수로 선정되었으며, 같은 해 『한

국사회의 교육열: 기원과 심화』로 한국교육학회로부터 학술상을 받았다. 2010년에는 이화여자대학교에서 수여하는 '이화학술상'을 수상했으며, 교육과학기술부와 한국연구재단이 제공하는 '인문사회과학연구역량강화사업 우수학자지원'에 선정되었다.

주요 저서로는 『조기유학, 유토피아를 향한 출국』(2008), 『교사 전문성: 교육전문가로서의 교사에 대한 논의』(2005), 『교육사회학의 이해와 탐구』(2003), 『한국사회의 교육열: 기원과 심화』(2000), 『미군 점령시대의 한국 교육: 사실과 해석』(1993) 등이 있다.

홈페이지 http://home.ewha.ac.kr/~oookwhan

베버 패러다임 교육사회학의 구상

교육현상의 이해와 인본주의 사회의 구현을 위하여

펴낸날 1판 1쇄 2010년 12월 30일
지은이 오욱환
펴낸이 최민숙
펴낸곳 이화여자대학교출판부
주소 서울특별시 서대문구 대현동 11-1(우 120-750)
등록 1954년 7월 6일 제9-61호
전화 02) 3277-2965, 362-2966(편집)
02) 3277-3164, 362-6076(영업)
팩스 02) 312-4312
전자우편 press@ewha.ac.kr
인터넷서점 www.ewhapress.com
책임편집 김미정
디자인 정혜진
찍은곳 네오프린텍

ISBN 978-89-7300-905-3 93370

값 29,000원